U0125431

Too Smart for Our Own Good

投资不可以太聪明

机巧妙招、安全幻觉和市场崩溃

Ingenious Investment Strategies, Illusions of Safety, and Market Crashes

［美］布鲁斯·I.雅各布斯（Bruce I.Jacobs） 著

韩卫华 译

机械工业出版社
CHINA MACHINE PRESS

为什么今天的金融市场会出现如此规律性的崩溃？这些引发动荡的事件仅仅是不可避免的巧合吗？是否还可能存在另一只操纵之手？这些危机是否有一些共同的引发因素，识别它们或许可以帮助我们预测下一次危机的到来？

作者认为，金融风暴也是人类行为造成的结果。作者在书中对1987年、1998年和2007—2008年发生的危机进行了深入剖析，揭示本应降低风险、提高回报的投资策略和工具是如何加剧市场动荡的。本书挑战了金融危机仅仅是偶然事件、糟糕的运气或市场自然走势结果的观点。那些投资策略和工具以破坏性的方式对投资者的心理产生影响。它们号称安全，却制造出引发金融风暴的条件，在事实上增加了所有投资者的风险。如果投资者意识到了所有这些市场动荡之间的共同点，就可以避免重蹈覆辙，为赢得更稳定的金融未来做出贡献。

图书在版编目（CIP）数据

投资不可以太聪明：机巧妙招、安全幻觉和市场崩溃/（美）布鲁斯·I. 雅各布斯（Bruce I. Jacobs）著；韩卫华译. —北京：机械工业出版社，2023.5

书名原文：Too Smart for Our Own Good：Ingenious Investment Strategies, Illusions of Safety, and Market Crashes

ISBN 978 - 7 - 111 - 73046 - 0

Ⅰ. ①投… Ⅱ. ①布… ②韩… Ⅲ. ①投资–研究 Ⅳ. ①F830.59

中国国家版本馆 CIP 数据核字（2023）第 082779 号

机械工业出版社（北京市百万庄大街22号 邮政编码100037）
策划编辑：蔡欣欣 责任编辑：蔡欣欣
责任校对：肖 琳 陈 越 责任印制：邬 敏
三河市宏达印刷有限公司印刷
2023 年 8 月第 1 版第 1 次印刷
169mm×239mm · 21.25 印张 · 3 插页 · 342 千字
标准书号：ISBN 978 - 7 - 111 - 73046 - 0
定价：129.90 元

电话服务　　　　　　　　　　　网络服务
客服电话：010 - 88361066　　　机 工 官 网：www.cmpbook.com
　　　　　010 - 88379833　　　机 工 官 博：weibo.com/cmp1952
　　　　　010 - 68326294　　　金 书 网：www.golden-book.com
封底无防伪标均为盗版　　　机工教育服务网：www.cmpedu.com

赞　扬

"来自新泽西的基金经理布鲁斯·I. 雅各布斯在《金融分析师杂志》(*Financial Analysts Journal*) 上写道,当作为避险产品销售的金融产品受到投资者的青睐时,提供这些产品的机构就更容易面临自身无法分散投资或对冲的风险。之后,这种风险可能会在极端经济波动时期重新抬头并使其深陷其中。雅各布斯警告说,最终的结果可能是灾难性的。"

——威廉·P. 巴莱特 (William P. Barrett)
2004 年 3 月 15 日,载于《福布斯》杂志的文章《大规模恐慌性武器》

"布鲁斯·I. 雅各布斯给我们带来了一个多么好的分析:'巧妙的'投资策略、对安全的幻想以及市场崩盘。在另一个行为驱动的市场周期中,我们可以利用他睿智的建议和敏锐的观察渡过难关。雅各布斯认为,投资产品有可能以糟糕的方式对投资者的心理产生影响。他还研究了跟踪趋势交易 (trend-following trading) 的典型行为错误。过去的经验教训可以应用到今天的主题中:颠覆性创新、人工智能和加密货币。这是一本任何时候都不过时的书。"

——布莱恩·布鲁斯 (Brian Bruce)
《行为金融杂志》编辑

"布鲁斯·I. 雅各布斯拥有丰富的知识、经验、精力和热情,能够从 1987 年的股市崩盘和 2007—2008 年的信贷危机等金融市场动荡中获得深刻的领悟。本书找出了投资策略和产品之间共有的脉络,这些策略和产品本应降低风险,但却引发了这样或那样的市场危机。"

——巴里·博尔 (Barry Burr)
曾任《养老金与投资》编辑

"本书涵盖了20世纪末21世纪初的大部分金融灾难。布鲁斯·I.雅各布斯亲身经历，并且知道该如何探讨。书中的探讨范围既广且深。他对关键问题进行了深入剖析。有几个线索将这些灾难联系在一起，如流动性过剩或不足、投资工具的复杂性和模糊性、杠杆率、令人眼花缭乱的数学模型和过度贪婪。这让读者不禁要问，这么多有才华的投资者怎么会犯这么大的错误？当然，答案是复杂的，本书将帮助你理解当时发生了什么以及为什么会发生。"

——乔恩·A.克里斯托森（Jon A. Christopherson）

罗素投资名誉研究员

"布鲁斯·I.雅各布斯解释了什么时候可能发生崩盘：往往是经济强劲、风险看似很低的时候。买下这本书并研读，便可提前获知危机。"

——埃尔罗伊·迪姆森（Elroy Dimson）

剑桥大学贾奇商学院金融学教授，伦敦商学院名誉教授

"布鲁斯·I.雅各布斯对金融危机的深刻分析将提醒读者，一些金融工具和策略是如何掩盖投资风险，并导致杠杆过度的。最终结果可能是被迫抛售或被要求追加保证金，以及应对流动性不足和股价暴跌。雅各布斯提出的一个补救措施是将投资者对杠杆风险的天然厌恶纳入投资组合决策中。投资者和金融机构最好能够注意到本书中的警告。"

——弗兰克·J.法博齐（Frank J. Fabozzi）

法国北方高等商学院金融学教授，《投资组合管理杂志》编辑

"布鲁斯·I.雅各布斯仔细研究了近40年来的金融危机，发现了一个共同点：风险管理和投资策略在微观层面看似良性，但在宏观层面却构成了可怕的系统性风险。这是一个重要的教训。"

——格雷格·费尔德伯格（Greg Feldberg）

美国金融危机调查委员会研究部主任

"本书凝聚了一个伟大的投资者数十年的实践智慧与敏锐的分析洞察力，这些智慧来自于一个不仅对金融界，甚至对整个世界都至关重要的课题研究。"

——杰弗里·加勒特（Geoffrey Garrett）

宾夕法尼亚大学沃顿商学院院长

"布鲁斯·I.雅各布斯新书的中心主题是理解金融市场中金融机构、财务顾问、监管者和投资者的行为及其后果之间关系的重要性。市场崩盘的频率越来越高，这就要求我们彻底调查市场表现出脆弱性的原因。本书提供了一个对我们所有人都至关重要的批判性分析。"

——迈克尔·吉本斯（Michael Gibbons）

宾夕法尼亚大学沃顿商学院投资银行学教授

"雅各布斯指出了投资组合保险和动态对冲是如何加剧 1987 年股市崩盘的，并指出动态对冲在最近的市场波动中发挥了类似的作用。他还描绘了这些令人不安的市场混乱与长期资本管理公司的崩盘之间的关系：强行出售过度杠杆化的套利头寸、市场流动性的'幻觉'以及竞争对手的抢先操作。"

——罗伯特·格劳伯（Robert Glauber）

布雷迪委员会执行董事、财政部前副部长，支持雅各布斯早期的作品：

《资本理念与市场现实：期权复制、投资者行为与股市崩盘》

"布鲁斯·I.雅各布斯，一位先知先觉者，投资组合保险的早期批评者，他将注意力转向 1987 年金融危机以来的一系列金融市场灾难。他指出了各种旨在增加回报和降低风险的投资策略和工具的缺陷，它们反而增加了金融体系的脆弱性。雅各布斯将专业的从业人员对复杂金融工具的理解与分析同金融学和行为金融学的见解结合起来，清晰地指出了这些方法中的逻辑缺陷。这是一本可读性很强的书，阐述了一系列被证明极具智慧的创新思想。"

——理查德·J.赫林（Richard J. Herring）

宾夕法尼亚大学沃顿商学院国际银行学教授兼沃顿金融机构中心主任

"布鲁斯·I.雅各布斯有效地证明了趋势跟踪策略（如投资组合保险）是一种适合顺境市场的技术，当发生严重崩盘时，这种技术会增加麻烦，而不是把问题最小化。"

——查尔斯·P.金德尔伯格（Charles P. Kindleberger）

《狂躁、恐慌和崩溃：金融危机史》的作者，对雅各布斯早期作品《资本理念与市场现实：期权复制、投资者行为与股市崩盘》倍加推崇

"有人说历史是可以避免的事情的总和。这一说法在金融危机史上从未像现在这样真实。金融创新通常被华尔街的公司视为降低或控制风险的一种手段，实际上它会产生或加剧其他无法预见的风险。布鲁斯·I. 雅各布斯出版了这本重要而及时的书，解释了一些破坏性事件背后的共同主题，并提出了在未来避免这些事件的可能性。它对从业者、监管者和学术界都具有不可估量的价值。"

——理查德·林赛（Richard Lindsey）

SEC 前市场总监兼首席经济学家

"作为基金经理，布鲁斯·I. 雅各布斯在 1987 年股市崩盘前预测，投资组合保险将引发连锁反应式抛售。他最近预测，期权策略（投资组合保险之子）将在未来的股市崩盘中扮演类似的角色，尽管它带来的风险更为隐蔽。那个星期一（1997 年 10 月 27 日）已经给了我们确凿的证据。"

——罗杰·洛温斯坦（Roger Lowenstein）

《华尔街日报》，1997 年 11 月 6 日

"投资者今天应该读一读这本书，为下一次的崩盘做好准备，而下一次崩盘肯定会到来。"

——爱德华·M. 米勒（Edward M. Miller）

新奥尔良大学前经济学和金融学教授

"在本书中，布鲁斯·I. 雅各布斯将其作为金融分析师和评论员的丰富经验和专业知识应用于日益严重和频繁的金融危机。他将 20 世纪 80 年代以来各种危机的故事编织在一起，并以清晰而扣人心弦的方式解释杠杆、非透明且复杂的投资策略是如何导致市场崩溃的。他还揭示了经常被市场专业人士和学术界忽视的利益冲突。任何希望市场更安全、更稳定的人都应该听听雅各布斯的智慧之言。"

——弗兰克·帕特诺伊（Frank Partnoy）

加州大学伯克利分校法学教授

《F. I. A. S. C. O.》及《传染性贪婪》（Infectious Greed）的作者

"黑天鹅事件似乎在市场上频繁发生。我们是否忘记了市场回报率并非服从正态分布，而是服从我们从未充分考虑过的厚尾分布？我衷心推荐你仔细阅读布鲁斯·I.雅各布斯的这本新书。这将有助于你更好地理解和预测股市崩盘。雅各布斯的每一本出版物都为读者提供了关于发生了什么、为什么发生以及再次发生的可能性的推理和研究。"

——罗伯特·F.普洛德（Robert F. Ploder）

IBM 退休基金高级投资经理

"布鲁斯·I.雅各布斯认为金融危机是由金融市场内部的活动造成的，而不是由外部因素造成的，也不是由运气不佳造成的。他要传递的主要信息可以用1970年著名的《地球日海报》上的话来解释，即'我们遇到的敌人，就是我们'。雅各布斯出色地将危机起因的各个点联系起来，并建议我们思考如何'驯服暴风雨'这一艰巨任务。"

——赫施·舍夫林（Hersh Shefrin）

圣克拉拉大学利维商学院金融学教授

"每个受托人都应该读这本书。投资者常常被那些迎合人类恐惧和贪婪本能的促销活动所吸引。布鲁斯·I.雅各布斯展示了低风险、看似正确的投资策略可能会适得其反。他对投资组合保险的看法帮助我们的利润分享基金避免了1987年的狂热。今天，特别是考虑到长期资本管理公司的惨败，投资者应该知道雅各布斯对衍生品交易策略和股市崩盘有何看法。"

——约翰·E.斯特特尔（John E. Stettler）

佐治亚太平洋公司福利投资副总裁，对雅各布斯的早期作品表示赞赏：《资本理念与市场现实：期权复制、投资者行为与股市崩盘》

"在这本非常全面且深思熟虑的书中，布鲁斯·I.雅各布斯带领读者反观了金融市场和我们所经历的市场危机。一个关键的建议是要提防所谓的专家，不管他们有多聪明。我强烈推荐这本经过深入研究的佳作。"

——威廉·T.齐姆巴（William T. Ziemba）

不列颠哥伦比亚大学名誉教授

感谢伊琳、劳伦、朱莉、山姆和艾丽卡的爱、耐心和支持。

致　谢

写这本书对我来说是一种使命，正如你将在导言中看到的，没有他们的帮助和支持，我是不可能完成这本书的。

感谢我在雅各布斯利维公司的合伙人肯·利维（Ken Levy）的建议和鼓励。

我也很感谢雅各布斯利维公司其他人的贡献。多年来，朱迪丝·金博尔（Judith Kimball）和戴维·兰迪斯（David Landis）为这本书提供了宝贵的编辑建议、研究和支持。特别感谢我们的项目管理团队，凯瑟琳·斯宾拉（Catherine Spinella）、赫米尼娅·卡瓦希拉（Herminia Carvalheira）、阿纳米卡·潘乔（Anamika Panchoo）和梅利莎·韦雷索（Melissa Weresow），他们的共同努力最终成就了这本书。感谢投资组合工程和交易部门提供的数据验证，以及研究和客户服务部门的成员提供的很有帮助的意见。

感谢麦格劳–希尔出版公司的编辑总监多尼亚·迪克森（Donya Dickerson）和编辑谢丽尔·林格（Cheryl Ringer），他们在整个出版过程中给予了指导。

读者可以通过电子邮件 Jacobslevy@ jlem. com 向我提出问题或进行评论，或在 www. jacobslevy. com 上找到关于本书的更多信息。

目　录

第五部分

制造金融风暴

　　"……这明显是来自宙斯的风暴在攻击我，它是如此恐怖。啊，苍天啊，我是多么痛苦，这是多么不公平。"

——埃斯库里斯（Aeschylus）[1]

　　为什么今天的金融市场会出现如此规律性的崩溃？这些引发动荡的事件仅仅是"极致风暴"，是不可避免的巧合吗？是否还可能存在另一只操纵之手？这些危机中是否有一些共同的因素，或许可以帮助我们预测下一次危机的到来？

　　1987年10月19日，星期一，美国股市暴跌，并且创下有史以来最大单日跌幅，进一步引发全球股市下跌。道琼斯工业平均指数（DJIA）单日暴跌508点，跌幅22.6%。这比1929年大崩盘时的损失更为惨重，当时市场花了两天时间才蒸发了略高于23%的市值（附录A更详细地描述了这次股市崩盘及其后果）。在1987年的股市崩盘中，股指期货合约的表现甚至比股票还要糟糕，跌幅高达28.6%。在几个小时内，股票投资者的损失超过1万亿美元。尽管前一周股市大幅下跌，但似乎并没有什么足以导致如此严重损失的重大事件发生。

　　近11年后的1998年8月，美国股市经历了一轮足以让人回忆起1987年股市崩盘的震荡。俄罗斯政府在8月17日从本质上使卢布贬值，并宣布暂停偿还400亿美元的企业和银行债务，暂停期为90天。货币市场顿时陷入混乱，投资者从俄罗斯和其他大宗商品生产国撤出资金，将其投入以美元计价的资产中去。这种安全投资转移很快便蔓延到股市，国际投资者首先抛售新兴市场的股票。同时，这场混乱还对当时全球最大的对冲基金之一的长期资本管理公司（LTCM）造成了毁灭性的打击。市场预期该基金将被迫清算其在全球股市和债券市场的大量头寸，这在那个秋天持续引发了更多的混乱和动荡。

2007 年夏天，随着美国房地产泡沫接近顶峰，投资于抵押贷款相关证券的对冲基金面临着类似于 1998 年长期资本管理公司所面临的流动性问题。与 LTCM 一样，它们中的许多证券都已平仓，这导致了 2007 年 8 月 9 日美国股市的大幅下跌。这一次与 1998 年不同的是，潜在的问题挥之不去且日益恶化。大量的抵押贷款违约导致美国和欧洲主要商业银行、投资银行出现巨额亏损。到 2008 年底，信贷市场的流动性枯竭，给美国和欧洲的实体经济带来严重影响。

围绕着 1987 年、1998 年和 2008 年发生的危机，出现了数不清的相关著作，同时引发了多项政府调查，激发了新闻媒体的各种华丽的报道。在最近一次全球金融危机之后的 10 年里，无数作家试图寻找其根源。为什么还要再加这一本书呢？或许是因为我们没有看到很好的解释，他们将金融危机描述为无法预见、无法解释或无法避免的天灾或资本市场的固有特征。

芝加哥大学教授尤金·F. 法玛（Eugene F. Fama）是最早也是最著名的"市场价格总是反映所有可用信息理论"的支持者之一，他认为，1987 年 10 月 19 日股价大幅下跌的背后是经济基本面的变化。他写道："（股市）以惊人的速度达到了新的平衡点（这反映了基本面的变化），它在这一过度活跃的交易时期内的表现值得称赞。"[2] 1988 年，加利福尼亚大学（University of California）教授马克·E. 鲁宾斯坦（Mark E. Rubinstein）提出了导致 1987 年股市暴跌的 12 个基本因素，其中包括利率上升和预算赤字上升，[3] 但后来的结论是，完全基于基本面的解释是不够的。[4]

记者迈克尔·刘易斯（Michael Lewis）这样描述了 1998 年的股市危机：[5]

艾伦·格林斯潘（Alan Greenspan）和罗伯特·鲁宾（Robert Rubin）说，他们从未见过这样的危机，其他人也没见过。这让普通的股票市场投资者恐慌。这也是全球最大的金融公司的又一次恐慌。世界金融机构创造了一次全球范围内的银行挤兑。

布莱克–斯科尔斯–莫顿（Black-Scholes-Merton）期权定价模型的共同创立者、长期资本管理公司的合伙人迈伦·S. 斯科尔斯（Myron S. Scholes）认为，"也许（1998 年 8 月）流动性外逃的部分责任在于国际货币基金组织"，该组织拒绝救助俄罗斯债券持有人。[6]

从 1993 年起一直到 2008 年破产时担任贝尔·斯特恩公司（Bear Stearns）首

席执行官的詹姆斯·E.凯恩（James E. Cayne）为这家已故的传奇公司所致的悼词如下："生活还将继续。这家公司确实取得了很高的成就，但我们遇到了飓风。"[7]
雷曼兄弟（Lehman Brothers）前总裁小理查德·S.富尔德（Richard S. Fuld Jr.）
回顾2008年的事件时表示："这不仅仅是某一个孤立的因素所致，而是所有事情综合作用而来的。我称之为一场极致风暴（the perfect storm）。"[8]

实际上，这场危机被许多人视为一次"极致风暴"。但是，正如科学家们开始发现的那样，"极致风暴"不仅是自然造成的结果，也是人类造成的结果。金融风暴亦是如此。

例如，许多"闪崩"——突然的、剧烈的、看似难以解释的价格波动，都被归咎于市场操纵、投资者的失误或者计算机交易算法对价格变化的机械反应。或许最著名的事件发生在2010年5月6日，当时道琼斯工业平均指数在几分钟内下跌了1000点（较当天最高点下跌约9%），但很快就恢复如常。2018年2月5日，道琼斯工业平均指数在15分钟内下跌900点，当天最多时下跌了1600点。这一暴跌归因于与VIX——芝加哥期权交易所波动率指数（Volatility Index）相关的趋势跟踪交易策略的影响。美国和其他地方的股票市场，以及大宗商品和货币市场，在其他时间也经历过类似事件。幸运的是，损失通常在发生时就被迅速扭转。

开始于2000年3月的互联网泡沫后的长期萧条，是投资者引发危机的一个更加微妙的案例。20世纪90年代是"新经济"的时代，当时有专家声称，可以抛弃市盈率、股息率和现金流等旧标准，转而相信互联网的无限未来。在截止到2000年初的10年间，互联网公司的市值占比从0增长到6%。然而，在2000年3月10日至4月14日，纳斯达克综合指数下跌了34.2%，并且在接下来的两年里继续下跌，最终比3月10日的峰值下跌了78%。互联网公司的涨跌至少可以部分归因于一种叫作"动量交易"的投资策略。[9]动量交易要求在股价上涨时买进股票，并且在股价下跌时卖出这些股票。

这本书挑战了金融危机仅仅是偶然事件、糟糕的运气或市场自然走势结果的观点。相反，它们源自某些金融策略和产品，这些策略和产品有可能以破坏性的方式对投资者的心理产生影响。人们设计这些策略和产品的初衷是降低投资风险。他们依靠最先进的计算机工程学、复杂的数学，以及通过让人眼花缭乱的营销宣传，意图以各种美妙的"承诺"打消投资者的疑虑。然而，具有讽刺意味的是，尽管它们号称安全，但它们却制造出了引发金融风暴的条件，在事实上增加了所有投资者的风险。

特别值得关注的是 20 世纪 80 年代的投资组合保险、90 年代长期资本管理公司推行的套利策略，以及处于 2007—2008 年信贷危机旋涡中心的次贷证券。所有这些策略和产品似乎都提供了一顿免费午餐，可以在增加回报的同时降低风险。然而，在它们吸引了大量追随者的同时，也以一种制造市场动荡的方式引导了个人投资者的希望或恐惧。它们放大了市值，以至于价格变得无法长期持续。投资者的悲观情绪随之而来，从而突然将收益转化为亏损。

虽然这些复杂的策略和工具随着时间的推移而变化，但它们一直存在着某些共性。这些共性包括：

1）非透明性和复杂性，这导致很难预测这些策略和产品的效果，也很难辨别它们在不同的市场参与者之间嫁接出来的关系。

2）由衍生工具和借贷推动的杠杆效应，加大了对证券价格、市场和经济的影响。

3）策略和产品的隐蔽的、类似于期权的性质，会造成市场的非线性走势，也就是股价的过度上涨或断崖式的暴跌。

具有这些特征，即所谓的具有降低风险的投资策略和产品，会造成流动性幻觉，对潜在风险的误解，导致大量资金涌向策略和产品，并放大它们对标的市场和金融机构的影响。这些策略与市场行为之间的反馈循环，进一步增加了市场的脆弱性。如果投资者意识到了所有这些市场动荡之间的共同点，就可以避免重蹈覆辙，为更稳定的金融未来做出贡献。

关于本书

本书第一部分简要解释了投资界风险与回报之间的关系，以及投资者试图降低风险的方法和途径。在很大程度上，美国金融市场所发生的危机是产品和策略模糊了风险与回报关系的结果。如果读者已经熟悉基本的风险管理策略，如多样化和对冲，可能想跳过这一部分，而直奔第二部分。也有人可能希望密切关注做空机制，如第一章"降低风险"所述。做空是一种从证券价格下跌中获利的策略。一些著名的对冲基金在 2008 年股市崩盘前精明地押注次贷证券，为投资者赚取了数十亿美元。[10] 虽然不能保证会出现这样的赚钱效应，但这本书的见解能让读者更好地做好诊断下一次金融危机的准备，并可能从中获利。

第二部分从描述 1987 年 10 月的股市崩盘开始，接着考察了投资组合保险及其在股市崩盘中所起的作用。投资组合保险起源于已故的费舍尔·布莱克（Fischer Black）和诺贝尔奖获得者迈伦·S. 斯科尔斯（Myron S. Scholes）和罗伯特·C. 默顿（Robert C. Merton）开发的期权定价模型。这个模型允许投资组合保险的发行人设计一个股票交易策略，复制出用看跌期权保护投资组合以控制亏损的效果。这一策略被投资者广泛采用，通过强制在股价下跌时进行机械式抛售，并在股价上涨时买入，这种策略本质上将风险从"保险"投资组合转移到市场。当有足够多的投资者从事这种趋势跟踪交易时，他们可以随之横扫市场，有时会推高股价，有时则会导致股价大幅下跌。

在 20 世纪 80 年代中期，投资组合保险被大型投资机构宣传为一种"免费午餐"，到 1987 年秋季，它已发展成为一个价值达 1000 亿美元的产业。它越来越受欢迎，推动了市场在 20 世纪 80 年代中期的不断上升。由于得到了免于遭受经济衰退的保护的鼓舞，受到"保护"的投资者坚定地持有或增加了他们的股票头寸。然而，当股票市场在 1987 年 10 月中旬开始下跌时，这一策略则要求机械式抛售。10 月 19 日，星期一，投资组合保险承保人的巨额抛售引发了市场的恐慌。

虽然在 1987 年股市崩盘后，投资组合保险的使用率下降到了可以忽略的水平，但其背后的理论仍然存在于一些类似的策略中，这些策略似乎提供了低风险的高回报。其中包括数万亿美元的期权金融衍生品，用于对冲投资股票和债券的风险。这些策略采用了与投资组合保险相同的期权复制交易，第二章研究了它们在 20 世纪 90 年代一系列被称为"微型股市崩盘"的市场混乱中所起的作用。

第三部分集中讨论了 1998 年长期资本管理公司的消亡及其对美国股票和债券市场的影响。长期资本管理公司所采用的策略可以像复制期权那样对市场施加压力，特别是当这些策略严重依赖借款的时候。1998 年夏天，长期资本管理公司的低风险策略的风险越来越大，亏损加剧，该基金被迫机械性地向下跌的市场中抛售股票，导致许多投资者的财富急剧缩水。

第四部分分析了 2007—2008 年的次贷危机，并展示了次级抵押贷款是如何推动美国房地产泡沫的增长和崩溃的，次级抵押贷款也称次级贷款，它是面向有着复杂信用记录的购房者的。这些贷款反过来催生了一些投资产品，简称为 RMBS、CDO、CDS 等。它们被用来将风险从一方转移到另一方，从贷款人转移到金融中介，从金融中介转移到投资者。这时，各方都感到自己的风险降低了，以至于许多人忽视了标的贷款的实际风险。这种安全感反过来鼓励了更多的贷款、更多的证券化产品以及更多的贷款购买抵押贷款和基于抵押贷款的金融产品。

但当国内许多地区房价涨势放缓，然后出现逆转时，大量的借款人，尤其是次级借款人开始拖欠抵押贷款。这造成了严重亏损的连锁反应。基于次级贷款支持证券的债务抵押债券（collateralized debt obligations，简称 CDO）价值下跌，与此同时，保险公司、对冲基金和其他出售信用违约掉期（credit default swaps，简称 CDS）的公司面临越来越多的债务，这些 CDS 为此类 CDO 的违约提供了保险。随着财务压力的加大，银行间相互拆借和向其他客户借贷的意愿逐渐枯竭，信贷蒸发很快导致全球实体经济出现重大问题。这些旨在降低投资者风险的产品，最终创造了一种更广泛的系统性风险，有可能影响全球金融体系。

第五部分分析了正在进行中的欧洲债务危机是如何从美国次贷危机中脱颖而出的，并探讨了几场金融危机之间的异同。乍一看，这些危机大约每 10 年出现一次，似乎彼此又大不相同。1987 年，这些问题是由机构投资者造成的，破坏力主要局限于股市，尽管从美国蔓延到了海外市场。1998 年，单一的大型对冲基金长期资本管理公司虽然搅乱了股票和固定收益市场，但它主要发生在美国。因此在这两种情况下，危机并没有造成长期的影响。在 1987 年股市崩盘、20 世纪 90 年代的微型股市崩盘、1998 年的长期资本管理公司的倒闭，以及 2007—2008 年的金融危机中，本应提高回报又同时降低风险的投资策略或工具，事实上放大了市场的震荡。

警惕金融危机的眼睛

作为一家投资管理公司的联合创始人和共同负责人，我专注于机构客户的长短投资组合的量化管理，我对金融市场的稳定性有着专业判断和个人兴趣。我感兴趣的种子最早出现在 20 世纪 80 年代，那时我加入了美国保诚保险公司。在被要求评估一种新的动态对冲策略（后来被称为投资组合保险）时，我与 LOR 公司的创始合伙人海恩·E. 利兰（Hayne E. Leland）、马克·E. 鲁宾斯坦和约翰·W. 奥布莱恩（John W. O'Brien）进行了一系列激烈的辩论。利兰和鲁宾斯坦也是加利福尼亚大学伯克利分校的教授，他们根据布莱克－斯科尔斯－默顿期权定价模型设计了投资组合保险。

虽然这个策略表面上看起来很吸引人，但我警告说，它包含了自毁机制。在给我的上级和保诚保险公司的客户服务部门以及销售人员的一份备忘录中，我断言，该策略的自动趋势跟踪交易可能会破坏市场的稳定，进而导致保险产品的亏损。[11] 保诚保险公司遵循我的建议，放弃了投资组合保险。短期内，尽管它错过了得到新兴的投资组合保险业相关的管理费，但从长期来看，它的客户服务团队避免了在 1987 年金融危机期间，在该策略遭受失败后，与客户所进行的艰难的（在当时又是最需要的）解释工作。

在 1987 年股市崩盘之前，我曾与 LOR 公司的创始人进行过几次公开辩论，并撰写了一系列文章，揭示了投资组合保险的实际成本。[12] 我的观点后来被养老金与投资公司（Pensions & Investments）认可，该公司指出，我是"最早警告投资组合保险可能会破坏稳定的人之一"。[13] 在《华尔街日报》上，罗杰·洛温斯坦（Roger Lowenstein）说我"在 1987 年股市崩盘前就预测到，投资组合保险将引发连锁反应式的抛售"。[14] 鲁宾斯坦后来指出，我的"预测投资组合保险策略的致命弱点很有先见之明"。[15]

随后，我在《对于投资组合保险的观点：它很容易失败》（*Viewpoint on Portfolio Insurance：It's Prone to Failure*）、《期权定价理论的阴暗面》（*The Darker Side of Option Pricing Theory*）、《期权定价理论及其意外后果》（*Option Pricing Theory and Its Unintended Consequences*）和《期权复制与市场的脆弱性》（*Option Replication and the Market's Fragility*）中指明，投资组合保险的程序化交易是如何导致 1987 年 10 月 19 日股市暴跌的。[16] 这些努力的高潮出现在 1999 年，我出版了《资本理念与市场现实：期权复制、投资者行为与股市崩盘》（*Capital Ideas and Market Realities：Option Replication，Investor Behavior，and Stock Market Crashes*）一书。[17]

在《资本理念与市场现实：期权复制、投资者行为与股市崩盘》一书中，包括在诺贝尔奖获得者哈里·马科维茨（Harry Markowitz）撰写的前言中，我们详细探讨了投资组合保险是否是一种理想的投资策略，以及它在 1987 年股市崩盘中所起的作用。[18] 这本书接着讨论了对市场稳定构成类似问题的后期策略。其中包括场外交易（OTC）期权（一种不受交易所规则约束的双边协议）和对冲基金（如 LTCM）进行的高杠杆套利交易。当此类交易分崩离析时，需要平仓套利头寸，这就产生了与投资组合保险中"市场下跌即进行抛售"相同的交易模式。我在《长期资本的短期记忆》（*Long-Term Capital's Short-Term Memory*）、《当看似绝对正确的套利策略失败时》（*When Seemingly Infallible Arbitrage Strategies Fail*）和《两只对冲基金的故事》（*A Tale of Two Hedge Funds*）中对此进行了阐述。[19]

在 2004 年《金融分析师杂志》的一篇文章《风险规避与市场的脆弱性》（*Risk Avoidance and Market Fragility*）中，我讨论了分散风险与风险转移之间的本质区别。[20] 分散风险可以降低风险，因为投资组合中单个证券的风险分散后可以降低总体风险，但风险转移（如投资组合保险、某些套利策略以及最近的住房抵押贷款支持证券、CDO 和 CDS 等）只是将风险从一方转移到另一方。风险转移降低了个人投资者对自己所承担风险的认识，从而鼓励他们承担了更多的风险。然而，由于鼓励投资者承担更多风险，该体系的总体风险仍然存在，而且事实上还在增加。在某种程度上，市场变得脆弱，甚至容易受到小规模冲击的影响。正如我在那篇文章中指出的，当市场变得脆弱，当企业被认为"大到不能倒"时，政府可能成为"最后的风险承担者"。[21]

我的文章《巴别塔的倒塌：次贷证券化和信贷危机》（*Tumbling Tower of Babel：Subprime Securitization and the Credit Crisis*）（巴别塔，又称巴比伦塔，《圣经·旧约·创世记》第 11 章的故事中人们建造的高塔——译者注）讨论了 CDO 和 CDS 等工具是如何引发 2007—2008 年金融危机的。[22] 我后来成为国家金融研究所委员会（Committee to Establish the National Institute of Finance）的成员。该委员会致力于说服国会在其金融监管的改革中，成立金融监管机构理事会、金融稳定监督理事会（负责识别金融体系内可能破坏美国经济稳定的风险）和金融研究办公室（Office of Financial Research），以为该委员会提供支持。

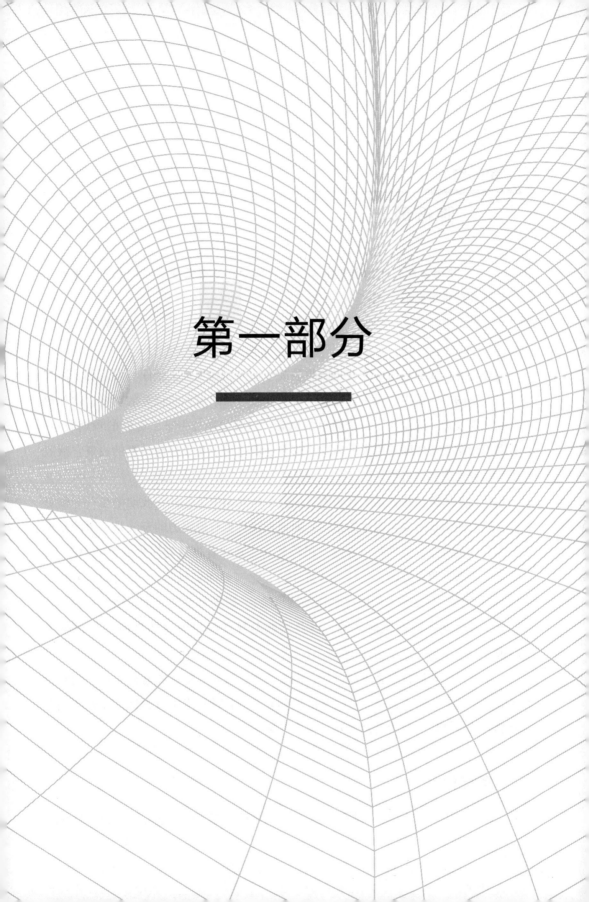

第一部分

第一章

降低风险

"绝大多数金融理论都在告诉你：假如你不想蒙受高额的损失，也就不可能获得高额的收益。"

——威廉·F.夏普[1]

理论上，投资股票所能获得的收益高于债券。这当然不是偶然发生的，因为投资股票的风险更大，投资者需要一个选择投资股票而不是债券的动机，比如更高的预期收益。这说明了一个简单的概念：风险的增加带来了更高的预期收益，更高的预期收益伴随着更大的风险。这个逻辑适用于几乎任何类型的投资：从股票、债券到商品与货币。

什么是风险？从数据统计来看，风险是由波动率定义的，波动率是一个衡量在一段时间内价格变化幅度的指标。而更直接且更有说服力的定义是：风险是损失部分或全部投资价值的可能性。风险越高，意味着你遭受损失的可能性越大。风险可能来自很多方面，包括经济条件的变化（如通胀风险）、公司的财务状况（如信用风险）、或交易问题（如流动性风险）。附录B简要介绍了债券、股票和衍生工具之间不同的风险来源，以及这些差异如何影响这些金融工具的投资回报。

虽然风险和回报是密不可分的，但投资者一直在寻找将收益最大化，同时使风险最小化的策略。这可以通过从简单到复杂的各种技术进行尝试，但即使是下面提到的最常用的风险管理策略，也有其缺点。

多样化

在一个投资组合中，风险可以通过持有多种预期不同的证券，构建多样化组合来控制。[2] 例如，油价上涨可能会对航空公司产生不利影响，但同时会给石油公司或能源勘探公司带来良好的业绩。因此，持有这些股票的投资组合可以免受油价波动的影响。

当然，多样化组合只保护针对公司的风险，并不能规避股价普遍下跌的系统性风险。系统性风险本身可以通过持有抵消风险源敞口的资产而在一定程度上实现分散。例如，债券收益率往往在通货膨胀的意外上升时遭受沉重打击，而发行股票的上市公司可以将通货膨胀成本上升转嫁给客户，因而股价表现较好。因此，同时持有债券和股票有助于减轻通货膨胀的影响。

但是，实现资产类别多样化（如股票、债券、大宗商品等）的同时，尽管可以降低任何特定资产类别下跌的影响等级，其收益也将相应受到限制，特别是在市场危机期间，许多资产类别的价值往往同时降低。例如，1998 年的危机，股票和债券的价值都遭受了折损。

当投资组合被杠杆化时，多样化组合的价值也可能受到限制，也就是说，当投资组合中的一些资产是通过借款购买的，杠杆将放大收益，也可能放大亏损。事实上，金融理论为构建具有最佳风险和收益平衡的多样化投资组合设定了假设前提，使得投资者对杠杆化的特有风险并没有产生排斥，或者换句话说，投资者对杠杆无限容忍。

就杠杆化增加了投资组合波动性的程度而言，使用杠杆的过程，我们称之为"均值－方差优化"，利用它可以识别一些杠杆化所带来的风险，但不能识别增加杠杆的特殊风险，包括潜在的保证金要求，这可能迫使投资者在不利的市场条件下出售资产，从而增加在资本投资范围之外遭受损失的可能性，甚至付出破产的代价。正因这种误区，甚至让投资者认为持有的高风险、高杠杆的投资组合是"最佳组合"。

构建投资组合的另一种方法是"均值－方差－杠杆优化"，明确考虑投资组合的杠杆风险水平，并允许投资者根据他们的杠杆厌恶程度来决定杠杆水平。这样，投资者就可以根据投资组合的波动风险和杠杆风险来衡量组合的预期收益。[3]

保护策略

一种简单的风险控制技术是"预设卖点"。例如，再平衡策略，即通过出售增值的证券，将收益投资于未上涨或下跌的证券，定期调整投资组合的目标收益分配。这个简单的过程很容易实现，并且不需要对市场或单个证券有特别的洞察力。它是通过设计一个程序来低买高卖，这是一个最基本的能够成功的投资策略。

然而，再平衡策略并非万无一失。比如买入和卖出的时机可能不合时宜，股票在有进一步上涨空间时有可能被抛售，导致应得的收益被放弃。或者在股票还在下跌的时候买入，导致损失增加。因为该策略只是在发生亏损时进行再平衡，因此无法预先将投资组合的损失限制在一个特定的目标上。

因此出现了"止损指令"，设计它的初衷是将损失限制在一个特定的数额之内。这是一个投资经理向经纪人发出的指令，要求其在股票价格低于某一特定水平时出售股票。指令的形式多种多样，有一种叫作"市价止损指令"，指要求交易员在股票跌破规定的阈值后，尽可能以最优的市场价格卖出股票。还有一种叫作"限价止损指令"，指要求交易员以规定的价格或低于预先设定的阈值卖出股票。

然而，这一策略存在潜在成本。一个波动的市场往往是"拉锯"式的震荡，股价在大幅上涨之前可能突然下跌，并且触发止损指令。在这种情况下，尽管止损指令提供了预先的下跌保护，其代价却是放弃了巨大的潜在收益。

还有一些情况下止损指令可能无法提供预先的价格保护。在快速变化的市场中，股票的价格可能会在经纪人完成卖出指令之前就已远远低于预定的阈值。因此，损失可能比预期的要大。这种问题可以通过使用"有限止损指令"加以解决，该指令要求按规定的价格出售或者不得出售股票。但是在一个快速变化的市场中，经纪人可能无法执行指定的指令，这也可能导致更大的损失。因此，止损指令的使用者必须决定是否有必要承担更大的价格风险（市价止损指令）以确保指令得到执行，或者有更大的执行风险（限价止损指令）以换取对卖出价格的更大控制。

投资组合保险

本书的第二部分将具体讨论投资组合保险，这是一个规范的股票卖出策略，旨在尝试复制卖出期权的限制损失特性。和看跌期权一样，投资组合保险的目的是为投资组合设定一个最低限价，但就像止损指令一样，它并不总是奏效。

投资组合保险是根据期权公式和市场条件，在股票和无风险美国国债或现金之间转移资产。一般来说，该策略要求在股价下跌时卖出股票，在股价上涨时买入股票。目标是在市场下滑时减少投资组合对市场的参与，在市场上升时增加参与。

投资组合保险在正常市场条件下可以发挥广泛的作用，但在预期之外的动荡时期，它也会受到影响。正如我们将在第五章中看到的那样。然而，当投资组合保险被广泛推广和使用时，它可能会破坏市场价格，从而造成它的失效。当股市上涨时，这种策略要求买入，可能会进一步推高价格。当股市下跌时，该策略要求的大量抛售，可能会压垮现有买家，引发对流动性风险的担忧。此外，投资组合保险商的抛售可能导致其他市场参与者的进一步抛售，他们没有意识到抛盘的激增是由程序挂单造成的，而非基本面的变化。极端的价格混乱会导致 1987 年股市崩盘的情况，严重削弱了这一策略旨在控制"或有亏损"的初衷。

保证回报

尽管投资组合保险的名字中带有"保险"二字，但它本质上并不是保险。传统的保险要求预先支付保费给一个独立的保险人，然后由其承担意外的风险。投资组合保险无须支付保费，也没有独立的一方承担风险。投资组合保险本质上是自我保险，以放弃或有收益来换取理论上的安全。

然而，投资组合保险确实在以各种形式合法地存在。有一些投资品种具有保险性质，如保本理财产品。它们有各种各样的名称，包括担保权益、与权益挂钩的票据和保本型票据。例如，银行或经纪人可以发行一种可在交易所交易的票据，承诺在到期时支付相当于股票指数回报率高于某一阈值的本金加收益。

这些投资品种也会有许多缺点。与投资组合保险一样，下跌时的保护价格切断了上行的收益。产品的收益可以通过价值等于票据本金的国债和股票指数的看涨期权组合来廉价地复制。但是由于该结构中包含了大量的费用，因此票据的发行成本可能过高。此外，这些产品中的某些品种，在相对简单的主要担保的背后可能有复杂的结构，并面临透明度不足的风险。这些证券的二级市场交投很清淡，从而增加了一系列的流动性风险。即使买方可能用这些产品来对冲其市场风险，他们也使自己面临产品卖方可能违约的风险。

最有名的投资保险也许是由联邦存款保险公司（FDIC）提供的，该公司为每个银行的每个账户投保最多 25 万美元，在发生存款银行倒闭的时候偿还。尽管存款保险实际上消除了 20 世纪 30 年代之前美国周期性发生的零售银行恐慌，但也并非没有缺点。比如"道德风险"，银行在知道任何损失都会得到政府赔偿的情况下轻率地处置储户的存款时，就会出现这种情况。例如，在 20 世纪 80 年代早期存款保护扩大到储蓄和贷款储户后不久，普遍存在的欺诈性贷款就给美国纳税人造成了超过 1000 亿美元的损失。

政府资助的企业也可以提供某种形式的保险。联邦国家住房抵押协会（Fannie Mae，房利美）和联邦住房贷款抵押公司（Freddie Mac，房地美）就曾保证，他们所发行的抵押贷款支持证券将及时支付利息和本金。这些担保吸引了大量资金流向抵押贷款市场，降低了购房成本。但很多人会说，这种做法提高了房屋所有权的最终价格，我们将在本书第四部分详述。

另一种常见的保险形式是由一个"单一险种"的专业保险集团向市政债券发行人提供保险。这种保险可以保证在发生违约时及时还本付息，使州和地方政府能够以低于其他可能的利率发行债券。债券保险商们为抵押贷款支持产品提供类似的保险，如债务抵押债券（CDO）。该保险是对信用评级机构的低风险 AAA或类似评级的证券的额外担保。然而，在 2007—2008 年的次贷危机中，有保险的 CDO 的损失急剧上升，耗尽了债券保险商们的储备金，也损害了他们对地方政府债券的担保。

对冲策略

对冲策略是一种通过持有或卖空另一种证券，来控制所持有的证券可能出现的亏损的策略，用于对冲的证券的预期价格变动将抵消所持有的证券的某些价格变动。比如，投资者可以购买进出口公司的股票，以减轻货币汇率波动的影响。

对冲策略也被广泛用作控制商业风险。农民们采取对冲措施以防农作物价格下跌，制造商对原材料成本上升进行对冲，外贸公司对外币汇率的不利波动进行风险对冲。

大多数对冲策略的一个关键组成部分是卖空资产的能力。卖空是一种从资产价格下跌中获利的技术。做空股票就是卖掉从经纪人处借入的股票，并从中获得收益。然后，股票被回购并返还给经纪人。如果按卖空者的预期，股价下跌，卖空者就会从出售股票和回购股票的价差之间获利。如果股价上涨，卖空者将不得不以更高的价格买回，从而招致损失。

例如，一位投资经理重仓持有亚马逊的股票，即使这名经理预计亚马逊的股票会跑赢其他零售公司的股票，他也可能希望减少或对冲对零售业大量敞口的风险。这可以通过抛售股票来实现，例如，卖空等额的西尔斯的股票。假设这两只股票的价格都上涨了，如果亚马逊的股票的表现能像预期的那样好于西尔斯的股票，那么投资经理就能获利。利润将等于亚马逊股票的收益减去卖空西尔斯股票的较小损失。即使这两只股票的价格都在下跌，只要亚马逊股票的跌幅小于西尔斯股票，投资经理也会获利。在这种情况下，投资经理将承担亚马逊股票的损失，但他将在做空西尔斯股票中获得更大的收益。如果亚马逊的股价在西尔斯的股价下跌时上涨，利润将等于亚马逊股票的收益，再加上能够以低于卖出时的价格买入并返还所借西尔斯股票的收益。

当然，如果与投资经理的预期相反，西尔斯的股价最终的表现好于亚马逊，那么无论是两股都上涨，或两股都下跌，还是亚马逊股价下跌，西尔斯股价上涨，则都会出现亏损。在这两家公司股价下跌的情况下，卖空西尔斯股票的收益将抵消亚马逊长期头寸的部分损失，因此亚马逊股票头寸的风险在一定程度上得到了对冲。然而，在其他情况下，对冲实际上可能会增加这位投资经理在亚马逊股票未对冲头寸下所承受的损失。如果亚马逊的股票下跌而西尔斯的股票上涨，损失将等于亚马逊股票的损失加上西尔斯股票的损失。当结果与预期不同时，通过卖空（或其他方式）进行对冲，也有增加损失的风险。

做空也会产生成本。卖空者必须向经纪人支付借入股票的费用，并在借入股票期间支付所产生的全部股息。卖空者还必须为借入股票提供抵押品，以保证借入的股票安全，如果借入的股票价格上升，卖空者还必须增加抵押品。

除了这些担忧之外，考虑卖空的投资者应该记住，经纪人可能会要求卖空者更早地归还股票。在这种情况下，卖空者将需要寻找替换的股票或平仓，这意味着要以蒙受损失的价格进行平仓。在可做空股票供应量有限的情况下，投资者可能也难以建立空头仓位。[4] 最后，我们应当记住，卖空基本上都要借助杠杆，导致投资风险因借款而增加。如上文所述，杠杆放大了风险敞口。

一些投资者可能倾向于卖出期货合约来建立空头仓位。由于期货市场通常流动性更好，建立空头仓位可能比借入证券来卖空更容易，成本更低。然而，在使用指数期货对冲标的指数时，投资者面临着期货合约价格与股指价格步调不一致的风险，当空头仓位被强制平仓时，这种背离可能导致意外的收益或损失，这被称为基差风险。

对冲策略也可以使用看跌期权或掉期合约来限制来自证券出现明确的最低价值时的损失。购买证券的看跌期权使期权买方有权按合同规定的价格（行权价格）将担保物卖回给卖方。因此，买方可以保证在合同规定的期限结束时至少得到这一价值，减去期权费用（相当于保险费）。

通过掉期合约，投资者与交易对手达成协议，以一种现金流交换另一种现金流。例如，一方当事人可能同意为资产的指定价值支付固定利率，以换取另一方当事人按同样的数额收取浮动利率。固定利率的接受者消除了利率在该时期内变化的风险，而浮动利率的接受者则在合同延期时有了获利的可能。

同业信用风险一直是掉期市场中的一大难题。在2007—2008年次贷危机之前，大多数掉期交易都是在场外进行的，因此双方都面临着交易对手风险。相比之下，交易所交易期权的购买者免受交易对手的风险，其条件是所有各方设定保证金（现金等于交易价值的一部分），以及交易所承诺在必要时以自己的资产为交易提供担保。自危机爆发以来，监管机构一直在尝试降低掉期用户的交易对手信用风险，方法是要求采取一些措施，比如在发生违约时，强制实施中央清算，或在没有中央清算、最低担保和资本金要求的情况下提供支持。

对冲基金经常会采用一些掉期、期权和做空的组合，以建立一个理想程度的对冲。整个基金可能是净多头、重仓多头或净空头、重仓空头。如果多头头寸和空头头寸在价值和对大盘走势的敏感度上大致相等，则称作"市场中性"。对于市场中性的投资组合，大盘的波动相互抵消。这类投资组合很少或根本没有系统性的风险敞口，从而使它的回报将反映做多或做空特定证券的相对业绩。

套利策略

对冲策略被用来控制风险，价格变动预计会被抵消，类似的策略——套利策略——则被用来从两个相关资产的价格变动中赚取低风险利润。套利的理念是类似的资产理应被定以相似的价格。例如，如果同一只股票在两个不同的交易所进行不同价格的交易，将成为套利的机会。

当套利者以两种不同的价格进行相同的资产交易时，产生利润的途径是明确的：卖空定价较高的资产，买入定价较低的资产。在两个交易所进行的股票交易中，两种证券的价格差减去交易成本和汇率调整（如果涉及多种货币的话），则为套利利润。

鉴于市场的高度竞争性，纯粹的套利机会，如上述的机会是罕见的。多数套利机会采取相对价值交易的形式，即持有相关但不完全相同的证券的多空头寸。例如，一家公司的股价可能反映出对未来前景的乐观预期，而同一行业中不同公司的股价则反映出悲观的前景。套利者可以通过做多一只股票而做空另一只股票的策略，来捕捉认知价值上的这种差异。至于哪个做多，哪个做空，则取决于套利者自己对这两家公司的未来预期。

大多数相对价值的交易涉及价格的微小差异，因此利润微薄。通过杠杆的作用（如借贷或重复投资）可以提高利润水平，尽管代价是增加波动风险和杠杆风险。许多投资者认为，相对价值交易风险如此之低（毕竟，它们涉及的价格变动应抵消或收敛），因此它们可以安全地运用大量杠杆。人们经常忽略的是，这些交易涉及两种不同的赌注（一个做多，一个做空），而且它们都有可能输。在这种情况下，看似获得低风险利润的途径反而会产生亏损，而这又会被杠杆放大。该书的第三部分讲述了著名的对冲基金——长期资本管理公司对套利的使用，以及杠杆是如何导致这家基金公司破产的。

分散风险与转移风险

就像中世纪的炼金术士声称他们可以将贱金属变成黄金一样，一些现代金融炼金术士相信，他们可以创造投资证券，这种证券可以提供低风险或没有风险的丰厚回报。事实上，他们创造的高回报、低风险的证券和策略，就像古代炼金实验室制造的贵金属一样，只是一种幻觉。通过风险分散或风险转移，旨在使风险调整后的收益最大化的策略能够实现这一点。

分散投资等风险分散策略，将风险融合以抵消风险。但分散风险只能降低特定风险，系统性风险依然存在。风险转移产品，如投资组合保险，假设系统性风险可以从不愿承担风险的一方转移到可接受风险的其他方。实际上风险并没有从整个系统中消除。

正如炼金术的副产品通常是易挥发的化学混合物，现代金融可以衍生出危险的金融产品，这些产品会炸毁整个市场。在接下来的章节中，我们将分析一些风险管理技术被误用或误解，并最终导致风险增加而不是降低的事件。在 1987 年 10 月 19 日的股市崩盘中，投资组合保险在道琼斯工业平均指数下跌的过程中很大程度上促成了高达 508 点（22.6%）的异常下跌。我们还将看到对冲基金长期资本管理公司如何利用衍生工具和极端杠杆来参与一个不幸的、规模达数十亿美元的相对价值策略基金。该策略的失败甚至威胁到全球市场的稳定。最后，我们将看到，风险转移产品，如 CDO 和信用违约掉期，是如何成为 2007—2008 年全球信贷危机的根源的。

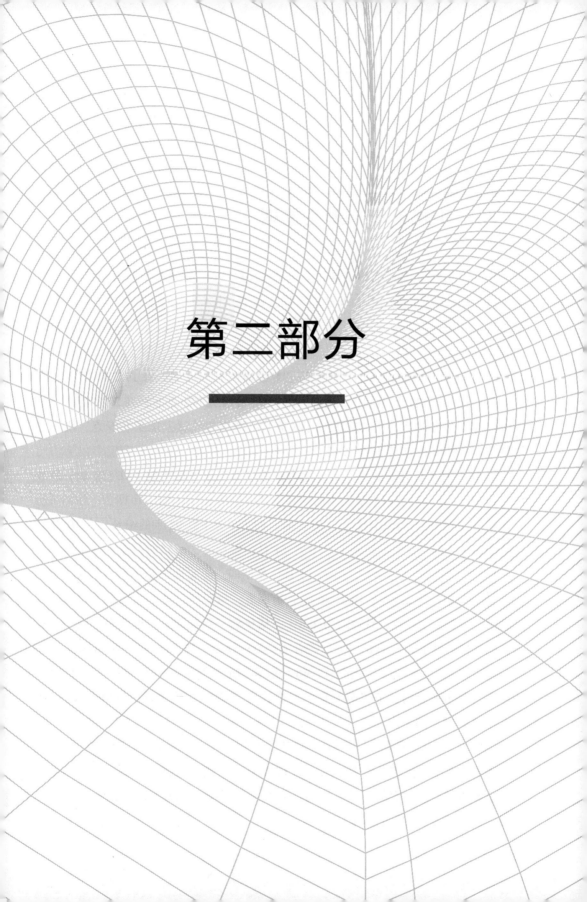

第二部分

第二章

1987 年，黑色星期一

"十月：这是投机炒股特别危险的月份之一。其他的月份是七月、一月、九月、四月、十一月、五月、三月、六月、十二月、八月和二月。"

——马克·吐温[1]

截止到 1987 年 10 月，美国经济已连续增长了 59 个月。在 1982 年 8 月 12 日至 1987 年 8 月 25 日期间，道琼斯工业平均指数从 777 点上升到 2722 点。仅在 1987 年，从年初到 8 月 25 日，道琼斯工业平均指数就上涨了 826 点，涨幅达 43.6%。然后 1987 年 10 月来临了。

在 10 月 5 日开始的那一个星期内，道琼斯工业平均指数下跌 159 点，跌幅达到 6%，是其有史以来最大单周跌幅。其中包括 10 月 6 日，星期二，纽约证券交易所（NYSE）的成交量为 1.76 亿股，创下单日下跌 92 点的纪录。在 10 月 12 日的那个星期里，下滑加剧了。10 月 14 日，星期三，道琼斯工业平均指数下跌了 95 点，跌幅约为 3.8%；10 月 15 日，星期四，道琼斯工业平均指数又下跌了 58 点，跌幅约为 2.4%；10 月 16 日，星期五，道琼斯工业平均指数又创造了新纪录，下跌了 108 点，跌幅约为 4.6%。从星期三到星期五，道琼斯工业平均指数的跌幅达到了惊人的 10.4%。随着成交量的持续增加，出现了持续下跌。星期三至星期五，分别有 2.1 亿股、2.66 亿股和创纪录的 3.44 亿股被换手。在 10 月 16 日星期五收盘时，道琼斯工业平均指数为 2247 点，比 8 月的峰值下降近 500 点，跌幅为 17.5%。

10 月 19 日，星期一，市场上出现了历史上最猛烈的单日跌幅。在这一天，道琼斯工业平均指数暴跌 508 点，到 1739 点，跌幅达 22.6%。其他股票市场指数也经历了类似幅度的下跌。纽约证券交易所成交量飙升至新纪录——6.04 亿股，成交额接近 210 亿美元。

期货市场的表现更糟。标准普尔 500 指数期货合约下跌 28.6%，有 16.2 万份期货合约，约 200 亿美元的标的股票易手。星期一全天，股指期货合约在股票市场上大幅折价交易，也就是说，考虑到标的证券的价格下跌，个股和股指期货合约的价格也大大低于预期。

《纽约时报》第二天报道说："这些巨额的损失撼动了全球市场。"伦敦证券交易所的交易日与美国的交易日是部分重合的，10 月 19 日当天暴跌 10%，10 月 20 日继续下跌 11.4%。由于时差原因，东京股市在纽约股市 19 日开盘前就已收盘，因而日经指数在 10 月 20 日的跌幅达到创纪录的 14.9%。

星期二上午，美联储董事局（Federal Reserve Board）在股市开盘前发布了主席艾伦·格林斯潘的一份声明，称美联储准备好提供流动性以支持金融体系。（美联储在危机发生的当周和随后一周，向银行集团注入了超过 110 亿美元的资金，这印证了艾伦·格林斯潘的话。）道琼斯工业平均指数在这一天一开盘就开始了反弹，上午涨幅接近 200 点。然而随后它又暴跌到新的低点，致使许多股票和大多数期货交易所的交易完全瘫痪。

然而，在 1709 点的盘中低点之后，道琼斯工业平均指数开始回升，部分原因是上市公司为回购自己的股票做出了大量努力，最终以 1841 点收盘，创下 6.14 亿股的成交量，单日上涨 102 点（5.9%）。

从 8 月 25 日的 2747 点的盘中高点到 10 月 20 日的当日低点 1709 点，道琼斯工业平均指数下跌超过 1000 点，跌幅超过三分之一。1 万亿美元的市值蒸发了。投资者对未来感到不安和担忧是可以理解的。

在 1987 年股市崩盘之前的两周内，纽约州的养老金投资组合贬值 32%。在芝加哥，典当行从投资者和大宗商品交易商那里收获了大量的劳力士手表。在太平洋证券交易所，伴随着股市下跌，有交易所主管在旧金山金门大桥张贴自杀公告的传言甚嚣尘上。经济衰退的幽灵昂起了它可怕的头颅，民主党人和共和党人开始了相互指责。

纽约市房地产大亨、赌场大亨（后任美国总统）唐纳德·特朗普（Donald Trump）建议："我不会再回股市，我建议那些小家伙们就坐在那里冷眼旁观，他们不应该去再去股市，而是应该去大西洋城。"[2] 这些"小家伙"中的很多人部分地接受了他的建议。尽管大多数共同基金持有人在星期一和星期二的动荡中经受住了冲击，但他们在接下来的几个星期开始提取大量资金。在股市崩盘后的17个星期里，有15个星期，共同基金的赎回量超过了认购量。

这次股市崩盘还导致了许多商业计划受阻。例如有两家经纪公司计划在康涅狄格州斯坦福德扩张投资，现在已经撤出。包括卡尔·埃坎（Carl Icahn）对环球航空公司的收购在内，许多洽谈中的并购交易告吹。女演员玛丽·泰勒·摩尔被迫推迟她对 MTM 企业的收购。然而，好莱坞把这次股市崩盘解读为一部即将上映、描写无节制的贪婪与自负的电影的票房"牛市"，那部电影名叫《华尔街》。

股市崩盘后不久，《纽约时报》在 1987 年 10 月 18 日—22 日进行的一次电话民意调查中发现，美国投资者总体上仍然保持乐观。[3] 许多比普通投资者更富有的人即使不满意，也有点沾沾自喜。例如沃尔玛创始人山姆·沃尔顿的家族据说在这次股市崩盘中损失了 5 亿美元，但他本人认为这仅仅是账面上的损失。[4]事实上，未来证明了这些富有的投资者是正确的。

股市崩盘发生 10 年后，负责调查股市崩盘事件的总统特别工作组执行主任罗伯特·R. 格劳伯（Robert R. Glauber）带着一些无奈地回顾道："具有讽刺意味的是，我们在 1987 年断定，市场几乎崩溃了，然而仅仅 10 年后，人们就把它当成了古老的历史。"[5]《纽约时报》金融专栏作家弗洛伊德·诺里斯（Floyd Norris）指出："1987 年的股市崩盘使投资银行家和小投资者都受到了伤害。10年后，它带来了任何人都无法预料的东西：自满。"[6]

股市崩盘经济学理论

股市崩盘是市场经济的一个常见特征。美国在 20 世纪经历了 15 次大的股市崩盘。股市崩盘是指短期内市值损失 20% 或更多。[7] 1945 年以来，在全球范围内共发生了 18 次以银行业为中心的金融危机（通常伴随着资产价格的大幅下跌）。但令人惊讶的是，对于导致这些问题的原因，人们几乎没有达成共识。[8]

长期以来，一个更为根本的、悬而未决的问题一直阻碍着有关经济崩溃的宏观经济理论的发展：泡沫和崩盘是否真的存在？根据有效市场假说（efficient market hypothesis，EMH），证券的即时价格包含了所有的可用信息。如果是这样的话，资产价值的急剧增长并不是泡沫；而随后的快速下跌也并不意味着经济崩溃。相反，价格上涨反映出对未来回报的乐观且理性的预期，而崩溃仅仅是对这些预期的向下调整，很可能是对新信息的回应。在有效市场假说的提倡者——芝加哥大学经济学家尤金·F. 法玛（Eugene F. Fama）看来，1987 年 10 月 19 日道琼斯工业平均指数下跌 508 点（22.6%），是对"基本价值变化"的一个非常有效的回应。[9]

　　这种理想化的市场观点根植于新古典主义经济学，这一理论认为理性的财富最大化，使得个人之间的交易自然会引导价格、市场和经济走向一种供求平衡的稳定均衡，然而，我们很难将这种"最好的世界"的描述与历史上频繁动荡的市场联系起来。

　　对市场均衡更灵活的解释认为市场基本上是有效的，但它们也允许外部力量造成泡沫和崩溃。例如，约瑟夫·A. 舒比特（Joseph A. Schumpeter）将技术视为一种破坏性力量，尽管它是一种通过"创造性破坏"带来进步的积极力量。[10] 弗里德里希·哈耶克（Friedrich A. Hayek）和米尔顿·弗里德曼（Milton Friedman）主张，政府政策的失误可能对经济造成严重破坏。[11] 哈耶克认为，政府管制干扰了经济的自然定价机制。[12] 弗里德曼将大萧条归咎于美联储的行动，该行动使流通中的货币量在1929—1933年减少了三分之一。[13]

　　所有这些观点的共同点是，在市场系统中，个人行动总体上必须是理性的，因为市场力量中和或边缘化了非理性行为。但一种反对的观点认为，人们根本不是理性的和精于计算的，市场可以放大而不是抵消人们的缺陷。欧文·费舍尔（Irving Fisher）认为，经济不稳定源于人们无法了解通胀和通缩对商品价格的影响，这导致了不一致的消费和储蓄习惯。[14]

　　凯恩斯将市场不稳定归结为人们的行为来自于"自发的乐观，而不是数学上的预期"。[15] 行为金融学的先驱阿莫斯·特沃斯基（Amos Tversky）和丹尼尔·卡尼曼（Daniel Kahneman）曾写道："面对复杂的情况，人们往往依靠简单的经验法则或随意的参考点，因此可能对经济事件反应过度或反应不足。"[16] 研究还发现了"随大流"的现象：投资者从随大流中得到安慰，即使这样做可能与他们自己的信念相冲突。[17] 罗伯特·J. 希勒（Robert J. Shiller）提出，多种因素来自同龄人的压力，随大流的心态，媒体制造的幻觉，以及个人情绪（如后悔和嫉妒）——可以结合起来形成一个心理反馈回路，在泡沫中推动价格上涨，在泡沫破裂时又加速价格下跌。[18]

　　海曼·P. 明斯基（Hyman P. Minsky）直接把矛头指向了有效市场理论家，他讽刺地称（他们的理论）为金融不稳定假说，他断言价格界限受到了市场力量的破坏，而不是靠它维持。[19] 这种观点认为，长期的繁荣和不断上涨的资产价格往往使银行家沾沾自喜，因而低估了风险，导致贷款安全边际越来越差。金融行业在前所未有的、更大的风险中游走，从"对冲"（被完全抵押）到"庞氏骗局"（还款来自于资产价格的持续上涨）。最终，公众认知发生了改变——被这位经济学家的追随者们称为"明斯基时刻"——导致资产价值的崩溃。

　　追踪市场的不稳定并不只是一个学术问题。如果对崩溃的原因加以控制，就有可能找到避免它们的方法。例如，股市崩盘往往发生在无节制的金融自由化之后，有效的监管可能是一个合理的切入点。然而在另一个极端，正如哈耶克所认为的，如果衰退是商业周期的一个必经阶段，在这一阶段中，储蓄和投资之间的适当平衡得以恢复，那么就应该（对衰退）采取不干涉的政策。

第三章

复制期权

"我这么认为，如果你频繁地交易，且你真的连续不断地'交易'，那么事实上，你可以摆脱风险，这不仅仅指摆脱系统性风险，而是摆脱所有风险。"

——罗伯特·C.默顿[1]

1987 年 10 月 19 日的市场崩盘就是一个典型的例子，一个旨在为投资者降低投资风险而基于数学模型设计的复杂金融产品或策略，遇到像常人一样依照惯性思维行动的投资者时出现了混乱局面。当然，市场总是被恐惧和贪婪所驱使着，追涨杀跌。但是金融数学和计算机技术的进步，似乎快要驯服这头野兽了。在股市崩盘之前，解决风险问题的办法似乎是期权和期权衍生的定价策略，也就是后来被称为"投资组合保险"的东西。

期权简史

期权有悠久的历史，早在罗马人和腓尼基人选择用船只运输他们的货物时就已出现。例如，罗马公民可以在罗马购买葡萄酒，然后在埃及或叙利亚以高价出售。然而，这一可观的利润面临风险，比如，运载葡萄酒的船只可能沉没，或葡萄酒可能在途中变质，或可能以低于预期的价格出售，致使投资受损。

鉴于此，这位公民只需支付直接投资货物所需的一定比例的费用，他就拥有了一种选择权，这种选择权实际上提供了以未来某个时点（比如船只抵达目的地时）的价格购买部分货物的权利（比如，在罗马的那部分货物的成本价）。这种合约被称为看涨期权（call option）。如果葡萄酒被完好无损地送达目的地，并以高于合约规定的价格出售，这位公民将"行使"看涨期权，收取葡萄酒实际销售价格与合约规定的较低价格之间的差额作为利润。

当然，通过这种选择权（或期权）所产生的利润会因支付一定金额的期权手续费而减少一些。因此，买入期权的人不会像直接采购那批货物的投资人一样，即使利润相同，买入期权的人收益要略少一些。但是期权的买家会比直接投资货物的人更安心，因为他们不用担心葡萄酒沉入大海，或者被当作醋，抑或是被折价处理。在那种情况下，期权买家将只支付期权的手续费，可避免直接购买葡萄酒的投资者所遭受的巨额损失。

然而，直接投资于货物的公民也可以购买该投资的看跌期权（put option）。看跌期权将允许投资者在未来某个时点以特定价格（例如，罗马葡萄酒的当前价格）出售。如果葡萄酒以盈利的价格出售，投资者则不会行使看跌期权，他将在出售葡萄酒中获利，利润需减去为购买期权所支付的费用。如果货物丢失、损坏或以低于预定的价格出售，投资者可以行使看跌期权，收到预定的价款，而该价款也将因支付的期权手续费而减少一些。

看跌期权或看涨期权给予买方参与标的资产交易以获得利润的机会。虽然支付期权费会降低利润，但同时，期权也将买方的潜在损失限制在期权费成本上。

期权卖方承担了期权买方的风险。即使葡萄酒等资产的价值低于合约价格，看跌期权卖方（也称为期权发行方）也有义务以合约规定的价格购买标的资产。而即使资产价值超过合约规定的价格，卖方也有义务按合约规定的价格出售资产。期权手续费代表卖方因承担此风险而向买方收取的费用。

在中世纪时，期权又重现欧洲。然而，随着 17 世纪 30 年代荷兰郁金香球茎价格的暴跌，球茎看跌期权的卖方背弃了他们的义务（这是现代交易对手风险的先兆），[2] 致使看跌期权的持有者血本无归。他们的形象被彻底破坏，期权交易只能在暗地里进行，后来只是零星地出现一些。

在美国，期权交易始于 18 世纪末。它们通常被用来为农业和制造业提供一种通过锁定产品价格来降低风险的方法。金融证券领域的期权还不太为人所知，也令人怀疑。至少，在 1929 年的股市崩盘之前，一些股票市场上涨的背后，可以追溯到价格操纵者运用了金融期权。在那次金融危机之后，20 世纪 30 年代通过的证券法消除了许多此类衍生品的滥用现象。

直到 1973 年，美国的金融期权才真正崛起。标志性事件是芝加哥成立了第一个集中期权交易所——芝加哥期权交易所（CBOE）。随后的几年内，美国交易所、太平洋交易所和费城交易所相继成立。这些交易所提供了集中清算。想要购买看跌期权或看涨期权的个人或公司可以给交易所下单，买卖订单将被撮合成交，或重新定价，直到这些订单被结清为止。因此，期权交易比以往任何时候都更方便。[3]

期权的定价

在建立期权集中式交易所的同时，人们也构建了一种确定期权价值的模型。1973年，费舍尔·布莱克（Fischer Black）、迈伦·S.斯科尔斯和罗伯特·C.默顿提出了他们对期权定价问题的解决方案，斯科尔斯和默顿于1997年获得诺贝尔经济学奖。[4] 回看当时，这一棘手的问题阻碍了许许多多的投资人和研究者。布莱克、斯科尔斯和默顿通过研究对冲期权头寸在理论上的无风险性质来解决这一问题。

一个期权头寸加上该期权下的风险资产中一些连续调整的抵消头寸，将产生接近于短期国债无风险利率的回报。风险资产的价格变动抵消或对冲期权的价格变动，如股票的看涨期权。当股票价格上涨时，期权变得更有价值，因为投资者在盈利的情况下行权的可能性大大增加，然而，当股票价格下跌时，便不太可能在盈利状态下行权。这种看涨期权的持有者可以通过在价格上涨时卖出标的股票，在价格下跌时买入来抵消其波动。实际上，看涨期权加上持续调整的股票持有量的组合头寸类似于现金，不会随着标的股票价格的变化而涨跌。

因此，如果期权可以通过标的股票的走势动态地调整头寸进行对冲，那么期权也可以通过动态调整标的股票和现金之间的头寸而被"仿制"出来。也就是说，与其购买股票的看涨期权，投资者不如持有标的股票加现金的投资组合。当价格上涨时购买更多的股票，当价格下跌时出售股票，这样，投资者可以复制看涨期权的行为，在标的股价运动中，上涨时参与，下跌时观望（这时头寸几乎完全是现金）。

期权定价的解决方案为期权市场提供了巨大的推动力。根据芝加哥期权交易所前律师伯顿·R.里斯曼（Burton R. Rissman）的说法：[5]

布莱克－斯科尔斯公式正是促成交易所繁荣的真正原因。它给了对冲和有效定价的概念很大的合法性，而我们在20世纪60年代末到70年代初，面临着期权交易所是否是赌场的争论。

再进一步，对一个期权和结合了潜在风险的资产和现金的投资组合的等价性本质的深入挖掘，可以推广到具有期权性质的许多其他资产和金融合约中。许多新产品的出现——不仅仅是期权——都要归功于布莱克、斯科尔斯和默顿。

布莱克、斯科尔斯和默顿

1973年，布莱克、斯科尔斯和默顿发表的《期权和公司负债的定价》以及罗伯特·C. 默顿发表的《理性期权定价理论》，共同构成了第一个有效的期权定价分析公式。布莱克、斯科尔斯和默顿采用了特别的估值技术，并用一个公式概括了这些技术，该公式使得投资者可以通过分析的方法来计算期权的价值。

布莱克和斯科尔斯建立了看涨期权及其标的股票的模型，使得他们能够建立一个公式，利用该公式可以从股票的当前价格、价格波动性、无风险利率、期权的执行价格中得出"公平"的期权价值，以及它的到期时间。该公式被称为布莱克-斯科尔斯公式，默顿把它推广到持续支付股息的股票上。

瑞典皇家科学院于1997年授予默顿和斯科尔斯诺贝尔经济学奖，以此表彰布莱克、斯科尔斯和默顿的贡献（不幸的是，布莱克于1995年去世，享年57岁）。瑞典皇家科学院指出：

布莱克、默顿和斯科尔斯……为过去十年衍生品市场的快速增长奠定了基础。他们的方法具有更广泛的适用性，并在金融经济学内外开辟了新的研究领域。类似的方法可灵活运用于评估保险合同和担保，或实物投资项目（如厂房和设备投资）。

综合期权：投资组合保险

期权定价理论促进了一种产品的发展，这种产品在20世纪80年代的投资组合保险中席卷市场——投资组合保险。投资组合保险本质上是布莱克、斯科尔斯和默顿假设动态投资组合等价于一个期权的真实版本。投资者通过持有带有标的证券的期权、无风险的国债或现金头寸进行交易，理论上，投资者可以复制任何他想要的期权。

在投资组合保险中，被复制的期权是一种保护性看跌期权，即与标的投资组合相结合的看跌期权。在真正的保护性看跌策略中，股票头寸为投资者提供了从股票价格上涨中获利的机会，而看跌期权则提供了以特定价格（即所谓的行权价）将股票出售给看跌期权发行方的权力，这种情况下，投资者是心里有底的。投资者实际上希望以看跌期权费为代价，获得股价上涨的收益，同时防范股价下跌的亏损。

与保护性看跌期权一样，投资组合保险旨在将投资组合的股票敞口最大化，同时将投资组合的损失限制在规定的金额之内。基于布莱克－斯科尔斯－默顿期权定价模型的计算机程序化规则要求在股票和现金之间调节资产配置，以复制出由真实的看跌期权保护的股票投资组合。

根据期权定价理论，看跌期权或看涨期权的复制需要在市场上涨时买进股票，在市场下跌时卖出股票。这种"买涨杀跌"的理念似乎有悖常理，但在投资组合保险的背景下，这是有意义的。直白地说，被保险投资组合中股票部分的价格下降会降低投资组合的回报，甚至危及实现最低回报的目标。减少投资组合中对股票、风险资产的投入，增加对现金、无风险资产的投入，会提高投资组合的回报。相反，投资组合中的股票价格上涨，会降低该投资组合跌破有保障的底线的可能性。因此，投资组合对股权的承诺可以增加，从而增加对任何市场上涨的参与。

虽然通过期权复制的投资组合保险理论上等同于基础投资组合上的看跌期权或事实上的一份保单，但实际上投资组合保险在许多关键方面与期权和保险都有不同。例如，看跌期权为风险资产组合提供了最低价值。这一价值与期权合约中规定的行权价格挂钩。投资者为这种保护支付了一笔明确的费用——期权费。

复制保护性看跌期权的组合保险策略也承诺了最低价值。然而，投资者不必向期权发行方支付一笔明确的费用。这并意味着投资组合保险不是没有成本的。事实上，其成本不仅可能为投资组合投保的投资者承担，也可能由整个市场来承担。[6]

投资组合保险的成本

所谓的投资组合保险提供的保护是针对特定的投资期限的，这类似于期权或保险单到期的期限。投资组合保险计划的整体表现必须在投资期限内进行评估。如果在此期限内市场下跌，投资组合保险计划应该通过将投资组合资产从风险资产重新分配到现金上来提供最低保证。如果市场上涨，投资组合保险计划应该通过将投资组合资产从现金重新分配到股票上来获利。

然而，降低风险通常是不需要成本的；在投资领域，成本往往以降低回报的形式体现。对于投资组合保险而言，当股票收益超过现金收益时，成本是通过降低或有收益而产生的。在此期间，由于被保险投资组合被分配为现金，其回报将低于完全投资于股票的投资组合的回报。投保投资组合的收益和完全投资的投资组合的收益之间的差额称为"缺口"（shortfall）。

股票的风险越大，缺口可能越大。在其他条件相同的情况下，更高的风险将需要更多的现金分配，以确保给定的最低回报。股票的波动性越大，该股票期权的溢价就越高。因此，投资组合中配置的现金越多，配置的股票越少，其预期回报率就越低。

投资者愿意承担的潜在损失越大，缺口可能越小。一个愿意接受 10% 损失的投资者比起一个只能承受 5% 损失的投资者，更倾向于将一个相对较大比例的被保险投资组合分配给股票。因此，这名投资者将更善于捕捉市场的上行趋势。

被保险投资组合的初始价值和投资人的最大可容忍损失之间的差额，相当于保险单中的免赔额，或者说是标的股票的初始价值与期权执行价格之间的差额。这一免赔额越小，就牺牲的潜在利润而言，该计划的预期成本就越高。

因此，投资组合保险的成本在很大程度上取决于投资组合中分配给现金的百分比。这是投资组合保险与实际期权保险或传统保险的一个主要区别，后者的保险成本在保费中是明确的，并且是预先支付的。投资组合保险的成本是隐性的，不是在保险计划开始时产生的，而是在其运行期内产生的，因此投资组合保险的成本是模糊的。

并非真正的保险

投资组合保险计划的最终成本在很大程度上取决于计划期内基础投资组合回报的波动性。如果实践中的波动率符合投资组合保险计划开始时的预期，那么实际成本将大致等于预期成本。如果波动率高于预期，投资组合保险计划的成本将高于预期。这是因为高于预期的波动率将需要更频繁或更大幅度地调整现金和股票头寸。

波动率越高，价格波动的可能性就越大，股价突然上涨，然后下跌，再上涨。投资组合保险在价格上涨时买入，在价格下跌时卖出，它可以让投资者在市场处于不景气的状态时，在交易中获利。在上涨前频繁抛售和在下跌前频繁买入将侵蚀投资组合的回报。当然，如果波动率低于预期，投资组合保险的实际成本将低于预期成本。

与传统保险对比。在传统保险中，许多被保险人都会向保险公司支付一笔明确的、事先确定的保险费，而保险公司承担偷窃或火灾等不可预见事件的独立风险。传统的保险公司将这些投保人的风险集中起来，并在必要时利用这些保费和累积准备金来补偿损失。对于实际的期权，买方也会支付一笔已知的前期费用，而期权卖方则会承担不可预见的市场波动风险。

有了投资组合保险，就没有前期成本了。保险的最终成本是个未知数，或许最重要的是，投资组合保险不像传统的保险或期权那样，本质上是自我保险。购买保险的投资者自己承担了风险。他们放弃了一定程度的投资组合回报，以换取理论上的保证，即获得不低于预定的最低回报。在发生灾难时，他们无法从成千上万的其他投资者那里获得保费。他们依赖于根据需要入市或离场的能力，也就是依赖于其他投资者成为组合保险计划所要求的交易对手的意愿。

对市场的潜在影响

投资组合保险公司的行为可能会阻止愿意与其投资组合保险进行交易的交易对手的出现。这是因为当有大量的投资组合保险交易时，它们在市场上涨时买入，在市场下跌时卖出，所导致的趋势跟踪行为有可能造成市场的震荡。此外，这类交易的蔓延并不为其他投资者所知，甚至不为其他投资组合保险方所知；投资组合保险作为自我保险，没有公开的交易或公布的交易价格及交易量，以表明它可能的目标或成本。

投资者，甚至是被保险投资组合的投资者，一般并不知晓波动率的大小是被保险投资组合对市场波动的机械反应。他们可能会认为这种抛售是对新消息的反应，因此，他们可能更倾向于出售下跌的股票，或购买上涨的股票，而不是作为投资组合保险者的交易对方存在。也就是说，投资组合保险的趋势跟踪交易将产生滚雪球效应。[7]

事实上，投资组合保险的交易需求可能会压制其他投资者想要达成目标的能力。面对投资组合保险人的集中抛售，市场价格可能会直接跳过中间环节，呈断崖式下跌，而不是平稳地下行。在这种价格并不连续的情况下，投资组合保险可能无法以既定的价格执行其交易，导致其可能无法提供保护。

投资组合保险交易引发的波动性和价格的不连续性会导致市场不稳定甚至崩盘。在这种情况下，不仅投资组合保险人必须承担其保险的风险，而且所有的市场参与者也必须随之承担风险。

第四章

投资组合保险与期货市场

"采用投资组合保险策略的机构，想要波澜不惊地在短时间内抛出大量股票是不可能的。这些机构开始相信，期货市场提供了一个独立的流动性避风港，足以让它们在短时间内以最低的价格置换平仓。"

——布雷迪委员会[1]

在投资组合保险出现时，它的程序运作是通过买卖股票来调整投资组合中对股票的配置来实现的。20世纪80年代初，股指期货合约开始在美国交易所交易。大多数投资组合保险的程序开始使用股指期货合约代替标的股票。

股指期货合约是指在交易所交易的，在未来特定的日期（交割日）买卖股票市场指数的协议。如果指数在到期时高于合约的购买价格，买方获利；如果指数下降，则买方蒙受损失。或者，投资者可以卖出期货合约。在这种情况下，如果指数在到期时下降到低于卖出价格，卖方就获利；如果指数上升，卖方就蒙受损失。[2]

期货和期权一样，都是金融衍生品。也就是说，它们的价值取决于实际基础资产的价值。就股指期货而言，标的资产是标准普尔500指数（S&P500）等股指。与期权不同的是，期货是一种买卖的义务，而期权是一种买卖的权利。即使期货合约到期日标的资产价值低于合约买价，期货合约买受人也不能解除合约。然而，买方可以在到期日前以现行价格卖出期货合约，同样，期货合约的卖方可以通过按现行价格买入合约来将期货头寸平仓。

多头期货头寸提供对标的资产的敞口，并将与标的资产的变动方向一致。空头期货头寸将对冲标的资产的敞口；它会朝着与标的资产相反的方向移动。空头期货头寸与标的资产捆绑在一起，形成一种"合成现金"；这类组合头寸没有风险（至少在理论上），也不会产生高于无风险利率（现金回报率）的额外费用。

对于带有一个标的股票组合的投资组合保险程序而言，股指期货的空头头寸可以抵消大量的标的股票组合的风险；通过补仓期货空头头寸（即买入期货合约）可以增加标的股票组合的敞口。当投资组合的价值下降到其保证金最低限度时，通过"合成现金"卖出这些期货来实施对冲。随着标的投资组合的价值上升，通过补仓空头期货头寸以替代组合现金，从而修复投资组合的上行潜力。

指数套利

与标的市场相比，期货市场的保证金要求更低，卖空限制更少。期货市场通常也被认为具有较低的交易成本（尽管情况并非总是如此）。因此，股票期货市场的交易量和流动性很快就超过了其基础市场（称为"现货市场"或"现金市场"），进而期货也很快成为实施投资组合配置调整的主要交易工具。

随着期货市场交易量的快速增长，一些市场观察人士开始担心标的股票市场的稳定性。特别是包括美国证券交易委员会（SEC）在内的许多市场观察家担心，交易量大的期货市场的波动会通过指数套利机制传导到交易量较小的基础股票市场。

指数套利者是指利用不同市场之间的价差进行盈利的投资者，这里的价差是指股指期货市场和构成指数的标的股票之间的价差。套利者买入或卖出期货合约，并在期货相对于股票定价过低或过高时卖出或买入标的股票。股票的买卖很可能是通过程序交易来进行的，使用计算机可以同时执行多个股票的程序化交易。

如果说期货交易的动机来自新消息的刺激，那么传递给基础现货市场的任何波动性的增加都不应破坏整体的稳定。在这种情况下，指数套利仅仅是把新的消息从期货市场转移到股票市场；流动性强的期货市场会越迅速地把消息整合进去。任何一个市场的价格变化都应反映在新的信息传递状态下，包括期货合约和股价都应回归到它们应有的真实的变化区间。因此，套利者实际上是在提高价格效率，增强股市流动性。

根据传统的金融理论，交易是根据证券价格基本条件的变化而进行的，无论是在宏观经济体、一个市场部门、一个产业还是特定的股票中。但在实践中，交易会受投资者对新闻的过度反应或反应不足、曲解新闻或捏造新闻（以讹传讹）的影响，也受投资者的流动性需求或其投资策略的影响，而不完全受股票的基本信息的影响。如果指数套利者的期货交易受上述这些"干扰"的影响，而不是受新的基本面信息的影响，那么它可能会破坏标的股票市场的稳定。也就是说，噪声可以掩盖基本价值。

如果认为期货市场交易的轻松和廉价鼓励了比没有期货市场时更嘈杂的交易，那么期货交易可能比标的股票的交易更加嘈杂。投资者可能会利用期货市场较低的保证金门槛和交易成本，进行比标的股票市场规模更大或更频繁的交易。投资组合保险公司可能会增加安全定价中的噪声，因为他们作出的交易决策是基于市场价格波动而非公司的基本面，而且他们可能并不知道这些噪声对交易活动的干扰程度。

噪 声

噪声指的是不反映基本面的价格变动。[3] 它可能是投资者真正试图解释信息或推断其含义的简单错误的结果。从理论上讲，这样的错误会抵消大量投资者的损失，比如，对每一个对股票价格过于乐观的人来说，还有另一个过于悲观的人。

然而，自1987年股市崩盘以来数十年的研究表明，在投资的某些方面，投资者可能倾向于朝着相同的方向犯错。如果投资者不受基本面驱动，而是由共同行为驱动，这种情况就可能会发生。行为金融学研究了心理学在股票定价中的作用，认为人的个性与个人投资者都有一定的认知偏差。例如，他们倾向于将未来视为过去的延续，并倾向于支持这一观点的信息，而不是暗示未来可能发生变化的信息。

投资者也往往过于乐观。由于许多原因，投资者对公司盈利的预测、股票价格的预测，都会过于乐观。公司通常不愿意公布坏消息；因此，可能会推迟发布或通过粉饰来掩盖坏消息（甚至有时会进行欺诈）。经纪人倾向于发布更多的"买入"而非"卖出"建议，而发表关于公司的负面意见可能危及与投资银行之间的关系。这也可能威胁到发表负面意见的分析师的工作安全。由于所有客户都是潜在的购买者，而推荐卖出的佣金则受限于那些已经拥有股票的客户，因此推荐买入通常比建议卖出能够获得更多的佣金。

更多的卖空行为将鼓励更多的卖空建议，从而抑制过于乐观的价格，并让投资者的悲观情绪得到反映；但卖空往往受限于机构和投资者对做空的熟悉程度。[4] 例如，当大量投资者偏向于乐观，不管实际信息如何时，他们的交易会在证券定价中产生偏于向上的噪声。

利用股价和价格变动而非基本面因素来决定交易的投资者也可能会引入噪声。例如，跟风的投资者或参与泡沫的投机者倾向于用最近的价格变动作为交易指导。这种交易可能导致市场价格偏离仅基于公司或经济基本面的价格。

当交易员买入一只价格上涨的股票，卖出一只价格下跌的股票时，他们的交易可能导致价格更多的上涨或更大的下跌。价格的涨跌将引发频繁的买卖，导致价格的进一步震荡。这种交易称为正反馈交易（positive feedback trading），在某种程度上，反馈交易放大了价格变化，它放大了价格中存在的任何噪声。此外，如果反馈交易不能反映基本面的任何变化，它本身就会产生噪声，而噪声会被反馈机制放大。

某些交易策略依赖于价格变动，实际上排除了其他信息。例如，市场技术人员的决策主要或完全基于价格走势。然而，他们的交易可能不会持续放大噪声，因为他们并不总是在牛市买入或熊市卖出。

然而，其他依赖价格走势决策的交易策略会导致反馈交易，这有可能放大噪声，破坏市场稳定。例如，动量交易者在价格继续上升时买入，在价格下降时卖出。投资组合保险公司本质上是大规模的动量交易者，它们将持续放大市场走势，随价格上涨买进，随价格下跌卖出。

与套利相关的期货交易如果对标的市场的流动性要求过高，也可能给标的市场带来一些问题。考虑到保证金要求的差异，一定数量的资本可以支持期货市场比现货市场更大的股票敞口。在 1987 年股市崩盘之前的几年里，所有股票指数期货合约日均交易量所代表的标的股票交易量是纽约证券交易所交易量的 1.5 ~ 2 倍，然而，现货市场似乎能够在通常情况下消化所有与期货合约交易需求相关的增长。[5] 正如第五章所详述的那样，股市崩盘期间的期货交易本身已经多次超过上述水平。

连续抛售

投资组合保险的交易需求可以与指数套利相互作用，从而吞噬市场的流动性。如果股票价格下跌，投资组合保险公司将抛售期货。如果他们卖出的数量足够大，便可能会压低期货价格，以至于套利者认为期货合约相对于标的股票来说更便宜。套利者将被鼓励去买入便宜的期货合约，卖出昂贵的股票。

随着套利者卖出股票，股价将继续下挫，投资组合保险公司将需要卖出更多的期货合约。如果投资组合保险卖出的期货合约比套利者买入的更多，期货价格就可能进一步下跌，引发更多的套利和更多的标的股票被抛售。投资组合保险和指数套利之间的相互作用（见图 4 – 1）可能导致期货和标的现货市场的螺旋式下跌。

投资组合保险程序假定股指期货合约价将紧跟股票的价格。然而在1987年10月19日和20日这两天，期货价格和股价变得疯狂。投资组合保险的发行人不知道该如何应对。

投资组合保险程序还假定，通过抛售期货合约，任何个人投资者都不会压低期货合约的价格。但是众多的投资者都要挤过一根独木桥，引发了期货价格的大幅下跌。

期货价格的突然暴跌，让股票投资者更加恐惧。而股市的进一步下跌又引发了期货市场的一轮又一轮的抛售。如此循环往复。

图 4 –1　指数套利—投资组合保险的连锁反应

　　1987 年股市崩盘前的几起事件表明，股市没有足够的流动性来满足保险发行人的交易需求。1986 年 9 月 11 日，道琼斯工业平均指数下跌 87 点（4.6%），创下当时的最大单日跌幅。在 9 月 11 日和 12 日，该指数下跌 121 点（6.4%），成交量创下历史新高。期货价格的跌幅则更大，标普 500 指数的期货合约以前所未有的折扣价被抛售。

　　1986 年 9 月 11 日和 12 日，股票和期货市场的反常行为被许多人认为仅仅是对经济基本面的反应。但 1987 年 1 月 23 日，市场再次经历了剧烈震荡。在大约一个小时内，道琼斯工业平均指数下跌 115 点，再次创下交易量纪录，而期货合约价格再一次遭到重挫。

美国证券交易委员会断言，这种断崖式的下跌很可能来自"组合保险计划程序，当该程序集中在'触发点'发出抛售指令，并且使大量的资本金被动地遵从这一程序。"[6] 美国证券交易委员会走访了不少市场参与者，并重复了他们的这一观点，他们预测暴跌的可能性微乎其微。

当时的推测是，投资组合保险覆盖了足够大的范围，这一范围内具有不同的最低价值和保险范围，任何对价格有影响的因素都会"分布在更宽泛的交易时段，而不是集中在一个时点"。[7] 但这种观点忽略了这样一个事实，即所有保险程序都随价格上涨而买入，随价格下跌而卖出，而在一个足够大的市场中，无论涨跌都有可能触发所有投资组合保险程序在同一时点集中交易。

尽管如此，许多人还是认为，市场的力量应该能够解决这种交易失衡问题。随着价格下跌，那些寻找低价股票的价值投资者应该出手买入，从而稳定价格。基于价值投资者倾向于在市场下跌时买进，在市场上涨时卖出，他们是投资组合保险公司的天然交易对方。但是，价值投资者抵消投资组合保险交易员影响的能力取决于几个因素，包括投资组合保险交易额与整体价值交易额之比，以及价值投资者对股价变化迅速做出反应的可能性。[8]

投资组合保险管理者比价值投资者对价格变动更为敏感。调查 1987 年股市崩盘的总统特别工作组被称为"布雷迪委员会"，据其负责人尼古拉斯·F.布雷迪（Nicholas F. Brady）估算，1% 的市场价格变动将导致投资组合保险管理人进行约占其投资组合 2% 的交易。[9] 另外，对于价值投资者而言，可能需要对一只股票在估算的"公允价值"基础上打 15%～20% 的折扣，[10] 才能促使他们进行交易。此外，投资组合保险管理人通常在几分钟内对市场走势做出反应，而价值投资者可能需要几天时间来决定是否交易。[11] 因此，投资组合保险管理人的交易可能比其潜在的交易方的交易密集得多。

第五章

投资组合保险与股市崩盘

"如果某一特定股票或投资组合的期权不存在，那么我们可以通过对标的资产和现金采用适当的策略来创建它们。……这种投资策略相当于通过向保险公司支付固定保费，为股票投资组合投保损失险。"

——马克·E.鲁宾斯坦和海恩·E.利兰[1]

投资组合保险在 20 世纪 80 年代由洛杉矶的 LOR 公司（Leland O'Brien Rubinstein Associates）开始推广。LOR 公司由加利福尼亚大学伯克利分校金融学教授海恩·E.利兰和马克·鲁宾斯坦创立，还有约翰·W.奥布莱恩，他在自己的公司奥布莱恩合伙企业和总部位于芝加哥的投资银行 A.G.贝克公司（A.G. Becker & Co.）做过投资顾问。到了 1987 年，几乎每家大型资产管理公司都提供某种形式的投资组合保险，包括安泰、富国银行、第一芝加哥、基德尔·皮博迪公司和东亚银行以及摩根大通、银行家信托公司、大通曼哈顿银行、旅行者、万通人寿和梅隆资本管理公司。[2]

这种策略越来越受欢迎，这并不奇怪。尽管出现了期权交易所，发展和传播了期权定价模型，但大型机构投资者在使用期权方面仍然面临着巨大的障碍。当时的法规限制了一个实体持有的期权头寸数量远低于适合大额投资者应匹配的数量。此外，交易所提供的期权期限相对较短，而许多机构投资者（例如养老基金）的期限相当长。投资组合保险提供了一种绕过这些限制的方法。

LOR 公司和其他策略供应商积极推销投资组合保险。据称，投资组合保险可以为股票投资组合投保，以防止市场下跌，同时允许在保险计划的范围内参与任何市场的投资。事实上，LOR 公司的宣传建议，投资组合保险将允许投资者增加其股票配置，从而提高他们的预期回报。[3] 投资组合保险唤醒了人类最基本的两种本能：恐惧和贪婪。

1984 年，在伯克利的一个金融项目会议上，LOR 公司的合伙人兼主席利兰在我与 LOR 公司的另一位合伙人奥布莱恩辩论的第二天发表了一份备忘录。[4] 这份备忘录是对我 1983 年发表的文章《投资组合保险之惑》（*The Portfolio Insurance Puzzle*）的回应。[5] 在备忘录中，利兰甚至暗示，那些使用投资组合保险的人可以"通过杠杆化指数基金或使用指数期货"来击败市场（有关背景请参见《关于投资组合保险的争论》）。备忘录指出，以标准普尔 500 指数为标的的指数基金，在 1928—1983 年期间的年复合增长率为 8.8%，因此，期初投资的 1 美元到期末将增长到 105.50 美元。根据 LOR 公司的模拟测算，在同一时期，投资一只杠杆化的标准普尔 500 指数基金，其贝塔系数为 1.5（即拥有标准普尔 500 指数 150% 的风险和波动性），投保的最高损失为低于国债利率的 10%，假定交易成本为 1%，年复合增长率将达到 9.8%。[6] 这一模拟测算显示，1928 年 1 月投资于被保险且杠杆化的标准普尔 500 指数基金的 1 美元，到 1983 年将增至 171.10 美元。此外，如果使用标准普尔 500 指数期货（而不是标准普尔 500 指数基金），假设交易成本为 0.25%，那么其贝塔系数为 1.5 的被保险杠杆投资组合的年复合增长率为 10.2%，期末价值为 209 美元。据利兰说，"这些数字 ……最终表明，投资组合保险可提高回报，同时限制了下行风险。"[7]

然而，投资组合保险公司出售的承诺，就像虚构的乌比冈湖镇的生活一样难以实现（Lake Wobegon Effect，乌比冈湖效应，也称沃博艮湖效应，意思是高估自己的实际水平。社会心理学借用这一词来说明人的一种总觉得什么都高出平均水平的心理倾向，即给自己的许多方面打分高过实际水平。——译者注），"那里所有的女人都很强壮，所有的男人都很漂亮，所有的孩子都比平均身高要高"。[8] 每个人都不会高于平均水平，每个投资者都不可能战胜市场，因为市场是由每个人构成的。所有人都能获得高于平均水平的回报，而且下行风险有限，这是不可能实现的，是一个白日梦。

关于投资组合保险的争论

1982 年，我加入了美国保诚保险公司（以下简称保诚）旗下保诚资产管理公司的养老金资产管理集团。詹姆斯·盖特利 [James（Jim）Gately] 是养老金资产管理集团的负责人，他聘用我，让我参加 LOR 公司的公开介绍会，介绍被称为"投资组合隔离""投资组合保险"或"动态资产配置"的内容。同年 5 月 26 日，约翰·W. 奥布莱恩和海恩·E. 利兰在纽约皮埃尔酒店主持了名为"动态资产配置实验室"的研讨会。其中有一个题为"动态策略生命中的一年"的会议，据说证明了该策略是万无一失的。[9]

研讨会引起了机构投资界的兴趣。参会的42位贵宾中有埃克森美孚和通用汽车的企业养老金负责人，有世界银行和弗吉尼亚退休部门的政府养老金官员，有汉诺威信托和花旗银行的负责人，有来自美林和所罗门兄弟公司的华尔街代表，有太平洋投资管理公司和斯库德、史蒂文斯和克拉克的投资经理，以及《财富》杂志和《机构投资者》的记者。

尽管投资组合保险受到了热烈的欢迎，但我对它的几个特点感到不安。我在1983年1月17日发布的保诚备忘录中指出并批评了这一策略的几个潜在的陷阱。[10]这一备忘录（见附录C）被保诚认可，并使其躲过投资组合保险所带来的灾难。

我在备忘录中指出，虽然模拟结果显示，在截至1981年的最近10年中投资组合保险表现良好，但这并不是一个具有代表性的时期，因为股票表现相对较差，而短期利率却异常高。[11]在这样的环境下，一个要求投资组合的某一部分投资于国债的策略几乎必然会超过一个要求完全投资于股票的策略。我注意到，动态期权复制（合成）策略中的看跌期权溢价是隐性支付的，并由现金等价物中对冲头寸的机会成本来表示。

在我谈论的其他问题中，投资组合保险客户通常选择期限超过一个日历年的保险，而不考虑养老金计划负债的长期期限。此外，与动态策略相关的交易成本，包括佣金和市场影响，将高于传统方法的交易成本，这种方法不需要仅仅因为基础价格发生变化而进行交易。此外，交易不一定会以看跌期权的复制所要求的触发价格执行，从而导致投资组合价值可能跌破保险计划的下限。而且，如果波动性结果高于保险计划开始时的假设值，则看跌期权复制的隐含保费成本将高于预期，这项策略甚至可能会失败。我的结论是：

如果大量投资者使用投资组合隔离策略，则价格走势将趋于滚雪球。价格上涨（下跌）之后是买入（卖出），这将导致价格进一步升值（贬值）。

随后，我分析了1928—1982年间投资组合隔离策略与替代策略的表现，并将结果发表在《投资组合保险之谜》中（见附录C）。[12]我的基本结论是，在这段时间内，将1美元投资于由标准普尔500指数和美国国债组成的投资组合隔离策略，旨在每年维持不超过5%的亏损，到1982年底，该策略的价值为52.36美元。相比之下，如果将1美元投资于同期买入和持有标准普尔500指数的策略，最终的价值将为104.25美元。两项业绩均不包括交易成本和投资管理费。

《投资组合保险之谜》还将投资组合隔离策略与每年重新平衡的投资组合进行了比较，标准普尔500指数和美国国债的静态组合分别占61.75%和38.25%。选择这种组合是为了使两个投资组合具有相同的波动性（通过标准差进行统计测量）。同样，在1928—1982年间，非隔离策略的表现优于隔离策略。[13]诚然，有一些日历年，非隔离策略的损失比隔离策略更大：其最大的损失是26.5%。对于具有长期视野和多种资产类别的投资组合的机构投资者来说，整体投资组合中一部分的损失虽然不可取，但是可以控制。

考虑到我对这一策略的密切关注，保诚的高层拒绝授权LOR公司的投资组合保险产品。LOR公司的奥布莱恩告诉我，他更喜欢保诚而不是安泰，因为保诚有一个零售部门——

保诚巴赫证券有限责任公司（Prudential-Bache Securities, LLC）。LOR 公司随后与安泰建立了独家保险公司关系，安泰为其提供"担保股权管理"（Guaranteed Equity Management, GEM）。[14]

根据我的分析，1984 年 9 月 16 日至 19 日，加利福尼亚大学伯克利分校金融项目在加利福尼亚蒙特利举办了一次投资组合保险会议，我受 MCM 的波利·舒斯邀请，与她一起讨论奥布莱恩的问题。由于这是一次迟到的邀请，我（的发言）没有被列入这次会议日程表中。在那里，舒斯和我就买进持有策略（股票和现金的静态组合）和动态投资组合保险策略的优点与奥布莱恩进行了辩论。正是在这次会议上，那场辩论之后，利兰发表了一份 LOR 备忘录。[15] 该备忘录（见附录 C）是对《投资组合保险之谜》的回应。

利兰在备忘录中指出："与静态策略相比，动态策略或'投资组合保险策略'可以大幅提高投资组合的预期回报……我会证明他的结论是错误的。事实上，我将用 55 年的经验充分支持以下观点，即投资组合保险相对于静态风险等价物而言，将提供显著收益。"利兰声称我犯了"两个基本错误"：

（1）未能进行适当的风险比较。

（2）未能使用最优组合保险策略。

我随后请求测试他们的投资组合保险模拟系统，看看他们的模拟系统是否更好，但被他们拒绝了。至于适当的风险比较，利兰计算了（基于历史收益）股票和现金等价物的静态组合不会产生超过年化 5% 的损失。这将需要非常保守的股票/现金组合，即 14% 的股票和 86% 的现金等价物。他还谈到了静态混合投资策略，他认为一个日历年内的损失不超过 5% 将有 95% 的可能，也就是说，一个日历年度的损失超过 5% 的可能性只有 5%。这种方法允许更激进的股票/现金组合，即 35% 的股票/65% 的现金，对于长期投资者来说仍然是保守的。备忘录中没有强调的是，投资组合保险策略的回报率远远低于买入并持有标普 500 指数的回报率；在这段较长的时间内，该策略的表现逊于市场，与他们在最初的促销活动中所强调的近 10 年期间的表现相反，而这恰好是一个股票回报率很低的时期。

而我的实证分析并不是基于静态混合策略，这种策略可以提供与被保险策略相同水平的下行保护。相反，他们的研究基于静态混合策略，该策略将提供与被保险策略相同的收益分散性（以标准差衡量）。虽然静态混合策略提供的下行保护水平与投保策略相同，但保护期限（如前所述）是一个日历年，与退休计划债务期限无关。我觉得从长期投资者的角度来看，收益分散是一种更合适的衡量风险的方法。此外，退休计划的投资组合在许多资产类型中都是多样化的，因此保护一项资产——股票——免受损失可能是不必要的，而且可能会使投资者付出放弃收益的代价。或者，整个计划的投资组合可以得到保护，但这又需要降低收益。

此外，我的分析强调了投资组合保险的另一个问题：隔离策略可能要求，如果股票价格急剧下跌，使投资组合无法在保护期结束前恢复到足以达到最大损失目标的程度，则投资组合的股票部分必须全部清仓。

如果市场随后在这种"止损"之后上涨，投资者将被排除在这些市场收益之外。我在两年内发现了止损点。[16] 1933 年，标准普尔 500 指数在 2 月底下跌了 17%，导致被保险的投资组合全部投资于现金，从而错过了那年剩下的时间里 85.5% 的市场涨幅。1938 年，在下跌 18.6% 之后，保险策略在 3 月"停摆"（stop-outs）；标准普尔 500 指数随后上涨 61.1%。在 1987 年，真正的投资组合保险计划将在 1987 年 10 月 19 日停止；他们的客户将被困在他们的最大损失限额（或更大的损失，因为对许多人来说，保护的底线被刺穿）中。除非他们终止他们的保险计划并重新投资于市场。

在备忘录中，利兰将"高级保险技术"与我的"次优实施"进行了比较，并否认发生了任何停摆。然而，他的一位 LOR 公司的同事后来报告说，在 1933 年和 1938 年，没有出现被保险投资组合的上升趋势（尽管他随后否认这些结果是过于简单的对冲策略的产物）。[17] 然而，1987 年股市崩盘后，马克·E. 鲁宾斯坦承认，停摆"实际上是不可能预防的。"[18]

1987 年股市崩盘的前一年，一家会议组织国际研究所于那年 6 月 10—11 日在纽约市奥姆尼花园中心酒店举办了题为"创新组合保险技术：动态对冲的最新发展"的会议。它吸引了大约 500 人参加。奥布莱恩和我在"关于动态对冲的公开辩论"中展开对峙。奥布莱恩把我介绍给与会者，称我为"黑暗面"，并在辩论快结束时说，（我）不仅仅是"黑暗的代理人"，（我）还是"黑暗王子"。[19] 然而，让我产生怀疑的不是黑暗，而是彻底的分析；而次年发生的股市崩盘证明了我的怀疑是有道理的。

从 1982 年到 1987 年，随着美国股市几乎不间断地上涨，许多投资者担心股价水平上升，急于保住自己手中的投资收益，转而将投资组合保险作为一个安全网。[20] 这些投资者不但没有缩减股票配置，反而保留甚至增加了股票敞口，对股价构成了更大的上行压力。当然，随着股票价格的上涨，"保险"投资组合购买了更多的股票，导致价格上涨得更高。

投资组合保险的狂欢

到金融危机发生时，投资组合保险已经引发了一股热潮。它吸引了高达 1000 亿美元的资产（约占美国股票总市值的 3%）。耶鲁大学经济学家罗伯特·J. 希勒（Robert J. Shiller）在股市崩盘后进行的一项调查中得出结论，在股市崩盘前，有 10.2% 的机构投资者制定了某种形式的止损策略，这种策略要求在股价下跌到预定水平时就要卖出股票。[21] 其中使用组合保险的机构投资者占到 5.5%。此外，10.1% 的富人采用了止损机制。希勒建议："止损行为的增加是因为投资组合保险受到了公众的关注，以及企业家们竭力地宣传，他们通过出售投资组合保险找到了一种从止损行为中获利的新办法。"[22]

调查 1987 年股市崩盘事件的特别小组布雷迪委员会发现：[23]

投资组合保险的迅速普及……促进了市场的上涨。采用这些策略的养老金投资经理通常会在这个上涨的市场中加大对普通股票的投资，从而增加了基金的风险敞口。其根本原因是，投资组合保险将通过允许他们迅速转出股票来缓冲市场崩盘的影响。

投资组合保险似乎极有可能通过增加对股票的需求，在股市崩盘前加速股市的上涨。投资组合保险也促使投资者保持了本来可以降低的股票风险水平。投资组合保险的出现，增加了投资者承担风险的意愿。被保险的投资者愿意持有比没有保险时更多的风险资产。进而，他们对风险的更大容忍度导致他们买进更多的风险资产，这些资产因此而升值，从而促使这些被保险投资者的财富也随之水涨船高。

根据美国证券交易委员会的一项调查，投资者保持较高的股票风险敞口，部分原因是他们认为投资组合保险具备降低风险的能力。[24] 美国证券交易委员会还发现，使用组合保险的机构投资者的平均股票投入比为 56%，而未投保的机构投资者的平均股票投入比为 46%。为纽约证券交易所进行的一项研究得出这样的结论，投资组合保险有助于"鼓励机构投资者在市场基本原则之下，保持更高的股票投入比例，更长的持有时间，才显得更加谨慎。"[25] 根据美国总会计办公室（现称政府问责办公室，GAO）的一项研究，投资组合保险"给机构投资者一种虚假的安全感，从而鼓励了（投资者）对股市的过度投资"。[26]

投资组合保险可能会鼓励一些矛盾的投资行为。在正常情况下，随着价格上涨，投资者应该对可能出现的市场回落变得谨慎，人们会减少股票敞口。然而，投资组合保险却恰恰相反。随着市场不确定性的增加，这类保险的需求量也在增加。但只要股市继续攀升，投资组合保险就会要求增加股票敞口。保险投资者的焦虑和他们买入更多股票的行为之间的矛盾，奠定了市场的不稳定基础。[27]

通向 1987 年 10 月 19 日

在 1987 年 10 月 19 日之前的几周里，基准利率的提高，巨额的贸易赤字，以及对美元贬值的恐惧，压低了股票和期货市场的价格。1987年2月，美国及其主要贸易伙伴（日本、联邦德国、英国、法国和加拿大）同意提振美元。由于美国贸易逆差不断扩大，美元面临沉重的抛售压力。然而，在所谓的卢浮宫协议（Louvre Accord）之后的几个月里，日本和联邦德国开始提高利率，这似乎与2月份的承诺背道而驰。为了使美元与卢浮宫协议的标准保持一致，美国也不得不提高了利率。

加息可能会压低股价，原因有几个：首先，他们可能会从股票中提取资金，用于固定收益投资；其次，他们可以提高贴现率，将未来预期现金流转化为现汇；这将导致当前股票价格下降；再次，更高的利率将提高借贷成本，这可能会给当时炙手可热的杠杆收购市场造成冲击。（杠杆收购，即公司由依赖大量的借贷资金而成立的私人合伙企业接管，并为并购活动提供资金。并购活动在20世纪80年代中期像股市一样蓬勃发展。）

但利率上升并不是什么新鲜事。尽管利率在1986年的大部分时间里都有所下降，但美联储在1987年初已经转向更为紧缩的货币制度，市场在8月的大部分时间里都在持续上涨，并购活动也在迅速进行。在股市崩盘发生的时候，可能有一个政治因素已经开始起作用。那就是10月提交到美国国会的一项旨在严格限制对用于企业收购融资的债务利息进行减税的法案。一些人认为，这项法案是10月19日股市崩盘的一个导火索。[28] 事实上，并购目标公司似乎在股市崩盘前的几天受到了特别严重的打击，特别是在10月16日。尽管如此，在10月12日开始的这一周，市场还是大幅下跌，10月19日，所有股票都在下跌，而且跌幅很大，不仅仅是收购目标。此外，如果税收法案在国会获得通过，罗纳德·里根总统将否决该法案。[29]

或许股价下跌反映了美国经济的总体走势。10月14日，美国公布了8月的贸易数据。贸易逆差为157亿美元，较之前创纪录的数据有所缩减，但仍然非常大。《纽约时报》报道，在缺乏外国央行的支持下，美国财政部长詹姆斯·A.贝克三世（James A. Baker Ⅲ）正在提高允许美元走软的可能性。[30] 美元走软可以通过鼓励更多的出口来帮助缓解美国贸易逆差，这通常也意味着利率下降，就像1985年和1986年那样。

较低的利率可能对经济有好处，但如果因此而带来高通胀就会适得其反。这种担心并非杞人忧天。尽管美国经济总体健康，股市强劲，但美国顽固的预算赤字依然存在，许多政治观察家怀疑里根总统是否有能力或决心与国会达成必要的妥协，以提高税收和/或削减开支。

星期二公布的有关美国预算赤字的初步报告显示，美国预算赤字仍相当可观。不过，与去年 2210 亿美元的纪录相比，这一数字至少下降了 700 亿美元。尽管油价大幅上涨（不仅是自 8 月市场见顶以来，而是全年都在上涨），但通胀似乎已得到控制。因此，尽管有很多基本面因素可能成为 1987 年股市崩盘的潜在的诱因，但很难直接判断出这些基本面因素可能会对市场产生怎样的影响，更无从知晓是对哪个方向的影响。

股市崩盘前夜

股市在 10 月 19 日崩盘前一周的星期三、星期四和星期五经历了特别严重的下跌，道琼斯工业平均指数分别下跌 3.8%、2.4% 和 4.6%。《华尔街日报》指出，芝加哥期货交易员认为，星期四尾盘下跌是由投资组合保险公司抛售造成的，这或许是为了应对前一天市场大幅下跌。[31]

这次下跌要求那些投保的投资者大量抛售。事实上，投资组合保险公司在星期三、星期四和星期五卖出了相当于 5.3 亿美元、9.65 亿美元和 21 亿美元的股票期货。[32] 一个标准的投资组合保险计划要求抛售 20% 的股票，以应对 10% 的跌幅，从星期三到星期日，道琼斯工业平均指数下跌了 10.4%。即使保守估计，被保险的股票规模为 600 亿美元，要想降低这一规模，至少需要出售大约 120 亿美元的股票。然而，截至本周末，完成售出的还不到 40 亿美元。

布雷迪委员会对股市崩盘的事后分析如下：[33]

（当时）抛售压力巨大，足以在接下去的一周压垮股市。这种超卖集中在两类敏感的卖方身上：投资组合保险公司和少数共同基金集团，一些激进的交易型机构在预期市场将进一步下跌的情况下加紧抛售股票，使得情况变得更糟。……这些交易员很熟悉投资组合保险公司和共同基金的策略。他们能够快速判断出，这些机构在市场下跌的情况下必须进行抛售。他们还可以看到这些机构在抛售程序上的滞后性。而这种情况为这些交易员提供了一个卖出的机会，他们预期投资组合保险公司和共同基金会强行出售，因此他们还有机会以较低的价格购回这些股票。

但只有少数投机者清楚地预见到投资组合保险超卖的巨大压力。《华尔街日报》和其他报刊的调查显示，就在金融危机之前，大众对投资组合保险的超卖毫无察觉。而股票专家、期货交易员、机构投资者和广大公众充其量只有一鳞半爪的了解，他们也无法将投资组合保险交易与那些可能是受消息刺激而发生的交易区分开来。

1987 年 10 月 19 日，黑色星期一

1987 年 10 月 19 日，股票和期货市场一开盘，排山倒海般的卖单令市场完全混乱。在一个极端的案例中，一个投资组合保险客户接到指示，根据 10 月 16 日星期五的股市收盘价，在星期一卖出其剩余股票的 70%，尽管该客户在前一周一直在卖出股票。在周一共同基金也面临抛售压力，电话赎回让客户很容易从股票基金中撤出，仅在上星期五，净赎回（投资者从共同基金中取出的金额与新投入的金额之差）就超过 7.5 亿美元，而赎回需求在周末更加络绎不绝。[34]

保险公司在开盘时的股票直接抛售计划为 2.5 亿美元，指数套利者的股票抛售计划也为 2.5 亿美元。少数共同基金公司也因个别投资者的要求下了大量的卖单，其中一家（富达投资，Fidelity Investments）在开盘后的一个小时就卖出了 5 亿美元（如图 5 - 1 所示）。投资组合保险和指数套利主导了纽交所的程序卖单。[35]

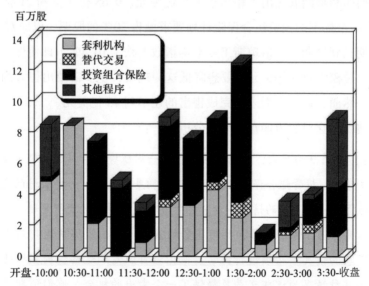

图 5 - 1　1987 年 10 月 19 日，纽约证券交易所的程序卖单

资料来源：证券交易委员会，"1987 年 10 月的股市崩盘"（华盛顿特区：证券交易委员会市场监管司，1988 年）。

　　图 5-2 显示了当日投资组合保险交易的期货以及期货价格相对于股票价格的折扣。在星期一交易的前半小时，一些投资组合保险公司卖出的期货，大致相当于 4 亿美元的股票，占已上市的期货交易量（即不包括本地做市商交易量）的 28%。整个上午，投资组合保险公司卖出的期货有所回升。上午 11∶40 至下午 2∶00，投资组合保险公司卖出了约 13 亿美元的期货，约占上市期货交易量的 41%。[36]

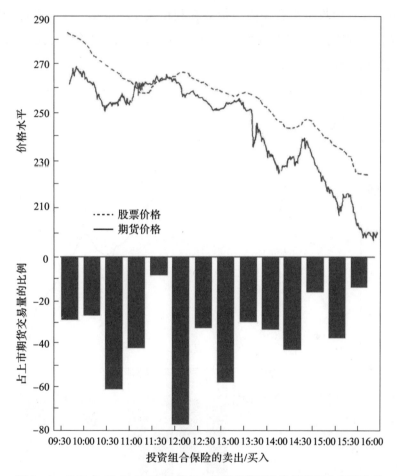

图 5-2　1987 年 10 月 19 日 标普 500 指数期货折扣和投资组合保险交易

资料来源：布雷迪委员会，总统市场机制工作小组的报告（华盛顿特区：政府印刷局，1988 年）。

　　此外，投资组合保险公司在纽约证交所的股票卖出了约 9 亿美元。截至下午早些时候，在整个股票和期货市场，投资组合保险公司的抛单超过了 37 亿美元。来自投资组合保险公司和套利者的程序抛售压力，会同时对纽交所形成冲击。例如，从 13∶10 到 13∶20，程序卖单总额占总交易量的 61%，从 13∶30 到 14∶00，两个时段的程序卖单总额占总交易量的60%以上。[37]

　　根据美国商品期货交易委员会（CFTC）的股市崩盘报告，指数套利和投资组合保险的相互作用无法解释10月19日市场下跌的原因。[38] CFTC对当天交易的分析显示，股票市场对套利产品的抛售做出了短暂的反应（见图5-3），但报告的结论是，由于期货价格也在下跌，这些例子反映的是市场"普遍疲软"的迹象，而并不是任何投资组合保险与指数套利相关联的证据。或许更合理的解释是，投资组合保险公司的期货抛售量大大超过了套利者的期货买入量，导致期货市场以及股市下跌。

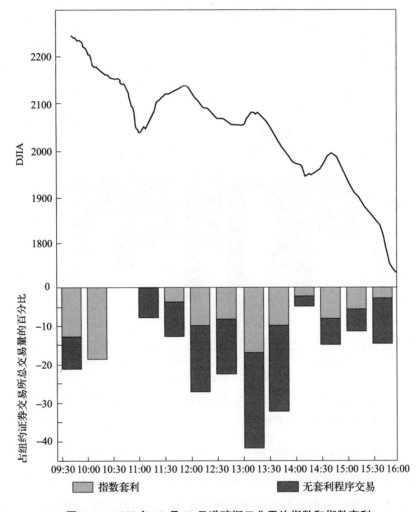

图5-3　1987年10月19日道琼斯工业平均指数和指数套利

资料来源：布雷迪委员会，总统市场机制工作小组的报告（华盛顿特区：政府印刷局，1988年）。

无论如何，到了下午2：00，现货市场的订单执行问题已经减缓了指数套利行为，而投资组合保险公司的期货抛压仍然很重。尽管抛压很重，但"仍远远落后于电脑程序规定的对冲比率"。[39] SEC 随后得出结论，投资组合保险的大规模超卖，在这个周一对市场产生了重大的影响，很大程度上抑制了购买期货或股票的潜在需求，并延续了大量的期货贴水，进一步打击了机构买家甚至还有做市商（market maker）的信心。[40]

在10月19日最后一个半小时的交易中，保险公司卖出了6.6亿美元的期货。随着指数套利者的大量离场，期货相对于股票市场多下跌了20个点。[41] 投资组合保险公司也继续在程序交易中直接卖出股票。道琼斯工业平均指数在最后一个小时的交易时间内，下跌了近300点，成交量占到全天成交量的四分之一，全天则暴跌了508点，跌幅为22.6%。

截至周一收盘，投资组合保险公司抛售了3900万股股票，而指数套利公司又抛售了3800万股股票。[42] 10月19日，投资组合保险公司的期货销售额占期货总交易量的21%，占上市期货交易量的43%。[43]

黑色星期一的大部分抛售行为都集中在极少的机构投资者身上[44]：

在纽约证券交易所不到210亿美元的总成交额中，三家投资组合保险公司的程序卖出略低于20亿美元。少数共同基金对个股的大宗抛售又占了9亿美元，其中约90%的抛售是由一个共同基金集团完成的。在期货市场上，投资组合保险公司的卖出额相当于40亿美元的股票，即34500份合约，相当于期货交易量的40%以上（这还不包括场外交易）；其中仅仅三家投资组合保险公司就卖了28亿美元。在股票和期货市场，一家投资组合保险公司出售的股票和期货标的价值总额达17亿美元。尽管来自投资组合保险公司的抛售压力很大，但这只是其模型规定的卖出额的一小部分。

图 5 - 4 和图 5 - 5 分别提供了不同投资者群体在崩盘期间出售和购买股票和期货的明细。值得注意的是，投资组合保险公司是10月19日股票和期货的最大净卖家（卖出减去买入）。对10月14日至20日期间投资组合保险抛售股票和期货数量的一项调查显示，此类型的抛售可能导致了近17%的市场价格下跌。[45]

（单位：百万美元）*

	10 月 15 日	10 月 16 日	10 月 19 日	10 月 20 日
卖出				
投资组合保险公司	257	566	1748	698
养老金	190	794	875	334
交易导向型投资者	1156	1446	1751	1740
共同基金	1419	1339	2168	1726
其他金融机构	516	959	1416	1579
总额	3538	5104	7958	6077
指数套利额（包括上述类型机构）	717	1592	1774	128

	10 月 15 日	10 月 16 日	10 月 19 日	10 月 20 日
买入				
投资组合保险公司	201	161	449	863
养老金	368	773	1481	920
交易导向型投资者	1026	1081	1316	1495
共同基金	998	1485	1917	1858
其他金融机构	798	1221	2691	2154
总额	3391	4721	7854	7290
指数套利额（包括上述类型机构）	407	394	110	32

图 5 - 4　纽约证券交易所的股票买卖

*样本中不包括：

（1）个人投资者。

（2）日买卖金额低于 1000 万美元的机构。

（3）定量交易的经纪人/交易员。

资料来源：布雷迪委员会，总统市场机制工作组的报告（华盛顿特区：政府印刷局，1988 年）。

（单位：百万美元）

卖出	10月14日	10月15日	10月16日	10月19日	10月20日
投资组合保险公司	534	968	2123	4037	2818
套利机构	108	407	392	129	31
期权	554	998	1399	898	635
自营交易	7325	7509	7088	5479	2718
养老金	37	169	234	631	514
交易导向型投资者	1993	2050	3373	2590	2765
外资	398	442	479	494	329
共同基金	46	3	11	19	40
其他金融机构	49	109	247	525	303
发行总额	16949	18830	19640	18987	13641
上述项目总额	11044	12655	15346	14802	10153
占总额比例	65.2	67.2	78.1	78.0	74.4
投资组合保险：占上市期货交易量的百分比	14.37	18.80	25.70	43.30	37.91

买入	10月14日	10月15日	10月16日	10月19日	10月20日
投资组合保险公司	71	171	109	113	505
套利机构	1313	717	1705	1582	119
期权	594	864	1254	915	544
自营交易	7301	7530	7125	5682	2689
养老金	90	76	294	447	1070
交易导向型投资者	1494	2236	3634	4510	4004
外资	240	298	443	609	418
共同基金	0	27	73	143	51
其他金融机构	155	57	126	320	517
发行总额	16949	18830	19640	18987	13641
上述项目总额	11259	11976	14763	14320	9915
占总额比例	66.4	63.6	75.2	75.4	72.7
投资组合保险：占上市期货交易量的百分比	1.80	3.86	1.43	1.31	6.98

图5-5 芝加哥商品交易所期货买卖统计

资料来源：布雷迪委员会，总统市场机制工作小组的报告（华盛顿特区：政府印刷局，1988年）。

反弹，星期二

1987 年 10 月 20 日，星期二这一天的成交量仍然居高不下，价格像是坐上了过山车。标准普尔 500 指数期货市场为平稳市价而大幅增加保证金，市场成交量持续走高。但保证金储备增加至上午 10 点左右，之后转为小幅下降，在这段时间内，投资组合保险的抛售占标准普尔 500 指数期货交易量的 26%。[46]

这一交易量显示了在这一天中，投资组合保险才是造成期货贴水的重要原因。随着贴水扩大到 16 点，在上午 10:00 至 10:30，投资组合保险策略占期货交易量的 25%，紧接着市场暴跌，投资组合保险策略占之后一小时期货交易量的 34% 以上。[47]

标准普尔 500 指数期货合约跌了 40 点，市场在上午 10:00 至 12:15 之间暴跌 27%。[48] 在最低点时，期货价格间接显示道琼斯工业平均指数当时在 1400 点的水平。[49] 当期货价格下跌到这个水平时，芝加哥期权交易所和芝加哥商品交易所（CME）停止了合约交易。

SEC 的调查发现，10 月 20 日，由投资组合保险决定的卖单明显压制了期货和股票市场的反弹。[50] 然而，就在星期二的中午时分，几个因素汇聚在一起，抵消了保险抛售的影响，引发了市场的反弹。这些因素包括：上市公司股票回购的消息、纽约证券交易所专家保证增加市场流动性的来源、股票抛售量的下降以及市场低价的吸引力。

道琼斯工业平均指数在这一天最终收于 1841 点，当日上涨 102 点，涨幅 5.9%。当日 6.14 亿股的成交量超过前一日的 6.04 亿股，创下当时的历史新高。

投资组合保险之败

在股市崩盘后，投资组合保险公司将这一策略的失败归咎于市场波动率高于预期、股票价格的不连续性导致的价格缺口，以及除了策略本身之外，期货大幅贴水所致。[51] 然而，事实上策略本身也可能造成市场的动荡，因此，投资组合保险未能兑现其相当于传统保险的保障承诺。[52]

然而，正如我们所指出的，即使在理论上，投资组合保险与传统保险也存在明显不同，因为投资组合保险本质上是自我保险。这种保险所覆盖的"承保范围"是在股价下跌时通过出售股票而体现出来的。因此，当股票价格的波动率增大时，购买成本会随之暴增。此外，被保险投资组合的抛售加剧了这种波动，从而大大地增加了市场价格出现跳空缺口的可能性。当股票价格像崩盘那样跳空下跌时，投资组合保险的存在意义就会受到质疑。而简单的抛售股票，并不能保持在恰好所需的"必要保护"的水平上。

在 1987 年 10 月 19 日和 20 日的股市崩盘中，市场上小时级别的价格波动，就与 1929 年 10 月 29 日黑色星期二 12.8% 的日跌幅相当。这些幅度大且不连续的价格变动，以及由此产生的混乱，给所有的投资组合保险公司带来了很多麻烦。能够在证券和期货市场上同时销售的、更为灵活的投资组合保险公司，通常比仅仅局限于期货市场的投资组合保险公司情况要好一些。[53] 然而，人们后来发现，即使是这些保险公司也很难进行适当的对冲。根据 SEC 提供的数据，通用汽车能够卖出的股票，还不到它所需的全部保额的一半。[54]

现有的证据表明，投资组合保险在股市崩盘期间的表现不佳。大部分投资组合保险突破了它们所能承受的底线。即使是那些刚刚触碰到底线，或者仅仅小幅跌破底线的投资组合保险也被迫出局，也就是说，这些投资组合保险被迫完全脱离股票，转而持有全部现金头寸，以确保在保险期结束时能够在市场下行周期中起到保护作用。因此，当市场逐渐复苏时，已经被迫终止保险的投资组合因被排除在市场上涨之外，进而产生了大量的机会成本（错失挽回损失的机会）。具有讽刺意味的是，投资组合保险一直被视为锁定牛市收益的工具，[55]而最终却成为投保客户在随后的反弹中被锁定在市场之外，而只能承受最大损失的枷锁。

股市崩盘之后，许多投资组合保险商和用户（包括安泰、BEA 联合公司、圣地亚哥天然气和电气、杜克大学和拜耳美国）完全退出了这一策略。布雷迪委员会的报告称，在 13 家接受调查的养老保险基金中，有两家在 1987 年 10 月 19 日之前放弃了投资组合保险，另有 7 家在金融危机后取消了保险计划。[56] 另一项对 14 家保险服务商的调查显示，它们的投资组合保险资产在 1987 年 9 月 30 日至 12 月 31 日间缩水了近三分之二，从 370 亿美元下降到 126 亿美元。[57] LOR 公司管理的保险资产从 1987 年初的 540 亿美元大幅缩水至 1988 年初的 84 亿美元，紧接着又萎缩到 1989 年初的 1.54 亿美元。[58]

投资组合保险资产的严重缩水同时反映在标普 500 指数期货合约量的大幅下降上面。自 1982 年交易所上市的期货产品问世以来，期货交易日均成交量稳步增长，从 1985 年底至 1987 年 10 月初成交量翻了一番。而股市崩盘之后，其交易量下降了大约一半。与此同时，市场对真实交易期权的需求却在猛增。

投资组合保险没有名副其实。相反，它恰恰证明了它并不是被大众所理解的、通常意义上的保险。因为，并没有保险公司可以弥补客户损失的资产价值；事实上，也没有保险提供者承担损失的风险。被保险的投资者只能自己承担这些风险，而这还有赖于投资者是否具有及时且高效的股票操作能力。他们能否做到这一点，还取决于其他投资者是否愿意接受被保险投资者希望削减的下行风险（也就是愿意买入被保险投资者抛出的股票或者期货）。

在 1987 年的金融危机中，投资组合保险在投资者最需要保障安全的时候失败了。然而，这并没有阻止投资者和投资顾问继续寻求无风险回报的"秘籍"（Holy Grail）。

全球股市崩盘

一些市场观察家认为，投资组合保险不可能是 1987 年 10 月 19 日股市崩盘的主要原因，因为投资组合保险几乎是美国独有的，而世界各地的资本市场则随着美国股市一起崩盘。这种观点是理查德·罗尔（Richard Roll）在加利福尼亚大学洛杉矶分校安德森管理学院（UCLA Anderson School of Management）担任金融学教授时大力推行的。

罗尔坚持认为，"世界上大多数其他市场在当地时间 10 月 19 日就出现了大幅下跌，这恰好预示了北美市场的崩盘。"[59] 但从 10 月 14 日到 10 月 16 日，美国市场的跌幅已经达到 10.4%，这一事实不可忽略。况且，这是自第二次世界大战以后，在如此短的时间内创造的最大跌幅。此外，"全球股市年鉴"表明，美国以外的市场是在美国市场之后崩盘，而非之前。从 10 月 1 日到 16 日的股市崩盘前夜，美国股市下跌了约 12%，远高于任何美国以外的市场。

10 月 19 日，星期一，亚洲市场是全球最早开始交易的市场，释放了市场的重大利空。这是应对华尔街提前两天也就是上个星期五的大幅下跌，而那是在前一个星期亚洲股市收盘之后发生的。此外，美国和伊朗之间的军事行动正在升级，美国财政部长詹姆斯·A.贝克三世威胁说，为了对抗德国收紧的利率，美国将推动美元贬值。因此，10 月 19 日亚洲股市下跌不足为奇。即便如此，从 10 月 1 日到 10 月 19 日，亚洲股市的平均跌幅也低于 10 月 16 日收盘时的美国股市跌幅。

欧洲市场是 10 月 19 日第二波开盘交易的市场，它们大幅下跌，尤其是伦敦，下跌了 10%。事实上，由于当时极端天气的影响，伦敦交易所在前一个星期五已经关闭，因此 10 月 19 日伦敦市场的下跌很大程度上可能归因于上个星期五美国市场的下跌。此外，美国机构投资者在这一天的早些时候在欧洲市场上完成了抛售的同时，正希望在这个星期一纽约开盘时来一次跳高开盘。当然，在欧洲，在这一天的最后，市场也受到了美国纽约市场崩盘的影响。即便如此，从 10 月 1 日到 10 月 19 日，欧洲股市的平均跌幅仍小于美国股市在暴跌前的星期五的跌幅。

10 月 19 日，道琼斯工业平均指数暴跌 22.6%，再次引发全球股市崩溃。10 月 20 日，亚洲股市大跌。东京交易所星期二收盘创下跌幅 14.9% 的纪录，尽管其上市的股票中有一半被推迟开盘。澳大利亚和新西兰的股市当日也出现大幅下跌。受星期一下午美国股市崩盘的影响，欧洲市场在星期二遭受重创，伦敦股市下跌 11.4%。尽管美国股市一直是最后一个交易的市场，但其涨跌幅度仍然领先于全球市场，10 月 20 日美国股市收盘上涨 5.9%，随之所有主要国际市场在 10 月 21 日也出现上涨。

在当时的市场观察家看来，这次危机的中心似乎是纽约。在伦敦，当时的财政大臣尼杰尔·劳森（Nigel Lawson）指出："这始于华尔街。"[60] 当时的联邦德国证交所执行副主席鲁迪格·冯·罗森（Rüdiger von Rosen）将德国股市崩盘的原因归结为 "对华尔街的重大依赖"。[61] 东京巴克莱银行（Barclays de Zoete Wedd）首席经济学家彼得·摩根（Peter J. Morgan）也将日本股市崩盘归咎于华尔街："这是对纽约的反应。日本市场刚刚走出阴霾，国内没有任何东西会导致这种情况。"[62] SEC 得出的结论是，美国市场主导了日本和英国的股市。[63] 国际证券交易所（The International Stock Exchange）对此表示赞同并指出，到 10 月 20 日（星期二）为止，"人们的看法在纽约证交所的道琼斯工业平均指数大幅下跌 509 点（22.6%）之后发生了变化。"[64]

第六章

1987 年股市崩盘之后——期权

> "衍生工具只有在波动的环境中才有价值，它们的增值是对我们的时代的评论。"
>
> ——彼得·L. 伯恩斯坦（Peter L. Bernstein）[1]

1987 年股市崩盘凸显了投资组合保险的两大问题。首先，投资组合保险的自保策略并不是真正意义上的保险，市场参与者不愿意作为买家介入，以保证被保险的投资组合的价值。其次，这次股市崩盘凸显了大量保险资产为市场流动性和市场稳定性所带来的潜在危险。截至 1989 年，投资组合保险的资产额从 1987 年股市崩盘前的峰值下降了 60%～90%。[2]

但市场崩盘加深了投资者对市场潜在的脆弱性的认识，以及由此产生的对获得保护的渴望。这一愿望在股市崩盘后几年因市场化水平的提高而更加强烈。到 1989 年，投资机构已经实现了可观的收益。它们希望在不必平仓其股票投资组合的情况下获得相应的保护。

在股市崩盘后的十年里，出现了大量旨在保护投资者免受市场低迷影响的金融产品。这些产品包括交易所交易的期权、场外期权（OTC）、面向机构投资者的掉期（Swaps），以及为个人投资者提供的股票参与和债券式本金担保的混合产品。这些以期权为基础或类似期权的产品，与旧的投资组合保险策略有着更多的共同点，而不仅仅作为一个类似的投资目标而存在。它们最终依赖于同样的复制期权交易，正是这种交易在 1987 年扰乱了股票和期货市场的稳定。

替代投资组合保险

公开交易期权在提供保护方面比投资组合保险具有更多的优势。它们不需要像投资组合保险那样，在市场下跌时抛售股票。因此，看跌期权不会因市场的波动或不连续而存在不行权的危险。

与投资组合保险相比，公开交易期权具有另一个优势，即交易意图清晰。未偿付期权合约的数量和交易所交易期权的价格是公开的。这些数据提供了对保护需求的指示和市场波动的预期。因此，交易所交易的期权比投资组合保险的不稳定性更小。

投资组合保险产生的部分原因是机构投资者利用期权市场时存在巨大障碍。在股市崩盘之前，交易所交易的期权只适用于某些标准化的行权价格及到期日，而且它们的时间范围是固定的，通常相当短。虽然投资者可以使用一系列公开交易的短期期权来提供较长时间的保护，但其交易成本事先难以预知，因为这将取决于期权到期时的市场波动性。此外，美国证券交易委员会已经对期权的持有施加了最大的头寸限制，使得公开交易期权对拥有大量投资组合的机构投资者来说形同鸡肋。

在股市暴跌之后，期权交易所开始提供更适应机构投资者需求的工具。在 1987 年 11 月初，芝加哥期权交易所开始交易两年期标准普尔 500 指数期权。1990 年 10 月，长期股权预估证券（LEAPS）诞生——针对个股、标准普尔 100 指数（S&P 100）和标准普尔 500 指数以及主要市场指数的两年期看跌期权。长期股权预估证券的最长期限长达六年，涵盖了石油和生物技术等市场领域以及更大范围的指数。可变汇率（FLEX）期权在 1996 年引入，允许客户选择基础指数（如标准普尔 100 指数或标准普尔 500 指数）、到期日（最多五年）、履约价格、使用方式（如美国式或欧洲式）以及结算价（基于到期日开盘价、收盘价或平均价格）。FLEX 的头寸限制在 1997 年底也被取消。

场外期权

机构投资者如果在交易所交易产品的名单上看不到他们需要的东西，则可以转向场外交易市场，以一定的价格实现任何期望的回报模式。场外期权，是指双方当事人之间的私人协商合同，期权出票方（或卖方，通常是投资银行，银行子公司，或经纪交易商）及期权买方（通常是大型机构投资者）可以根据特定的风险敞口和保护要求量身定做，不受交易所买卖期权的范围或最大头寸的限制。

普通场外期权可以提供标的资产（股票、股票组合或指数）的数量或性质、期权的行权价格、期权的到期日和行使方式等方面的定制。这种金融产品的众多要素是由外国期权提供的，它提供了各种各样的支付模式。

场外期权相对于交易所上市的期权有几个缺点。考虑到它们的专业性，场外交易的期权大多缺乏交易市场，因此它们的基础流动性不足，更难以估值。作为定制金融工具，它们通常也比上市的期权更昂贵，其价格由买家和卖家决定。最后，在没有证券交易所提供金融担保的情况下，场外期权持有者面临着更大的交易对手违约风险。

掉期

掉期是指两个交易对手之间为交换一系列现金流而签订的合同。举一个简单的例子，发行人将新发行债券的固定利息支付换成浮动利率支付，或者将以美元计价的债券换成以其他货币计价的债券。

通过股票掉期，部分现金流与既定股票指数或一篮子股票的表现挂钩。投资者一般会在固定资产或浮动利率上交换基本股指的股息和资本增值。然而，拥有股票投资组合的投资者可以将其与股票掉期结合起来，支付股票的股息及其资本利得，并获得固定的回报率。

担保权益

20 世纪 80 年代初出现了 "90:10" 基金，主要面向个人投资者，而非机构投资者。该基金将把 90% 的资本投资于定期存单，把剩下的 10% 投资于股票指数的看涨期权。投资者保证其初始投资至少有 90% 可以获得回报，而看涨期权则参与了股票市场的上涨。在 1987 年股市崩盘之前的市场环境中，这些投资者对这些类型基金的兴趣逐渐消退，因为投资者正在被低波动性和不断上升的股票回报所吸引。

尽管如此，一些银行在 20 世纪 80 年代中期开始提供类似的工具。在 1987 年 3 月首次推出的大通曼哈顿市场指数投资项目中，存款人获得了 100% 的初始存款保证金，最高为 10 万美元，由联邦储蓄保险公司（FDIC）背书。取代通常的银行存款利率（当时平均为 5.4%），存款人可以选择从标准普尔 500 指数中获得 75% 的收益；60% 的指数收益或 2% 的回报，以较高者为准；或 40% 的指数收益或 4% 的回报中的较高者。作为放弃利息的交换，存款人获得了参与股市上涨的机会。

1987 年的股市崩盘终结了许多此类产品，因为它们的发行人损失惨重。尽管如此，如前所述，这次股市崩盘给投资者灌输了对保护投资组合价值的新的认识。

1993 年春天，花旗集团（Citigroup）开始销售一个名为"股票指数保险账户"的产品，为投资者提供"股票市场回报"。其他银行追随大通曼哈顿银行的脚步，提供与利息挂钩的存单，利息很少或根本没有利息，但到期时返还原始存款加上与给定股票指数表现挂钩的投资回报。经纪商交易员和其他人提供了各种类似的工具，包括股票参与票据、股票上扬票据、结构性上扬参与票据、结构性上扬参与股权收益和综合高收入股票挂钩证券等。

所有这些的基础框架是存单或债券加上对基础指数的看涨期权。购买看涨期权的资金基本上来自于投资者或存款人放弃的利息，或者来自于出售价外看涨期权（out-of-the-money call option，又称虚值期权，是指不具有内涵价值的期权，即敲定价高于当时期货价格的看涨期权。——译者注）。这类工具为投资者提供了与债券的风险水平相当的股票回报，尽管其利率被降低或为零。

当时，这种有担保的股票产品在欧洲非常流行，它们还为投资者提供了税收减免。到 20 世纪 90 年代末期，这种产品的销售额估计为 400 亿～1000 亿美元。而在美国，这种产品的销售略显滞后，投资者似乎对股票共同基金或直接股票投资更满意。到 1997 年，担保权益产品的名义价值仅为 30 亿～50 亿美元。[3]

虽然担保权益的最终使用者可能主要是个人投资者，但产品的发行人一般是依赖参与股票投资的期权的金融中介机构。这些期权的出票人必须像看跌期权卖方一样，管理他们的风险敞口。

对冲期权风险

有了投资组合保险，1987 年 10 月 19 日及前后几天股票价格的突然暴跌，使得保险计划很难执行提供最低价格的交易。这些保险计划通常没能提供它们所承诺的保护。这一般不是期权的问题，例如，一旦买方购买了看跌期权，即使标的市场价格下跌，该期权也很可能提供预期之中的保护。

与此同时，期权的买方也受到了保护，以防止在期权周期内的波动性发生意外变化。期权的潜在价值，即期权价格，通常随着标的资产波动性的增加而上升，随着标的资产波动性的减少而下降。这是因为较高（较低）的波动率带来较高（较低）的该期权以货币结算的概率。

然而，购买期权后，标的资产的波动性的变化对期权买方并没有任何影响。如果波动性增加，期权买方将不必支付更多期权费；如果波动性下降，买方也不会收到退还的期权费。此外，期权买方不必为了保持原有的保护或参与股票的水平而交易更多的期权。期权买方面临的主要风险是期权卖方违约的风险。期权交易所将在会员违约的情况下提供保障，这样，大大减少了此类信用风险。

然而，对于期权卖方来说，情况并非如此。期权发行人面临着巨大的风险。如果标的资产的价值低于看跌期权的行权价格，则行使期权；卖方向期权持有人支付行权价格，并获得价值较低的资产作为回报。如果标的资产的价值高于看涨期权的行权价格，则行使期权；发行人从期权持有人处获得行权价格，并提供一项价值更高的资产作为回报。看跌期权或看涨期权的发行人通常已经将这种风险敞口纳入向期权买方收取的期权费之中。尽管如此，卖方的风险仍然存在，即如果资产的价格变动对期权卖方不利，并大于所收到的期权费，将给卖方造成损失。

发行期权的交易商和做市商通常都不是投机者。他们并不希望继续面对使他们被迫行权的风险。因此，他们将尽量避免空头头寸给自己带来这一风险。有很多方法可以做到这一点。

交易商和做市商不必对冲他们持有的每一个期权头寸。它们将在很大程度上相互抵消。也就是说，他们将同时拥有多头和空头头寸，这样也就抵消了看涨期权。他们将所有交易产生的现金流净额化，只留下了必须进行对冲的剩余金额。

在理想的情况下，交易商和做市商将能够通过寻找合适的交易所交易期权进行对冲。然而，交易所买卖期权、抵消期权卖方承担风险的能力很有限。使用的期权位头寸必须随着期权发行人的期权敞口时间的变化而变化。例如，短期期权必须随着时间的推移而展期。离散再平衡的需要引入了套期保值误差的确定性，使得期权发行人面临同样的市场缺口和潜在成本的风险，这些风险威胁着像投资组合保险一样依赖于动态套期保值的策略。

此外，市场对期权的需求，特别是对投资组合保护工具的需求，可能超过卖方的自然供给。与其他类型的衍生品相比，股票期权的情况可能更是如此。例如，货币或利率掉期的任何一方都可以用来降低风险，这取决于用户现金流入和流出的性质。一家在英国向美国出口的公司和一家在美国向英国出口的公司可能就是美元和英镑的天然交易对手。因此，寻求对冲其特定市场风险敞口的公司很可能对掉期的任何一方都有天然的兴趣。对于掉期交易商而言，向一个交易对手支付的款项由另一个交易对手支付的款项反映出来；交易商自身的风险敞口则将通过冲销头寸进行消除。

股票期权的问题更大。期权发行人本质上是在投机，承担市场波动的风险，期望波动将使市场朝着有利可图的方向移动，或者让波动保持在行权对买方无利可图的范围之内。此外，股票往往比利率和货币衍生品更具波动性。因此，通常很难找到愿意持有短期股票期权头寸的交易对手。

当期权交易商或做市商无法买入期权以对冲已售出期权的风险敞口时，他们将不得不人为地复制多头期权头寸。复制多头期权头寸需要在市场下跌时抛售股票（或做空股票期货合约），在市场上涨时买入股票（或补仓做空股票期货头寸）。换言之，它的要求与投资组合保险所依赖的趋势跟踪的交易相同。

投资组合保险的回归

与综合保险一样，利用上市期权和场外期权规避股票风险，可能会鼓励发行人对股票做出高于保证的承诺。对股票的需求增加，会将股价推离公平估值，价格变得更容易受到市场调整的影响。这可能会导致更多的通过期权提供保护的需求。对期权的需求将会增加期权发行人在标的股票市场上进行动态对冲的需求。由于这需要在股价上涨时买入股票，这种动态对冲将进一步加大股价上涨压力。当定价过高的股票最终遭到市场打压时，期权发行人的对冲需求将要求向下跌的市场进行抛售，这可能会进一步打压价格，并导致其他投资者也跟随抛售。这种动态的正面反馈可能会被一个已经在下降的市场对看跌期权保护的需求增长所夸大。

交易所交易期权的价格透明度有助于降低期权发行人动态对冲的效果，因为它只揭示了卖出所反映的对冲需求，而并未反映其基本面信息。相比之下，当对冲者的卖盘来源模糊时（场外期权的情况常常如此），其他投资者可能会拒绝购买他所提供的股票，或与对冲者一起卖出，他们会错误地认为所做的交易是由基本信息而不是对冲需求推动的。

1987年股市崩盘后不久开始的一系列事件表明，人们有理由担心与期权相关的波动性。具体来说，在1989年、1991年和1997年，曾出售看跌期权的交易商被迫通过出售期货来对冲头寸的情况时有发生。期货合约的抛售反过来加剧了标的股票市场的下跌。

1989 年的看跌期权

1987年金融危机后，美国经济继续增长。1988年全年股市保持稳定，1989年大幅上涨，当年10月9日创下历史新高，道琼斯工业平均指数收于2791点。然而，在接下来的三天里，道琼斯工业平均指数下跌了约30点。1989年10月13日，星期五，道琼斯工业平均指数暴跌191点，跌幅达6.9%。

如图6-1所示，在10月13日下午2:30之前，道琼斯工业平均指数下跌了约25点，这可能是因为政府在开盘前公布了经济数据指标。具体而言，生产者价格指数（PPI）的上升和零售额的增加被视为影响股市的负面因素，因为这意味着美联储很可能会推迟降息的时间。当天晚些时候，由公司事件引发了股价大幅下跌。截至下午2:40，在纽约证券交易所上市的联合航空（UAL）的股票专员获得了在重大消息公布前停止交易的许可。下午2:55，新闻通讯社发布了一则公告，称收购该公司的融资计划遭到了质疑。[4] 此外，媒体开始报道，美国国会否决了一项降低资本利得税率的提议。[5] 在高收益债券市场已经开始疲软的背景下，[6] 联合航空的消息让投资者对传闻中的收购目标以及股市整体表现都极为悲观。[7]

因此，纽约证券交易所和芝加哥商品交易所的价格立即开始大幅下跌。截至下午3:07，交易最活跃的股指期货合约标准普尔500指数12月期货合约（SPZ）触及12点的价格上限（见图6-1）。这是1987年股市崩盘后推出的"熔断机制"（circuit breakers）的一部分，旨在在市场严重下跌或大幅上涨时延缓交易。

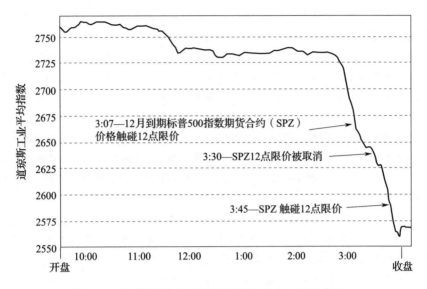

图 6 – 1　1989 年 10 月 13 日道琼斯工业平均指数走势

资料来源：证券交易委员会，"1989 年 10 月 13 日和 16 日的交易分析"（华盛顿特区：证券交易委员会市场监管司，1990 年）。

　　这 12 点的价格限制相当于道琼斯工业平均指数下跌 92 点（与前一日收盘价相比下跌了 84 点），并触发了纽约证券交易所的 Sidecars（另一个熔断系统）暂停程序交易 5 分钟。芝加哥商品交易所标准普尔 500 期货合约的无限制交易（unrestricted trading）于下午 3：30 恢复，而此时价格继续下跌，直到下午 3：45 左右触及 30 点的下跌限制。指数期货的跌幅相当于道琼斯工业平均指数下跌 230 点，尽管道琼斯工业平均指数本身其实只下跌了 150 点。[8] 其他交易所的股指期货也在这段时间触及了熔断限制。美国证券交易所和芝加哥期权交易所均在下午 3：16 后停止了股指期权期货交易，并一直关闭到收盘。[9]

熔断机制

　　有关 1987 年股市崩盘的各种政府报告的发布，有助于防止未来股市崩盘的结构变化。除此之外，基于这些建议还促使一个在快速下跌的市场中延缓交易的"熔断系统"的建立。

　　1988 年 10 月，美国证券交易所建立了限价机制，一旦出现市场压力异常，将直接停止股票交易。最初的参数要求是，如果道琼斯工业平均指数比前一天的收盘价下跌 250 点（考虑到当时的指数水平，跌幅约为 12%），所有交易所的交易将暂停一小时。如果重新开盘后道琼斯工业平均指数再跌 150 点，将触发两小时的跌停。后来的规则要求下跌到一定的百分比停止交易，若在下午 2:00 前分别出现 10% 和 20% 的下跌，则分别停牌一小时和两小时，跌幅达到 30% 时，当天的交易完全关闭。临时暂停交易条件与标准普尔 500 指数的价格变动有关，在跌幅达到 7% 或 13% 时，均暂停交易 15 分钟，直到下午 3:25，之后不受限制；在跌幅达到 20% 后，当天交易完全关闭。

期货交易所制定了自己的价格限制，与证券交易所的价格限制相呼应。所有的期货交易所最初都提出，如果其指数期货合约跌幅超过相当于道琼斯工业平均指数下跌 250 点时，就应暂停交易；而大多数交易所则呼吁跌幅相当于道琼斯工业平均指数下跌 100 点的水平时就停止交易。以芝加哥商品交易所为例，如果标准普尔 500 指数期货合约较前一日收盘价下跌 12 点，该合约的交易将暂停 30 分钟。如果下跌 30 点（即道琼斯工业平均指数下跌超过 250 点），交易将暂停一小时，直到标准普尔 500 指数中至少有一半的股票重新开始交易。如果道琼斯工业平均指数下跌超过 400 点，期货合约的交易将暂停两个小时。此外，以该合约的日内涨跌限价 50 点，或在开盘时价涨跌 5 点作为限制，临时停牌是在证券交易规则和标准普尔 500 指数的价格之间同步的。

交易所还通过了在市场大幅波动期间对程序交易采取限制的规则。这些规则是由标普 500 指数、道琼斯工业平均指数或其他指数的涨跌点数或跌幅比例触发的，不同程度地将程序交易从自动化系统中分离出来，在设定的时间段内或在价格恢复到预设水平之前停止程序交易，或要求程序交易在价格上涨时卖出（或在下跌时买入）。这一程序交易"中断者"直到 2007 年被淘汰。

截至纽约证交所下午 4:00 收盘时，道琼斯工业平均指数下跌了 191 点（跌幅 6.9%），至 2569 点。这是当时市场历史上第二大单日跌幅。美国航空公司（AA）、美国联合航空公司（UAL）和另外两家航空公司股票的交易已经中止。截至收盘，美国航空公司和美国联合航空公司都没有恢复交易。它们的抛单远远超过了买单，导致另外 6 只股票停牌，其中只有一只在当天收盘前恢复了交易。[10]

1989 年 10 月 13 日道琼斯工业平均指数成分股中有 87% 出现了下跌，而且绝大多数发生在收盘前的最后 90 分钟，成交量异常放大。仅在最后一个小时，纽约证交所就有 1.12 亿股成交，接近 1987 年黑色星期一崩盘时刻 1.166 亿股的成交量。[11]

1989 年 10 月 16 日星期一上午，盘面上积压的抛单表明，前一个星期五的市场下跌还将继续。12 月交割的标准普尔 500 指数期货开盘价较前一个星期五收盘价低 5 点，引发芝加哥商品交易所开盘就被限价交易。然而，市场很快即出现反弹，仅经历了一分钟，交易限制就被取消。[12] 在纽约证券交易所，151 只股票因出现超额抛单而被推迟开盘，占道琼斯工业平均指数市值近 20% 的权重，占标准普尔 500 指数总市值的 11%。截至美国联合航空公司上午 11:08 开盘时，股价自上周五下午以来已下跌了 55 美元，跌幅达 20%。[13]

在大量抛售和延迟开盘的联合作用下，道琼斯工业平均指数在开盘的第一个小时下跌了 60 多点。然而，在那之后，随着股指期货市场的带动，价格出现大幅回升。[14] 这一复苏的势头保持了一整天，道琼斯工业平均指数收盘时较周五上涨了 88 点。纽约证券交易所 10 月 16 日的成交量为 4.215 亿股，是当时有记录以来的第四大单日成交量，仅在 1987 年 10 月 19 日、20 日和 21 日高于这一成交量。[15] 而当天前两个小时，纽约证券交易所的交易量就超过 2.25 亿股，刷新了历史纪录。[16]

随后一周的星期二，也就是 1989 年 10 月 24 日，道琼斯工业平均指数在第一个小时的交易时间就下跌了 80 点。标准普尔 500 指数 12 月期货合约在上午 10 点 33 分短暂触及 12 点的跌幅限制，但又立即展开回升。股市同样迅速扭转跌势，在接下来的半小时内一举收复了 40 点，当日总成交量为 2.39 亿股，仅仅微跌了 4 点。刚开盘的抛售可能是因为周一收盘后有消息称，美国联合航空公司的董事会希望保持该公司的独立性，这一消息令收购前景变得更加暗淡。[17]

看跌期权的影响

虽然在 1988 年之前，场外股票期权并没有得到广泛运用，但到 1989 年 10 月，看跌期权所覆盖的股票投资组合资产的价格已经大幅增长。至少有三家主要经纪商为八家机构基金经理发出了看跌期权。通过这种方式保护机构的投资组合总市值大约有 20 亿美元。[18]

虽然与 1987 年投资组合保险所承保的 600 亿～1000 亿美元相比，投资组合看跌期权规模看似微不足道，但在 1989 年 10 月 13 日下午和 1989 年 10 月 16 日开市时，投资组合看跌期权间接地对市场做出了重大贡献。使用投资组合看跌期权作为保护伞的机构能够避免其在市场下跌的时候，在股票和期货市场上进行大量的抛售。然而，对于发行看跌期权的经纪交易商来说，情况就不同了。为了规避看跌期权的销售给他们自己带来的风险，他们不得不在市场下跌时加速卖出。

1989 年 10 月 13 日，芝加哥商品交易所的抛售压力压低了标准普尔 500 指数期货合约的价格，直到它们以低于标的现货指数的价格被抛售。这为指数套利者创造了一个通过购买期货合约和卖出标的指数来获利的机会。抛售压力由此转移到股市。不过，股指期货继续折价出售。许多发行了看跌期权的经纪交易商无法以完全对冲风险敞口的价格卖出期货。他们只得转向股市，利用程序交易在收盘前集中抛售。[19]

1989 年 10 月 13 日下午 3：49，就在道琼斯工业平均指数下跌了近 200 点之前，三家公司带着 250 万股的程序卖出指令来到纽约证券交易所。这三家公司的人后来都告诉美国证券交易委员会，这些交易是对冲交易，其中两个占项目总量的 83%。他们将抛售直接归因于投资组合看跌策略。[20]

总而言之，场外期权并没有减少向疲弱的市场继续抛售的需求，而是将这种需求从机构投资者转移到了经纪交易商（他们取代了投资组合保险）那里。正如投资组合保险公司在 21 世纪早些时候所做的那样，这些经纪商相信，期货市场充沛的流动性将使他们能够根据自己的需要来对冲他们自己特有的风险敞口。此外，正如投资组合保险公司在 1987 年学到的那样，经纪商发现，相信在市场低迷时期能够依靠抛售期货或股票进行对冲的想法同样相当危险。

我们注意到，在市场于 1989 年 10 月 16 日星期一开盘前，累计的卖出订单表明，星期五的价格将继续下跌。一些在开盘时就净卖出的经纪交易商告诉 SEC，这些交易是上周五下午晚些时候开始的对冲交易的延续。此外，还有与套利相关的集中抛售。当这些抛售压力逐渐减轻时，纽约证券交易所的股价便开始回升。

1987 年 10 月 19 日，以套利为目的抛售程序交易，又加入了组合保险抛售程序交易，于是市场持续暴跌，市场从早盘抛售后的小幅反弹到再次被逆转。而 1989 年 10 月 16 日，如果没有这些投资组合保险计划，买入程序已能够保持足够的动量来支持市场逐渐复苏。[21] 与 1987 年 10 月的投资组合保险相比，1989 年 10 月的投资组合看跌期权对市场价格的影响似乎较小。但是其实，这一差别产生的主要原因是 1989 年看跌期权（仅有 20 亿美元）和 1987 年投资组合保险（600 亿~1000 亿美元）在规模上的巨大差距。

1991 年的双重暗夜

1991 年 11 月 15 日，星期五，又一次严重的市场下跌引起了监管机构对程序交易和旨在保护投资组合价值的投资策略的兴趣。当日，标准普尔 500 指数下跌了 14.5 点（跌幅 3.7%），道琼斯工业平均指数下跌了 120 点（跌幅 3.9%）（见图 6-2）。和之前一样，大部分下跌出现在午后，有几次，期货合约的跌幅再次超过标的现货市场的跌幅。

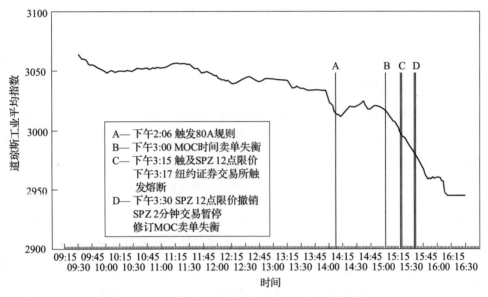

A— 下午 2:06 触发 80A 规则
B— 下午 3:00 MOC 时间卖单失衡
C— 下午 3:15 触及 SPZ 12 点限价
　　下午 3:17 纽约证券交易所触
　　发熔断
D— 下午 3:30 SPZ 12 点限价撤销
　　SPZ 2 分钟交易暂停
　　修订 MOC 卖单失衡

图 6-2　1991 年 11 月 15 日道琼斯工业平均指数走势图

资料来源：证券交易委员会，"1991 年 11 月 15 日的市场下跌"（市场监管司司长威廉·H.海曼致证券交易委员会主席布里登的备忘录），证券交易委员会市场监管司，1991 年 12 月 24 日。

与 1989 年 10 月 13 日不同，1991 年 11 月 15 日是一个双重暗夜（double-witching hour）。这一天是股票指数期权和股指期货合约的双重交割日。在这个周五，纽约证券交易所的所有会员单位必须在下午 4 点收盘前一小时内进入期货合约交割交易（market-on-close，MOC）。

截至 11 月 15 日下午 2 点，道琼斯工业平均指数已下跌 50 点（跌幅 1.6%），低于前一天的收盘价。这引发了纽约证券交易所限制指数套利程序交易的"领口规则"（collar rule）。道琼斯工业平均指数和标准普尔 500 指数在接下来的一个小时内的走势非常稳定，道琼斯工业平均指数甚至开始了反弹。然而，下午 3 点之后，出人意料的大额卖单失衡加剧时，两个指数都开始大幅下跌。下午 3 点时，道琼斯工业平均指数跌幅为 1.6%，到 3:30，跌幅已达 2.7%。标准普尔 500 指数也在下跌，但跌幅不及股指期货合约。

芝加哥商品交易所 12 月标准普尔 500 指数期货合约在下午 3 点前相对于标的现货指数开始大幅下跌，但没有触及中间价。下午 3∶15 达到了第一个 12 点的限价位置。尽管实施了延缓措施，但该合约在下午 3∶15—3∶30 继续下跌，直至跌到当日最低点，跌幅达 4.7%，在下午 3∶30 两分钟的交易暂停后，该合约在下午 3∶45 之前收复了大量失地，最终跌幅仅收窄到 3.6%。标准普尔 500 指数在下午 3∶45 短暂企稳，期货价格回升，但随后继续遭到抛售。美国证券交易委员会的一份工作报告显示，下午 4 点后的大多数交易（约占 82%）是收盘前与期货和期权到期交割相关的卖单。[22]

与交割相关的大规模抛售在白天就对市场价格造成了很大压力。美国证券交易委员会实际上驳斥了一些可能引发危机的宏观经济因素，包括当天上午发布的负面经济消息、国会提出的限制信用卡余额利率的议案，等等。不过，美国证券交易委员会确实指出了某些投资者的行为和投资策略：[23]

1991 年 11 月 15 日的市场下跌，至少从表面上看，似乎与 1989 年 10 月和 1987 年 10 月的下跌相似。在所有这些情况下，投资机构的基金经理们似乎越来越担心其股票投资组合的年内收益率……在对交易员的一些初步电话采访中，我们发现一些公司可能参与了动态对冲（期权和期货），并且在与机构基金经理博弈的场外看跌期权中承担了风险。

1997 年亚洲金融危机

1997 年 10 月 27 日，又是星期一，道琼斯工业平均指数突然下跌 7.2%，跌幅达 554 点，再次创下单日跌幅新纪录（见图 6-3）。纽约证券交易所的成交量也创下了 6.85 亿股的新高，尽管当时每个交易日中的交易时间已经有所缩短。

纽约证券交易所的交易在下午 2∶35 首次熔断，当时已经达到了 350 点的上限。虽然下午 3∶05 开始恢复交易，但恢复的时间并不长。第二次熔断的威胁像一个黑洞，把市场拉低。不到半个小时，又跌了 200 点。下午 3∶30 触及 550 点的跌幅上限，当日的交易暂停，比交易所正常收盘时间提前了整整半小时。

10 月 28 日，星期二，市场开始反弹。道琼斯工业平均指数大涨 4.7%，创下十多年来最大单日涨幅。成交量为 12 亿股，是 1987 年 10 月 19 日成交量的两倍多。因此，在 1987 年股市崩盘十周年之际，历史似乎在重演——星期一大跌，次日强劲反弹。这背后的原因是一样的吗？

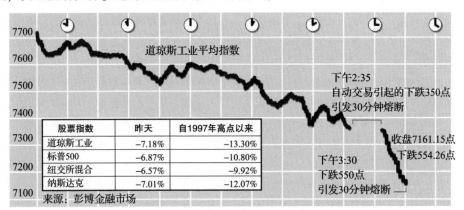

股票指数	昨天	自1997年高点以来
道琼斯工业	−7.18%	−13.30%
标普500	−6.87%	−10.80%
纽交所混合	−6.57%	−9.92%
纳斯达克	−7.01%	−12.07%

来源：彭博金融市场

图 6-3　1997 年 10 月 27 日道琼斯工业平均指数走势图

资料来源：《纽约时报》，1997 年 10 月 28 日：A1。

　　从表面上看，1997 年的 10 月似乎与 1987 年的 10 月并没有什么共同之处。而不同的是，无论是利率还是通胀率都没有上升，甚至预期都不会上升。此外，美国的预算赤字处于 20 世纪 70 年代初以来的最低水平，美国经济的基本面相当好。

　　但一些亚洲货币，包括泰国和中国香港的货币，遭到了猛烈的攻击，亚洲经济奇迹仿佛即将就此结束。泰国和印尼的经济泡沫正在破裂，日本经济和股市仍持续着疲弱之势。

　　1997 年 10 月 27 日美国市场的大跳水，很可能与投资者对亚洲经济萧条将会影响美国企业的担心有关。可是，我们很难将次日的快速反弹解释为基本面在一夜之间就发生了实质性的变化。

亚洲金融危机

　　1997 年 7 月 2 日，泰国放弃了将其货币泰铢与美元挂钩的努力，使之对美元贬值。印度尼西亚、马来西亚和菲律宾也相继效仿。泰国的麻烦蔓延到邻国的速度之快，让全世界都感到惊讶。

　　20 世纪 90 年代初，外国资本被强劲的增长和稳健的财政状况所吸引，大量涌入这些新兴工业化的亚洲经济体。从 1992 年到 1995 年，泰国的经济年增长率超过 7%。[24] 与工业化成熟的发达国家相比，亚洲地区的增长率、利率和股息回报率显得特别有吸引力，而许多发达国家还在应对本国经济的疲软。这些亚洲地区的经济还受益于新兴市场共同基金的日益流行，这些基金迎合了散户投资者对更高回报和投资组合多样化的渴望。

但外国资本的涌入对这些新兴经济体构成了威胁。其中很大一部分是由外国银行的短期贷款构成的，这些钱一到就可以迅速流出。外国资本的激增也加剧了通胀压力，暴露了这些亚洲经济体内部银行监管体系的薄弱环节，其中许多银行在经济繁荣时期轻率地放出贷款。

当 1996 年出口增长开始放缓时，该地区的许多弱点——巨额的经常项目账户赤字、高额短期外债和泡沫般的房地产价格——成为人们关注的焦点。外国资本流入的减少，加上 1997 年初开始的美国利率上升，开始打压泰国货币。为了维持泰铢与美元的联系汇率，泰国央行被迫购买大量泰铢。对冲基金和其他投机者开始押注泰铢，预期泰国支持泰铢的努力最终将耗尽该国的外汇储备。

7 月初，泰国政府决定放弃盯住美元的联系汇率制度，这引发了多米诺骨牌效应。7 月 11 日，菲律宾允许离岸市场上盯住美元的比索贬值。马来西亚很快对林吉特采取了类似的策略。8 月 14 日，印尼允许印尼盾汇率自由浮动。到 10 月中旬，泰铢和卢比对美元汇率下跌了 30%，林吉特和比索的跌幅达 20%。[25] 危机的外溢效应削弱了新加坡等的货币，并推高了韩国的利率。1997 年 8 月，整个亚洲股市和债券市场都在下跌。

中国香港股市连续四天大跌，跌幅达 23.3%，最终在 10 月 23 日暴跌 10.4%。在美国，道琼斯工业平均指数 10 月 27 日下跌 554 点（7%）。俄罗斯股市次日暴跌 21%。投资者开始逃离发达国家的债券和股票市场，特别是美国的债券和股票市场。

一些旁证再次表明，与投资组合看跌期权相关的对冲是市场下跌的因素之一。到 1997 年秋季，美国交易商群体的做空期权越来越多。投资者对使用期权作为保护的需求在过去一年中一直在上升，因为美国股市的持续上涨和亚洲市场日益严重的问题让投资者在贪婪与恐惧之间左右为难。[26] 对冲净空头头寸需要在股票和期货市场之间进行动态交易。当 10 月亚洲金融危机终于达到顶点时，美国股市的低迷必将引发期权交易商的抛售浪潮。

《纽约时报》1997 年 10 月 28 日指出，前一天的抛售更多表现为大量的程序抛售，这"可能意味着使用了被称为'动态对冲'的策略，即要求交易员在价格下跌时通过抛售来控制损失"。10 月 28 日，星期二，大量的投资机构的抛售仍在增加，尽管散户投资者在奋力推动着市场上扬。

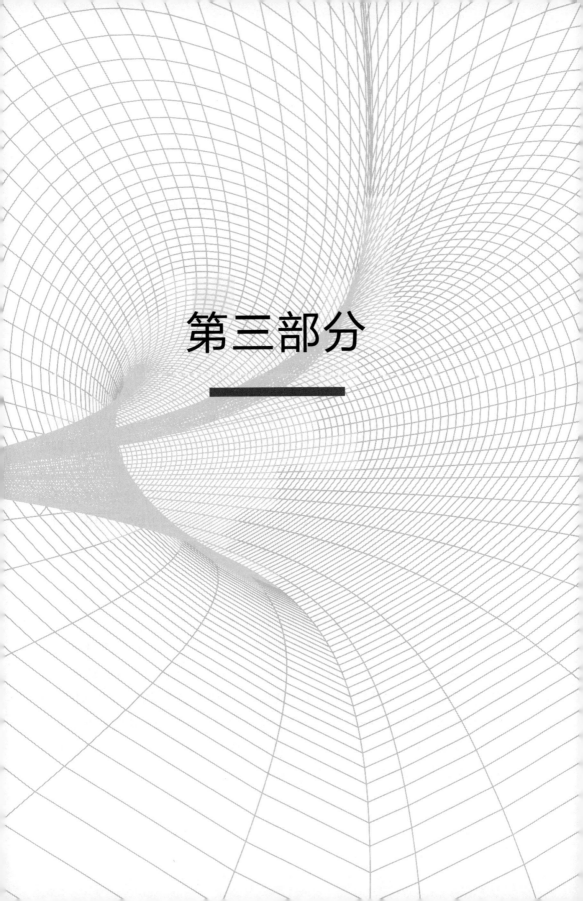

第三部分

第七章

期权、对冲基金和 1998 年的震荡

> "在正统的金融格言中，没有一条比对流动性的狂热更不利于社会……它忘记了对整个社会来说，压根就没有流动性这样的投资。"
>
> ——约翰·梅纳德·凯恩斯（John Maynard Keynes）[1]

1998 年 4 月 20 日，《华尔街日报》指出："上星期五创纪录的收盘价让大型公司股票的估值达到或超过了历史极限。"利率低，通货膨胀被控制在温和的幅度之内，美国 30 年来首次出现良性的预算盈余。此时的投资者，似乎仍然对电子革命的利润寄予厚望。全球自由市场和经济长期可持续增长的新时代似乎即将到来。即便如此，投资者们的更高预期仍未得到满足。

1998 年 7 月 17 日，道琼斯工业平均指数达到 9337.97 点，这是一个市场顶峰。7 月 23 日，道琼斯工业平均指数下跌了 195 点，跌幅超过 2.15%（见图 7-1），此前美联储主席格林斯潘曾警告国会，股价过高。自 6 月 30 日以来，这是道琼斯工业平均指数首次跌破 9000 点。7 月 30 日，《华尔街日报》称"熊市已经来临"，并指出截至 7 月 28 日，纽约证券交易所平均股价较 52 周高位下跌超过了24%，纳斯达克市场平均股价跌幅更大，达到 35%。

8 月 4 日，道琼斯工业平均指数收盘下跌近 300 点（3.4%），投资者担心亚洲经济衰退和美元走强对美国出口产生的影响，将导致美国经济增长放缓。[2] 人们对亚洲特别是日本经济持续疲软的担忧也对市场造成负面影响，这些担忧甚至压倒了美国的低利率低通胀、高就业率和稳定增长（尽管增长速度有点慢）的环境所带来的有利影响。[3] 随着 8 月 11 日和 8 月 13 日道琼斯工业平均指数跌幅均超过 1%，市场上继续弥漫着担忧的情绪。

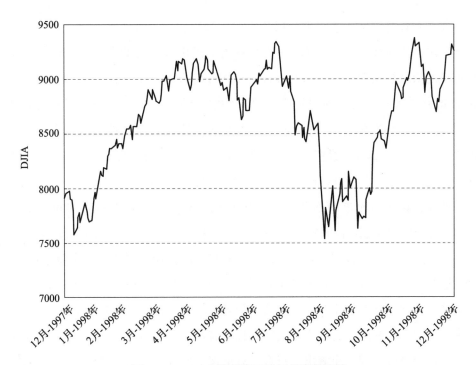

图 7 − 1　1998 年道琼斯工业平均指数走势

8 月 17 日，另一只"熊"抬起了头。俄罗斯宣布卢布贬值，并暂停向外国债权人偿还 400 亿美元的企业和银行债务。这使人们对亚洲经济下滑的焦虑更加强烈。此外，日本政府似乎也不愿意承担自己的责任，面对巨额预算赤字，日本政府拒绝推出某种形式的财政刺激政策，这使亚洲地区经济复苏的希望更加黯淡。截至 8 月中旬，中国香港、马来西亚和新加坡股市当年累计跌幅为 33% ~45% 。

亚洲经济的持续疲软意味着对许多新兴经济体至关重要的大宗商品出口的需求下降。这种影响在俄罗斯表现最为明显，从年初到卢布贬值期间，俄罗斯股市下跌超过 70% 。墨西哥和阿根廷的股市也遭受了重挫，分别下降了 32% 和 30% 。

至此，世界货币市场陷入了空前的混乱。资金被抽离俄罗斯和其他商品生产地，包括加拿大、墨西哥、巴西和委内瑞拉，以及日本和中国香港，这些地区的货币对美元大幅下跌。避险行动很快蔓延到股市，国际投资者率先开始抛售新兴市场股票。8 月 27 日，一场真正的冲击波袭击了全球的主要市场：道琼斯工业平均指数下跌了近 4.2% ；东京股市下跌了 3% ，创下六年来的新低；伦敦股市当天也应声下跌了 3% 。

美国的实体经济似乎在相当程度上没有受到全球动荡的直接影响，利率仍然保持在一个相对较低的水平上，通货膨胀控制得很好。企业盈利增长虽然放缓，但平均水平仍在继续上升。俄罗斯市场仅占美国出口额的 1%。与欧洲银行在新兴市场的信贷规模相比，美国的银行对新兴市场的贷款量很小。银行贷款总额仅为 1170 亿美元，占美国国内生产总值（GDP）的 1.5%，而欧洲银行贷款量为 4260 亿美元，占欧洲 GDP 的 7%。[4] 逃离亚洲市场的国际投资者来到美国市场。1997 年上半年，非美国投资者以每年约 1000 亿美元的规模将资金投入美国股市，这是以前的四倍。到 1998 年第一季度，流入量已增至 1250 亿美元。[5]

然而，在美国股市内部却能隐隐感觉到，非美国投资者在逐步逃离股市。1998 年美国股市最显著的特点之一是两极分化，即大公司股票的市盈率在年中达到极高水平，而小公司的市盈率却明显滞后。小公司股票的平均市盈率在 4 月份就达到顶峰，远远早于道琼斯工业平均指数 7 月时的峰值。在这个夏天，大部分市场的大幅下跌中，小盘股的平均跌幅超过了大公司和道琼斯工业平均指数。

市场内部的避险行为似乎是由个人投资者推动的。最大的 10 只共同基金中，有 4 只在 8 月份出现了净流出；只有 3 只出现了净流入，而且规模不大。[6] 总体来说，共同基金投资者在一个月内，从基金中撤出了近 50 亿美元。[7]

一些体量较大的投资机构则通过更为复杂的措施寻求安全，而不是简单地抛售股票，比如，购买期权。8 月 4 日，道琼斯工业平均指数下跌 3.4% 的当天，上市的看跌期权一直是"热门商品"，[8] 8 月 11 日，再次出现了抢购看跌期权的"狂热"。[9] 8 月 21 日，星期五，疯狂抢购指数看跌期权的场景被描述为"极端的极端"。[10]

然而，在接下来的一个星期里，一些投资者显然感到他们的对冲力度依然不够。期权价格中所隐含的波动率水平高于 1997 年 10 月以来的水平，指数看跌期权价格如此之高，以至于一些基金经理正在使用个股期权进行对冲，这比使用常规指数期权的成本要高得多。[11]

随着投资者对指数看跌期权的需求达到史无前例的水平，看跌期权的发行人在股票和股票期货市场上进行了对冲。正如《纽约时报》的报道称，8 月份投资者购买的场内看跌期权的数量创下了历史纪录，8 月 27 日和 28 日标普 500 指数期货交易量也达到有史以来的最高水平。[12] 尽管期权价格飙升，但芝加哥期权交易所 8 月 28 日对期权的需求依然非常旺盛，以至于其计算机在处理巨量的交易数据时出现了死机。[13]

8 月 31 日，星期一，道琼斯工业平均指数暴跌 512 点，跌幅达 6.4%，较 7 月的高点回落了 19.3%，并且已低于年初时的水平。这一天的暴跌使当月跌幅达到了 15.1%，是道琼斯工业平均指数历史上排名第 11 的最差的月份。小盘股表现更为糟糕。纳斯达克指数周一下跌了 8.6%，亚马逊和雅虎分别下跌 21% 和 17%。全球其他股市紧随美国股市下跌，墨西哥股市下跌 5.1%，加拿大和巴西股市下跌 4.1%，中国香港股市下跌 2.9%。

交易商们注意到，8 月 31 日期货合约遭到大量抛售，特别是下午，包括共同基金在内的机构开启了计算机程序交易。[14] 市场下跌 512 点，使指数期权隐含波动率达到了 1987 年股市崩盘时的水平。

9 月 1 日，道琼斯工业平均指数开水上涨；收盘时上涨 3.8%，成交量创历史新高。不幸的是，这并不是一个持续反弹的信号。道琼斯工业平均指数在那周内下跌了 5.1%。市场在接下去的一周之初展开了一波小幅反弹，但在 9 月 10 日又大跌了 3.2%，美国投资者进行了大量抛售，以抵消他们在海外市场的损失，而外国投资者正在逐步撤离美国股市。

对期权的需求增加，使得期权价格上涨，以至于试图对冲净空头期权头寸的做市商无法达到对冲目标。他们只得转向股票和股指期货市场上进行动态对冲。据估计，9 月 11 日，期权做市商在股指期货市场中净卖空了 270 亿美元。[15]

一位期权交易员称，"市场变得越来越不稳定，因为你最终交易的是与股票对应的期权。"[16] 9 月 8 日，随着市场上涨，投资者们纷纷买入空头头寸。[17] 9 月 10 日，由于市场下跌，标普 500 指数期货交易变得"疯狂"。[18] 期权对冲者遭受到市场的冲击，市场如同过山车，在同一周内飙涨超过 3%，然后又暴跌超过 3%，其中部分原因来自他们自己所做的交易。期权交易员发现，此时的市场环境比 1987 年的股市崩盘还要艰难。一位交易员说，"1987 年只是一次短暂的休克，而现在的市场犹如在长期的、缓慢地失血"。[19] 在此之后，长期资本管理公司的危机来临了。

与许多其他对冲基金和一些投行一样，长期资本管理公司在其许多交易中都设置了特定的假设前提，即低于历史常规价格出售高风险资产将会推动其价格上涨，而高于历史常规价格出售低风险资产将导致其价格下跌。随着俄罗斯债务危机引发的"安全逃逸"愈演愈烈，风险资产的价格随着抛售而下跌，而低风险资产的价格则在上涨。做出相反预期的对冲基金和投行因此遭受了巨大损失。

1998年初，长期资本管理公司的资本金不足50亿美元，资产规模仅有125亿美元（如果包括其衍生品头寸，则其风险敞口超过1万亿美元）。它的许多投资都被套利头寸套牢了，这是基于这样一种假设：高风险和低风险证券支付的利率差（即息差）将随着时间的推移而缩小。当息差反而扩大时，对冲基金就会蒙受损失，其资本金会被侵蚀，甚至有濒临破产的风险。当其他投资者意识到，为了平仓，长期资本管理公司必须进行多大规模的销售时，利差会进一步扩大，从而加剧了长期资本管理公司的问题。

对冲基金

对冲基金是一种投资工具，在投资种类上有很大的自由度。可以采用多种不同的策略，包括套利策略，如长期资本管理公司使用的套利策略，其中既包括持有长期资产，也包括出售短期资产，以从长期头寸和短期头寸之间的价差中获利；定向策略，如量子基金（Quantum Fund）使用的套利策略，可以使用长期或短期头寸来"押注"未来资产价格走势。

对冲基金通常采用与传统策略相同的证券和工具，包括股票、政府债券、公司债券、抵押贷款支持证券和可转换债券等。对冲基金会利用与传统的主动管理策略类似的方法，例如深入的基本面分析、技术分析和（或）定量估值以及投资组合构建技术等。但对冲基金往往更依赖于空头头寸、衍生品和杠杆，并要求投资者在一定年限内持有所投资的基金。

对冲基金使用的杠杆类型很大程度上反映了它们所使用的策略或工具的性质。例如，卖空策略依赖于融券卖空，而衍生品通常具有内在的杠杆作用（例如，通过提前公布衍生品头寸产生的风险敞口价值中相对较小的一部分）。对冲基金也可以通过贷款或回购协议（repos）借款。

第一个有记录的对冲基金是由阿尔弗雷德·温斯洛·琼斯（Alfred Winslow Jones）在1949年创立的。卖空传统上是由专门的卖空者进行的，卖空特定股票的投资者预计该股票会因为财务欺诈等等各种情况而发生下跌。琼斯在投资组合中使用卖空证券，以抵消持有多头头寸带来的市场风险。琼斯基金仍然倾向于多头头寸，通常根据琼斯对大盘是下跌还是上涨的预期，来增加或减少一些规模较小的空头头寸。从这个意义上说，琼斯同时使用了对冲和定向策略。

其他对冲基金通常被设计成市场中性的，即持有相同数量和市场敏感性的多头头寸和空头头寸，以中和投资组合应对各种系统性风险源的敞口，包括股市和利率变动。市场中性策略不是寻求从正确预测市场波动中获利，而是寻求从发现个别证券的错误定价中获利，并构建与这些证券相关的超额回报（和风险）的投资组合，而不管市场波动如何。

> 　　市场中性策略的基本目标与更为传统的低买高卖策略相同。市场中立型投资者购买
> "廉价"资产（或衍生工具），同时卖空一笔等额的"高价"资产（或衍生工具），目的是
> 在价格正常化的情况下获利，即廉价资产价格上涨，而高价资产价格下跌。买卖的资产可
> 能是相关的（例如，它们可能在同一个产业中）。当然，也存在廉价资产可能变得更便宜，
> 而高价的资产变得更昂贵的风险，从而造成损失。
> 　　这类套利不属于经典套利的严格定义范围。在经典的套利策略中，证券在一个市场以
> 一个价格被买入，同时在另一个市场以更高的价格被卖出。在这种情况下，几乎没有风险。
> 对冲基金通常进行的套利并非没有风险，但其风险可能比持有未对冲头寸时低。然而，杠
> 杆经常被用来放大回报，但它同时也放大了风险。

　　同时，市场损失也给华尔街公司带来了变化，包括辞职、裁员和降级。瑞银董事长和其他几位高管被迫辞职。美林证券（Merrill Lynch）解雇了 3400 名员工，并将其全球风险经理降职。10 月 22 日，野村证券（Nomura Securities）宣布，该公司上半年亏损 17 亿美元，主要原因是持有美国抵押贷款支持证券。同一天，银行家信托（Bankers Trust）公布了 4.88 亿美元的亏损，主要是因为它持有新兴市场的高收益债券。

　　10 月 14 日，美国银行（Bank of America）宣布，该季度收益下降 50%，其中 3.7 亿美元与投资对冲基金 D. E. Shaw 有关。曾经担任哥伦比亚大学计算机科学教授的大卫·E. 肖（David E. Shaw）创立的对冲基金已将美国银行 10 亿美元的投资杠杆化为 200 亿美元的投资组合。肖将其基金的亏损归咎于其他陷入困境的公司，特别是长期资本管理公司的资产清算。

　　信贷市场很快就受到这种损失所带来的影响。到了 10 月中旬，包括美林证券和银行家信托在内的几家华尔街公司已经放弃了为即将进行的合并提供融资的承诺。新股发行市场也在枯竭。截至 10 月初，上市公司数量已降至 7 年来的最低水平。其中一名受害者是高盛（Goldman Sachs），该公司于 1998 年 9 月 28 日宣布推迟了备受期待的公开募集股票的计划。

第八章

长期资本管理公司

"我们不仅仅是一家基金，我们还是一家金融科技公司。"

——迈伦·S. 斯科尔斯（Myron S. Scholes）[1]

对于对冲基金来说，1998 年 8 月可谓是一段步履维艰的时期。对冲基金，主要是不受监管的私人投资伙伴关系，通常只限于富有经验的投资者进行参与。20 世纪 90 年代，随着机构投资者、主权财富基金和基金经理在不断增长的国际资本市场价值中寻求更大份额，这些投资工具的受欢迎程度因此有所提高。截至 1997 年底，美国境内外对冲基金约有 4500 家，资本金约 3000 亿美元。[2]

许多对冲基金在新兴市场进行了大量投资，经常通过借贷来撬动资本。卢布和俄罗斯债券市场的危机，以及随之而来的其他新兴市场投资者的外逃，给许多对冲基金带来了灾难。老虎管理公司（老虎基金）是最大的此类基金之一，它管理着大约 200 亿美元的资产，却在俄罗斯的债务投资中损失了 6 亿美元。[3] 索罗斯基金管理公司（Soros Fund Management）管理着大约 130 亿美元的资产，在类似的投资上损失了 20 亿美元。[4] 但 1998 年夏末秋初，股票和债券市场极度动荡，随之而来的是资金出逃，对冲基金的主要受害者是长期资本管理公司。

开张

长期资本管理公司成立于 1994 年，由约翰·W. 梅里韦瑟（John W. Meriwether）领导，他在 20 世纪 80 年代通过在著名的投资银行所罗门兄弟公司（Salomon Brothers）创建债券套利业务而声名鹊起。他同所罗门兄弟公司的几位员工一同跳槽加入了长期资本管理公司。梅里韦瑟还带来了美联储前副主席大卫·W. 穆林斯（David W. Mullins Jr.）以及罗伯特·C. 默顿和迈伦·S. 斯科尔斯，他们很快因在期权估值方面的成就而获得诺贝尔奖。他们的期权定价理论建立在期权与标的股票或债券之间的套利关系基础上，不仅催生了投资组合保险，而且催生了长期资本管理公司运作的整个新世界。

到了1994年年中，梅里韦瑟已经筹集了超过10亿美元的资本金，超过了公司普通合伙人提供的1亿~1.5亿美元。长期资本管理公司的投资机构和少数富有的个人被要求在三年的锁定期内保持资金投入，并支付2%的年度管理费和25%的资本收益提成。

长期资本管理公司在康涅狄格州格林尼治的总部以及伦敦和东京的办事处执行了一系列套利策略。套利策略在理论上是低风险的，例如，考虑持有长期债券头寸组合的投资者实际上把赌注押在了利率变动的方向上；如果利率下降，投资组合的价值就会增加，但如果利率上升，投资组合的价值就会下降。现在考虑一个同时持有多头和空头债券的投资者，比如说，高收益垃圾债券的多头头寸和低收益国债的空头头寸。如果利率普遍上升或下降，持有多头的证券的收益/亏损应该被卖空的证券的亏损/收益大致抵消。这个投资者的利润和风险将取决于这两个头寸的相对值（relative values）。

长期资本管理公司的核心战略旨在利用利率和股票市场中的各种低效率获得收益。这家公司专门从事趋同交易（convergence trades），即持有预定在未来某一特定日期价格趋同的冲销头寸，以及进行相对价值套利（relative-value arbitrage），预计在未来某个时间发生汇合，但这种汇合也不一定会发生。一般而言，长期资本管理公司寻求的是持有高收益的长期证券，同时出售低收益的短期证券的机会。

举例说明，在市场上流通一段时间的国债（短期国债）通常比可比的新发行的国债（on-the-run Treasuries，当期国债）售价更低，因为人们对短期国债的需求和交易不那么强烈。当长期资本管理公司认为两者之间的利差相对于历史或理论范围来说很大时，它会购买短期票据，出售当期票据。抵消多头和空头头寸将抵消基金对一般利率变化的风险敞口，而随着票据到期，利差的趋同将带来利润，因为长期持有的场外票据价格上涨，而卖空的票据价格下跌。

长期资本管理公司寻找由监管或结构性摩擦创造的机会，这些摩擦导致价格偏离历史标准或感知价值。从事日元计价掉期交易的日本银行在一段时间内需要采取接受固定利率和支付浮动利率的立场，而不管它们对未来利率的预期如何。长期资本管理公司持有日本政府债券和债券期货的多头头寸，然后与日本银行进行掉期交易，向它们支付固定利率并收取浮动利率。因此，该基金对冲了基础利率敞口，同时在利率上升时保持盈利的窗口打开。

长期资本管理公司的许多策略相当复杂。在英国，对政府债券的需求不足导致短期利率上升，进而导致英国银行支付利率互换的固定利率。长期资本管理公司借入 10 年期英国政府债券（实际上是空头头寸），进行 10 年期利率互换，以支付浮动利率并收取固定利率；同时，购买 10 年期德国政府债券，并进行 10 年期利率互换，以支付固定利率并收取浮动利率。

长期资本管理公司还从事可转换套利、股权配对交易（equity pairs trading），以及最后的风险套利。可转换套利包括购买可转换债券，如果股票价格上涨到足够高的水平，可将可转换债券转换为股票以获利；通过做空股票、购买可转换股票和（或）债券构建部分看跌期权或进行利率互换来对冲风险。股票配对交易是指购买一家预期会跑赢大盘的股票，卖空一家预期会跑输大盘的类似公司的股票；抵消的多头和空头头寸抵消了大部分潜在的市场风险，而投资者可以从多头和空头头寸之间的价差中赚取利润。

风险套利针对的是即将发生的并购事件。投资者通常购买被收购公司的股票，卖空进行收购的公司的股票，抵消的多头和空头头寸抑制了潜在的市场风险。同时，投资者预计将从被收购公司的价格上涨以及收购方价格可能的下跌中获利。[5]

风险控制与收益最大化

作为一家雇用了两位诺贝尔经济学奖得主的投资公司，长期资本管理公司在很大程度上过分依赖于分析模型。长期资本管理公司的复杂风险集合分析了公司在全球范围内的所有头寸；它考虑了头寸的风险、头寸之间的相关性以及极端事件造成的潜在损失。不过，该基金的合伙人认为，该基金的整体投资方法并不依赖任何暗箱操作，而是基于健全的市场和经济基本面。[6]

长期资本管理公司的投资组合在利率、股市风险和货币风险方面保持市场中性；据说整个基金对这些系统性风险的敞口是"三重零净值"（triple net zero）。[7]

由于这些主要的风险来源被认为是中性的，所以长期资本管理公司的投资组合的风险水平被认为非常低。长期资本管理公司早在 1994 年 10 月就对其投资者宣称，其投资组合价值损失 20% 或以上的概率只有 1%。

当然，按每笔交易计算，预期回报率也很低，仅为百分之几。长期资本管理旨在提供高回报，同时保持非常低的风险，而高回报是通过杠杆作用获得的。特别是，它的目标是拥有足够的杠杆，使其低风险头寸达到总体投资组合风险接近美国股市非杠杆头寸的水平。

长期资本管理公司从事大量回购融资活动。"回购"（repo）是回购协议的简称。通过回购协议，一家大公司将一项资产出售给另一家大公司以换取现金，但出售公司同意在约定的日期以约定的价格回购该资产。回购协议实质上是贷款协议。为提供现金，买方收取相当于贷款利率的费用，并收取反映借款人和资产质量的折扣（以打折出售资产价值形式）。回购贷款一般是短期的，通常是隔夜的。

回购融资

回购协议是一种短期的、有抵押的贷款。借款人通常是一家大型银行，向交易对手出售证券，并同意稍后（通常是第二天）回购。收回证券所支付的价格包括相当于短期利率的适当溢价。由于回购贷款是短期的，标准贷款期限从隔夜到一年不等，作为贷款抵押品的证券被视为高质量的证券，因此回购贷款传统上被视为几乎没有风险的交易。

商业银行、证券公司、投资银行和对冲基金利用回购融资为购买贷款和其他资产提供资金，以弥补空头头寸，进行套利和利率投机。回购融资的贷款人包括企业、大型机构投资者、市政当局和外国中央银行，它们寻求投资组合的额外回报，或寻求一个安全的地方来运作多余的现金。从贷款人的角度来看，该交易被视为"反向回购"。

在 2007 年之前的几年里，回购市场的规模急剧膨胀，因为它已经成为购买可用于证券化的贷款组合的现成资金来源。资产证券化的出现也带来了回购市场性质的根本性变化。回购市场对抵押品的需求（以及衍生品交易的快速增长，这也需要抵押品）开始远远超过通常用于此目的的美国国债的供应。因此，可接受的抵押品范围扩大到包括风险稍高的资产，如货币市场工具和高信用评级的抵押贷款支持证券（MBS）。为了抵消这些额外形式的抵押品的较高风险，贷款人开始实施"折减"（haircuts），即贷款金额低于作为抵押品质押的证券的面值；差价实质上是对抵押品价值下降可能性的保险。折减通常是资产的名义百分比，但该百分比可以根据贷款人对抵押品和借款人风险的感知而增加。[8]

到 2007 年，回购市场已变得相当庞大，贷款总额达 12 万亿美元，大致相当于受监管银行业的规模。[9]虽然这一估计可能因回购和反向回购分开计算而变得有些夸大，但事实上，当它们是同一笔贷款的两方时，以任何标准衡量，该市场都是世界上规模最大、流动性最强的市场之一。更重要的是，回购融资为美国顶级投行的大约一半资产提供了资金，[10] 从而推动了抵押贷款证券化行业的快速增长。

传统银行业的基础是由政府存款保险支持的投资者权益和储户的现金，而由投资银行和对冲基金等受监管较少的实体组成的新的"影子银行"体系越来越依赖回购和其他非传统融资来源。回购融资反过来又鼓励了更多的融资杠杆：回购贷款包销购买资产，然后用作更多回购贷款的抵押品，包销购买更多资产等。

显然银行管理层和交易员们都认为，长期资本管理公司的套利交易风险相当低；他们也可能被长期资本管理公司合伙人的名气所打动。无论如何，他们都急于以对长期资本管理公司极为有利的条件向该公司提供贷款。在早期，长期资本管理公司通常能够以低于市场的利率获得借款，并且不需要支付回购协议的折扣。

在对冲基金界，杠杆是常用的工具，但它也有局限性。美国联邦储备委员会（Federal Reserve Board）的 T 法案规定，禁止散户投资者借入超过其购买股票成本一半的资金，尽管有几种方法可以绕过这一限制。美联储（Federal Reserve）也有管理美国商业银行杠杆率的规定，同时，开展国际业务的美国大型银行也要遵守国际清算银行的《巴塞尔协议》。证券交易委员会出于对风险的担忧，也对投资银行的杠杆率制定了限制条件。据报道，索罗斯基金管理公司（Soros Fund Management）和老虎基金（Tiger Management Corp.）的负债率相当低，约为其资本金的 4 倍。[11] 或许是因为他们从事定向交易（directional trading，即对价格走势进行投机），这被认为比套利的风险更大。

在长期资本管理公司的短暂历史中，其杠杆率平均约为 1:25。这符合该公司的经营目标，即达到与美国股市风险大致相等的总体风险水平。长期资本管理公司是当时杠杆率最高的对冲基金，看上去它的投资风格更像是投资银行，而不像对冲基金甚至是商业银行那样保守。[12]

此外，长期资本管理公司持有大量衍生品头寸，名义本金价值超过 1 万亿美元。[13] 据报道，其掉期敞口一度占全球掉期市场的 2.4%，其期货敞口占美国期货市场的 6%。[14] 这些类型的风险敞口可以用很少的资本支出来实现，因为交易所交易的金融衍生工具，如期货合约，可以用仅为标的资产价值 5% 的保证金来获得。场外衍生品，如掉期，甚至可以不需要初始保证金。然而，随着资产价值在衍生工具合同有效期内发生变化，头寸按市价计价，并由交易对手支付，以反映持续的损益。

长期资本管理公司的大部分衍生品头寸已经被抵消，一项资产的多头头寸抵消了相关资产的空头头寸。因此，1万亿美元的名义本金的净值理论上可能接近于零。但这是在假设套期保值的表现与预期一样的前提下，即多头头寸价值上升，空头头寸价值下降。如果价格走势相反，基金将维持净亏损，按市值计价时，就需要公司支付抵押品。对基金不利的市场波动越大，对基金资本金的需求也就越大。

显然长期资本管理公司相信，其高杠杆率和巨额衍生品头寸不会成为问题。该基金进行了风险价值（VAR）分析、压力测试和情景分析，以确保资本充足率。其杠杆头寸已被完全抵押，由长期资本管理公司及其交易对手按市价计价。此外，长期资本管理公司从各大银行获得了信贷额度，以确保在需要流动性支持的情况下能够获得资金。

长期资本管理公司无疑也相信，安全最终是由其投资的广泛的多样化市场和标的所提供的。长期资本管理公司不仅在全球范围内投资于债券市场和股票市场，而且其在投资范围、投资品周期（从短期到长期）以及投资策略上都进行了多样化。

从辉煌到黯淡

当长期资本管理公司于1994年诞生时，它正进入一个动荡的债券市场。美联储在2月初加息0.25%，在3月底又加息0.25%。1月28日至4月14日，30年期美国国债价格下跌14%。在海外，政治不稳定正在搅乱墨西哥，日元兑美元汇率飙升，整个欧洲的债券价格都在下跌。

这些情况困扰着债券投资者，包括高盛、富达投资（Fidelity Investments）、银行家信托、索罗斯基金（Soros Fund）、朱利安·罗伯逊（Julian Robertson）和迈克尔·斯坦哈特（Michael Steinhardt）的对冲基金。这些投资者中的许多人正在抛售流动性更强的头寸，以筹集资金，满足其贷款和衍生品头寸的保证金要求。当然，对于长期资本管理公司的合作伙伴来说，流动性不是问题。他们拥有10多亿美元的新资本，就像糖果店里的孩子一样，他们渴望能够买到更便宜的东西，包括现成的国债和利率抵押债券。尽管债券投资者普遍出现亏损，但长期资本管理公司在这一年的净回报率仍保持在20%左右。

1994 年债券市场崩溃与阿斯金资本的消亡

1994 年初发生的一系列事件打乱了人们对美国债券将继续保持良好运行环境的预期。日本股票价格开始上涨，使日本降息的希望破灭。美日贸易谈判破裂，美元兑日元和德国马克开始走软，令市场预期大打折扣。2 月，美联储开始了当年六次加息中的第一次。所有这些都是在对加拿大、瑞典、意大利和墨西哥政治和经济担忧加剧的背景下发生的。从 2 月初到 3 月底，法国、意大利、比利时、荷兰和美国的债券收益率上升了 60 至 100 个基点，英国、加拿大和瑞典则上升了 100 多个基点。[15]

美国对冲基金 ACM 曾投资抵押贷款证券（CMO），目标是每年回报率达到 15%，"无论债券市场是上升、下降还是保持不变"。[16] 该基金的策略是保持市场中性，以便从投资组合的个别证券的表现中获益，同时抵消市场上下波动的影响。ACM 表示，它通过在低估的看涨和低估的看跌两种证券中的长期头寸来对冲市场风险。[17]

市场中性策略通常包括抵消多头和空头头寸，但考虑到 MBS 市场上可用工具的多样性，像 ACM 这样的多头策略似乎是可以实现的。例如，当利率下降时，纯本金证券（principal-only securities，POs）的价值可能会上升，因为房主有可能再度融资，从而加速本金的偿还。在同样的环境下，利息证券（interest-only securities，IOs）可能会失去价值，因为房主再融资减少了预期的利息支付。

ACM 通过融资杠杆提高了其市场中性收益，投资额高达其资本金的 3.5 倍。借款发生在回购市场，ACM 通过回购融资购买了证券，然后把这些证券出售给其从中购买的证券经纪交易商，但他们之间有一项约定，即 ACM 将在未来某一特定日期将回购这些证券。本质上，这是一笔担保贷款，ACM 为此支付了 3%~4% 的利息。

在 1992 年，ACM 的此类杠杆投资收获了 17%~18% 的总回报率，这是它的第一个完整投资年度，到 1993 年，回报率大约达到 20%。这两年的特别之处是，都有良好的利率环境。但 1994 年的利率变化冲击了抵押贷款市场，这对 ACM 来说是则一场灾难。

证券经纪商估计，ACM 的净资产在 1994 年 2 月下降了 20%。而据 ACM 自己的估计，最初只下降了 1%~2%，但在 3 月下旬，当它的问题被公开时，的确下降了 20%。这引发了与其合作的证券经纪商的一系列保证金要求，他们突然发现 ACM 提供的抵押品并不足以弥补潜在的损失。由于无法筹集额外的资本或出售资产（因为其中大部分是由债权人作为抵押品持有的），ACM 只得于 4 月 4 日申请破产。

破产法院受托人的报告后来详细说明了该基金的许多缺点。投资委员会的会议记录显示，基金经理们认为 ACM 的这些基金接近市场中性。[18] 但截至 2 月底，当市场明显转为熊市时，该基金 90% 以上的投资构成仍然是看涨证券。受托人聘请的一位专家发现，该基金的投资组合实际上是在利率变动的市场中"裸奔"。

该基金的失误被他们所投资的证券的复杂性放大了，这在某种程度上预示着在 13 年后的 2007—2008 年金融危机中可能出现的许多问题。例如，ACM 购买的证券的价格无法从一个现有的客观来源获得，迫使 ACM 及其交易对手只能依赖自己的估值模型。这打开了一系列问题的大门，其中包括 ACM 在 2 月份发布的具有误导性的亏损报告。

ACM 已经购买了很多名为"超级PO""Z 债券""反向浮动利率IO"和"两层PAC IO"的证券，这些证券在后来的几个季度中也被人们称为"有毒废物"。它们是被精心分割成结构性金融产品的抵押贷款池里的投机残余。其中一些手段有可能是以非线性方式对利率和提前还款水平的变化做出的反应，这使得投资组合价值在基本面波动很小的情况下产生大量的盈亏，这使得 ACM 很难估计其未来的可能的绩效。

所有这些缺点，加上投资组合和杠杆率的流动性不足，都被证明是致命的。鉴于证券市场有限，且缺乏透明的定价，ACM 不仅作为放款人，而且作为资产价值的最终仲裁者，任由经纪商摆布。即使杠杆率相对较低，ACM 也无法满足贷款人的保证金要求。

在 1994 年动荡的债券市场所遇到的麻烦中，并不止 ACM 一家公司受害。许多投行和对冲基金被迫抛售大量证券，以满足追加保证金的要求。债券市场暴跌后留下的廉价证券的盈余对那些有能力成为买家的基金来说是个喜讯。其中有一个这样的基金，它在 1994 年下半年成立，拥有 10 亿美元的资本，它就是长期资本管理公司。它将是四年后爆发的全球危机中的主角。

长期资本管理公司在 1995 年的净回报率是惊人的 43%。到目前为止，这家公司的初始投资已经增加了一倍多。凭借这一出色的表现，长期资本管理公司又筹集了 10 亿美元的资本。随着资本金的增加，其杠杆率也在上升。到 1996 年春，该公司的杠杆比率约为 1:30，资产规模达到 1400 亿美元。截至 1996 年底，其净回报率约为 41%。

它的成功带来了大量的效仿者。一些对冲基金和自营交易部门试图分析长期资本管理公司是如何交易的，这些基金通过成为 LTCM 的交易对手，来复制他们的策略。例如通过进一步出售低收益、定价过高的资产和购买高收益、定价过低的资产，有助于缩小长期资本管理公司交易的利差。通过平仓价格上涨的多头头寸和下跌的空头头寸，来收窄利差，并转化为长期资本管理公司的利润。

但它对潜在盈利套利的竞争，意味着利差逐渐缩小，长期资本管理公司的新机会也随之减少。到 1997 年，该基金的回报率开始趋于平稳。公司的杠杆率也下降了，一度低于 1:20。在 7 月份的长期资本管理公司年会上，合伙人对债券套利的利润潜力下降表示了担忧。[19]

在 1997 年净回报率低于 20% 的情况下，长期资本管理公司的一般合伙人（general partners，GP）决定在 9 月底将 27 亿美元返还给投资者，这还不到过去两年净回报率的一半。随着基金资本从约 70 亿美元减至 50 亿美元以下，基金维持的资产规模约为 1250 亿美元，杠杆率又回到 1:25，这还不包括衍生品。显然，长期资本管理公司仍然认为增加杠杆率可以弥补下降的利润率。

当时，长期资本管理公司有大约100个策略在起作用，有7600个头寸，与55个交易对手之间签订了6700个独立的协议安排，其中一些是该基金传统债券套利交易之外的风险投资。长期资本管理公司已成为并购套利的重要参与者。到了1997年，它有大约50亿美元的证券涉及并购事件，与此同时，它还持有大量抵押贷款支持证券的多头头寸，并通过利率互换进行对冲。[20]

长期资本管理公司大量参与期权交易。到了1997年年中，亚洲经济体的问题已导致全球股市波动性增加，这导致了对期权的更多需求（见第6章，"1987年股市崩盘之后——期权"）。此外，欧洲投资者对像投资组合保险一样提供有保证的最低回报率和参与股市上涨机会的产品产生了兴趣。然而，这些产品的发行者通常使用股票指数期权来提供上涨的空间，从而进一步增加了对期权的需求。

1997年10月27日，中国香港股市出现大幅抛售，随后美国股市大跌，跌幅约为7%。世界各地的市场也紧随其后。股票市场波动加剧，刺激了对期权的需求。在欧洲，隐含波动率升至24%，远高于15%的历史水平。长期资本管理公司认为这是一个现成的盈利机会。在1997年底至1998年期间，该公司在美国和欧洲股票指数上出售了大量长期期权（Long-dated option）头寸。

起初，看上去这是一个不错的押注，因为1997年10月之后，股市强劲复苏，长期资本管理公司因其做空期权仓位上升而获利。政府债券的利差也继续收窄（特别是在美国），公司债券和政府债券之间的利差也是如此。这有利于长期资本管理公司的现有头寸，同时进一步减少了新的套利机会。

连续亏损数月

在看似温和的表面之下，问题在1998年初开始出现。抵押贷款支持证券的投资者遭受了巨大的亏损，因为利率下降引发了出人意料的大量抵押贷款提前还款。一些投资者通过抛售新兴市场债券的盈利头寸来弥补亏损。这些抛售似乎唤醒了投资者对新兴市场风险的认识。更多的资金撤出了这些市场，进一步压低了市场价，这些国家或地区只得提高的利率以吸引资金。与此同时，资金涌向发达国家相对安全的政府债券，在这些市场则出现了涨价和降息现象。

长期资本管理公司因有 16% 的资金被用于与抵押贷款相关的投资而遭受损失。[21] 之后，随着互换合约利率的意外上升，政府债券利率下降，其套利头寸也遭到了重创。截至 1998 年 5 月，长期资本管理公司的损失约为 6.5%，1998 年 6 月又继续亏损 10%。这是该基金历史上首次连续两个月出现亏损。长期资本管理公司决定通过降低自身的风险来应对。基金投资组合的每日标准差约为 4500 万美元，这符合基金针对全球股票市场波动性的目标。[22] 合伙人决定将其减至 3400 万美元。然而，他们出售了一些流动性更强的基金头寸，保留了流动性较弱的头寸，他们认为这些头寸看上去能够提供长期的、更大的盈利能力。

1998 年 7 月，长期资本管理公司停业。但那个月的征兆并不好，7 月 7 日，所罗门兄弟的美国债券套利集团（长期资本管理公司的发源地）宣布关闭，这时，所罗门兄弟已经不再是所罗门兄弟了。自从梅里韦瑟离开后，它就被卖给了花旗集团，而花旗集团又与旅行者合并，所罗门兄弟成为所罗门美邦（Salomon Smith Barney）。债券套利部门不太适合这种新环境，当它在 1998 年初开始亏损时，它的命运就已经注定了。

所罗门的套利头寸实际清算和未决清算给长期资本管理公司以及持有类似头寸的其他基金和自营交易部门带来了严重的问题。1998 年 7 月到 8 月，随着互换利差幅度逐步扩大，长期资本管理公司的多头头寸价格也随其空头头寸的上涨而持续下跌。

很快到了 1998 年 8 月 17 日，俄罗斯宣布卢布贬值和债务延期偿还。这些公告因很多其他因素干扰而更加复杂。首先，尽管在俄罗斯投资的安全性一直都不是一件确定的事情，但这些公告宣布的时间完全出乎意料；在不到一个月前，俄罗斯刚刚售出了 35 亿美元的新债券。其次，许多投资者原本希望保护他们免受此类事件全面影响的保障措施未能实现。许多对冲安排，如俄罗斯债务的大型投资者所依赖的远期合约，由于各种技术原因而落空。

国际货币基金组织（IMF）也没有出手相救。投资者已经看到国际货币基金组织在 1994 年拯救了墨西哥，1997 年拯救了韩国。因此，他们期望俄罗斯能够得到类似的保护。但这次 IMF 拒绝介入，因此，资金从新兴的发展中国家的股票和债券市场中大量出逃，使波动性激增。

长期资本管理公司遭受了三重打击，其有约 8% 的交易与俄罗斯债务有关。[23]

债券息差的增加意味着它必须为其套利头寸提供更多的抵押品，而不断增加的波动性导致其期权头寸按市价计算的价值增大。

但长期资本管理公司已经面临着困难，贷款人要求其补充亏损头寸的保证金。由于无法筹集额外的资本，该公司同样因无力清算资产而受到拖累。在 5 月和 6 月的亏损之后，它已经抛售了流动性更强的头寸，保留的是长期的、流动性更差的头寸。在当时，这些头寸的利差预示着最大的潜在利润，但只有在这几个月中间，息差才变得更大。长期资本管理注定会失败，因为无论做多还是做空，那些能够成为这些交易的天然买家——其他对冲基金和自营交易部门——几乎都没有能力押上更多的资金；他们与 LTCM 处于同一条即将沉没的船上。

高盛和大通曼哈顿在俄罗斯债券上遭受了重大损失。随着欧洲利率互换利差扩大，旅行者及其子公司所罗门美邦也在不断亏损。股票和高收益债券被抛售，以弥补全球杠杆头寸的损失。8 月 31 日，道琼斯工业平均指数下跌了 6.4%，主要原因是股指期货的大量抛压，推动了指数套利者在标的股票市场的抛售。

仅 8 月份，长期资本管理公司就亏损了 18 亿美元。自 1998 年年初以来，它已经损失了大约一半的股本。它的杠杆率，高达 1:55。这个数字还不包括公司的衍生品头寸。截至 8 月底，LTCM 持有价值约 1.4 万亿美元的标的资产衍生品头寸，包括股票、利率互换以及股票期权。[24]

在这一点上，无论透明度太低还是太高，都开始给长期资本管理公司带来问题。为了保持其策略的专有性，公司将交易分给多个交易对手。例如，一笔交易的多头头寸将安排给一个经纪人，而空头头寸则由另一个经纪人持有。因此，长期资本管理公司的每一个交易对手都有其必须对冲的风险敞口，这意味着他们为降低长期资本管理公司整体风险的对冲头寸不足。随着长期资本管理公司的问题在 1998 年夏末秋初快速加剧，他们试图通过转移头寸，使其交易的抵消性质更为透明，从而纠正这种情况，缓解对手的忧虑。不幸的是，它的尝试被交易的复杂性、头寸的规模以及交易对手的数量所阻碍。

另外，长期资本管理公司试图重组交易并同时筹集资金，这使其头寸对与之有业务往来的公司更加透明，其中许多公司本质上是竞争对手。从 1998 年 8 月底开始，华尔街的交易员们似乎已经预料到了长期资本管理公司需要进行许多交易，并在他们前面就已开始动手，他们要么是为了从长期资本管理公司的困境中获利，要么只是为了摆脱 LTCM 资产的清算。9 月初，在梅里韦瑟通过彭博新闻社（Bloomberg News）向长期资本管理公司投资者发出一封信后，这种压力大幅增加。[25] 据公司合伙人默顿说：[26]

出现了这样一种状态。当长期资本问题被发现时，每家银行、每个交易对手都会要求他们的交易部门减少对长期资本的敞口……猜猜他们得到了什么答案？"我们不能这样做，因为我们已经出局了，而且他们手里有合同。"……所以他们开始标记他们的头寸，这样他们就能得到最多的抵押品……以便保护自己……每一方，无论交易对手在哪里，他们都做了标记。理论上，我们可以邀请两个竞争挑战目标。但在危机中，你不能这么做……这不像他们在危机中所说的，所有资产都在一起流动。这种情况也会发生，但要集中得多。

9 月初，长期资本管理公司连续几天亏损超过 1 亿美元。贝尔斯登威胁说，除非长期资本管理公司吸引了更多资本，否则将停止为该公司交易清算。在最后的努力中，长期资本管理公司向高盛公开了账目，希望获得资本注入。9 月 20 日，纽约联邦储备银行执行副总裁彼得·R. 费舍尔（Peter R. Fisher）与高盛和摩根大通的官员一道，访问了 LTCM 的格林尼治办事处，评估当时公司的形势。

9 月 21 日，长期资本管理公司亏损超过了 5 亿美元。它的资本金此时已不足 10 亿美元，杠杆率（不包括衍生品）超过 1:100。长期资本管理公司最终动用了自己的信贷额度，至少获得了足以让贝尔斯登满意的资金。但是，至少对纽约联邦储备银行来说，似乎太少，也太晚了。

一场被强迫的婚姻

据纽约联邦储备银行总裁威廉·J. 麦克唐纳（William J. McDonough）说，美联储认定，长期资本管理公司的违约将导致其交易对手立即平仓。[27] 数十亿美元资产的突然出售最终将导致的损失已大大超出长期资本公司的交易对手所能承受的极限，并造成市场上巨大的动荡和不确定性。最终的结果将是使市场价格剧烈波动、信贷和利率市场混乱，以及很可能导致资本成本提高到极端不合理的水平。

因此，纽约联邦储备银行鼓励参与长期资本管理公司的投行和经纪商提出一个不需要违约的解决方案。1998 年 9 月 23 日，美国和欧洲银行及经纪公司的高级官员在美联储的纽约总部进行了会晤。最后，梅里韦瑟和长期资本管理公司接受了来自美联储 14 家代表机构的收购要约，以 36 亿美元的代价换取了长期资本管理公司 90% 的资产。这使得这些老股东们仅剩了大约 4 亿美元，还不到 1998 年初资产价值的十分之一。公司的控制权移交给了一个由美林、所罗门美邦、摩根大通、瑞银、摩根士丹利和高盛组成的六人监督委员会。

长期资本管理公司及其问题令市场感到意外。与其他对冲基金和私人合伙企业一样，它不受公共投资基金要求的公开披露信息的约束。美联储承认，直到 9 月 20 日该公司的意向援助方首次会面时，才认识到长期资本管理公司全部的债务问题。[28]

9 月 24 日，星期四，也就是公司接受援助的第二天，道琼斯工业平均指数下跌了近 1.9%。摩根士丹利首席货币市场经济学家威廉·沙利文（William Sullivan）指出：“人们已经意识到（对长期资本管理公司来说）问题之大，远远超出了人们的预期，这有助于促使人们重新转向高质量投资领域。”[29] 瑞银恰巧宣布第三季度亏损达 7.2 亿美元，其中大部分与该行对长期资本管理公司的投资有关，这有助于人们更加清楚地了解真相。

正因为这项紧急援助计划让投资者了解了为平仓长期资本管理公司以及持有类似投资组合的其他基金和机构可能需要的交易金额，所以该援助计划未能平息美国股市的动荡也就不足为奇了。当然，这在一定程度上反映了投资者对一种新的风险类型的认识，这类风险来自于套利头寸的过剩。这促使一些投机者提前进行套利交易，无疑也阻碍了许多投资者进入市场购买套利者持有的头寸，这与 1987 年 10 月 19 日投资组合保险抛售的订单，令买家无法应对的情况如出一辙。

当然，长期资本管理公司本身也造成了抛售的压力。在紧急援助期间，该公司正在平仓一些风险套利交易。据报道，长期资本管理公司以远低于预期的价格抛售了 50 万股美国银行家保险公司（American Bankers Insurance）的股票。[30] 本月早些时候，就在被世界通信公司（WorldCom）收购的前几天，该基金还在向 MCI 通讯公司（MCI Communications）纾困。[31] 一家银行后来将法国股指 CAC 40 年内 30% 的波动归咎于长期资本管理公司的交易，这很可能与长期资本管理公司的期权头寸有关。[32]

10月1日，周四，道琼斯工业平均指数下跌了 2.7%，同时美林宣布，它对长期资本管理公司的信贷敞口为 14 亿美元，包括衍生品头寸。在接下来的一周里，道琼斯工业平均指数的波动幅度达到 450 点。自 9 月以来，道琼斯工业平均指数在 7400 ~ 8200 点波动，平均日内波动幅度达到 240 点。

结束之后

LTCM 在接受紧急援助后继续失血。据报道，该基金在随后的两周内损失了 2 亿 ~ 3 亿美元，[33] 部分原因是 1998 年 10 月 7 日美元兑日元的暴跌，要求该基金赔付日元空头头寸。《华尔街日报》宣布，长期资本管理公司正在寻求更多资金，并计划裁掉约 20% 的员工，甚至在此期间，公司拒绝了巴菲特再次提出的以大幅折扣的价格收购该基金的提议。[34]

已经取得控制权的监督委员会发现，长期资本管理公司最大的问题是其在英国的掉期交易和股票期权。长期资本管理公司在这两种策略中都有巨额头寸。监督委员会安排了定期公开拍卖，以逐步平仓。它还通过撮合交易对手来继续巩固长期资本管理公司交易的抵消头寸（the offsetting positions），并对长期资本管理公司退出交易提供支持。

截至 1998 年 12 月中旬，长期资本管理公司报告盈利，尽管它还面临着 SEC 对其 8 月份筹资活动的听证会，特别是对潜在投资者的披露。到 1999 年 12 月，在实施紧急援助期间，长期资本管理公司的账簿中的掉期交易已从 10000 笔减至 50 笔。在截至 1999 年 9 月 28 日，实施援助后一年，长期资本管理公司已经创造了 10% 的正回报率。

2000 年 1 月，为紧急援助计划提供资金的银行得到了 9.25 亿美元的全额偿还，而长期资本管理公司宣布即将关闭。梅里韦瑟成立了一家新公司——JWM 合伙企业（JWM Partners），并设立了一个新的对冲基金——相对价值机会基金（Relative Value Opportunity Fund）。该基金的目标是年回报率为 15% ~ 20%，杠杆率为 10:1。

第九章

为 LTCM 验尸

> "有意识和无意识模仿的结果是，LTCM 的许多头寸变成了'共识交易'。"
>
> ——所罗门兄弟公司交易员科斯塔斯·卡普兰尼斯（Costas Kaplanis）[1]

在 1998 年 9 月写给投资者的信中，长期资本管理公司创始人约翰·W. 梅里韦瑟（John. Meriwether）试图将该基金的损失归咎于俄罗斯的违约："围绕俄罗斯股市崩盘的事件导致全球市场在整个 8 月期间大幅波动，且这种波动急剧增大。"这是一个外部事件，超出了基金的控制，导致了基金的最终消亡。

这一辩解并不能诠释长期资本管理公司自身的失误，即对其套利模式的无端的信心、对杠杆的过度依赖，以及不考虑其自身对交易市场的影响。由于这些失误，LTCM 的交易失败了，它无法筹集额外的资本，它被自己的杠杆所掀翻。而 LTCM 的失败，又引发了金融市场的剧烈动荡。债务市场的波动性和不确定性加剧，导致了一场信贷危机，这场危机预示着 10 年后的未来所发生的一切。

套利出错了

LTCM 首席交易员之一维克多·哈格哈尼（Victor Haghani）在援助结束后表示："我们所做的一切都依赖于经验……如果你不愿意从经验中总结出教训，那么不妨袖手旁观。"[2] 事实上，长期资本管理公司的许多模型分析了大量历史数据和假设数据，以确定各种金融工具在各种市场和经济环境中可能的表现。然后它对结果进行了压力测试和情景分析，结果很好。这进一步减少不必要结果的可能性，使其策略更加多样化。长期资本管理公司在投资上横跨多重策略、多个国家、多种工具、不同的交易对手以及多种投资领域。这样，其风险敞口似乎有所抵消，并在各种工具和货币之间进行了良好的多样化配置。

然而，LTCM 的经验显然没有基金合伙人想象的那么丰富。特别是，长期资本管理公司似乎忽视了 1997 年和 1987 年发生的投资者的恐慌在多个市场间蔓延的情况，这导致了看似不相关的市场之间的关联突然大幅收紧。[3] 爱德华·O. 索普（Edward O. Thorp）是一位传奇的交易员，也是机会游戏的追随者，他在布莱克 – 斯科尔斯 – 默顿期权定价模型提出之前就提出了自己的期权定价公式（并拒绝投资于长期资本管理公司），他发现，长期资本管理公司的一些模型仅基于四年的数据。[4] 在俄罗斯债务危机的严峻考验中，长期资本管理公司的策略因为在基本面上看似不相关的交易突然变得高度相关而分崩离析。

在这种环境下，长期资本管理策略的多样化失败了。几乎所有策略中的多头头寸价格都出现了下跌，而空头头寸价格则在上涨。很明显，LTCM 的投资组合并没有多元化。

LTCM 将自己视为流动性供应商。迈伦·S. 斯科尔斯（Myron S. Scholes）和 LTCM 的合伙人大卫·M. 莫迪斯特（David M. Modest）都将 LTCM 描述为可以提供流动性的业务。[5] 这反映在该公司的交易中，几乎所有的多头头寸流动性都较低，所有的空头头寸流动性都较高。为了安全起见，投资者偏好于寻求流动性，避免流动性不足；LTCM 头寸的收益率差因此扩大，基金的损失也随之增加。梅里韦瑟在 1998 年 9 月写给投资者的信中承认，"事实证明，我们在各个策略上的损失是相互关联的。"

这一切发生之后，不仅 LTCM 的交易没有变化，而且其业务脉络也没有变化。该基金将自己视为一家金融中介机构，类似于一家大型投资银行或经纪交易商。然而，与银行或经纪商不同的是，LTCM 有一个单一的业务套利渠道。从事套利的银行和经纪商这样做只是使其金融活动多样化的一部分。他们的套利损失可能会被其他领域的收益所抵消，比如承销或经纪业务。LTCM 只能依赖其套利交易，也就是说，它的业务其实没有实现多样化。

杠杆与流动性

如果长期资本管理公司对其构建金融市场模型的能力采取更为保守的态度，它的投资可能就不会那么激进，或者随着风险的增加而退出或减少一些押注似的投资。取而代之的是，长期资本管理公司承担了大量的杠杆效应，将其风险敞口增至其资本的 100 倍。而且，在它向投资者返还了近 30 亿美元后，并没有在 1998 年初减持头寸，而是在更低的资本金基础上维持原先的头寸规模，等同于提高了杠杆率。

这种高杠杆率在 1998 年决定了 LTCM 的命运，当时，它需要获得流动性，而不是提供流动性，这种方法不可取。因此，到 1998 年初，其套利头寸的损失非常严重，但这还不一定致命。在紧急援助后的一年里，市场的流动性得到改善，LTCM 感知到风险下降，股票波动性也在下降，利差缩小，这符合它的长期预期，许多头寸最终在获利的情况下平仓。

然而，正是 LTCM 在 1998 年夏秋之间经历了严重亏损，才使它意识到自己只是众多已经发现自身处境岌岌可危的公司中的一家。为了使自己的利润最大化，LTCM 似乎总是忽略其经营策略对其他投资者可能产生的影响，反过来，这些投资者也可能对 LTCM 的策略产生影响。这种疏忽被证明是最致命的。

根据哈格哈尼的说法，LTCM "很少强调其他杠杆参与者在做什么……因为我认为他们的行为和我们自己非常相似。"[6] 这在 LTCM 的早期真的存在，当其他对冲基金和投资银行的模仿交易缩小了 LTCM 套利交易的利差时，增加了 LTCM 的巨额利润，同时降低了它在未来的潜在利润。但在 1998 年年中，LTCM 显然继续相信，随着利差进一步扩大，其他套利者将继续进行交易，正如在 7 月份，LTCM 一直在进行可能最赚钱的交易。

LTCM 显然还假设，如果需要清算头寸以降低杠杆率，竞争对手会为 LTCM 提供潜在的交易对手。但对冲基金和投行却选择通过抛售多头头寸和补仓来降低自身风险。这并不奇怪，因为 LTCM 自身清算的迫切性已经在搅乱市场，并增加套利策略的损失。

按照 LTCM 的如意算盘，投资者将始终愿意购买其出售的流动性。但事实上，投资者的恐惧会导致其恐慌行为，因为对抛售的渴望压倒了长期价值等更理性的利益。在 1998 年 8 月这样的恐慌时期，投资者倾向于全面抛售。导致的一个结果是，各个市场之间的相关性激增，对 LTCM 的投资造成了很大损害。

长期资本管理公司似乎也忽略了其自身许多头寸极大的流动性。例如，在一些美国和美国以外的期货市场，LTCM 的交易占所有未平仓合约的 10% 以上。[7] 据一位消息人士称，LTCM 在英国政府债券市场衍生品头寸的名义价值大于标的市场本身。[8] 当然，LTCM 在日本、欧洲和美国的股票和债务市场全面提供流动性。因此，当 LTCM 在 1998 年夏秋之间指望市场为其提供流动性时，没有人能为它挺身而出也就不足为奇了。

作为最后的救命稻草，LTCM 认为，即使亏损增加，它也可以向贷款人或投资者提供新的资本，为其潜在的盈利头寸提供担保。但随着套利定价失误和利润不确定性的增加，投资者支持套利等投机活动的意愿越来越弱。随着风险的增加，投资者要求更高的回报。在某种意义上说，投资的风险大于潜在收益，资本停止了流动。[9]

此外，随着资产波动性的增加，贷款人会提高借款利率、降低抵押品的价值，或者要求更安全的抵押品；这正是套利者和其他交易商需要更多的资本来支撑其头寸不断贬值的时刻。交易水平和流动性下降，可能导致更大的资产的不稳定性。贷款人对抵押品的需求增加，使得流动性减少。随之而来的是对资产质量的追求，[10] 而流动性会在最需要的时候消失。

LTCM 既无法清算资产，也无法以足够快的速度筹集新资本，以使其能够保持其高杠杆头寸。随着亏损的增加，杠杆效应有效地阻止了 LTCM 的策略，正如投资组合保险在 1987 年 10 月 19 日的股市崩盘中出现休克一样（见第五章：投资组合保险与股市崩盘）。此次紧急援助使得 LTCM 剩余的原始投资者在对冲基金中的份额大幅减少，在最终利润分配中的份额也相应减少了。

在 LTCM 最终关闭后，当成立自己的新公司时，梅里韦瑟给出了最终裁决。他说："我们的整个方法在根本上是有缺陷的。"[11]

过去和未来危机的幽灵

LTCM 的倒闭使人们想起了与投资组合保险和 1987 年金融危机之间一些生动而讽刺的关系。斯科尔斯和罗伯特·C. 默顿的出现更是一种讽刺。这两位诺贝尔奖获得者在前台扮演着 LTCM 的合伙人的角色，而在后台则是该策略下期权复制模型的创造者，正如已故的费舍尔·布莱克在投资组合保险中扮演着主导性的角色一样。投资组合保险和 LTCM 之间的联系看似不那么明显，但影响更为深远，在这两个危机的发展方式上，少数持有大量头寸的运营商成为全球市场稳定的重大威胁。

投资组合保险公司凭借其看似成熟的金融理论，发动了消除股票投资风险的营销闪电战，吸引了机构投资者的大量资本，在美国股市累积高达 1000 亿美元的资金。LTCM 依靠复杂的金融数学模型来设计投资策略，同时保证低风险回报，吸引了投资者和足够多的贷款人向 LTCM 的投资组合中投入超过 1000 亿美元。LTCM 还能够利用高杠杆的衍生品合约，进一步放大其理论上的低风险头寸。

套利不像投资组合保险那样，是趋势跟随式的交易。事实上，它应该在一定程度上稳定市场，以限制资产价格与其公允价值之间的差异。然而，套利头寸的平仓通常意味着与市场趋势进行交易。当这些类型的策略在市场中占据足够大的份额，并被包括对冲基金和投行在内的其他投资者的行为所"镜像反射"（mirrored）时，突然出现的平仓会吞噬市场流动性，就像 1987 年投资组合保险公司的卖出需求（及其对其他投资者的影响）一样。套利，就像投资组合保险，可能会变得极其不稳定。

由于套利头寸的杠杆率与 LTCM 的杠杆率一样高，即使预期与实际结果之间存在相对较小的差异，也可能迫使其平仓，并造成市场震荡。这是因为杠杆头寸的亏损将转化为追加保证金的要求，要求经纪人向基金提供更多的现金或证券。为了满足这些追加保证金的要求，该基金必须从外部筹集更多资金或清算其头寸。

但 LTCM 和投资组合保险公司一样，成为流动性"幻觉"的牺牲品。投资组合保险公司的管理层相信，当投资组合保险公司需要出售股票时，投资者会通过购买股票来承保其保险单。而 1987 年的股市崩盘使他们改变了这种观念。LTCM 的管理层认为，贷款人或投资者可以向其提供现金，或作为其风险越来越大的头寸的交易对手。最后，纽约联邦储备银行不得不迫使 LTCM 的交易对手来提供这种流动性。

信贷紧缩

在 1998 年 9 月 23 日紧急援助 LTCM 之后的一周，30 年期美国国债收益率 30 年来首次跌破 5%，这是因为投资者为了寻求安全和流动性而推高了价格。[12] 与此同时，担心最终清算 LTCM 巨额套利投资组合的投资者避开了高收益债券、新兴市场债券和抵押贷款支持证券。从 1998 年 8 月初到 10 月中旬，投资者持有高收益、高风险债券所需的溢价从 375 个基点飙升至 750 个基点，尽管其实际违约率几乎没有变化。而此时，美国商业和投资银行纷纷退出全球债券市场；1998 年第三季度，新兴市场债券平均跌幅超过 27%，8 月和 9 月几乎没有新兴市场政府或公司发行债券。

LTCM 实际持有大量头寸的美国商业抵押贷款支持证券市场的轰然倒塌，预示了下一个十年将要发生的事情。从 6 月到 10 月，10 年期商业抵押贷款支持证券和 10 年期美国国债之间的利差从 80 个基点扩大到 155 个基点；这使得美国最大的商业抵押贷款支持债券买家——房地产投资信托公司 Crimi Mae Inc. 破产。

商业抵押贷款机构发现越来越难找到买家进行抵押贷款的证券化。结果，这些放款人将商业贷款所需的抵押品水平从夏季盛行的贷款价值的 5% 提高到 25%。由于潜在买家遇到融资困难，8 月中旬至 10 月初，商业地产价格下跌了 15% ~ 20%。

在 1998 年金融危机前的 20 年左右，企业逐渐不再依赖传统银行来满足其融资需求，转而依赖资本市场和后来被称为"影子银行"系统的投资银行、非银行贷款人、对冲基金和其他非银行、非存托机构。商业银行在 1974 年向非金融借款人提供了 35% 的资金，而在 1994 年这一比例为 22%。[13] 货币市场基金、商业票据和高收益的"垃圾"债券开始取代商业银行储户成为贷款的资金来源。银行和非银行贷款人也转向了资产证券化，即将贷款打包成证券出售给承担贷款风险的投资者，以换取他们的一部分付款。这些新的资金来源和降低风险的方法，加上金融信息的质量和可用性的提高，使企业更容易筹集资金，大大降低了商业银行在获取和贷款资金方面的优势。

经济学家亨利·考夫曼（Henry Kaufman）在 1994 年观察到，由于个人通过共同基金等工具对市场行为的影响越来越大，全球市场的美国化程度越来越高，以及遍布所有市场和国家的高水平的投资组合经理的出现，使得金融结构变得更加复杂。因此，考夫曼认为，世界经济体在信贷创造和信贷退出方面更容易受到过度影响。他警告说，这可能会增加金融市场的波动性。而且，随着传统的信贷来源逐渐被资本市场所取代，"对（贷款）的限制将更多地来自于前所未有的资产价格波动，而较少来自于对短期信贷可用性或成本的挤压。"[14]

这正是美国经济进入 1998 年第四季度时所发生的情况。尽管商业银行执行了低利率并做了充分的储备，但资本市场还是失灵了。由于担心这样的信贷紧缩会对经济造成影响，美联储于 10 月 15 日将利率下调了 25 个基点。这一降息令市场感到意外，因为美联储 9 月 29 日刚刚宣布降息 25 个基点。道琼斯工业平均指数强劲反弹；收盘时上涨 4.2%，金融公司股价此前相较其峰值下跌了 50% ~ 60% 之后，开始领涨。道琼斯工业平均指数 10 月底收于 8592 点，为 8 月 25 日以来的最高水平；11 月下旬开始回升至 9000 点上方。

如果 LTCM 没有得到纾困资金，其高杠杆债券、股票和衍生品头寸的立即清算可能会对市场产生巨大影响，尤其是对债券市场，这与 1987 年证券组合保险公司的强制抛售对股票市场的影响相类似。正是由于 LTCM 与投资银行和商业银行之间的联系，和它在不同资产和不同国家市场的地位之间的联系，以及人们经常谈论的与衍生品市场增长有关的系统性风险，使其饱受诟病。事实上，LTCM 的行为导致了信贷市场的恐慌，威胁到全球市场和经济。

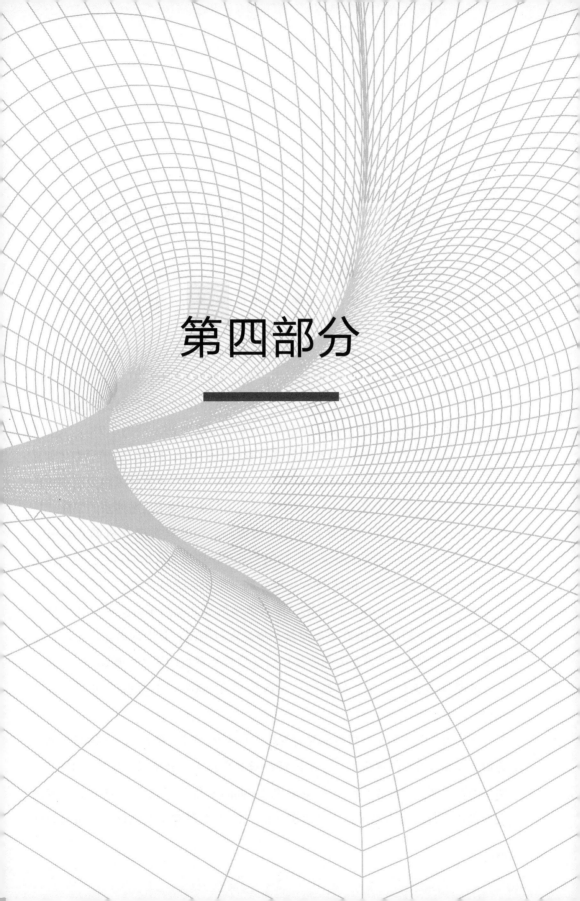

第四部分

第十章

2007—2009 年信贷危机与经济衰退

"我们需要了解的是：一是存在市场失灵，二是存在资产泡沫和非理性繁荣等问题。市场会出现繁荣期、泡沫期和狂躁期。对这些情况，如果任由它们自己发展，可能会导致崩溃、萧条、恐慌。"

——努里埃尔·鲁比尼（Nouriel Roubini）[1]

2007 年年初，美国的经济和金融状况似乎运行良好，尽管经济增长略有放缓，国内生产总值从 2004 年非常稳健的 3.8%，下降到 2006 年的 2.7%。失业率自 2004 年以来一直在下降。抵押贷款违约率远低于 4%，抵押贷款的证券化如火如荼。国际货币基金组织（IMF）2006 年 4 月称："银行将信贷风险分散到更广泛、更多样化的投资者群体中……有助于提高银行业和整个金融体系的弹性。"[2]

尽管如此，还是有一些令人不安的潜流。美国政府金融危机调查委员会（Financial Crisis Inquiry Commission）的报告点了一些另类人士的名字，他们预见了即将到来的金融风暴。根据 1990 年成立的一个国会委员会的前主席威廉·K. 布莱克（William K. Black）的说法，该委员会的成立是为了解决前一场金融危机，那场金融危机中有 1000 多家储蓄和贷款银行倒闭，其中许多是由于高风险的贷款和投资所致："没有人能够预见到（信贷）危机的说法是错误的。"[3] 事实上，抵押贷款支持证券互换指数（ABX）早在 2007 年 1 月就开始了异常的波动。[4]

尤其令人关注的是杠杆率的显著提高。从 1997 年到 2007 年，美国私营部门的债务以每年 9% 的速度增长，美国抵押贷款自新千年开始以来增长了 134%。[5] 据美国财政部前部长盖特纳（Timothy F. Geithner）报告，截至 2007 年底，美国大型投资银行的资本水平仅占其总资产的 3%。[6] 在联邦国家抵押贷款协会和联邦住房贷款抵押贷款公司，政府资助的实体（GSE）通过购买私营部门创造的抵押贷款，并重新打包出售给投资者来刺激房地产，实际资本水平几乎不到其资产价值的 1%。

此外，2007 年初，日本央行提高了利率。一段时间以来，日元一直是套利交易中最受欢迎的借贷工具。在这种情况下，投资者以较低的利率借入日元，并将借入的资金用于投资其他资产，期望从这些投资的较高回报率中获利。借入的日元为全球股市、货币和美国抵押贷款支持证券的投资提供了资金。随着日本央行（Japanese Central Bank）的行动，日元的借贷成本越来越高，因此它的投资吸引力也越来越低。2 月 28 日，中国股市下跌了 9%，道琼斯工业平均指数下跌 416 点（跌幅 3.3%），但两者都恢复得相当快。而与抵押贷款相关证券的问题被证明持续了更久。2000 ~ 2005 年，美国房价年平均上涨 10%，这种增长为市场提供了有力的支撑。

资产支持商业票据（ABCP）市场预示着问题将进一步恶化。商业票据是由银行（或其表外实体）、公司和其他公司向投资者（如货币市场基金）发行的短期有息票据，所得款项用于资助业务或进行投资。在资产支持商业票据的案例中，部分收益被用于为长期、高收益证券（包括抵押贷款支持工具）的投资提供资金。票据购买人从本质上获得利息，作为短期贷款给票据出售人的回报，票据出售人使用贷款购买长期资产。到 2007 年初，资产支持商业票据为大约 22% 的私人标记（主要是抵押贷款支持）证券提供资金。[7]

资产支持商业票据通常被认为是低风险的，因为它完全由高信用评级的资产担保，而且期限非常短。但到了 2007 年年中，抵押贷款市场的问题开始显现，抵押贷款拖欠率和住宅物业止赎率开始上升。资产支持商业票据的投资者，知道或怀疑他们贷款的抵押品中有一部分是抵押贷款支持证券，开始不愿意购买这些票据。由于缺乏买家，发行人不得不利用自有资金或出售资产来为长期投资提供资金，这对抵押贷款相关证券的价格造成了更大的压力。

对冲基金也面临动荡。他们是抵押贷款相关证券的杠杆买家，在某些情况下是发行人。随着市场的恶化，对冲基金的贷款人要求更多的抵押品来补偿他们增加的风险。为了筹集现金，同时降低投资组合的风险，一些对冲基金开始出售资产。一些人卖掉了他们最具流动性的资产，包括普通股。其中一些对冲基金是高杠杆、多资产的基金，如高盛的全球股票机会基金（Global Equity Opportunities Fund）。当他们出售普通股时，由于其他（非杠杆）量化基金经理也在采取类似的策略并持有相同的股票，导致了"量化危机"（quant crisis）。[8] 2007 年 8 月 9 日，股票市场大幅下跌，股票投资者遭受了重大损失。

截至 2007 年秋季，股市波动性仍然很高，而信贷市场的流动性继续受到人们对住房抵押贷款的担忧的困扰。花旗集团、美国银行和摩根大通无法出售资产支持商业票据为其表外抵押贷款证券提供资金，它们不得不将这些高杠杆资产重新纳入资产负债表。2007 年底，瑞银宣布计提了 100 亿美元跌价准备，主要是由于抵押贷款相关证券的亏损。

2008 年 1 月，美国银行收购了美国国家金融服务公司（Countrywide Financial），后者曾是一家主要的抵押贷款机构，但由于拖欠抵押贷款的情况不断增多，目前面临着即将破产的局面。这时，单一险种保险公司（monoline insurance companies）已经在出售保护抵押贷款相关证券价值的掉期，以努力补偿保险产品的买家。由于与抵押贷款相关的单一险种的亏损，损害了它们在英镑信用方面的声誉，它们为市政债券提供保险的其他主要证券的感知风险空前高企。

2008 年 3 月，在两家专注于次级抵押贷款的对冲基金亏得血本无归不到一年后，贝尔斯登也宣告了破产。这家投资银行大量抵押贷款头寸需要计提亏损，3 月份的第二周，它们发现自己有 140 亿美元的回购融资无法获得展期。[9] 贝尔斯登的股价从 2007 年 1 月的 171 美元跌至 30 美元左右，在贝尔斯登信贷事件中获得回报的掉期价格随之飙升。贝尔斯登在破产边缘徘徊时，其客户们也在纷纷逃离。最终，摩根大通在美国政府 290 亿美元担保的帮助下，以每股 10 美元（高于最初报价 2 美元）的价格收购了贝尔斯登。

美国联邦储备委员会向投资银行开放了贴现窗口，表示愿意以抵押贷款相关证券作为抵押，向多家投行提供高达 2000 亿美元的美国国债。2007 年 8 月至 2008 年春初，美国政府向金融机构提供了近 1 万亿美元的直接或间接的资金支持。尽管如此，银行业的放贷能力和房贷的意愿却越来越有限。

到 2008 年 6 月，单一险种保险公司的麻烦已经演变成正式的信用降级。这意味着他们所担保的所有债务都将立即降级，市政当局发现他们必须支付更高的债券利率。单一险种保险公司本身，以及许多其他使用单一险种债务工具作为借款抵押品的实体，都必须提供更多的抵押品来确保借款的安全。

这一年的 7 月，曾是主要独立抵押贷款机构的印地麦克银行（IndyMac Bank）在储户挤兑后被美国政府查封。9 月 6 日，美国抵押贷款最大买家房利美和房地美被完全置于联邦政府的控制之下。这意味着，政府对这些机构出售的证券的担保一度是隐性的，现在却成了政府的显性债务。

在随后的周末，美国财政部官员会见了几位银行业领袖，试图为境况不佳的雷曼兄弟找到买家。然而却没有人愿意收购雷曼兄弟，在财政部的敦促下，美国银行确实同意了收购美林证券。9 月 15 日，在宣布收购的同一天，雷曼兄弟申请了破产，这成为美国历史上最大的一桩破产案。

雷曼兄弟一直是商业和住宅房地产市场上最积极的买家，在市场繁荣时期，它收购了 5 家抵押贷款机构，以确保其为资产证券化提供抵押贷款。到 2007 年，雷曼兄弟已成为抵押贷款证券化的领军者。尽管 2006 年年中之后房价开始下跌，但它仍在继续发放次级贷款，并将其中许多贷款作为投资科目保留在其账面上。所有这些操作都是高度杠杆化的。随着人们对抵押贷款和抵押相关资产的质量和价值的担忧在 2008 年有所增加，放款人越来越多地拒绝与雷曼兄弟做生意，或拒绝接受其资产作为抵押品。[10] 2008 年 9 月 15 日，雷曼兄弟已无法为其业务提供资金，直至其申请破产。

总部位于英国的巴克莱银行（Barclays）最终收购了雷曼兄弟在美国的大部分业务，但雷曼兄弟的破产使数千名德国和亚洲散户投资者的资金化为乌有，这些散户持有雷曼自己担保的非常安全的股票挂钩票据（equity-linked notes）。最重要的是，随着雷曼兄弟的倒闭，抵押贷款市场的基础开始崩盘。

一个直接的受害者是美国大型保险公司美国国际集团（AIG）。AIG 持有一个名义价值为 2.7 万亿美元的衍生品投资组合。[11] 它已经出售了数十亿美元由雷曼兄弟担保的公司债券和其他投资者持有的抵押贷款相关债券。在 2008 年秋季，AIG 接连几个季度严重亏损，导致股价大幅下跌。与此同时，抵押贷款市场情况的恶化意味着为保护买家而支付的抵押品越来越多。截至 9 月中旬，AIG 出售雷曼兄弟债券和其他债券的买家，要求 AIG 提供 230 亿美元以上的额外抵押品。（高盛是规模达 800 亿美元的 AIG 抵押贷款相关证券保护基金投资中最引人注目的一家，其出资占比超过了 40%。[12]）

2008 年 9 月 16 日，在雷曼兄弟申请破产的第二天，美国政府以 850 亿美元收购了 AIG 的大部分股份。AIG 最终需要 1820 亿美元的政府援助。当时的美联储主席本伯南克说："……AIG 的失败将会是末日。当时它与如此之多的公司存在业务往来，又与美国、欧洲金融机构和全球银行都有着如此紧密的联系。我们非常担心，如果 AIG 破产，我们将无法进一步控制危机。"[13]

2008 年 9 月，政府扣押了大型抵押贷款机构华盛顿互惠银行（Washington Mutual），并将其分支机构和资产出售给了摩根大通。美国众议院 9 月 29 日投票否决了一项 7000 亿美元的政府救助计划，导致标准普尔 500 指数下跌 8.8%，创下 1987 年股市崩盘以来的最大跌幅。尽管问题资产救助计划（Troubled Asset Relief Program，TARP）最终于 2008 年 10 月 3 日获得通过，但标准普尔 500 指数的当月跌幅达到了 16.9%，尽管该月最后一周出现反弹，还是创下 1987 年 10 月以来的最大月度跌幅。

截至 2008 年年底，欧洲、美国、日本等地的央行已向全球银行体系注入数万亿美元的资金。美国政府为花旗集团提供了数百亿美元，拯救了这家美国曾经最大的金融机构，并同意为其 3000 亿美元的问题资产组合的或有损失提供担保。作为回报，美国政府获得了当时价值 270 亿美元的优先股和认股权证。政府已承诺提供 6000 亿美元的资金支持房利美和房地美，并扩大了 TARP，以吸收小企业和消费者贷款的损失，并向美国三大汽车制造商中的两家提供贷款。尽管如此，美国经济在 2008 年第四季度以 8.2% 的通货膨胀率急剧收缩，而企业利润经历了自 1953 年以来的最大跌幅，消费者支出也以创纪录的速度在下降。

2009 年前三个月，发达国家经历了 1960 年以来最糟糕的一个季度，代表发达国家的 20 国集团（G20）和发展中国家的 GDP 与上一季度相比下降了 1.5%。[14] 在美国，2 月份的失业率达到了 1983 年以来的最高水平。房价继续下跌，经季节性调整的标准普尔/凯斯 – 席勒美国全国房价指数（S&P/Case-Shiller US National Home Price Index）在本季度结束时较 2007 年 2 月的最高值下跌了约 19%，20 个城市指数较 2006 年 4 月的最高值下跌了近 31%。拖欠贷款、优质贷款的止赎权以及商业地产有所增加，但仍大大低于次级贷款的水平。

2009 年 2 月，巴拉克·奥巴马（Barack Obama）总统宣布计划花费高达

2750 亿美元来帮助房主进行再融资和修改现有抵押贷款协议。美国财政部提议在新的消费和商业贷款中提供 1 万亿美元的消费和商业贷款倡议。国会通过了7870 亿美元的财政刺激法案，包括新支出和减税。美联储（Federal Reserve）当年 3 月宣布，将购买 3000 亿美元的长期国债，目的是对抵押贷款利率施加下行压力，并将提高援助房利美和房地美的资金水平。那年春天，克莱斯勒（Chrysler）和通用汽车（General Motors）申请了破产保护，并从政府那里获得了更多资金；美国财政部成为这两家汽车制造商的大股东。

道琼斯工业平均指数在 2009 年 3 月初跌至 6547 点，为 12 年来的最低点，比 2007 年 10 月的最高值低了 54%（见图 10-1）。由于信贷风暴期间的股市暴跌，流动性蒸发，爆出的丑闻中有两个著名的庞氏骗局，分别是伯纳德·L. 麦道夫投资证券公司（Bernard L. Madoff Investment Securities）和斯坦福金融集团（Stanford Financial Group）。麦道夫的公司经营着一个欺诈性的做市商计划至少有20 年了，它给客户造成了 650 亿美元的损失，尽管其中除了 100 亿~200 亿美元，余下都是虚构的收益。麦道夫于 2008 年 12 月被控证券欺诈，2009 年 6 月被判处 150 年监禁。2009 年 2 月，艾伦·斯坦福被控诈骗罪；2012 年 3 月，他被定罪监禁 110 年，目前正在服刑。

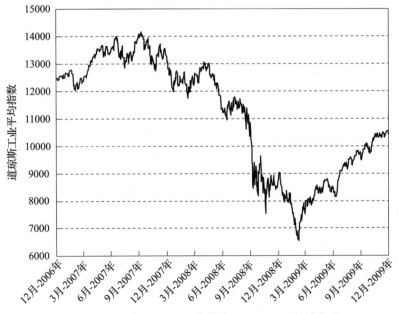

图 10-1　道琼斯工业平均指数在 2006—2009 年的表现

　　道琼斯工业平均指数在 3 月份的低谷后表现强劲，在接下来的三周内反弹了 21%，最终在 2009 年上涨了 19%。这是六年来最大的年度涨幅，但仍比 2007 年的最高点低了 26%。在 1999 年到 2009 年的十年间，股市是回落的，道琼斯工业平均指数下跌了 9%。

　　与此同时，美国经济继续在谷底挣扎。美国的失业率持续上升，在 2009 年 10 月超过了 10%。这一年的消费支出以 47 年来最低的速度增长。虽然标准普尔/凯斯－席勒国家房价指数在 2009 年春季触底后有所回升，但止赎权开始在下半年达到高点，并在当年剩余时间内保持在危机前的两倍左右的水平。不过，根据国家经济研究局（National Bureau of Economic Research）的数据，2009 年 6 月是 2007 年 12 月开始的经济周期衰退的低谷，因此大衰退正式结束了，之后将是漫长的复苏之路。

第十一章

吹出的泡沫

> "整个国家的问题可以被称为'泡沫',很明显,这是一种不可持续的基本模式。"

> ——艾伦·格林斯潘[1]

2007—2008 年信贷危机的直接原因是房地产价格下跌,以及住房抵押贷款——尤其是次级抵押贷款支持的证券和衍生品的巨额亏损。除此之外,对于房价不可持续的上涨以及随后的下跌所带来的破坏性影响应该归咎于哪里,人们有一系列的意见。下面讨论其中一些并不相互对立的观点。

债台高筑

2001 年 9 月 11 日的恐怖袭击发生后的一周内,美国联邦储备委员会将联邦基金利率从 3.5% 下调至 3%(年初为 6%);三周之内,利率再次下调至 2.5%,到 2001 年年底降为 1.75%。理论上说,降低银行间相互贷款利率将导致银行贷款利率的降低,进而鼓励企业和个人的借贷和投资,以增加经济活动。

到了 2003 年 6 月中旬,经济似乎正在从"9·11"恐怖袭击事件和 2000 年早些时候的科技股泡沫破裂中复苏。股市上扬,房价飞涨。联邦基金利率已降至 1%,明显低于当时 2%~3% 的通胀率。即使在 2004 年美联储开始提高联邦基金利率之后,直到 2005 年年底,它仍然低于通货膨胀率。

科技股泡沫破裂

21 世纪来临之际,美国历史上最大的股票泡沫之一正在走向高潮。从 1980 年 1 月初到 2000 年 8 月底,标准普尔 500 指数上涨了 1306%,远远超过了同期公司股息(189%)和盈利(254%)的增长。在 2000 年 3 月泡沫达到顶峰时,该指数的样本股平均市盈率达到了

前所未有的 47.2 倍。在 1929 年 10 月股市崩盘前一个月，市盈率（P/E）最高也只有 32.6 倍。[2]

虽然股价自 20 世纪 80 年代初以来一直呈上升趋势，但在 20 世纪 90 年代中期，由于人们对科技股，特别是互联网公司的预期越来越高，因此其上涨的速度也在加快。涵盖了众多科技和互联网公司在内的纳斯达克综合指数从 1995 年到 2000 年增长了 6 倍多，在 2000 年 3 月 10 日盘中达到了 5132.52 点的高点。那时，互联网公司的股票市值占美国所有上市公司市值的 6%，其中许多公司甚至成立不足十年。[3]

即使是艾伦·格林斯潘，这位坚定不移地认同市场价格是最好的价值指标的人，也是从 1987 年至 2006 年担任美联储主席的人，也不得不承认，价格已经到了反映"非理性繁荣"的程度。1996 年 12 月 5 日，纳斯达克指数达到 1300 点，道琼斯工业平均指数达到 6437 点，这一著名的特征出现得很早。然而，在接下来的几年里，这些指数仍在无情地上涨。[4]

支持这一增长的是这样一种观点，即使是一些专业人士也这么认为，一个新的投资时代已经到来，价格与收益、风险与回报之间的旧关系已不再重要。《大西洋》杂志（The Atlantic）在 1999 年刊登的一篇题为"道指 36000 点"的文章认为："自 20 世纪 80 年代初以来，随着投资者变得更加理性，股票的吸引力发生了深刻变化。以前对收益率和市盈率的'限制'如果真的存在，就不再适用了。"[5] 计算机、手机和互联网行业日新月异的进步强化了这一观点，这似乎证实了经济已经进入了一个前所未有的、技术驱动的增长期。

推动股市上涨的最大因素之一是专业投资者的动量交易（momentum trading）。股市多年的上涨趋势简直就是为这一策略量身定做的。随着股价上涨，投资者可以购买股票，用保证金债务借款为买入股票提供资金。当价格下跌时，动量交易者预计可以通过抛售股票来限制其下跌。[6] 假如抛售执行得足够迅速，那么这一策略带来的好处有很多，缺陷则较为有限。然而交易者还没有发现的是，在市场低迷的情况下，"快速安全"的退出策略在市场上的表现并不尽如人意。

推动股市上涨的第二股力量是个人投资者。随着传统企业养老金计划的消亡和自主退休计划的兴起，投资决策的制定者开始从职业投资经理转向了个人。与此同时，受欢迎的媒体以及理财顾问正将散户投资者聚集到股市中。沃顿商学院教授杰里米·J. 西格尔（Jeremy J. Siegel）在其 1994 年出版的《长期股票：金融市场回报和长期投资策略的权威指南》一书中，证明了股票相对于债券具有更显著的历史回报优势，这一结论得到了大众的广泛认可。[7] 股票分析师和投资经理在 24 小时财经新闻电视台 CNBC 上表示，他们建议大胆买入，不要卖出。从 1989 年到 1998 年，拥有股票的个人投资者从 4210 万人增加到了 7580 万人。[8]

每当互联网股票首次公开发行（IPO）时市场尤其疯狂，这正是泡沫的极端表现。互联网公司 IPO 的火爆认购可以追溯到网络浏览器开发"网景"公司（Netscape）的公开发行。在 1995 年 8 月 9 日上市当天，这家尚无盈利的公司的股价从 28 美元的发行价飙升至 75 美元的盘中高点；到年底，该公司的股价飙升至 171 美元。

到了 2000 年第一季度，在科技股狂热的高峰期，每隔一天就有一家科技公司上市，并且市值翻番。[9] 这些公司中的许多家的情况似乎并不怎么样，因为它们没有利润，没有简要的经营历史，甚至没有粗略的商业计划。

但仍然没有任何一个具体事件预示着泡沫即将结束。纳斯达克指数在 2000 年 3 月 10 日达到最高点之后连续三天下跌，这应该已经足以表明市场的疲软，也引发动量交易者的减持策略。截至 3 月 15 日，纳斯达克指数下跌逾 9%；截至 4 月 14 日，已下跌了 34%。价格的急剧下跌与基于动量指标的交易卖出恐慌惊人地一致，当预期收益无法实现时，交易者都试图卖出股票。价格的下跌还提高了杠杆投资者的保证金需求，迫使这些投资者只得抛售股票，导致价格进一步下跌。

之后，股票价格持续下跌了两年多。到 2002 年 10 月触底时，市值已蒸发掉约 7 万亿美元。纳斯达克指数下跌了 78%，创下大萧条以来的最大跌幅。[10] 道琼斯工业平均指数和标准普尔 500 指数也分别下跌了 27% 和 44%。

由于资金如此便宜，因此银行有极大的动力放贷。即使在很低的贷款利率下，它们也能获得可观的利润。低贷款利率反过来又吸引了更多的借贷。从 2001 年底到 2008 年第三季度，美国非金融企业部门的信贷增加了约 2/3（从 14.7 万亿美元增加至 25.0 万亿美元），而美国家庭的信贷几乎翻了一番（从 7.8 万亿美元增加至 14.3 万亿美元）。

全球失衡

在美联储于 21 世纪初采取低利率政策之前，美国债务总额多年来一直在增长，1984 年至 2006 年期间，美国债务占国内生产总值的比例翻了一番。[11] 美联储主席格林斯潘在信贷危机初期就曾断言，尽管美联储采取了低利率政策，但美国的低利率并非因美联储的政策而起。1989 年柏林墙倒塌后，因全球经济竞争而降低了通货膨胀率和收入增长水平。发达国家储蓄率的下降被新兴市场储蓄率的上升所抵消。乐观情绪的上升，使资产价格与短期利率脱钩。[12]

其他经济学家认为，印度等低劳动力成本发展中国家的经济增长推高了对资源的需求，从而提高了巴西、俄罗斯和中东等大宗商品出口地区的利润。这导致了发展中国家的流动性过剩。鉴于发展中国家的金融市场相对不发达、国内需求低迷，这些经济体无法实现内部消化。因此，过剩储蓄流入发达国家，为借款提供资金，并降低了投资者因承担风险所需的回报。其中，美国吸纳了 2004—2006 年贸易顺差国家净储蓄的 2/3。[13]

资源配置效率低下

当借贷成本较低时，借贷者可能不仅倾向于借入更多的钱并进行更多的投资，而且倾向于用借来的钱承担更多的风险。如果把借来的资金用于增加可持续经济财富的投资，将会对经济产生积极的影响。例如，把投资用于开发一个新项目或是对旧项目的改进，一个街角餐厅的升级或生物基因工程的研发，都可能产生这样的效果。显然，并非所有的新项目或新程序都会成功。很多人都会失败。但有些公司，如苹果公司或沃尔玛公司，可能会取得惊人的成功，促进就业和经济增长。许多失败是值得的，这些失败是为少数但伟大的成功所付出的代价。

然而，有一个问题是，当借款廉价且容易获得时，借入的资金可能超过新的生产性投资的机会，从而使借入的资金转向投资现有资产，给这些资产的价格带来推动力，并导致资产价格泡沫。在泡沫中，资产价格会高于基本面支撑的价值，并可能在很长一段时间内保持着过高的价格。

对资产泡沫的投资可以在短期内盈利，而拒绝投资于泡沫资产的代价反而很高。正如花旗集团前首席执行官查尔斯·普林斯（Charles Prince）所言："只要音乐响起，你就必须站起来跳舞。"[14] 许多对冲基金在互联网繁荣时期发现，押反泡沫可能是灾难性的，时机就是一切。

如果泡沫的确存在（也有一些理论家拒绝承认），它们可能会被认为有理性和非理性两种味道，尽管划分二者的界限有些模糊。理性泡沫的参与者认识到，总的来说，价格处于基本面无法支撑的水平。因此，它们的价格是由投机者支撑的，这些投机者作为个人可能表现得相当理性，他们选择投资于一个不断上涨的市场，尽管他们意识到这个市场定价过高，而期望能够在泡沫破裂前获利脱身。

但泡沫也可能被视为非理性的，就像 20 世纪 90 年代末的科技股泡沫一样。人类，包括银行家，都会受到繁荣、短视思维以及 20 世纪初经济学家凯恩斯（John Maynard Keynes）所称的"动物精神"的影响。[15] 行为经济学家罗伯特·J. 希勒（Robert J. Shiller）将 1987 年股市崩盘前的股价上涨视为一种自我强化的狂热，这种狂热是由公共媒体和私人交流中对股价的共同关注所推动的。[16]

为什么是住房

在美国，信贷危机前几年低廉的借贷成本导致的过度投资，集中在住宅房地产上。从 2003 年到 2006 年，美国房地产投资增长率大大高于美国经济增长率，约为每年 4%，而 GDP 增长率仅为 3%。[17] 到 2006 年，家庭抵押贷款债务规模相当于国内生产总值的 89%，而 1996 年仅为 54%。[18]

某些发展使房地产似乎成为一种特别吸引人的资产。银行借贷的低成本使他们能够以非常诱人的低利率提供抵押贷款。抵押贷款利率在 2002 年和 2003 年正处于历史的低位。低利率鼓励了更多的贷款用于购买新住房，以及对现有抵押贷款的再融资。购房需求推高了房价，不断上涨的房价吸引了购房者和投机者，他们希望通过"炒房"牟利。

从 1996 年到 2006 年，实际（经通货膨胀调整的）房价累计上涨了 92%，而从 1890 年到 1996 年美国房价只上涨了 27%。[19] 2002 年，各类抵押贷款的发放量开始明显增加，而次级抵押贷款的发放量则以惊人的速度在增长，从 2002 年的 2310 亿美元增长到 2005 年的 6250 亿美元。[20]

为什么次级贷款会成为美国房地产泡沫的纽带？由于次级贷款的增长是通过抵押贷款融资方式的创新而实现的，而这些创新使得抵押贷款的发起人能够重新包装抵押贷款的风险（特别是次级抵押贷款违约的相对较高的风险），从而使抵押贷款看起来风险较小，更适合转售给潜在的大众投资者。

优质、次级、另类（Alt-A）和大额抵押贷款

尽管次级抵押贷款在 2007—2008 年的危机中扮演了核心角色，但它并没有一个标准化的定义。以下是对次级抵押贷款和其他类型抵押贷款特点的描述。

优质抵押贷款：优质抵押贷款是提供给最有信誉的借款人的贷款，那些人有良好的贷款历史记录，能及时偿还贷款，有证明他们有足以偿还贷款的财务能力的文件。与其他类型的抵押贷款相比，优质抵押贷款通常具有最低的利率和最优惠的条款。

获得优质抵押贷款的资格取决于许多因素，最重要的是借款人的信用评分。一家私营公司——费尔艾萨克公司（Fair Isaac Corp.）的 FICO 分数是市场公认的标准。它们主要基于借款人当前的债务负担、按时偿还贷款的记录以及信用记录的长度进行评估。评分从 300 分到 850 分不等；中位数在 720 分左右。定义一笔优质，贷款的最低分因贷款人而异，但通常的及格分数是 620 分。联邦住房金融局（FHFA）负责监督房利美和房地美以及 11 家联邦住房贷款银行，使用的及格分数是 660 分。

优质抵押贷款被认为是"合格贷款"，也就是说，它们适合房利美和房地美购买。直到房地产泡沫的后期，这些政府资助的实体才被允许购买次级房贷或大额抵押贷款。优质借款人比其他人更有可能获得传统的 30 年期固定利率抵押贷款。在决定发放优质贷款时通常考虑两个比率。第一个是贷款价值比（LTV），即贷款金额与房屋价值的比率。第二个是借款人的债务与收入（DTI）比率，即贷款额加上其他债务与借款人收入的比率。这两种比率的值越低越好。

次级抵押贷款：次级抵押贷款的发放对象是那些因信用评分低、无收入来源记录或收入来源不确定、有逾期还款、违约或破产历史的违约风险较高的借款人。这些借款人需要支付更高的利息和费用，以补偿向他们提供贷款的额外风险。

次级抵押贷款没有标准的定义，但有一个普遍的做法是，将向 FICO 分数低于 620 分的借款人发放的贷款归类为次级抵押贷款。次级抵押贷款的其他特点包括因低首付而导致的不可接受的高贷款价值比和高 DTI 比率。在某些情况下，足够高的首付可以克服低的 FICO 分数。

为了补偿次级抵押贷款的高风险，贷款人要求更高的利率。放款人也可以通过要求次级借款人购买可调整利率抵押贷款（ARM）而不是固定利率抵押贷款来降低风险和成本。大多数次级抵押贷款都是可调整利率抵押贷款。一个典型的例子是 2/28 贷款，提供两年的固定利率，然后在剩余的 28 年重置为可变利率。从 2003 年到 2007 年，大约 75% 的次级抵押贷款是 2/28 贷款。[21]

另类抵押贷款（Alt-A）：另类抵押贷款是介于优质抵押贷款和次级抵押贷款之间的一种贷款。它适用于那些由于某个领域的问题而无法获得优质抵押贷款的借款人。最常见的情况是，借款人最近离异、从事自由职业或有不正常收入以及佣金收入，缺少完整的资产或收入来源记录等。其他可能使贷款从优质抵押贷款降到另类抵押贷款的问题是高贷款价值比和高 DTI 比率，或者用于购买度假屋或投资性房地产而不是主要住宅担保的贷款。

另类抵押贷款可能需要固定还款或可调整的还款。有些贷款在前三年至前十年内没有本金支付；另一些是"负偿还"贷款，为借款人提供多种支付选择，但在贷款余额中添加任何低于规定最低金额的未付本金和利息。在每一种情况下，成本都会被推迟到未来几年，因为预期房价上涨将使贷款能够在更繁重的条款生效之前再融资。

优质抵押贷款和另类抵押贷款的利率差别相对较小，另类抵押贷款通常会高出 0.5 ~ 1.5 个百分点。

大额抵押贷款：大额抵押贷款是高余额贷款，不能被房利美和房地美所购买。因此，大额抵押贷款对贷款人的风险比优质抵押贷款更大。大额抵押贷款的利率高于传统贷款，即使是信用记录良好的借款人也是如此。

房利美和房地美都不能拥有大额抵押贷款，因为国会对他们可以购买的抵押贷款规模设定了限制。目前，最高限额为 453100 美元，但在某些高成本地区，最高可达 679650 美元。

大额抵押贷款的利率通常比优质抵押贷款的利率高 0.25 ~ 0.50 个百分点。放款人也可能要求对大额抵押贷款支付更高比例的首付。

抵押贷款本质上是一种风险转移工具。在美国，抵押贷款的借款人通常会将房屋价值下降的风险转移给抵押贷款的贷款人。也就是说，如果房屋价值低于抵押贷款的余额，购房者就会拖欠贷款，而贷款人没有追索购房者的收入或房屋以外的资产的权利。[22]

次级贷款违约率受标的住房价格下跌的影响，可能比次级贷款本身的违约率更大。相对于被抵押房屋的价值而言，次级抵押贷款的首付款通常比优质借款人的首付款要少。就 2006 年发行的次级抵押贷款而言，贷款的平均规模占房屋价值的百分比（LTV）比优质抵押贷款的平均 LTV 高出约 15 个百分点。[23] 次级借款人的首付比优质借款人少，因此违约损失也就少了。此外，在发生违约的情况下，次级借款人的资产和附加收入比优质借款人少，即使在相对罕见的情况下，贷款人对抵押房屋以外的资产仍拥有法律追索权。

抵押贷款的贷款人可以通过向大量借款人放贷来减少他们面临这种违约的风险，这是一种投资多样化的形式。多样化是一家传统保险公司为抵御特定房屋烧毁带来的风险而采取的措施；它在投保人之间实现了地理上的多样化。所有被保险房屋同时燃烧的可能性微乎其微。即使有几栋房子被烧毁，多样化经营的保险公司也可以用其他保险费的收益来弥补损失，其风险基本上由投保人分担。

抵押贷款的多样化看似也可以减少贷款人因特定的、可分散的事件（如借款人失业）而违约的风险敞口。然而，房价下跌导致的违约风险不太可能是一种特殊的风险。一栋房子的价格很少孤立地下跌。通常情况下，一栋房子价格的下跌意味着影响周边房价的更大范围的问题。当潜在风险更为系统化，例如，房价下跌的风险比房屋火灾的风险更为系统化，多样化的降低风险的益处就更为有限。

然而，抵押贷款机构不必承担这种风险，因为其中大部分风险可以转移给其他人。抵押贷款可以合并并重新打包成证券出售给各种类型的投资者。自 20 世纪 70 年代以来，这一证券化过程一直被用于降低风险和增加可用于抵押贷款的资金。20 世纪 90 年代和 21 世纪初，人们更多地采用了越来越复杂的证券化方法，使得向次级借款人提供的贷款得以大幅扩张。这种扩张或多或少受到了准政府抵押贷款买家、信用评级机构和抵押贷款发起人等代理人的怂恿。

房利美与房地美

1977 年，美国国会通过了《社区再投资法案》（Community Reinvestment

Act），旨在鼓励向低收入社区发放贷款，而这些低收入社区往往被银行贷款官员"划上红线"。20世纪90年代初，这项法律得到了巩固，银行必须证明他们确实向低收入借款人发放了贷款，而不仅仅是装装样子。一些批评人士认为，这刺激了银行放贷行为的恶化。一些人认为，美国国会后来对购买了大部分新抵押贷款的政府资助企业、联邦国家抵押贷款协会和联邦住房贷款抵押公司采取的行动更是雪上加霜。

房利美和房地美由美国政府创建（分别于1938年和1970年），归私人股东所有。这些政府资助企业通过向私营部门抵押贷款机构购买抵押贷款和创建抵押贷款支持证券（MBS）出售给公众来支持美国的住房所有权。公司保证及时支付这些证券的利息和本金。然而，直到不久前，这些担保仅由公司的自有资本担保，而这些自有资本主要来自出售抵押贷款证券的收益。直到2008年房利美和房地美被纳入政府的管理层，他们的担保才成为美国政府的明确义务。

1992年通过的《联邦住房企业金融安全与稳健法案》（The Federal Housing Enterprises Financial Safety and Soundness Act）要求政府保障性住房满足保障性住房的某些目标。这项法律设立了联邦住房企业监督办公室（OFHEO），以规范政府资助企业。尽管如此，房利美和房地美仍仅限于购买符合贷款额度规定限制的抵押贷款和抵押证券。次级贷款、另类贷和大额抵押贷款的发行和证券化留给了私人市场，即所谓的私人品牌或非机构证券化机构，包括银行。

直到21世纪初，房利美和房地美占据了抵押贷款证券化市场近90%的份额。然而，随着房地产泡沫的兴起，不合格贷款的发行量激增，私营部门开始占据这个市场越来越大的份额。到2006年，私人品牌证券化产品占市场的50%。[24]

2001年，房利美和房地美开始通过购买高评级的次级抵押贷款证券化进入次级市场。根据金融危机调查委员会（FCIC）提供的数据，政府资助企业购买了当年私人发行的次级证券的10.5%，以及2004年发行的次级证券的40%。[25]美联储前主席格林斯潘等批评人士认为，保障性住房要求导致政府资助企业进入次级贷市场，它们的购买反过来又推动了此类抵押贷款的发行。[26]

FCIC发现，政府资助企业在不需要购买次级贷抵押贷款支持证券的情况下就可以实现大部分的保障性住房目标。[27]然而，在房地产泡沫和随后的危机期间，政府资助企业投资组合中的风险确实增加了，对次级抵押贷款和另类抵押贷款的承诺的增加，导致平均 LTV 也随之提高，因而平均信用评分下降。[28] 特别是随着 2007 年和 2008 年私人市场的流动性枯竭，房利美和房地美增加了他们的抵押贷款组合。到 2007 年下半年，他们购买了大约 75% 的新抵押贷款。[29] 当时，美国国会、纽约联邦储备银行和市场都支持进一步放宽政府资助企业的资本要求，使他们能够购买更多的抵押贷款。[30]

随着 2007 年抵押贷款的拖欠和违约逐渐增加，2008 年，政府资助企业的抵押贷款组合和担保损失明显增加，他们发现自己的流动性正在蒸发。亏损尤其成问题，因为政府资助企业的杠杆率高达 1:70 左右。[31] 根据 FCIC 提供的数据，到 2010 年第三季度，房利美和房地美的账面亏损和潜在的亏损几乎占到了危机开始前它们全部资本额的 60%。[32]

2008 年 7 月通过的《2008 年住房和经济复苏法》（Housing and Economic Recovery Act of 2008）为政府资助企业设立了一个新的监管机构——联邦住房金融局（FHFA），并赋予美国财政部向政府资助企业提供信贷、注资和购买抵押证券的权力。两个月后，政府将政府资助企业置于监管之下，取代了它的股东（不仅包括许多美国金融机构，还包括中国和俄罗斯的央行），并解雇了这两个机构的高管和董事会。除了获得 2000 亿美元的融资外，政府资助企业还向美国财政部和美联储甩了 2200 亿美元的抵押贷款证券，而美联储又购买了 1720 亿美元的政府资助企业债务。[33]

信用评级机构

对美国信用评级机构（CRAs）评级的依赖，无疑助长了这场危机，正是它支撑了信贷工具，特别是基于次级抵押贷款的证券的巨大增长。美国信用评级机构为公司、金融机构、政府和其他实体发行的债务和工具的信用度提供分析，并根据违约概率做出评级。评级范围从投资级（高质量，低违约率）到非投资级（低质量，高违约率）（见图 11 – 1）。

一般来说，低质量的债务需要更高的利率来补偿其更大的违约风险。评级为风险提供了一种权宜之计，它能够提高借贷效率，并降低借贷成本。

长期信用等级		
穆迪	标普	惠誉
Aaa	AAA	AAA
Aa1	AA+	AA+
Aa2	AA	AA
Aa3	AA–	AA–
A1	A+	A+
A2	A	A
A3	A–	A–
Baa1	BBB+	BBB+
Baa2	BBB	BBB
Baa3	BBB–	BBB–
Ba1	BB+	BB+
Ba2	BB	BB
Ba3	BB–	BB–
B1	B+	B+
B2	B	B
B3	B–	B–
Caa1	CCC+	CCC+
Caa2	CCC	CCC
Caa3	CCC–	CCC–
Ca	CC	CC
C	C	C
	D	D

图 11 – 1　债券等级

自 2006 年以来，美国证券交易委员会开始允许国家认可的统计评级机构（Nationally Recognized Statistical Rating Organizations，NRSRO）进行注册，成功注册的信用评级机构被称为 CRAs，它们的评级被大众认为是"可靠和可信"的。危机发生前，共有 10 家评级机构被批准为 NRSRO 机构，但其中只有 3 家评级机构对几乎所有与抵押贷款相关的证券进行了评级，它们是：标准普尔（Standard & Poor's）、穆迪投资者服务（Moody's Investors Service）和惠誉（Fitch）。直到 2007年，NRSRO 基本上是不受监管的。自 2007 年 6 月起生效的 2006 年《信用评级机构改革法》要求评级机构披露有关其方法的信息，但其他方面披露的信息则很少。[34]

CRA 评级对许多大型投资者至关重要，包括养老基金、共同基金、货币市场基金和保险公司。监管部门禁止它们投资低于给定评级的证券。较小和不成熟的投资者依赖于评级，因为它们无法获得评级机构用于贷款评级的数据和/或确定贷款质量的分析能力。

结构性产品的投资者似乎更加依赖信用评级，而非他们自己的深入分析。[35]

例如，瑞银为其在次级债相关工具上的巨额亏损寻找借口，在 2008 年向股东提交的一份报告中承认，该公司没有"仔细检查"其投资的证券化工具，以评估相关抵押贷款的风险。相反，它依赖的是这些工具获得的高信用评级。

监管机构在为许多金融中介机构（包括商业和投资银行以及保险公司）设定杠杆限额时，也会使用评级。一般来说，与评级较低的证券相比，评级较高的证券只需要较少的资本支持，并允许发行人支付较低的利率。对于债务抵押债券等合同的交易对手而言，评级的变化可能引发变更抵押品或偿还本金。

从历史上看，评级机构关注的是对企业债券和市政债券发行进行评级。对于公司债券而言，这意味着要分析单个公司的基本面，以确定违约概率和债券持有人在违约情况下可能收回的投资。然而，到 2006 年，三大评级机构超过 40% 的收入来自包括抵押贷款支持证券在内的评级证券化工具。这一比例不仅反映了证券化产品评级的较高费用——1 亿美元住房抵押贷款支持证券的评级费用为 30000 美元至 40000 美元，而市政债券[36]的评级费用为 10000 美元——还反映了证券化产品的爆炸性增长。

证券化产品的评级与公司债券相同。国际清算银行（Bank for International Settlements）表示："所有评级最终都映射到以公司债券历史表现为基准的字母或数字级别上。"[37] 因此，单个公司债券的评级与证券化产品的评级似乎有相似之处。在房地产泡沫期间，任何给定的抵押贷款池中的大部分都被评级机构评为 AAA 级或同等级别。很快就有大约 64000 个 AAA 级的证券化产品出现，包括优质抵押贷款和次级抵押贷款、学生贷款和其他信贷工具，相比之下，大约仅有十几家企业曾获得了如此高的评级。[38] 因此，证券化极大地增加了监管要求投资者只持有高评级证券的资产数量。不幸的是，到了 2007 年，一些次级抵押贷款和一些 Alt-A 证券的高评级开始变得流于表面，形同虚设。拖欠和违约率开始迅速增加，超出了评级机构设定的参数，随后出现了大规模的评级下调。评级机构在分析抵押贷款证券时，显然遗漏了一些重要因素。

评级失误

美国证券交易委员会在 2008 年的一项调查中发现，评级机构在 2003 年之后的几年里，对处理不断增长的业务量准备不足。[39] 在公司债券评级方面，评级机构可以根据多年来有关公司业绩和债务的数据进行分析，但资产支持证券化如抵押贷款支持证券，与公司债券有很大的不同。每项证券化都涉及数百笔甚至数千笔基础贷款。特别是考虑到证券化数量的增长，评级机构不可能对每次证券化中的每笔贷款都进行深入的基本面分析。

评级机构倾向于以面值计算向它们提供的、与贷款相关的信息，并专注于对整个资产池的多样性进行建模。这可以通过使用历史数据、使用市场价格对预期损失的反应（根据模型估计）、使用评级变化之间的估计相关性或使用相关但流动性更高的工具（如抵押贷款工具掉期）的协同变化来实现。[40] 其目的是衡量和确保资金池风险的多样化。

虽然多样化可以降低抵押贷款池的特殊风险，但并不能降低贷款的系统性风险。它可以防止少数借款人的个别违约，但不一定能防止池中大量成员共同面临的风险敞口。例如，利率下降可能会鼓励许多抵押贷款借款人加快贷款支付速度，或对贷款进行再融资，构成提前还款风险。而失业率的上升可能会导致整个抵押贷款池的违约率上升。房价下跌导致房屋价值低于抵押贷款本金，也会增加违约率。

评级机构似乎忽略了具有系统性影响的事件的发生，这些事件很可能对抵押贷款池中的贷款产生普遍影响。这个错误在某种程度上，是由可采用的历史数据的局限性造成的。自第二次世界大战前以来，美国没有出现全国性的房价大幅下跌。[41] 更让问题复杂化的是，2005 年前后，人们甚至对被高估的房价带有一些赞许。穆迪公司的一位前任董事总经理在 2005 年曾表示："穆迪的立场是，不存在一个……国家房地产泡沫。"[42]

此外，在 2007—2008 年信贷危机爆发后，很明显，评级机构没有考虑到池内贷款发起人的多样性，或者在不同发行人进行证券化的情况下，没有考虑到发行人的多样性。[43] 2007 年 7 月，次级抵押贷款证券化的降级只集中在四家发行公司，贷款池也倾向于集中在抵押贷款发放的年份。[44] 因此，就借款人的地理分布而言，抵押贷款池可能已经实现多样化，但在其他重要方面没有实现多样化。

评级机构确实考虑了发行人是否保留了证券化的部分资金池；他们假设，如果发行人有"自身利益在其中"，他们会更加努力地监管资金池的信贷质量，尽管可能被发行人对冲风险的能力所削弱。[45]

评级机构似乎没有考虑到它们所评级证券的贷款质量可能出现的下降。穆迪公司的一位前任董事在 FCIC 面前作证说："投入资金的质量下降可能对评级产生的影响，这个问题从未被提起过……或者记录在我们的议事日程上……"[46]

危机和评级机构所扮演的角色，突显了评级机构与证券化产品发行人之间的关系可能会产生利益冲突。需要关注的是，证券化产品的发行人和卖方，正是向评级机构付钱的人。一些批评人士认为，这导致评级机构抬高了一些证券化产品的评级。虽然似乎没有直接证据证明这一点，但一些研究人员发现，发行人确实变相地花钱"购买"了他们的评级。[47]

除了支付费用之外，发行人和评级机构之间的密切关系也引起了一些批评。证券化产品的发行人通常都知道评级机构的模型。此外，发行人通常在最终确定证券化之前，才来咨询评级机构，因此，发行人或许能够通过"构造"产品以达到评级机构要求的最低标准来增加利润，而不是为投资者提供最佳的风险收益比。[48] 此外，当发行人依赖于评级机构的模型时，证券化过程本身，以及由此产生的产品，可能会反映出所用模型的错误或缺点。

承保标准的恶化

次级抵押贷款的发放比例从 2001 年的不足 10% 上升到 2006 年的近 25%。[49] 一项研究发现，随着房价上涨，对优质借款人和次级借款人的贷款拒绝率都有所下降。与此同时，次级贷市场的拒付率也随着贷款需求和贷款证券化的增加而下降，而优质贷款市场的拒付率基本保持不变。[50] 次级贷款相对于抵押贷款总规模的扩张本身就证明了随着房地产的繁荣，贷款标准在下降。

次级抵押贷款的证券化随着抵押贷款的发放而增加。私人企业发行人证券化的次级贷款比例从 2002 年的 53% 上升到 2006 年的 75%。[51] 证券化的增加进一步推动了次级抵押贷款的增长。由于证券化允许放款人出售他们所发放的贷款，并将其从账面上剥离，从而降低了放款人的风险。当涉及风险相对较大的次级抵押贷款部门时，降低风险显得尤其重要。

这场危机是否是由于承销标准的下降导致的，而不仅仅是次级抵押贷款和证券化的增长？由于贷款的证券化将对应的贷款从贷款人的财报上剔除，因而降低了贷款人确保借款人信誉的积极性。与此同时，抵押贷款经纪商获得的次级抵押贷款费用远高于优质贷款甚至 Alt-A 贷款，并且还可以从向发行人出售贷款中获利，这些发行人通过出售次级住房抵押贷款支持证券（RMBS）和 CDO 收获了巨额利润。这刺激了抵押贷款经纪人发行次级贷款的积极性，即使所发行的贷款并不稳妥。

人们可能会期望监管机构能够严格执行抵押贷款的标准，但在房地产繁荣时期，美联储和其他联邦监管机构似乎并不愿意提高这些贷款的标准，甚至不愿执行已有的标准。2000 年，美联储拒绝改革《房屋所有权和股权保护法》，以禁止某些类型的问题抵押贷款。当一些州试图为抵押贷款制定更高的标准时，货币监理署和储蓄机构管理局撤销了这些标准。[52] 在危机爆发前，美联储仅向司法部提交了三家评级机构可能存在的抵押贷款欺诈案。[53] 直到 2007 年危机期间，美联储才开始真正审查其管辖范围内的大型银行的次级子公司。[54]

在缺乏执法监管的情况下，向掠夺性借贷行为放贷的抵押贷款种类激增。这些贷款包括低"引诱"利率（low"teaser"rates）的抵押贷款，在两三年后重置为更高的利率；"欺诈贷款"或"低收入"贷款，允许借款人陈述虚假的收入或完全取消提供损益表；"忍者"（No income, No job, No assets, NINJA：没有收入，没有工作，没有资产）贷款；负摊销贷款，允许购房者用一部分贷款作为房屋的首付款等。这比次级抵押贷款更具有 Alt-A 和大额贷款的特征。例如，据报道，超过 80% 的新购住房贷款不需要任何收入记录。[55] 虽然危机期间贷款拖欠和违约增加，但增幅并没有次级抵押贷款的增幅大。此外，Alt-A 抵押贷款和大额抵押贷款在抵押贷款市场中所占的份额要小得多，因此在证券化产品的基础资金池中所占的比例要小得多。

许多次级抵押贷款确实需要将利率重置为两年或三年，但这些贷款的初始利率并不是很低，明显高于优质抵押贷款的现行利率。[56] 此外，2006 年和 2007 年发行的次级抵押贷款遭到了抵押贷款违约的初始冲击。这些债券几乎在发行后立即出现了高拖欠率，而且在其预定的贷款利率重置时点之前就已经违约。

有人发现了 2002 年至 2007 年间次级贷款承销标准恶化的证据。[57] 一项研究表明，约 70% 的违约损失与贷款申请中的虚假陈述有关。[58] 但是，通过对贷款特征定量测量进行的一些分析发现，正是抵押贷款发放后房价的下降，以及相应的贷款价值比的上升，才是到目前为止解释次级抵押贷款拖欠和违约的最重要因素。[59] 而所研究的贷款特征恶化却没有那么显著。

有一些分析和证据表明，随着房价上涨速度开始下降，次级抵押贷款证券化的质量也开始下降。例如，随着抵押贷款信贷风险从 2001 年到 2005 年的增加，次级贷款在贷款池价值中所占份额变得越来越大。然而，随着住房市场在 2005 年和 2006 年达到顶峰，次级贷款的份额显著下降。[60] 克莱顿控股有限责任公司（Clayton Holdings LLC）是一家代表抵押贷款证券化的投资机构审查抵押贷款的公司，根据该公司的数据，2006 年 1 月至 2007 年 6 月，符合投资机构自身承销标准的贷款比例从 54% 下降到 47%；但不合格的抵押贷款仍继续被证券化。[61]

当然，如果证券化的潜在买家进行了充分的尽职调查，并对发行人的质量有要求，那么贷款人在借款人质量方面投机取巧的倾向可能会得到改善。这种尽职调查将有助于改进债务评级系统的缺陷。但如果出现以下情况，则尽职调查不太可能真正进行：

（1）最初的买方可以转售产品，也许可以将其并入新产品中；

（2）产品复杂且缺乏透明度；

（3）买方不如卖方成熟或对标的资产的信息了解较少；

（4）当前的市场环境是良性的，鼓励对风险的忽略；

（5）高风险、低风险或无风险投资的利差正在缩小，以至于投资者以降低风险为代价优先考虑收益率。

不幸的是，使次级抵押贷款成为证券化产品，也为尽职调查带来了障碍。

第十二章

大规模毁灭性武器[1]

> "当我阅读 CDO 和双方 CDO 交易的招股说明书时，我感觉自己好像在读漫画书。"
>
> ——珍妮特·塔瓦科利（Janet Tavakoli）[2]

正如第十一章所讨论的，美国联邦储备委员会和信用评级机构以及其他机构的行为，促成了 2007—2008 年的信贷危机。但这场危机与住宅市场之间有着千丝万缕的关系，特别是住宅市场的次级抵押贷款部门。从危机的发展方式上看，这是显而易见的。

次贷市场对危机本身及其经济后果所起到的核心作用令人惊讶。毕竟，在 20 世纪中期，住宅投资仅占美国国内生产总值的 6.3%；其中次级部分占比更是少得可怜。这么小的一部分怎么会给整个经济带来这么大的问题呢？答案在于，抵押贷款的风险，特别是向次级借款人贷款的风险，是通过新的金融工具延伸和放大的。这些工具似乎降低了次级抵押贷款的信用风险，同时提供了高于类似评级工具的收益率。不幸的是，这些看法将被证明是虚幻的。

抵押贷款

有了抵押贷款，购房者就可以从银行或其他抵押贷款发起人那里获得贷款。抵押贷款的贷款人，不会在抵押期结束时收到一次付清的本金，而是每月从购房者那里收到还款，这笔款项既包括使用该笔钱的利息，也包括本金。

抵押贷款包含嵌入或隐含的期权。例如，一个购房者借了 30 万美元买了一套售价为 35 万美元的房子，后来房子的价格下降到 25 万美元。如果已偿付的本金少于 5 万美元，借款人现在欠款的金额就会高于房子的价格。抵押贷款在此时可以说是"贴水"的，除非有理由预期房屋的价格很快会超过所欠本金，否则购房者可能会决定放弃，而不是继续支付房款。也就是说，购房者可能会拖欠房贷。事实上，违约能力赋予抵押贷款借款人一个看跌期权；借款人可以将房屋"归还"给抵押贷款人。

如果允许再融资，抵押贷款借款人也可以选择认购期权。如果房子的价格由35万元增至40万元，借款人可安排借出超过30万元的款项，偿还原价30万元的贷款，并以现金支付新旧贷款的差额。即使房屋没有增值，但利率下降，购房者也可以再融资，以较低的利率获得抵押贷款，在新旧抵押贷款每月付款的差额之间获利。

过去40多年来，出于种种原因，抵押贷款被证明是许多金融创新流行的主要因素。它们在金融产品、抵押贷款支持证券、债务抵押债券、结构性投资工具、资产支持商业票据中转、信用违约掉期和合成CDO中扮演了重要角色。

抵押贷款支持证券

抵押贷款支持证券（MBS）是一种资产支持证券。资产支持证券（ABS）是一种价值来自于基础资产池的证券。例如，一家银行可能会将其已发放或购买的数百笔甚至数千笔贷款集中起来，并向投资者出售票据，使买方有权获得贷款的特定份额。贷款可以是信用卡贷款、公司贷款、抵押贷款、学生贷款、汽车贷款和其他类型的贷款。

以这种方式将贷款证券化对借款人和贷款人都有潜在的好处。贷款人收到可用于进一步投资的资金，包括更多贷款，并减少与贷款相关的信贷风险。一家汇集、证券化和出售贷款的银行，无论潜在借款人是否违约，都会提前收到卖出所得收益。信用风险，即违约风险，本质上是由贷款人转移给证券购买者的。如果标的资产可以以高于其价值或成本的价格出售，证券化也可以为证券化贷款人提供利润。

虽然住房抵押贷款证券在20世纪70年代由美国银行开发和出售，但从80年代开始，由美国政府支持或赞助的实体使用最为广泛。房地美和房利美通过向抵押贷款发起人购买符合一定规模和质量标准的住房抵押贷款来为住房抵押贷款提供便利。这些买入为贷款发放者提供了更多的资金，用于进一步放贷，并帮助美国在 1985 年至 2004 年期间将住房拥有率从 63.5% 提高到 69.2%。[3]

房利美和房地美从私人放款人那里购买抵押贷款，将这些抵押贷款集合起来，并发行证券，使投资者有权获得抵押贷款集合的本金和利息；他们还从私人发行者那里购买抵押贷款。在美国政府的支持和监督下（同时，政府还是这些上市公司股份的持有者），他们保证将及时支付所发行证券的利息和本金，但直到 2008 年，这项担保才真正得到美国政府资源的支持。然而，大多数投资者都假设有隐性担保，因此从信贷风险来看，房利美和房地美发行的证券也被视为几乎没有风险。

抵押贷款支持证券最基本的形式是按比例向买方支付利息和本金。更为复杂的结构以各种方式分割抵押贷款，从而创造出具有各种不同现金流的证券，以满足不同的投资需求。例如，付款可以分为利息付款、本金付款和预付款。

通过特殊目的机构发行抵押贷款支持证券

发行抵押贷款支持证券的银行和其他非政府实体被称为私人发行人。私人发行人可以通过贷款发起抵押贷款，也可以从抵押贷款发起人处购买抵押贷款，从而为发起人的贷款提供资金。发行人通常使用借入资金购买至少一部分用于证券化的贷款。对于住房抵押贷款，抵押贷款是集合起来的，然后通常出售给一个特殊目的机构（SPV）——一个特殊目的的实体或一个特殊目的的公司。SPV 是由抵押贷款支持证券发起人创建的信托，但在法律上与发起人是分开的。其唯一目的是从发起人处购买贷款，并从中创建抵押贷款支持证券出售给投资者。图 12 - 1 对此提供了一个说明。

出售给特殊目的的公司的抵押贷款，从银行或其他企业的资产负债表中转出，这些企业发起或购买抵押贷款，并为其证券化提供担保。发起人对所转移的资产不负责任，也不追索，即使发起人破产也不会影响所转移资产的价值。这些资产被用作抵押贷款支持证券的抵押品，出售给投资者，包括银行、保险公司、共同基金、养老基金和对冲基金。

以这种方式将抵押贷款证券化的动机有很多。用出售证券所得的现金取代抵押贷款等非流动资产，这些现金可用于进一步投资。历史证明，证券化是一种比发行公司债券等其他方式更便宜的融资来源。[4]

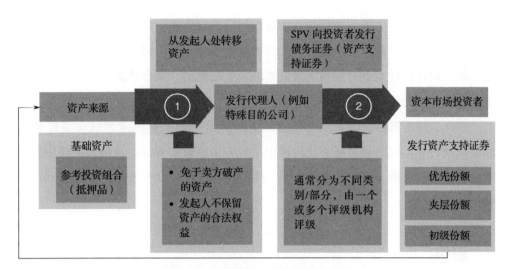

图 12 – 1　通过特殊目的公司的证券化

此外，通过从发起人的资产负债表中剔除抵押贷款等资产，证券化可以降低资产负债表违规风险，商业银行须遵守有关其资产负债表资本充足率的相关规定。资产规模与股本比率意味着较高的杠杆率，而杠杆率越高，通常风险也就越大。如果不能将部分资产从资产负债表上转移出去，银行就需要筹集更多的资本，或者减少贷款和其他投资活动。

投资银行也受到限制其杠杆率和资本充足率的约束，尽管这些要求比商业银行的要求更宽松。即使是受监管较少的实体，如对冲基金，也将保持一定的资本缓冲，以保护自己、投资者和债权人免受资产价值意外的不利变动的影响。

通过 SPV 公司进行证券化有可能增强其发起人的盈利能力。在其他条件相同的情况下，将贷款转移给 SPV 公司会增强以资本回报率衡量的盈利能力，因为同样数量的资本可以支持更大的潜在利润。

借款人和投资者也可以从证券化中受益。对借款人而言，其收益可能以降低借款成本和扩大抵押贷款可用性的形式出现。由于证券化增加了可供贷款的资金，似乎降低了贷款的风险，当证券化可用时，贷款人可能愿意以较低的利率提供更多的贷款。

MBS 的投资者可以从证券化中获益，即使对很多机构投资者来说，整体抵押的投资也过于昂贵、缺乏流动性，而且过于分散，不适合；这些都是抵押贷款支持证券的障碍。以抵押贷款支持证券为基础的抵押贷款汇集，对买家来说，亦有多元化的好处。一个或几个借款人的违约风险在向许多实体提供的大量个人贷款中被稀释，这些贷款可能涉及不同类型的业务，分布在不同的地方。一个借款人违约的影响在统计上有可能被大量健康的贷款所抵消。集合使抵押贷款支持证券中个人抵押的特定或特殊风险多样化。

然而，住房抵押贷款证券化的主要风险降低机制不是风险分散（多样化），而是风险转移。这是通过证券化过程中的另一个步骤实现的：从基础抵押贷款池中分批提取现金流，以创建具有不同违约风险敞口的 MBS 类别。分批融资产生结构性证券化。

层级

抵押违约风险通过分层进行转移（见图 12 – 2）。所谓分层，是基础抵押贷款池的付款和任何相关损失都将指向被称为层级（Tranche）的三种基本类型的证券，每种证券都提供不同的付款和违约风险敞口。在最高层，优先级债券提供最低的利率和最低的风险，因为它受到下层贷款的保护而不受损失。因此，这是最后一笔损失，也就是第一笔需要偿还的贷款。[5]

不需要支付优先级贷款承诺利息的现金流会流入下一优先级贷款，以此类推，直到来自抵押贷款池的所有现金流都已分配完毕。任何损失都会首先被底层或股票层吸收；如果亏损完全侵蚀了这一部分，则进一步的亏损会被引入下一个层级，以此类推。股票部分的风险最大，但如果标的资产表现良好，这部分可以提供高回报。就风险和回报而言，夹层贷款介于高级贷款和股票之间。

对于暴露在次级抵押贷款中的住房抵押贷款支持证券而言，分层贷款作为一种将固有风险抵押贷款转换为具有最高信用评级的贷款的手段尤为重要，标的资产的大部分信用风险由评级较低的部分承担。分层支付提供的保护，通常由过度抵押和超额利差来补充。过度抵押是指证券的资产超过其负债；证券化发起人可以保留股权部分，以提供过度抵押。超额利差是指标的抵押贷款的利息支出预计将超过向分层购买人提供的款项，以及预期的费用。

分批融资旨在从相同的基础资产池中创建一系列具有不同风险回报权衡的证券。例如，股本部分可能被设计为吸收抵押贷款基础池高达 2% 的损失。夹层贷款可能吸收 2% ~5% 的损失。除非投资组合损失超过 5%，否则优先级被认定是安全的。

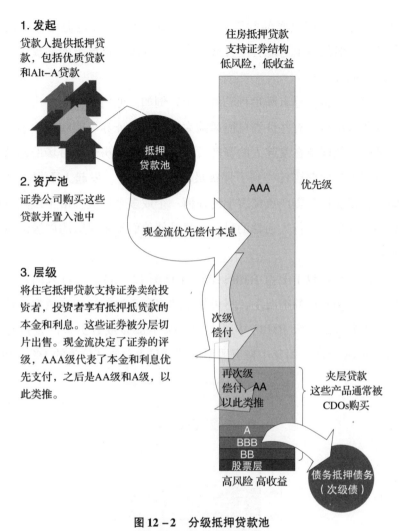

图 12 – 2　分级抵押贷款池

资料来源：金融危机调查委员会，《金融危机调查报告：美国国家金融和经济危机成因国家委员会最终报告（金融危机调查委员会）》（纽约：公共事务，2011 年）：73。

　　每个基本层级可细分为任意数量的子层级。例如，在 2005 年之后，从优先级的部分中提取一个更受保护的超级优先级变得很常见。不同的层级也可以设计为提供固定或浮动利率，或者从抵押贷款预付款中吸收现金流入或损失。

　　关于如何分配 RMBS 的决定是以各种目标为指导的。主要目标之一是达到理想的信用评级。相关的关注点是如何构建吸引特定投资者客户的层级，一些投资者，比如货币市场基金，只能购买评级最高的资产。保险公司、养老基金和某些共同基金通常只能持有具有投资级（BBB 及以上的评级，或同等评级）的证券。

对冲基金可能愿意承担最底部的更大风险，以换取更不确定但可能更高的收益率。对某一个层级的需求可能会上升或下降，这取决于该层级能够提供的收益和投资者的风险偏好。

同时，发行人也在寻求满足自己的需求。例如，他们可能无法出售从抵押贷款池创建的所有层级。有些证券可能风险太大；有些证券可能收益率不够高。不能出售的部分只得保留在发起人的资产负债表上。随着房地产市场的起落，最常保留的部分似乎从股票层转移到了评级最高的 AAA 级。发起人不得不持有额外的资本储备，以支持其资产负债表上的任何一个或多个层级。由于风险较高的持股需要更多的资本，发行人通常的目标是尽量使他们希望保留的层级的风险或者规模最小化。

这些顾虑最终导致了上重 RMBS 结构（见图 12－3）。发行人的目标是，在符合信用评级机构标准的情况下，尽可能多地将资金池的潜在价值投入评级最高的层级。一个典型的次级 RMBS 中，大约 70% ~ 80% 或者更多的是持有优质贷款，可能是 AAA 级的，而其中持有股票的部分只占总资产价值的 1% ~ 2%。

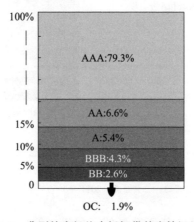

图 12－3　典型的次级住房抵押贷款支持证券结构

注释：OC 为 overcollateralization，过度抵押。

资料来源：Adam B. Ashraft 和 Til Schuermann，"理解次级抵押贷款证券化"，《金融基础与趋势 2》，第 3 期（2008 年）。

分层转移了次级住房抵押贷款支持证券结构内的风险，并允许将次级抵押贷款转换为 AAA 级的高级抵押贷款和 BBB 级的夹层抵押贷款，其中一小部分未评级的股票层被认为是风险的主要来源。出售这些层级将基础抵押贷款的风险特别是违约风险，从卖方转移到投资者身上。分批融资将风险从最高评级层级的买家转移到次级层级的买家。

债务抵押债券

住房抵押贷款支持证券可以集合和分层，以创建债务抵押债券（CDO）（见图 12－4）。在美国，持有次级住房抵押贷款支持证券和其他结构性证券化的 CDO 在技术上被称为 ABS CDO；我们简称为 CDO。

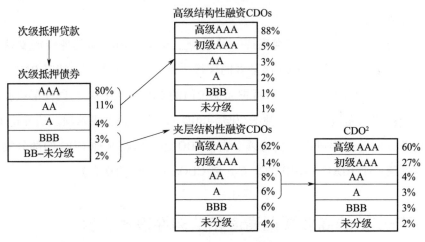

图 12－4　债务抵押债券

注释：CDO 为 collateralized debt obligation，债务抵押债券。

资料来源：国际货币基金组织，《全球金融稳定报告：遏制系统性风险和恢复金融稳健》（华盛顿特区：国际货币基金组织，2008 年）：第 60 页。

CDO 的抵押品池可能是由高收益债券、公司银行贷款、信用卡应收账款、汽车贷款以及住宅和商业房地产贷款支持的各种证券化产品的混合体。CDO 中的住房抵押贷款支持证券可能包括次级抵押贷款、Alt-A 抵押贷款和大额抵押贷款以及优质抵押贷款。

与住房抵押贷款支持证券一样，CDO 代表一个标的资产池，这些资产被划分为不同的风险回报组合。银行、保险公司或共同基金和对冲基金等资产管理公司可能会提供这些资金池，而这些资金池，主要通过特殊目的公司（SPV）分割和出售。与住房抵押贷款支持证券一样，CDO 的风险也从较高的层级转移到较低的层级。此外，CDO 的出售有助于其发起人获得更高水平的投资和股本回报。

不同的 CDO 的运作方式可能有所不同。最重要的差别之一是现金 CDO 和合成 CDO。现金 CDO 依赖于发行人购买的实际资产，合成 CDO 通过使用信用衍生品复制此类资产的风险敞口。下面将更详细地描述合成 CDO。还有将现金和合成资产结合在一起的混合型 CDO，房地产泡沫时期的一些 CDO 也通过发行商业票据来为高评级部分提供资金。

CDO 促进了 RMBS 的多样化，完成了风险转移并且增强了流动性。由于 CDO 通常组合了不同类型的信贷工具，人们认为 CDO 池比 RMBS 池更加多样化，更能防范特定的信贷工具风险。然而，在信贷危机中，CDO 证券化其实增加了投资者的风险。

2005 年前后，市场上特别流行一种结合了夹层 RMBS 和其他资产支持证券（ABS）的 CDO，它具备 AAA 级证券的优势。例如，一笔占某一特定 RMBS 抵押品池初始面值 5% 的款项（为该抵押品池价值的 70% ~90%）与同一层级款项合并为一个新池，而这一新资金池的 70% ~80% 被转为 AAA 级款项。从理论上讲，这种重新分配的过程可以一直持续下去。CDO 还可以将其他 CDO 的部分集合起来，以创建一个 CDO^2（CDO 的平方）或 CDO^3（CDO 的立方）。

资产支持的商业票据通道和结构性投资工具

由银行和其他金融和商业实体运营的资产支持商业票据通道和结构性投资工具（structured investment vehicles，SIV）为抵押贷款和抵押贷款证券化的购买、保留或持有提供资金。ABCP 通道和 SIV 出售短期商业票据（commercial paper，CP）和中期票据，承诺在发行后的给定日期向持有人支付特定金额，一般情况下，CP 为 30 天到一年，中期票据为 1 年到 10 年（见图 12 -5）。

ABCP 通道和 SIV 不同于 RMBS 和 CDO，它们不会将信贷风险转移给票据买家；ABCP 通道和 SIV 中的资产被保留，作为所售票据的抵押品。然而，它们确实允许从发行人的资产负债表中消除信贷风险敞口，并因此降低对发行人资本的要求。

出售商业票据实质上等同于以短期利率借贷，短期利率等于商业票据购买者提供的利率。由于风险是在较短的时间内假设的，因而短期利率通常低于长期利率，短期支付的 CP 利率通常低于抵押品资产的利率。交易通常通过 SPV 完成，因此资产不在担保银行的资产负债表上，也不影响公司的资本要求。

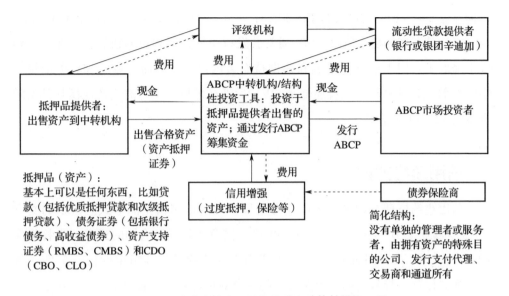

图 12-5　资产支持商业票据通道和结构性投资工具

资料来源：Sarai Criado 和 Adrian Van Rixtel，《2007—2008 年结构性金融和金融风暴：介绍性概述》，西班牙银行偶发论文系列 0808，2008 年 9 月 2 日：21。

一种风险是作为抵押品的资产的现金流将意外下降，威胁到对商业票据持有人的付款。在这种情况下，当前的票据持有人可能蒙受损失，未来的支付可能被削减。在这种情况下，对商业票据的需求可能会枯竭，给抵押资产带来更大的压力。

一些实践降低了这种风险。ABCP 通道一般只购买投资级资产。此外，ABCP 通道通常对其发起人的资产负债表有明确的全部或部分追索权。也就是说，如果资产的现金流不足以支付给现有 CP 持有者，则发行人将提供必要的资金。明确的担保出现在发起人的资产负债表上，并受资本要求的约束。ABCP 通道还可能为 SPV 中的资产规定最低价值，如果出现意外，将触发资产清算并向商业票据持有人支付报酬。

SIV 与 ABCP 通道有些相似，但在一些重要方面有所不同。它们持有的资产，包括 RMBS 和 CDO，往往比 ABCP 通道中的资产风险更高。尤其是在房地产泡沫最严重的时候出现的劣质 SIV（SIV-lites）。劣质 SIV 大量投资于次级 RMBS 和包含次级 RMBS 的 CDO，特别是夹层债券。[6]

SIV 通常不会明确向发行银行提供全部追索权。一个典型的 SIV 流动性支持可能覆盖 5% ~ 10% 的已发行 CP 和票据。[7] SIV 的投资者的追索权甚至更不稳定。为了抵消其资产的更大风险，SIV 通常会发行中期票据和短期票据，这在一定程度上降低了它们无法支付票据和票据持有人的风险。然而，劣质 SIV 更依赖于 CP，尽管它们的杠杆率也普遍低于 SIV，后者在危机发生时的资产规模是其实际资本的 12 ~ 14.5 倍。[8]

信用违约掉期

信用违约掉期（CDS）是迄今为止最常见的信用衍生品形式。CDS 的卖方（也称为保护卖方，"the protection seller"）同意"补偿"合同的买方（也称为保护买方，"the protection buyer"），如果后者因违约或其他指定的信贷事件（例如，拖欠付款）导致合同中提及的标的资产的指定名义金额遭受损失。对于这种保护，买方定期向卖方支付相当于标的资产名义价值一定百分比的溢价，这一标的资产可能是发行的债务或是指数。

CDS 的卖方，有点令人困惑地被称为"投资者"，因为它是承担信贷风险的一方。因此，卖方持有多头仓位，就像投资者持有多头仓位时，会暴露于市场风险之中，而仓位的价值反映了标的资产的表现。在危机发生时，典型的 CDS 是双方之间的双边协议，其中一方通常是交易商，因此基本上不受监管。

虽然不同合同的做法各不相同，但 CDS 买方在合同开始时要求卖方提供一些抵押品，以减少保护卖方无法覆盖损失的风险，这种情况并不少见。抵押品的数量可能取决于保护卖方的信用质量，以及标的资产的风险。此外，当标的资产的信用度发生变化时，将影响其价值，因此，CDS 合同通常要求卖方向买方或买方向卖方按照市价付款。

在房地产繁荣时期，单一险种保险公司（monolines）是最大的 CDS 销售商之一。所谓单一险种保险公司，是指它们的业务重点是为债务，特别是市政债券提供保险。他们对此类债券的保险是以融资担保的形式提供的，但须遵守保险条例和资本要求，尽管资本要求很低。单一险种保险公司还开始为高评级的 RMBS 和 CDO 提供保护，通常是通过在这些 ABS 上出售 CDS。这些 CDS 不受保险监管或资本控制。

CDS 的购买者不必对受保护资产享有可保权益。也就是说，CDS 的买方不必拥有参考资产就可以购买保险。尽管如此，如果标的资产的信用度下降，会增加买方的空头头寸价值，并导致 CDS 的卖方需要支付保证金，买方将从中受益，即使买方没有经受实际损失。相反，如果标的资产的信用质量提高，卖方可能会受益。

2006 年 1 月，一批经销商和 Markit 集团推出了 Markit ABX. HE 指数，该指数实际上是一系列指数，每半年推出一个新的指数。每个指数跟踪一篮子次级 RMBS 债券的 CDS。该篮子包含六个不同投资级信用评级中的 20 个层级。不久之后，Markit 集团推出了不同评级的股票的单项指数。

指数买方每月向卖方支付相当于标的 RMBS 现行本金百分比的溢价，而卖方提供保护，以补偿在该期间影响 RMBS 的减值和本金的减少。银行、对冲基金和其他投资者可以通过 CDS 指数来对冲抵押贷款相关头寸，或者推测抵押贷款市场的走向。因此，这些指数可以被作为交易信用风险的工具，其价格显示了投资者对次级抵押贷款投资的情绪[9]。

合成债务抵押债券

合成债务抵押债券不使用 RMBS 债券等工具，而是使用参考 RMBS 债券和其他资产支持证券的特定基础债券的 CDS（见图 12 - 6）。投资者可以持有每一层级产品的多头或空头头寸。

空头投资者支付 SPV 溢价，以换取他们所做空的标的层级的信用保护。基金投资者持有多头头寸；他们向 SPV 提供现金，以换取在给定的标的层级上相当于本金和利息的支付。当然，如果这些层级表现不好，这些投资者可能会蒙受投资损失。SPV 从这些长期投资者那里获得的现金投资于高评级资产，必要时可用于支付做空的投资者（保护买方）。也可能有没有资金准备的投资者，他们持有多头头寸。他们从 CDO 那里获得附加费；但是，他们不向 SPV 支付现金，而是同意在必要时偿还保护买方。他们本质上是在通过 SPV 向做空的投资者出售一种保障。

与现金 CDO 相比，合成 CDO 有几个优点。它不会将贷款资产从发起人的资产负债表中转移出去。事实上，发行人可能并不实际拥有此类资产；它可以设计一个 CDS 结构，以制造对给定标的部分的风险敞口，无论它是否拥有这些资产。因此，合成 CDO 并不依赖于可供购买的特定基础资产。

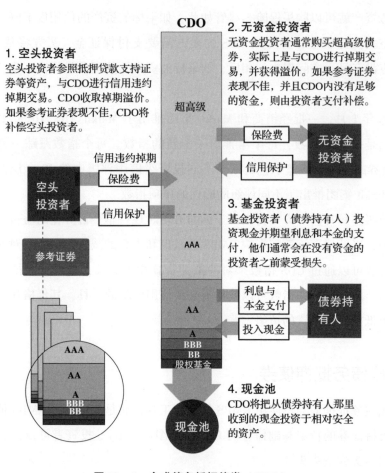

1. 空头投资者
空头投资者参照抵押贷款支持证券等资产，与CDO进行信用违约掉期交易。CDO收取掉期溢价。如果参考证券表现不佳，CDO将补偿空头投资者。

CDO

2. 无资金投资者
无资金投资者通常购买超高级债券，实际上是与CDO进行掉期交易，并获得溢价。如果参考证券表现不佳，并且CDO内没有足够的资金，则由投资者支付补偿。

超高级

信用违约掉期

保险费

信用保护

保险费

信用保护

无资金投资者

3. 基金投资者
基金投资者（债券持有人）投资现金并期望利息和本金的支付，他们通常会在没有资金的投资者之前蒙受损失。

AAA

AA

利息与本金支付

投入现金

债券持有人

A
BBB
BB
股权基金

4. 现金池
CDO将把从债券持有人那里收到的现金投资于相对安全的资产。

现金池

AAA
AA
A
BBB
BB

参考证券

空头投资者

图 12 - 6   合成债务抵押债券（CDO）

资料来源：金融危机调查委员会，《金融危机调查报告：美国国家金融和经济危机起因委员会（金融危机调查委员会）最后报告》（纽约：公共事务，2011 年）。

此外，合成 CDO 不需要全部资金。对于发行人来说，为合成 CDO 创建所谓的超级高级债券已经成为一种普遍的做法。有了一个超高级的部分，提供合成 CDO 的 SPV 的发行人保留了大部分 AAA 层的部分，并从中获得收入。这种超高级保留部分被认为是非常安全的，因此对其资产负债表价值所需的资本很少。发行人还可以购买信用违约掉期形式的保护。由于这部分资金被认为是安全的，CDS 的成本很低，通常低于持有这一层级资金的预期收入。[10]

合成 CDO，如高盛的 Abacus 2004 - 1 交易，是涉及信用违约掉期（CDS）的复杂纸面交易。

CDS 本质上为市场参与者提供了一种手段，在房市繁荣与萧条期间押注现有抵押贷款和抵押证券的表现。它们没有直接参与新的抵押贷款的发放。然而，当抵押贷款持有者开始违约时，它们确实放大了亏损。它们这样做是因为给定的参考资产的 CDS 的总名义价值远远大于标的资产本身的价值，因为可能有许多 CDS 指的是同一标的资产。2006 年 6 月创建的 3800 万美元次级抵押贷款证券通过 CDS 被纳入 30 多个债务池，最终造成 2.8 亿美元的损失。[11]

转移风险

RMBS、CDO 和 SIV 等工具将风险从放款人转移到投资者身上，而 CDS 似乎提供了一个最终支持，这是抵押贷款违约造成损失风险的最终目的地。然而，在这条长长的产品链中，有一点似乎已经被遗忘，那就是转移风险并不能消除风险，甚至不能降低风险；它实际上可能会增加风险。多年来，许多人犯了这个错误，有些人甚至遭受了灾难性的后果。1987 年的投资组合保险和 1998 年长期资本管理公司套利策略的崩溃就提供了两个明确的例子（另见附录 D，"20 世纪 90 年代的衍生工具灾难"）。

通过集中抵押贷款实现的多样化，可能会减少贷款人或投资者在特定地理区域的风险敞口，而将 RMBS 与 CDO 中的其他类型债务结合起来，可能会进一步减少次级抵押贷款的风险敞口。然而，在很大程度上，以房价下跌为代表的潜在系统性风险只是从借款人转移到贷款人，从贷款人转移到投资者，从投资者转移到保险公司。尽管不透明，但风险依然存在，最终几乎拖垮了银行体系和经济。

第十三章

证券化与房地产泡沫

"我要一个干净的杯子，"帽匠先生打断了他的话，"我们都往前走一步吧。"他边走边说，睡鼠跟着他走：三月兔搬进了睡鼠的地方，爱丽丝很不情愿地代替了三月兔。帽匠先生是唯一一个从这一变化中得到好处的人；爱丽丝比以前差得多……

——刘易斯·卡罗尔[1]

到 2001 年，美国房价一直延续着自 1997 年以来的稳步上涨。然而，在这个时候，低价格的房屋开始以比高价房更快的速度上涨；图 13-1 显示的是波士顿的模式，这是全美国低、中、高价格房价走势的代表。2001 年，次级抵押贷款发放额约为 1900 亿美元，2002 年增至 2310 亿美元，2003 年增至 3350 亿美元，2004 年增至 5400 亿美元，2005 年达到峰值 6250 亿美元。[2] 作为美国所有住房抵押贷款发放额的一部分，次级贷发放额增速从 2001 年的约 7% 增至 2005 年的 20%。[3]

凑巧的是，次级抵押贷款发放率的上升伴随着次级抵押贷款证券化率的上升。2001 年，约 40% 的次级抵押贷款被打包成住房抵押贷款支持证券；2002 年至 2005 年，证券化率分别上升到 53%、58%、67% 和 74%。[4] 次级抵押贷款的增长依赖于 RMBS、债务抵押债券、结构性投资工具和信用违约掉期等金融创新产品日益密集的发行。就像投资组合保险在 20 世纪 80 年代的股票销售和 90 年代长期资本管理公司高杠杆套利策略的不够牢靠一样，操纵抵押贷款现金流的工具和机制形成了一个正反馈系统，放大了潜在的市场趋势的影响。

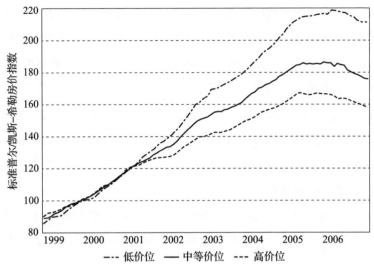

图 13 – 1　波士顿地区房价指数

注：2000 年 1 月指数 = 100。

一个先兆

20 世纪 80 年代初，美国政府通过了多项法律，其中包括 1980 年的《存款机构放松管制和货币管制法》和 1982 年的《替代抵押交易平价法》，允许抵押贷款机构收取更高的利率和可变利率，从而实现了次级抵押贷款的发放。随着 1994 年利率的上升，抵押贷款机构越来越青睐次级抵押贷款市场，以抵消对优质抵押贷款需求的下降。[5] 次级抵押贷款通常由抵押贷款支持证券的发行提供资金。

从 1995 年到 1998 年，次级抵押贷款发放规模从 650 亿美元左右增长到 1500 亿美元左右，次级抵押贷款证券化的比例从 28.4% 上升到 55.1%。[6] 1997 年，次级抵押贷款的拖欠和违约已经超过了预期。此外，在 1998 年俄罗斯债务违约和长期资本管理纾困（见第八章"长期资本管理公司"）之后，亚洲新兴市场的急剧下滑造成了许多问题，而这些问题发展为资本全面逃向其他投资区域和更优质的资产。次级抵押贷款的发放额在 1999 年继续增长，达到了 1600 亿美元，但在 2000 年下降到 1380 亿美元。由于投资者对次级抵押贷款证券化的兴趣在下降，次级抵押贷款证券化的比例在 1999 年和 2000 年又分别下降到 37.4% 和 40.5%。[7] 2001 年，次级抵押贷款的发放额和证券化率又再次回升。

20 世纪 90 年代次级抵押贷款的增长和下降预示着在接下来的 10 年里，问题将在更大的范围内再次出现。当然，最引人注目的是抵押贷款证券化的兴衰。在这两次事件中，次级抵押贷款来源的集中度也在不断提高。前25名次级抵押贷款的发起人在1995年的市场份额不到40%，但到2000年，他们控制了近75%的市场，因为许多发起人被更大的贷款人收购，他们的证券化业务需要抵押贷款。[8] 1998年，随着证券化市场达到顶峰，第一联合银行（即后来的Wachovia）收购了第二大次级贷款机构Money Store，而保险业巨头康塞科（Conseco，Inc.）收购了绿树金融集团（Green Tree Financial Group）。到2001年年底，Money Store已经关门，而康塞科也破产了。

当然，在20世纪90年代末，次级抵押贷款的问题被网络泡沫所掩盖，并在一定程度上被抵消。但泡沫的破裂为次级抵押贷款再次激增创造了条件。

次级抵押贷款的吸引力

次级抵押贷款，顾名思义，其风险大于优质抵押贷款。借款人的信用评分通常较低，首付比例也较小。是什么促使抵押贷款机构愿意承担这种额外的风险，并在2001年之后的几年中逐渐增加其风险敞口呢？

抵押贷款机构可能认为，向次级贷款借款人放贷的风险正在下降。2001年和2002年发行的次级抵押贷款的违约率相对较高，这些年次级房地产的止赎率是1998年水平的2~4倍。[9] 然而，房价正在上涨，基于对价格指数的预测，至少在2006年之前，几乎没有迹象表明房价会下跌。[10] 只要房价继续上涨，无法偿还贷款的次级贷款借款人至少能够以支付剩余贷款的价格出售房屋；或者，贷款人可以取消贷款赎回权，并以全额偿还贷款的价格出售房屋。[11]

抵押贷款机构还要求次级贷款借款人承担次级抵押贷款的额外风险。在21世纪初，次级抵押贷款的利率比基准利率高出2~3个百分点。[12]

贷款人也可以通过出售抵押贷款将其证券化来转移次级抵押贷款的违约风险。次级抵押贷款一般不能出售给联邦国家抵押贷款协会和联邦住房贷款抵押公司，这是主要的抵押贷款证券化机构，因为次级抵押贷款不符合这些政府资助企业（GSE）要求的贷款质量标准。GSE发行的MBS几乎没有信贷风险。但非政府自主企业实体发行的证券化产品并非如此，后者没有得到美国政府的隐性支持。次级抵押贷款支持的证券化产品将被视为具有高风险特征，因为基础贷款固有的风险高于优质贷款。金融产品看似提供了一个解决方案。次级抵押贷款机构可以将次级抵押贷款集中起来，利用结构性证券化来创造被认为实际上没有信贷风险的多个层级。分层的贷款将高达 80%～85% 的次级抵押贷款转换为 AAA 级债券。

次级抵押贷款支付的相对较高的利率允许证券化者提供 AAA 层级，这些层级向投资者支付的利率高于许多其他类似评级证券的利率，包括政府债务和主要由高质量抵押贷款担保的 MBS。对包括银行在内的许多投资者来说，相对较高的回报率和看似较低的风险的结合太吸引人了，难以抗拒。

证券化对贷款人的好处

为证券化而购买抵押贷款的金融机构通常能够通过以更高的价格转售给特殊目的公司（SPV）来获得利润。但即使没有这种激励，证券化也有提高回报和降低风险的好处。

正如上一章所述，并在专栏"银行资本金要求"中进一步讨论的那样，商业银行必须持有相当于其资产负债表上占总资产规模一定百分比的自有资本，以限制其进行杠杆投资的能力。改善银行的资本状况，就可能需要其出售资产以偿还债务或发行股票。通过管理资产负债表上的资产，银行可以最大限度地减小其必须保留的资本，并最大限度地发挥其杠杆投资的能力。

证券化允许银行增强放贷能力。根据银行资本充足率的规定，银行必须持有相当于其资产负债表上住房抵押贷款价值 4% 的资本。然而，一些抵押贷款证券，如果评级高且对冲适当，可能只需要 1.6% 的资本金。[13] 因此，持有抵押贷款证券，而不是抵押贷款本身，需要的资本金更少。

银行资本金要求

1974 年，中央银行协调机构国际清算银行（BIS）邀请来自 13 个国家的代表到瑞士巴塞尔总部，为大型国际存款机构制定一套统一标准。该集团成立了巴塞尔银行监管委员会，并于 1988 年通过了《巴塞尔协议》。

该协议规定了银行总体资产的最低资本要求为 8%，其中一半由一级资本或核心资本构成，即主要由普通股和优先股以及留存收益构成。协议还规定了五类资产，并允许根据每类资产的风险水平调整资本要求，如下所述。

- 低风险资产，如现金、黄金和大多数发达国家政府担保的债务，其风险权重为零，不影响资本充足率指标。

- 由政府资助的机构发行的债务，如房利美和房地美，其风险权重为20%。持有这些资产必须有相当于投资1.6%（8%的资本费用的20%）的资本作为担保。
- 住宅第一抵押贷款和抵押贷款支持证券的风险权重为50%，担保资本金为4%。
- 商业贷款为100%的风险权重，并需要全部8%的资本充足率。

巴塞尔委员会本身没有执行权，只能由每个参与国通过实施该协定的立法。美国在20世纪80年代初开始自行实施最低资本要求，1992年签署了该协议。最终，100多个国家通过了该协议，该协议被认为有助于提高银行的总体资本水平，并将银行倒闭风险降至最低。[14]

尽管该协议的风险加权方案是从简单的一刀切的规则向前迈出的一步，但它仍然为银行业在该体系中的博弈留下了空间。例如，协议没有区分AAA级债券和投资级债券。该协议要求在不考虑评级的情况下收取相同的资本金，无意中鼓励了更多的风险承担，因为低评级债券的收益率预计将高于高评级债券。它还鼓励银行将其资产证券化，从而将其从资产负债表中剔除。

该协议奖励了其他类型的表外操作。例如，资本费用不适用于所谓的"流动性贷款"，即向资产负债表外实体提供的贷款担保，涉及的承诺期限不到一年，因此银行创造了364天到期的可再生流动性贷款。[15]此外，该协议没有规定与操作风险相关的具体费用，例如欺诈、会计假账或管理不善，即使这些风险可能导致银行倒闭。此外，协议没有试图解释流动性风险。

《巴塞尔协议Ⅱ》

巴塞尔委员会于1998年重新启动，以解决人们对银行体系变得过于庞大和复杂，无法遵守十年前的基本协议的担忧，尽管自那时以来，这些协议已经修改了十几次。新标准被称为《巴塞尔协议Ⅱ》，于2004年发布。

修订后的协议维持了8%的基准资本充足率，但更为精细的风险加权系统使新规则更为主观。最初的五个资产类别被扩展成一个分类矩阵，这是第一次将资本充足率与公认的信用评级机构指定的信用评级联系起来。一个类别内的资产评级越高，资本充足要求就越低。《巴塞尔协议Ⅱ》还允许最大的银行使用自己的内部风险模型，只要这些模型得到监管机构的批准和密切监督即可。这种方法在当时被认为是一种创新，但后来被证明，它简直是潘多拉的盒子。

《巴塞尔协议Ⅱ》还收紧了流动性贷款的使用规则，并要求提供相关证据，证明"重大信贷风险"已通过证券化和出售转移给了第三方，然后才能降低资本充足要求。它包括对操作风险的明确资本费用，并试图通过扩大公开披露银行自有资本的金额和类型以及在资产负债表内外面临的风险敞口类型等细节，推动市场力量加强监管。

2007—2008年信贷危机爆发时，许多国家和地区还没有实施《巴塞尔协议Ⅱ》的标准。早期的采用者，如中国香港和日本在2007年实施了新的制度，而欧盟2008年也跟随实施了新政策。在美国，在2009年，只有少数的十几家最大的银行开始按照《巴塞尔协议Ⅱ》的要求逐步实施。

当然，证券化也可以用来完全从资产负债表中剔除风险相对较大的抵押贷款。这样做意味着用出售的无风险现金收益取代风险资产。基本上，用非常简单的方式，银行的资产负债表就可以恢复到抵押贷款发放前的水平。因此，该银行可以给另一笔抵押贷款进行延期，将其证券化，使其能够再贷款，等等。证券化保留了银行的放贷能力，并且增加了金融系统的杠杆率。

与此同时，证券化允许商业银行控制其资产负债表杠杆比率。2000—2005年，美国商业银行的资产负债表资产规模与资本的比率略有下降，这要归功于银行通过向特殊目的的公司出售资产，将资产（包括次级抵押贷款）从资产负债表中剔除的能力。[16] 而投资银行在这段时间内则提高了杠杆率，这是因为它们所面临的资本金要求不像商业银行那么严格。

将包括抵押贷款在内的流动资产转移到资产负债表外也使银行看上去更能够提高资本回报率等盈利能力指标。而实际上，证券化增加了银行可以进行的潜在盈利投资的数量，同时保持这些回报背后的资本数额不变。因此，可以说，证券化是利用了银行本身的盈利能力。

虽然证券化允许商业银行通过将资产移出资产负债表来维持其杠杆比率，但它允许投资银行用资产充实其资产负债表。投资银行不必像商业银行那样限制其资产负债表资产的增长，但它们确实需要高质量的资产，可以作为回购市场短期借款的抵押品。[17] AAA级证券化分层填补了这一空白，它们可以由投资银行自己创建，也可以从包括商业银行在内的其他发行人手中购买。

银行和其他证券化机构并没有将所有贷款全部证券化，也没有将其证券化的每一笔贷款的每一部分都从资产负债表中剔除。例如，次级抵押贷款证券化的高风险股权部分经常被发行人保留，因为很难找到适合的投资者愿意承担这些风险。然而，对发行人而言，即使必须保留高风险股权部分，证券化通常也是值得的。因为它允许通过出售证券获得利润，规避资本金要求，并可能提高资本回报率。此外，权益类资产通常只占贷款池很小的一部分，一般从不足5%到最高10%，因此将其保留在资产负债表上的压力也不会太重。

银行、对冲基金和其他执行分级和出售分级业务的机构收取了大量费用。花旗集团的证券化费率从0.4%增至2.5%，金额从2003年的63亿美元增至2005年超过200亿美元。据报道，仅2005年花旗集团就赚了数亿美元。[18] 美林证券赚取的费用为交易量的1%~1.5%，典型的证券化发行规模为10亿美元，交易费用就高达 1500 万美元。[19] 其他证券化公司，特别是雷曼兄弟、贝尔斯登和苏格兰皇家银行，均有类似的收费标准。[20]

因此，证券化是一项利润丰厚的业务，为发行人、交易商和投资者提供了风险和回报收益。次级抵押贷款证券化尤其具有吸引力。它允许贷款人和投资者利用不断上涨的房价。它提供了比其他抵押贷款部门更高的利率。此外，它基本上没有面临来自抵押贷款证券化巨头房利美和房地美的直接竞争。图 13-2 至图 13-4 提供了一个由银行、抵押贷款经纪人和房地产经纪人经营的宣传广告，如"有不良信用记录？没问题！""无收入，无资产"和"无档案，可以！"这类表述，诱使借款人满足非金融机构贷款的证券化需求。

当美国银行、汇丰银行（HSBC）和瑞银（UBS）这类公司在 2005 年公布的利润为 110 亿至 160 亿美元（这其中大量利润是来自于次级抵押贷款工具业务）时，对于其他公司的首席执行官来说，要抵制这种诱惑，让股东们接受低得多的回报率是极其困难的。事实上，瑞银在 2007 年对次级抵押贷款投资的计提报告中指出，该行 2005 年聘请的顾问曾建议"瑞银有选择地投资于发展其业务的某些领域，以弥补关键的产品缺口，包括信贷、利率，MBS 次级和可变利率抵押贷款产品……"[21]

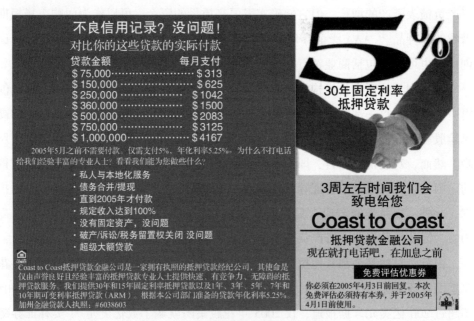

图 13-2　有不良信用记录？没问题！

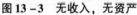

图 13 - 3　无收入，无资产　　　　　图 13 - 4　无档案，可以！

在雨中歌唱

2000 年上半年，次级抵押贷款的拖欠率一如既往地高于优质抵押贷款的拖欠率。但到了 2005 年，次级抵押贷款违约率则明显下降，从接近 15% 降至低于 10%。[22] 与此同时，住宅开工率出现上升，2006 年 1 月达到一个高潮，与 20 世纪 70 年代初的水平相当。一个由金融业高管组成的非正式团队，就风险管理问题提出了他们的意见，他们认为，当时的风险可控。自 1998 年以来，尽管经历了多次冲击，包括 2000 年开始的科技股崩盘和 2001 年的 "9·11" 恐怖袭击事件，金融市场还是相对完整地生存了下来。通货膨胀率和利率都很低。包括 CDS 在内的信贷工具为贷款活动提供了巨大的流动性。

然而，基本住房市场的麻烦开始出现。标准普尔/凯斯－希勒美国全国房价指数显示，2005 年美国房价继续以健康的 14.7% 的速度增长。但从细分市场来看，2005 年的增长主要来自迈阿密和凤凰城等少数几个城市。在其他几个涨幅最大的市场，包括圣地亚哥和拉斯维加斯，2005 年的升值率急剧下降，而到 2006 年，全国房价水平基本持平。

与此同时，次级抵押贷款的拖欠率在 2005 年有所上升，而优质抵押贷款的拖欠率仅略有上升。[23] 到 2006 年底，可变利率和固定利率抵押贷款的次级贷款拖欠率上升到 10%，而优质固定利率抵押贷款的拖欠率略高于 2%。[24]

尽管如此，次级抵押贷款的发放量仍在快速增长，2005 年达到 6250 亿美元的峰值，2006 年达到 6000 亿美元。这些贷款的证券化率也在上升，从 2004 年的 67% 上升到 2006 年的 75%。[25] 此外，即使基础抵押贷款的拖欠率在上升，贷款质量（如贷款价值比和简易凭证贷款比例显示）在下降，但次级抵押贷款和优质抵押贷款之间的利差正在缩小。[26]

利差缩小的一个因素是市场对次级抵押贷款证券化需求的增加。[27] 随着商业银行扩大其购买、发起和证券化非抵押贷款的能力，投资银行感到自己被赶出了市场。雷曼兄弟、贝尔斯登、美林证券、摩根士丹利和高盛通过收购独立的抵押贷款发起人，扩大了它们直接进入次贷市场的渠道。[28] 当它们不得不购买抵押贷款时，一些华尔街的公司支付 3% 的溢价，它们可以将贷款转化为证券。[29]

放款人之间的竞争使抵押贷款借款人支付的利率受到了限制。这反过来又控制了 MBS 贷款的利率，特别是已经相对较低收益的 AAA 级贷款，从而导致这部分债券对投资者的吸引力开始降低。此外，由于大量次级抵押贷款池进入 AAA 级贷款，对这些贷款的需求下降威胁到证券化本身。这意味着，在一定数量的次级抵押贷款中，有很大一部分将在无盈利的情况下出售，并且发行人可能将不得不将其无偿保留，甚至亏损。

幸运的是，有解决这个问题的办法。其中一个来自 CDO 市场，从 2004 年到 2006 年，CDO 市场增长惊人。2000 年，以 RMBS、商业抵押债券和其他抵押品为抵押的 CDO 发行总额略高于 10 亿美元，但到 2004 年底已增至近 850 亿美元。[30] 2005 年，CDO 市场价值达到 1570 亿美元，到 2006 年达到 3070 亿美元。RMBS 在这类 CDO 的基础抵押品中贡献了很大一部分，2005 年约占三分之一。穆迪（Moody's）报告称，RMBS 在其 2006 年评级的 CDO 中仅占不到 40%，其中 70% 是次级贷款和家庭融资贷款，包括次级抵押贷款。[31]

RMBS 用于高级 CDO 和夹层 CDO。夹层 CDO，顾名思义，合并了 BBB 评级的 RMBS 层，而高级别 CDO 合并了更高的评级的层级。2005—2007 年，高级 CDO 约有 50% 的次级 RMBS 风险敞口，而夹层 CDO 有 77% 的风险敞口。[32] 夹层 CDO 为次级贷款人和证券化者以及投资者提供了一个答案，即他们受到利差收窄的挤压。

夹层 CDO 可以提供比高级别 CDO 更高的利率，因为它们的组成夹层部分具有更高的利率。不过，夹层贷款占标的抵押贷款池的比例很小，因此没有太多夹层贷款可供分割。证券化发行人找到了一个办法来解决 AAA 级债券的规模太大和夹层债券的规模太小的问题：那就是"合成债券"。

CDO 可以用 CDS 合成（见第十二章"大规模毁灭性武器"）。利用 CDS 来综合信用风险，CDO 赞助商可以量身定制利润最大化的问题。RMBS 夹层贷款规模相对较小不再是限制因素。夹层 RMBS 发行的 CDO 敞口（2004 年为 65%）在 2005 年和 2006 年分别增长到 160% 和 193%。[33] 这一增长代表了使用 CDS 创建合成层，这使得多个 CDO 可以引用同一个夹层 RMBS 部分。

发行人还通过使用合成 CDO 创建"超高级"层级来支撑自己的回报（见第十二章）。与其以非常低甚至是负的收益率出售代表贷款池 70% ~85% 的 AAA 级部分，发行人不如保留一个超高级层级，并创建一个合成 CDO，出售代表原始 AAA 级部分中非常小的一个 AAA 级子层级。

这些 AAA 级 CDO 层级的购买者获得的利率较低，与看似较低的 AAA 级风险相当，但他们持有的头寸从属于超级优先层的债权，而超级优先层是基础抵押品池的最大组成部分。大多数投资者可能没有意识到这一点，或者他们打算要求更高的回报。[34] 与此同时，担保人保留了应付给它保留的超高级部分，因为他们认为这一部分在偿还优先权是最高的，因而风险是极低的。

银行必须持有的超高级贷款的金额通常远低于他们必须持有的对应基础贷款的金额，因为后者被认为比由它们产生的超高级贷款具有更高的风险。此外，持有超高级债券的人通常会购买部分或全部 CDS 为其投保。购买 CDS 保护，就像向 SPV 出售贷款一样，实质上是将受保护的部分从资产负债表中移出。

为超高级债券的 CDS 保护支付的保费通常很低，这与这些债券被认为是超级安全的本质是一致的。大部分保险由单一险种保险公司提供，如 Ambac 金融集团公司和 MBIA 公司（市政债券保险协会）。但其他保险公司，尤其是美国国际集团（AIG），以及对冲基金、银行和其他实体，出售的 CDS 是为保护超高级和其他 AAA 级的 CDO 以及 RMBS 的部分。

随着 2006 年 1 月，在次级抵押贷款 CDS 上引入了 ABX 指数，使用指数 CDS 抵消次级抵押贷款风险也变得可行。此外，做多和做空指数头寸可能会被押注市场走向的投机者所持有。到 2006 年，高盛和德意志银行等机构开始做空抵押贷款市场。

ABCP 和 SIV 提供了从资产负债表外获得以超高级部分为代表的抵押贷款敞口的其他途径（见第十二章）。ABCP 和 SIV 中的资产规模在 2006 年到 2007 年迅速增长。[35] SIV（2007 年的名义价值超过 4000 亿美元）[36] 在住宅和商业抵押贷款证券中的风险敞口特别大，其中包括 8.3% 的次级抵押贷款风险敞口。[37] SIV 还持有大量次级抵押贷款证券。对于许多 CDO 担保人来说，SIV 相当于提供了一个方便的停车位，供超高级和其他待售部分使用。

喂养野兽

房地产泡沫被这些金融衍生品延续并且扩大了，它是由放贷者扩大到次级贷款，而次级贷款又是由高收益产品的需求驱动的，特别是被 CDO 包装者和其他投资者对次级 RMBS 的需求所驱动。正如投资组合保险（随着股价上涨，其趋势性的股票购买）在 1987 年股市崩盘前支撑了股市的上涨一样（见第五章"投资组合保险与股市崩盘"），结构性金融产品与次级贷款之间的相互作用也助长了房地产泡沫。

随着 2001 年之后房价的上涨，抵押贷款总规模在 2003 年到达顶峰，达到 3.9 万亿美元。次年，优质贷款规模减少了一半，但次级贷款规模继续增长，2003 年次级贷款发放额为 3350 亿美元，2005 年增加到 6250 亿美元。[38] 这些数字表明，随着房价上涨和利率的上升，次级贷款填补了由于对优质贷款需求下降而留下的部分缺口。次级贷款推动了平均房价从 2003 年到 2006 年持续上涨。

在没有证券化的情况下，这种高风险的贷款是不会被发放出去的，至少在所看到的规模上是这样的。这反映为最终被证券化的次级贷款比例大幅上升。证券化本身是由对其产品的需求推动的，RMBS、CDO 和 SIV 最终带来了次级贷款的大部分风险和回报。证券化表面上的好处是不言而喻的，并由发起人、交易商、投资者以及抵押借款者共同分享了这些收益。与此同时，证券化，就像 20 世纪 80 年代的投资组合保险一样，看上去似乎消除了市场的风险。

结构性金融产品比基础抵押贷款更加多样化。毕竟，RMBS 可能持有数千笔抵押贷款，而 CDO 可能持有数百笔 RMBS 贷款。因此，CDO 的违约风险分散在地理意义上的广泛差异的基础之上。[39] 由于再融资和违约的影响分布在大量抵押贷款上，结构性工具似乎也提供了更为平稳的支付。[40] 以 RMBS 和 CDO 为基础的抵押贷款的集中也为买家提供了一些防范逆向选择的措施，即拥有高级信息的卖家可以选择抵押贷款，保留最好的抵押贷款，并将最不具有吸引力的抵押贷款进行证券化出售。[41]

分层的过程会将基础次级贷款转换为 AAA 级 RMBS 类贷款，将基础 BBB 级 RMBS 类贷款转换为 AAA 级 CDO 类贷款（见第十二章）。由于这些实体发行的商业票据是由货币市场基金持有的，因此被大多数投资者视为不受违约风险的影响，而且流动性很高，因此将 CDO 部分纳入 SIV 似乎是所有产品中最安全的产品。

证券化似乎将非流动资产个人抵押贷款转化为流动性更强的资产。最重要的是，对于由货币市场基金提供资金的 SIV 和其他 ABCP 来说，这似乎是真的。许多货币市场基金投资者似乎很依赖这些工具能够及时挖掘流动性的能力。相信它可以先于其他人脱身的信念帮助建立和维持了价格泡沫，包括科技股泡沫。[42] 但最具流动性的市场往往首先反映出潜在的问题；当问题出现时，这些市场很快就会变得缺乏流动性。正如在次贷危机中，SIV 和 ABCP 的表现一样。

第十四章

证券化与信贷危机

"我发现了一道裂痕!"

——艾伦·格林斯潘[1]

虽然住房抵押贷款支持证券、债务抵押债券、结构性投资工具和信用违约掉期似乎降低了市场参与者的风险,但这些工具最终增大了整个金融系统和经济的风险。这些工具的使用促进了向高风险借款人提供的贷款数量的大幅增加,同时模糊了风险的本质——最终由谁承担风险,隐藏了系统中杠杆的巨额扩张,以及重要市场参与者之间的相互联系。

当2006年底房价开始稳定下来时,抵押贷款工具的真正风险才开始显现,整个大厦开始倒塌。起初,一些对冲基金大量投资于抵押贷款密集型CDO,出现了个别亏损事件。然而,这些资金很快就合并为抵押贷款市场中流动性最强的部分,即投资于资产支持商业票据通道的货币市场基金。随后,该市场的恶化打击了银行资产负债表,并加剧了市场对CDO质量的担忧。

随着评级机构越来越多的评级下调,CDO持续贬值。这给银行和其他证券化机构带来了很大压力,它们无法再出售自己的产品,也无法将它们置于ABCP的渠道中。此外,回购市场对接受CDO和其他抵押相关资产作为贷款抵押越来越谨慎,这限制了这一流动性来源。CDS保险(CDS insurance)这一提供保护的终极堡垒,在担保人和投资者遭受不断增加的抵押贷款工具损失的冲击下,有可能崩溃。

失望的开始

房地产泡沫在2006年开始消退,当年的平均房价基本持平,从而掩盖了年底的下跌。根据标准普尔/凯斯－希勒美国全国房价指数，2007 年房价下跌了 5.4%。2008 年，它们的跌幅甚至更大，达到了 12%。[2]

虽然一些市场的表现好于其他市场，但令人惊讶的是下跌的范围，整个美国市场都遭受了影响。与 1987 年股市暴跌一样，很难找到导致股市下跌的直接经济原因。

泡沫可能只是顺其自然。次级贷款抵消了十年前初期优质抵押贷款业务的放缓，但现在次级贷款市场的能力正在枯竭，特别是在美联储（Fed）继续温和加息之际。与此同时，建筑商已经加快了建设步伐，使住房的供应远远超过需求，并对价格构成下行压力。[3]

行使期权

抵押贷款有一个隐含的看跌期权（见第十二章，"大规模毁灭性武器"）。购房者持有看跌期权的多头，可以拖欠贷款，从而在房价下跌时减少损失。放贷人持有看跌期权的空头；如果房屋不能以足够高的价格出售，以支付抵押贷款的本金，放贷人将承担全部损失。

期权价值是非线性的；基础参数如波动率或利率的微小变化，可能会导致期权价格的巨大变化。正如期权定价专家罗伯特·默顿所指出的，抵押贷款中的看跌期权也不例外。[4] 尽管它们的定义可能与金融看跌期权不同，但抵押贷款中的看跌期权的表现可能大体相似。[5] 尤其是，当标的资产的价格接近行权价时，看跌期权的价值将以越来越快的速度增长。

当房屋的价值下降，然后低于抵押贷款的剩余本金时，允许借款人拖欠贷款的看跌期权就变得更有价值了；因此，借款人更有可能行使看跌期权。[6] 在平均房价下降的情况下，次级借款人比优质或 Alt-a 借款人更有可能达到其抵押贷款的剩余本金超过其房屋价值的程度，因为他们的贷款可能占房屋购买价格的很大比例；也就是说，它们的贷款价值比 LTV 更高。

抵押贷款违约有可能以非线性的方式升级。这既有基本规律的原因，也有人的行为的原因。由于房主违约，社区的情况可能会恶化，导致仍在使用的房屋价格进一步下跌，增加房主违约的可能性。丧失抵押品赎回权也增加了住房供应，因为丧失抵押品赎回权的住房可以转售。[7] 供应的增加可能进一步压低价格。因此，房价的初步下跌，导致一些杠杆率最高的抵押贷款借款人违约，会引发房价进一步下跌，使得"负资产"的房主增多（房屋欠债超过其价值），造成了更多的违约和止赎。[8]

人的行为会导致更多的违约出现。一个人可能会尽量避免违约，因为它将被视为做人的失败或不道德的标志。然而，当人们看到他们的邻居拖欠贷款时，违约可能就不会被看作是一种耻辱，而更多地被视为一种解决经济问题的方法。至少有一项调查发现，如果被调查者知道谁在策略性地违约，那么他违约的意愿就会增加一半。[9] 因此，房价下跌可能引发第一轮的违约，导致房价进一步下跌，引发更多的违约和进一步的价格下跌。

包括优质抵押贷款在内的所有抵押贷款的止赎权追溯到 2006 年开始房价下跌（见图 14 -1）。次级抵押贷款中的拖欠和违约也有类似的情况，但其程度要高得多。2005 年年中时分，5.6% 的次级抵押贷款拖欠严重；到 2008 年 9 月，23% 的次级抵押贷款出现严重拖欠。在 2000—2004 年发行的次级抵押贷款中，约有 8% 在三年内即出现违约；到 2008 年年中，起始于 2005 年的次级抵押贷款的违约率为 14%。

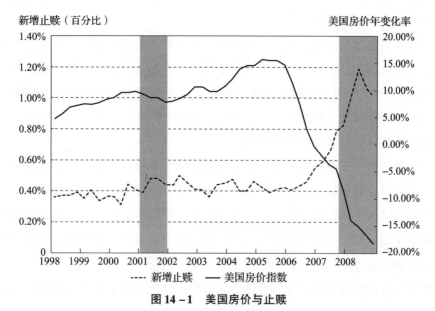

图 14 -1 美国房价与止赎

资料来源：James Bullard、Christopher J. Neely 和 David C. Wheelock，"系统性风险和金融危机：入门读物"，《圣路易斯联邦储备银行评论》第 95 期，第 1 期（2009 年）：404 页。"美国房价"显示了标准普尔/凯斯－希勒全国房价指数的同比百分比变化。抵押贷款银行家协会提供止赎数据。垂直灰色条表示衰退。

许多次级抵押贷款在发放后一年内就违约了。从 2000 年到 2004 年，只有 1.5% 的次级贷款在一年内违约；而 2007 年，有 8% 的次级贷款在一年内违约。[10] 因此，次级抵押贷款的发放在 2008 年急剧减少，几乎消失。

看跌期权到期

证券化有效地将抵押贷款中的空头头寸转嫁给了 RMBS 和 CDO 的买家以及通过 CDS 提供保护的卖家。次级债券的持有者和 CDS 的卖方本质上是做空了次级市场上的一个巨大的看跌期权。也就是说，他们将承担房屋价值低于所欠抵押贷款本金的相关损失。

到 2006 年年底，次级抵押贷款违约率开始上升。[11] 违约率不仅比评级机构预期的要多，而且在地理上分布更广，时间上也更为集中。虽然在美国经历了一些区域性的房价下跌，但是自大萧条以来，那种出现在全国范围内的下跌从未出现过。这是一个系统性事件，因此，许多结构性证券化的风险控制机制对其并不起作用。

多样化，甚至 CDO 中存在的地理意义上的多样化，都没有什么帮助。多样化仅仅有助于防范个人抵押贷款的特定风险。一个精心设计的抵押贷款池应该能够抵御不同购房者的违约，假设这种违约很少，而且不会集中发生。但是，多元化对于以房价普遍下跌为代表的系统性风险来说是无效的。越来越明确的是，许多 RMBS 和包含 RMBS 的 CDO 的多样化程度并不高。例如，有三分之二穆迪评级下降的抵押贷款涉及了四家发行公司——新世纪金融公司、西方资产抵押贷款资本公司、长滩金融公司和弗里蒙特总公司。[12] 此外，2006 年和 2007 年开始的这些抵押贷款的评级下降得特别厉害。

由于违约率超过了构建部分贷款时所假定的水平，次级贷款本身的价值也受到影响，评级机构被迫重新考虑次级贷款相关层级的评级。越来越明显的是，如果这些机构考虑到多重、高度相关的违约的影响，他们可能不会给这些证券分配如此高的评级。到 2007 年 9 月，所有次级 RMBS 债券中有 17% 被降了级。[13]

评级下调对抵押贷款支持证券持有人有重大影响。首先，评级下调可能会降低这些证券的价值。以降级证券作为抵押品的当事人可能被要求向其交易对手支付补偿金。其次，评级下调增加了这些证券的风险，这可能要求受监管银行增加其账面上持有的针对评级下调证券的资本金。最后，评级下调使人们质疑这些证券作为回购贷款或其他借贷工具（如结构性投资工具）抵押品本身的价值。总体而言，评级下调降低了金融体系的流动性。

资产支持商业票据通道的崩溃

在 1987 年股市崩盘后的几年里，金融公司大大扩展了商业票据市场的使用范围。这一举措在当时被视为降低了金融体系的风险，因为它使资金来源多样化，使金融体系整体上不那么依赖银行。[14] 然而，在那次股市崩盘的 20 年后，商业票据市场将证明金融体系的另一个弱点，并对未来的波动发出了预警。

次级贷款评级的恶化对资产支持商业票据市场产生了巨大影响，特别是结构性投资工具的发行。虽然大多数资产支持商业票据通道持有的是资产支持证券的多样化投资组合，但银行通常在其证券化或发行之前，使用单一卖方 ABCP 通道来存放抵押贷款或抵押贷款支持的层级。此外，SIV，特别是劣质 SIV（见第十二章）在 2006 年大幅增长，投资于 AAA 级 RMBS 和包含 RMBS 的 CDO 的比例也大幅上升。此时，AAA 级债券相对较低的利率却抑制了投资者的需求；SIV 和 ABCP 通道为证券化者提供了一条途径，可以将未售出的债券用作短期融资的抵押品。

优质货币市场基金是资产支持商业票据的主要购买者。随着 2007 年的流逝，这些买家逐渐意识到基础抵押品质量的恶化。贝尔斯登在 2007 年 6 月宣布，它将停止从两家知名度很高的对冲基金赎回。从 2003 年开始的高等级结构性信贷基金，在 2006 年之前一直享有高额回报，其投资杠杆率为 1∶10，投资于包括 AAA 级 CDO 在内的低风险资产。2006 年 8 月，该基金被拆分，成立了第二只杠杆率更高的基金，即增强杠杆率基金。到了 2007 年初，这些基金报告称，它们拥有约 6% 的次级抵押贷款资产，但这一数字不包括它们所持有的 CDO 的次级风险敞口，CDO 约占资产的 60%。[15] 由于这两只基金都无法满足贷款人和交易对手的保证金要求，当年 7 月中旬，它们被人认为毫无价值。

优质货币市场基金投资者对主要基金的抵押贷款风险敞口表现出了新的警惕，他们转而选择购买国债支持资产的政府货币市场基金。[16] 主力基金开始囤积现金，以期进一步应对投资者的赎回。资产支持商业票据的发行在 2007 年 7 月开始急剧下降，而其他类型资产支持的商业票据基本保持了稳定（见图 14 - 2）。

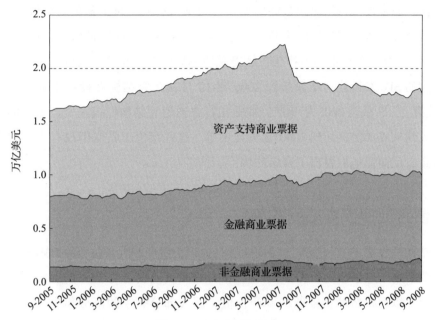

图 14 - 2　商业票据发行

资料来源：联邦储备委员会。

　　随后，在 8 月初，法国巴黎银行（BNP Paribas）宣布停止赎回旗下的两只基金，他们称：[17]

　　资产支持证券（ABS），抵押贷款，特别是次级贷款，没有任何业务。我们再也不可能对美国 ABS 为基础资产的基金进行公平估值……

　　这一消息加剧了资产支持商业票据市场中受冲击最严重的层级的下跌。2007年 7 月至 12 月，SIV 的未偿贷款额下降了约 80%，而单一卖方 ABCP 通道从 230亿美元降至 20 亿美元。[18] 没有 SIV 或劣质 SIV 能够在信贷危机中幸存下来。

　　为了在没有新投资的情况下履行到期票据的债务，一些资产支持商业票据通道推迟了票据的到期日，这使得潜在的买家更加不安，同时银行资产负债表受负面冲击，因为为保证资产支持商业票据支付而预留的现金被支取。对于一些ABCP 通道和 SIV 而言，抵押品价值的下降会触发担保人按面值回购资产或按面值偿还票据，而具体方式通常是清算资产。

　　SIV 发起人受到的打击尤其严重，因为与 ABCP 通道不同，大多数 SIV 没有为其票据提供充分的担保，因此发起人没有在其资产负债表上确认潜在负债的全部价值。而多数银行担保人最终向票据和票据持有人支付了款项，导致了亏损，因为无资金准备的 SIV 资产重新回到了资产负债表上，或以较低的价值被清算。2007 年 11 月，汇丰不得不将 350 亿美元的 SIV 资产重新纳入其资产负债表。美国最大的 SIV 发行公司花旗集团 2006 年 12 月从 7 家结构性投资工具中收回了490 亿美元。[19] 截至 2008 年年底，商业银行在通道和结构性投资资产方面的损失规模大约从 680 亿美元到 2040 亿美元不等。这些衍生工具非但没有为担保人提供资金，反而让他们付出了高昂的代价。

债务抵押债券感受的煎熬

结构性投资工具和资产支持商业票据通道中资产的大量抛售给 RMBS 和 CDO 的价值带来了进一步的压力，[20] 出现在银行资产负债表上的 20% 的次级贷款必须被计提，以反映新的、较低的资产价值。而大部分剩余的部分集中在 CDO 层。从 2007 年 8 月到 2008 年 3 月，CDO 层的市场价值下降了 60%。[21] 由于 CDO 使用 CDS 来创建综合风险敞口，导致基础债务的风险敞口膨胀，次级抵押贷款 CDO 的总损失超过了抵押贷款的实际损失。[22]

尽管 AAA 级债券与夹层债券和股票债券相比具有相对安全性，但 AAA 级债券（包括超高级债券）的持有人受到计提的影响不成比例（见图 14-3）。这反映了这些债券的规模之大，目前占了基础抵押品池的最大份额，以及夹层 CDO 的 AAA 级债券占主导地位，这些债券持有 BBB 级的 RMBS 债券，因此能够提供比 AAA 级的 RMBS 债券更高的利率。银行受到的影响尤其严重，因为它们在资产负债表上保留了大量超高级别的贷款。

例如，瑞士银行（UBS）在一份向股东解释其 2007 年亏损的报告中指出，其在美国住房抵押贷款中的头寸亏损总计约 180 亿美元。其中一半的损失来自银行资产负债表上保留的或从第三方购买的高级 CDO 头寸，其中很大一部分是无资金储备的综合 AAA 级债券。其中，大约三分之二的亏损来自于仅有 2% 至 4% 的带有对冲的超高级抵押贷款头寸；有四分之一来自于未对冲的超高级抵押贷款头寸。

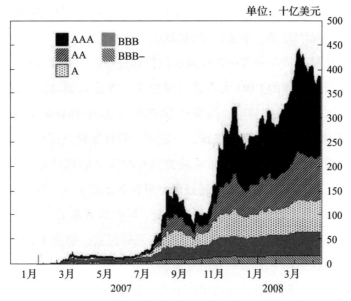

图14-3 各类债务抵押债券（CDO）价值损失估算

资料来源：英格兰银行，《金融稳定报告》，第23期，2008年4月19日。

在某些情况下，VBS并没有特意为超高级别的部分提供保险，因为这些层级被认为风险敞口非常低。在其他情况下，无法以低于禁止性成本获得保护。VBS的声明指出了以下几点。[23]

CDO部门为超高级头寸考虑的退出策略包括：

- 卖出多头头寸；
- 为特定的超高级部分购买更多的首次损失保护；
- 购买宏观保护，如做空ABX指数。

然而，从2007年七八月起，这些策略并不容易实施，主要原因是没有交易对手愿意以双方都能接受的价格执行。

其他持有大额CDO头寸的银行也受到类似影响。拥有大量夹层CDO敞口的美林证券在2007年净亏损77亿美元。花旗集团在其550亿美元的次级抵押贷款敞口中，有430亿美元的超高级CDO，2007年10月不得不计提57亿美元的损失。摩根士丹利因次级抵押贷款为抵押的CDO而遭受94亿美元的损失。到2008年，2007年AAA级CDO的平均评级被下调至CCC＋，这使商业银行持有这些债券的资本金从每100美元债券价值仅需2美元，而增加到需要足额资本金覆盖。[24]

相比之下，一直在减少对抵押贷款证券化承诺的银行报告了他们 2007 年的利润，其中包括摩根大通、高盛、瑞士信贷和德意志银行。[25]

美国证券交易委员会和美国参议院在危机后进行的调查以及投资者民事诉讼显示，在这个时期创建的 CDO 大多是由对冲基金等公司驱动的，这些公司希望押注于这些 CDO 中的抵押贷款。高盛在 2007 年发起的 Abacus 系列 CDO 就是一个例子。高盛当时向潜在投资者披露，一家单一险种保险公司对交易中的证券进行了审查，但没有提及选择这些证券是受到对冲基金经理约翰·保尔森（John Paulson & Co.）的影响，后者随后通过做空对这些证券下注。在第一笔交易后的一年内，该 CDO 中几乎所有的债券都被降级，给投资者造成了超过 10 亿美元的损失。[26] 2010 年 7 月，高盛通过支付 5.5 亿美元的罚款，解决了 SEC 提起的民事诉讼。其他银行也进行了类似的双边交易。[27]

随着房价持续下跌和贷款违约率的上升，保荐人发现越来越难为自己的 CDO 找到买家。他们发现的一个解决方案是将 CDO 夹层出售给其他 CDO。在 2006 年之前，约 5% 的新 CDO 构成了其他 CDO 的部分。2007 年，有 67% 的 CDO 夹层明显是由其他 CDO 购买的，保荐人在他们自己负责的不同交易中洗牌，或者与其他 CDO 保荐人交易。[28]

CDO 的发行量从 2007 年前两个季度的 1000 亿美元下降到第三季度的 400 亿美元。[29] 随着证券化的减少，可用于购买次级抵押贷款的资源也在减少。许多次级贷款机构发现，出售自己账面上的抵押贷款变得越来越难，也不可能筹集更多的资金用于进一步放贷。许多购买次级贷款的银行和其他证券化机构已于 2006 年开始要求卖方回购在其购买后三个月内即出现违约的贷款，这使它们的麻烦更加棘手。[30] 包括弗里蒙特总公司、新世纪金融公司在内的一些次级贷款机构，美国住房抵押贷款投资公司（American Home Mortgage Investment Corporation）和美国探索抵押贷款公司（Ameriquest Mortgage）在无法获得资金时走向破产。

回购退出

次级 RMBS 和 CDO 夹层，特别是评级较高的部分，被用作回购借款的抵押品，市场最高估计高达 12 万亿美元。[31] 根据回购协议，贷款方收取反映贷款期限和借款人风险的费用。它还可以对作为抵押品过账的资产的价值进行"折减"，以反映其可能出售抵押品的估计价格（如有必要）与借款方对抵押品的价值之间的差额。因此，在回购协议中借款 1 亿美元的银行必须提供价值超过 1 亿美元的抵押品。

在 2007 年 6 月贝尔斯登的两家对冲基金出现问题后，回购市场的问题也开始显现。美林证券在出售贝尔斯登提供的回购抵押品时遇到了麻烦，它能够出售的抵押品折扣很大。[32] 大部分抵押品都是由同一种抵押贷款相关的工具构成的，而这些工具曾使对冲基金破产。

贝尔斯登一直是抵押贷款证券化业务的先驱者和大型参与机构，到 2006 年，它发起的此类贷款占比甚至达到了 31%，其中主要是次级贷款，并将其进行了证券化。[33] 截止到 2007 年 11 月，它拥有约 460 亿美元的抵押贷款、RMBS、CDO 和 CDS。[34] 然而，在 2007 年其两家对冲基金倒闭之后，贝尔斯登面临越来越大的回购融资的难题，因为贷款方对贝尔斯登作为抵押品的资产价值越来越担心。由于贝尔斯登要求每天回购融资额约为 750 亿美元，[35] 因此，进入回购市场对它来说至关重要。

2008 年 3 月，愿意为贝尔斯登放贷者已寥寥无几。与此同时，它的主要经纪客户，包括许多对冲基金，正在撤出资产，并将衍生品合约重新分配给其他交易对手。一直在监控贝尔斯登的美国证券交易委员会报告称，截至 3 月 13 日，贝尔斯登的现金余额已降至 20 亿美元，已无法满足其交易对手不断增长的对现金和抵押品需求，3 月 14 日被迫从美联储获得紧急纾困资金。

2008 年 3 月 16 日，美联储通过斡旋，将贝尔斯登出售给摩根大通，后者同意仅以 2.36 亿美元收购。而到了 2007 年 1 月，贝尔斯登的市值为 200 亿美元。[36] 后来收购金额被上调至约 15 亿美元，美联储向摩根大通提供了 300 亿美元的资金，用于处置贝尔斯登流动性较低的资产，包括次级贷款，并首次向投资银行开放贴现窗口，允许它们以与商业银行相同的条件向美联储借款。

贝尔斯登并非唯一一家被市场担心回购抵押品价值问题而受影响的公司。随着抵押品质量和交易对手风险问题的加剧，整个回购市场受到的影响越来越大，并从次级抵押品蔓延到除政府债券以外的大多数抵押品。2007 年初，回购贷款人认为次级抵押贷款抵押品比基于公司债券或部分抵押贷款债务和基于非抵押相关债务的 CDO 的抵押品风险更大。然而，到了 2008 年，这类抵押品的费用和

"折减"大幅上升，大多数与次级抵押贷款相关的抵押品的价格都是从回购市场定价而来的。[37]信贷市场的流动性正在大量地流失。

信用违约掉期保护的崩溃

根据国际掉期和衍生工具协会（ISDA）的数据，信用违约互换（CDS）市场的规模在 2006 年至 2007 年间几乎翻了一番，从名义价值 34 万亿美元增至 62 万亿美元。而 2001 年，未偿付的 CDS 名义金额总计为 9190 亿美元。随着 CDS 市场的扩大，美国银行对交易对手信用风险的敞口也随之扩大。

CDS 市场的增长反映了几个方面的发展。首先，2005 年推出的国际互换与衍生工具协会关于资产证券化债券 CDS 的指导方针促进了 CDS 交易，而 2006 年初创建的资产证券交易所指数（ABX Index）则为在 CDS 和基础房地产市场上持仓提供了一个流动性交易场所。其次，保荐人需要夹层 RMBS 债券来创建 AAA 级的夹层 CDO，以及保荐人对保留的超高级债券的保护要求，推高了对 CDS 的需求。最后，潜在的次级贷款住房市场的恶化和次级贷款评级的一系列下调，增进了市场参与者对风险的认知和对保护的渴望。[38]

大规模降级导致保护卖家向保护买家支付大笔款项。即使标的资产最终没有违约，而卖方最终收回了这笔款项，这种支付也会在同时使保护卖方的资源更为紧张。

抵押物的交易应该提供对交易对手违约的保护。然而，就以次级债券为抵押的 CDS 而言，基础市场的问题可能会导致保护卖家违约，同时侵蚀抵押品的价值（正如贝尔斯登对冲基金的交易对手在 2007 年初发现的那样）。同样，保护买家假定，在卖家违约的情况下，他们只能通过去找另一个卖家来代替对资产的保护。但如果初始卖家的违约与同样影响资产的条件有关，则可能无法以合理的成本取代保护。[39]

或许与 CDS 的系统性风险潜力最相关的是保护卖家履行其承诺的能力。如果保护卖家违约，就有发生连锁反应的重大风险。假如卖家未能履行承诺，会导致保护买家的无法履行承诺，而保护买家不履行承诺会导致更多的损失。核心银行机构之间相互依存，加上市场的集中，形成了一个脆弱的体系，在这个体系中，一个或几个大型保护卖家不履行承诺，可能会拖垮其他关键参与者。

单一险种的降价

2007 年，不同评级的 RMBS 次级债券的 ABX 指数开始显示基础债券价值大幅恶化，波动性增加（见图 14 – 4）。ABX 指数使用 CDS 来表示次级贷款 RMBS 市场的价值。从 2006 年末开始，所有股票的价值都有所下降，其中评级最低的股票跌幅最大，到 2008 年末其价值几乎为零。CDS 市场的动荡给为如此多高级次级贷款提供保险的单一险种造成了可怕的后果。[40]

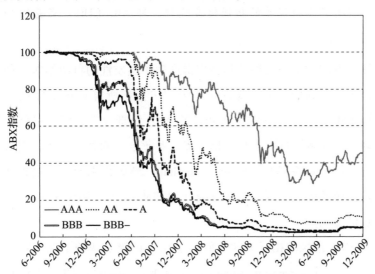

图 14 – 4　代表各种次级住宅抵押证券的 ABX 指数

资料来源：来自 Markit 集团的 ABX 2006 系列数据。

到 2007 年，银行和对冲基金是 CDS 的主要卖家，每组约占市场的三分之一。然而，银行购买的保护比出售的多，而对冲基金则是保护的净卖家。单一险种已扩展到证券化债务产品的市政债券保险公司和其他保险公司在卖方市场的份额约为 18%，但在买方市场的份额仅为 6%。[41] 单一险种保险公司已为约 1270 亿美元的 CDO 部分提供了保险，其未偿担保的杠杆比率约为 1∶115。[42]

2007 年末，曾为 600 亿美元抵押贷款和其他债务 CDS 提供保险的单一险种保险公司——ACA 金融担保公司（ACA Financial Guaranty Corp.）被标准普尔评级机构从 A 下调至 CCC。2008 年 1 月，ACA 金融担保公司无法履行 CDS 义务，被迫解除保险合同。根据标准普尔 2008 年 8 月的报告，美林证券抵押贷款相关资产的 CDS 覆盖规模约为 190 亿美元，其中的四分之一来自 ACA 金融担保公司。美林认为受到保护的资产不得不计提损失。

2008 年 1 月，惠誉评级下调了 Ambac 金融集团（Ambac Financial Group, Inc.）的评级，该集团在 CDO 上出售了约 600 亿美元的 CDS。2009 年 6 月，穆迪公司和标准普尔公司同时下调了 Ambac 和另一家债券保险公司 MBIA 的评级，后者对 CDO 的 CDS 承诺偿还规模为 1250 亿美元。穆迪当时指出：[43]

MBIA 的保险组合仍然容易受到经济进一步恶化的影响，特别是考虑到大量的再证券化（资产支持证券的担保债务凭证，即 ABS CDO）交易组合中所包含的杠杆作用。

这些评级下调对单一险种及其客户都产生了实质性的负面影响。他们自己的信用评级被下调，意味着单一险种保险公司欠他们所售 CDS 买家的补偿款。但 CDS 买家也不得不降低单一 CDS 所涵盖的 AAA 级部分的评级，以反映保险公司评级的下降。这导致银行资本金大幅下降。鉴于合约的私人性质，很难对损失做出准确估计，但巴克莱资本（Barclays Capital）2008 年末的一份报告认为，将单一险种保险公司的评级下调一个字母级（比如从 AAA 下调至 AA）将使银行资本金减少 220 亿美元。[44]

CDO 和 CDS 市场的相互关联性放大了单一评级下调的影响。对冲基金潘兴广场资本管理公司（Pershing Square Capital Management）的一项研究表明，在 2005 年初至 2007 年底期间，MBIA 直接或间接地接触了 80% 的次级 CDO，而 Ambac 则接触了其中的 73%。[45] 此外，市场的不透明使人们不仅难以知道损失和抵押品转让的规模，而且也难以知道有关各方的身份。

所有被认为有风险的市场普遍加速回调。截至 2008 年 6 月底，道琼斯工业平均指数（DJIA）跌至年内低点，较 2007 年秋季高点下跌近 20%。国际股市的跌幅更大，德国、法国、中国和印度跌幅最大。避险资产黄金和美国国债价格则持续上涨。

要求提高 CDS 市场透明度的呼声越来越高。时任纽约联邦储备银行（Federal Reserve Bank of New York）行长的蒂莫西·盖特纳（Timothy F. Geithner）向 CDS 交易员施压，要求他们承诺建立一个中央票据交换所，以处理直接和交易商中介的 CDS 交易。中央结算可以提高价格透明度，降低交易对手的风险，更好地执行保证金要求。[46]

那年秋天的尘埃

2008 年 9 月 7 日，政府将四分之三新住房抵押贷款的担保人联邦国家抵押贷款协会和联邦住房贷款抵押贷款公司置于监管之下。自 2005 年以来，政府资助的实体（GSEs）加快了不合格抵押贷款的购买和证券化，主要是 Alt-A 和次级抵押贷款，部分原因是白宫和美国国会的政治压力。自 2005 年以来，房利美已经购买或担保了 2700 亿美元的次级贷款和 Alt-A 贷款。政府官员声称，他们采取行动并不是因为担心 GSEs 即将崩溃，而是因为人们越来越担心 GSE 的长期生存能力，以及外国央行对 GSEs 的大量投资所带来的压力。[47]

不管动机如何，这一行动实际上触发了 CDS 合同中的一些条款，要求结算 GSEs 上的所有 CDS。这也加剧了人们对其他 CDS 的担忧。尤其是，雷曼兄弟（Lehman Brothers）债券的 CDS 保护成本大幅上升。

自 2006 年以来，雷曼兄弟已经扩大了对房地产相关资产的投资，尽管其他投资者已经开始撤退。[48] 雷曼兄弟在 2007 年末的报告中称，其总杠杆率约为股本的 30 倍。该公司严重依赖 ABCP 通道和回购市场进行融资。雷曼兄弟还是 90 多万份衍生品合约的缔约方或交易对手，这些合约包括 CDS、货币和利率互换、期权和期货合约，名义价值超过了 30 万亿美元。

2008 年 1 月，雷曼兄弟计划抛售房地产头寸，但发现买家寥寥无几。[49] 相反，随着次级贷款市场的持续恶化，雷曼兄弟的股价开始不断下跌。这种恶化导致信用评级机构为其贴上"不受欢迎"的关注标签。[50] 雷曼兄弟的衍生品和回购交易对手已经对雷曼兄弟抵押品的质量持怀疑态度，并质疑其资产估值，提高了估值折扣，同时要求雷曼兄弟增加抵押品。

2008 年 9 月 10 日，雷曼兄弟发布报告，称其流动资产为 410 亿美元，但实际价值仅有 20 亿美元。雷曼兄弟当时正从事一项在该公司被称为"回购 105"的会计策略，试图通过将回购交易（基本上是借款）视为实际销售，使公司得以大幅降低其报告的债务水平。利用这种可疑的、迂回的策略，雷曼兄弟在 2008 年年中隐藏了 500 亿美元的债务。[51]

2008 年 9 月 11 日，摩根大通要求雷曼兄弟提供 50 亿美元的担保品，而这一传闻也证实了评级机构威胁要下调雷曼兄弟评级的消息。[52] 在 9 月 12 日至 14 日的那个周末，纽约联邦储备银行、美国财政部和美国证券交易委员会试图说服华尔街的公司为雷曼兄弟公司纾困，就像他们在 1998 年对长期资本管理公司做的那样，但如果没有政府的财政援助，任何交易都将无法达成。2008 年 9 月 15 日，雷曼兄弟申请了破产。

违约导致雷曼兄弟衍生品合约自动终止。但没有人知道雷曼兄弟债券上的 CDS 合约的范围，买卖双方的身份，或雷曼兄弟自己可能已经发行或购买的合约的价值。[53] 监管机构说服交易商所拥有的存托和清算公司（DTCC）公布相关数据，DTCC 是交易商们进行 CDS 交易的一个中央登记处。根据 DTCC 的数据，约 720 亿美元的 CDS 名义价值已被写入雷曼债券。DTCC 很快注意到，这些合同中的大部分都被抵消了，最终和解的结算结果仅为 52 亿美元。[54]

雷曼兄弟破产后的第二天，美联储出手救助了保险业巨头——美国国际集团（AIG），该公司获得了 850 亿美元的救助。AIG 位于伦敦的金融产品部门已经发展壮大，主要通过证券化和出售与抵押贷款相关的证券，为 AAA 级的 CDO 提供 CDS 保护，这些 CDO 主要面向欧洲银行。1999 年此类业务的收入为 7.37 亿美元，到 2005 年，已快速增长了 4 倍多，达到 32.6 亿美元。CDS 保费利润每年高达 2.5 亿美元。[55] 到 2008 年年中，它出售的超高级债券面值累计达到 4000 亿美元，其中包括约 550 亿美元的次级债券。[56]

作为一家保险公司，AIG 不受商业银行的资本充足率限制。事实上，按照雷曼兄弟的标准，其杠杆率约为资本金的 11 倍，但与其他非单一险种保险公司（杠杆率为 2 至 4 倍）相比，杠杆资金规模庞大了很多。[57] AIG 为大量抵押贷款证券提供了保险，但它并没有补充资本金来预防巨额的亏损。

2007 年，AIG 在 CDS 业务上的亏损超过 110 亿美元，其中大部分来源于与次级抵押贷款相关的 CDO。[58] 2008 年，投保的证券市值继续下降，导致更多的损失计提和补充抵押品的需求。2008 年 9 月，各大评级机构下调 AIG 的信用评级，主要原因是其出售的 CDS 合约所涉及的资本金不足。[59] 该公司不得不付出 150 亿美元的抵押品，[60] 导致 2008 年前三季度的亏损额达到 180 亿美元。[61]

AIG 违约将迫使 CDS 保护买家将其资产负债表上存入高达 3000 亿美元的高级和超高级债券，[62] 因为保护失败了。紧急救援行动避免了这种状况的发生，AIG

也几近破产，再次冲击了本已动荡的市场。雷曼兄弟和 AIG 灾难发生后，银行间市场的放贷量明显减少，更糟糕的是，伴随着美林证券被迫出售给美国银行，美国、欧洲和日本的央行向各自的金融体系注入了数十亿美元资金，但由于银行相互放贷的意愿下降，伦敦银行同业拆借利率（Libor）上涨了一倍。[63]

2008 年 9 月 21 日，也就是雷曼兄弟和 AIG 灾难之后的那个周日，美联储宣布，高盛和摩根士丹利将成为美国仅存的几家大型投资银行，并成为银行控股公司。这种身份的转换将允许它们吸收存款，并将其置于美联储更严格的监管制度之下。高盛董事长劳埃德·布兰克费恩（Lloyd Blankfein）表示，"此类规则为其成员提供了全面审慎的监管，并使其能够获得永久性流动资金。"[64]

当时的银行正在大量囤积现金。在那次冲击之后，美国商业银行的每日超额现金储备比平均水平增加了 50 倍。[65] 在几周内，银行对企业的贷款比年初的平均水平下降了 40%。[66]

由于全球股市下跌，惊慌失措的投资者从货币市场基金中撤出了 1400 亿美元，[67] ABCP 通道市场进一步萎缩。CDS 的定价几乎遥不可及。到 2009 年 6 月，次级抵押贷款的 ABX 指数显示出极高的抵押贷款违约率，几乎接近 100%。[68] 次级贷款证券化消失了。更具有讽刺意味，但也许并不奇怪的是，在受危机影响的对冲基金中，有前长期资本管理公司合伙人约翰·梅里韦瑟和迈伦·斯科尔斯管理的对冲基金。

证券化所扮演的角色

证券化使金融机构能够腾出资金用于放贷，将房价下跌的风险转嫁给投资者，从销售中赚取利润，并为自己的投资组合保留低风险产品。机构信用评级的提高，以及单一险种保险公司和其他 CDS 卖家提供的保护，进一步巩固了人们对次级抵押贷款和基于次级抵押贷款是风险较低的结构性金融产品的认识。

人们认为，低风险投资使商业银行、投资银行和其他实体得以增加贷款，使获得更多抵押贷款和购买更多抵押贷款证券成为可能。证券化还使次级抵押贷款的融资范围从杠杆融资领域扩展到传统的非杠杆投资者，如保险公司、养老基金和共同基金。

这些信贷的增量来源增加了次级贷款和证券化的资金供应。同时，贷款供应的扩大被认为是资金流动性的增加，这抵消了人们对风险和违约的可能性的担心。这种情况反过来又导致信贷供应进一步扩大、放贷增多、感知风险降低、感知违约概率的降低等。[69] 次级抵押贷款和基于次级抵押贷款的结构性金融产品的需求所引发的积极反馈，因可用资金的增加而得到加强。只要房价持续上涨，就会鼓励借款人增加借款，鼓励贷款人增加放贷，即使这意味着向可能违约的借款人贷款，所有的这一切，都进一步增加了对房屋的需求进而推高了房屋的价格。[70]

当然，整个杠杆系统基于一个非常不稳定的基础：向高风险次级借款人提供贷款。此外，次级贷款本身也逐渐杠杆化，贷款价值比在 2001 年至 2007 年间不断上升。[71] 当房价上升速度放缓并在最后发生逆转时，次级抵押贷款的拖欠和违约增加，超出了抵押贷款利率、RMBS 收益率和 CDS 溢价所反映的预期。次级抵押贷款的真正潜在风险，被用来转移风险的工具隐藏了很长时间，又逐渐显现出来。

与此同时，问题的严重程度仍然不透明。CDO 的复杂性和 CDS 所建立的复杂的法律义务关系，加上缺乏公开的信息，使得市场参与者很难辨别哪些工具和哪些实体将会崩溃。一些关键机构的偿付能力开始受到质疑，交易对手风险成为决策的首要因素，随着银行囤积资本金并拒绝放贷，流动性陷入枯竭，这导致房价进一步下跌，出现更多的违约和止赎，导致抵押贷款持有人和抵押贷款相关产品投资者的更多损失。这对美国经济和全球经济的影响都相当严重。

与 1987 年的投资组合保险一样，旨在降低某些抵押贷款的贷款人和投资者风险的措施，在结构性金融产品的保护下，最终反而增加了整个金融系统的风险。更重要的是，2001—2008 年住宅市场从上升到衰退的影响，被用于为抵押贷款和抵押贷款相关工具提供资金的大量杠杆所放大，这与长期资本管理公司被杠杆放大之后走向崩溃的情形非常相似。

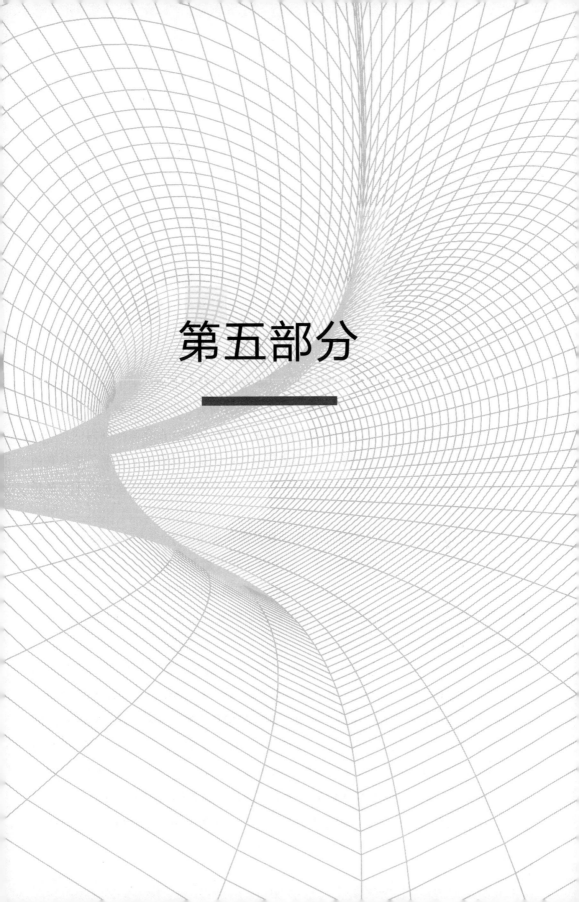

第五部分

第十五章

风暴之后，2010—2018 年

"市场参与者和监管机构……总体上低估了混乱在相互关联的公司和市场上横向蔓延，损害金融体系的运作，从而给经济带来严重后果。"

——金融研究室[1]

1987 年 10 月的投资组合保险销售主要对美国资本市场产生了影响，进而对全球股市产生了影响。长期资本管理公司巨额套利头寸平仓的影响主要局限于美国的股市和债券市场。然而，次级贷款相关工具的解体，在全球范围内的较长时期内产生了负面影响。它导致了股票市值的大量蒸发，从根本上改变了华尔街的地位，冻结了大大小小的借款人的信贷市场，使美国经历了自大萧条以来的最长时间的衰退。

据英格兰银行估计，这场危机在全球范围内摧毁了 1～3 年的经济增长。[2] 在美国，蒸发了 15 万亿美元的财富，使约 900 万人陷入贫困。[3] 金融部门的企业利润快速下滑，2006 年第二季度达到危机前的峰值 4015 亿美元，到 2008 年第四季度则变成了 1015 亿美元的亏损。经济衰退后的复苏比第二次世界大战后从衰退中复苏要慢得多。

2008 年第四季度，美国实际 GDP 以 8.2% 的速度下降，直到 2009 年第三季度，实际 GDP 增长才转正。2010 年，该指数反弹至 2.5%，相当于经济健康时的增长率。然而，在接下来的 7 年里，该增长率从未突破 3%，其中有 3 年一度低于 2%。失业率翻了一番多，从 2008 年 2 月的 4.9% 上升到 2009 年 10 月的 10%。截至 2011 年第三季度，该指数仍保持在 9% 甚至更高，仅在 2016 年初降至 5% 以下。前后用了 7 年多时间，失业率才恢复到 2008 年初的水平。

在某种程度上，信贷危机的严重后果反映了住房市场对金融和私营企业的重要地位。抵押贷款和证券化是美国债务市场的最大组成部分，远远大于股票市场。2008 年美国债务市场规模约为 30 万亿美元，而股票市场价值为 15 万亿美元。[4] 房价暴跌以及金融企业因此遭受的损失导致整个金融市场大幅收缩，贷款随之减少。[5]

经过季节性调整后，标准普尔/凯斯－希勒美国国家房价指数在 2007 年第一季度达到了危机时期的最高点。2011 年 5 月的房价降至 2002 年泡沫开始膨胀前的最高水平，[6] 但标准普尔/凯斯－希勒美国国家房价指数直到 2012 年初才触底。尽管到 2013 年底，美国 50 个最大城市中的 10 个城市的房价已回到危机前的最高点，[7] 但直到 2016 年底，美国房价才达到并超过了 2007 年的高位。

房产通常是大多数个人财富中最大的部分。到了 2011 年，家庭净财富中位数较 2005 年峰值下降了 35%。[8] 到了 2006 年第一季度，房地产所有者权益总额已增至约 13.4 万亿美元。而到了 2009 年第一季度，这一数字下降了超过一半，约为 6 万亿美元。危机之后它开始缓慢恢复，直到 2017 年第一季度才达到 2006 年的水平。

此外，当房价上涨时，相当一部分房主用抵押贷款进行再融资，取出现金，从而刺激了消费支出。[9] 房价下跌，导致大多数借款人无法再融资和提取现金。随着这些现金来源的萎缩，2004—2008，消费者支出每年增长 2.4% ~ 3.1%，到 2009 年则下降了 0.01%，现金的减少抑制了经济活动。此后仅一年，即 2011 年，消费者支出增长率超过了 2%，但 2013—2016 年，年均增长率仍低于 1.5%。[10]

单户住房抵押贷款的拖欠和违约率在 2006 年年中有所上升，至 2007 年开始急剧上升，直到 2010 年初才达到最高值，这是因为就业危机给已经在为房价下跌而挣扎的借款人带来了巨大的压力。到了 2013 年，拖欠和违约率仍接近危机期间的高点，约 13% 的抵押贷款持有人在 2013 年第三季度仍处于负资产状态。另外，抵押贷款的止赎率在 2010 年年中见顶，2016 年初才恢复到危机前的水平，但在 2016 年末和 2017 年初仍出现升趋势。好消息是，其中有 70% 的止赎贷款集中在房地产泡沫时期发放的贷款中；2009 年以来发放的贷款表现甚至比 1999—2003 年期间还要好。[11]

2006 年第四季度，美国银行和储蓄机构在房地产泡沫期间的净利润已高达 402 亿美元，但在 2008 年最后一个季度出现了重大亏损。在接下来的四个季度中，有三个季度在进一步亏损。直到 2010 年，它们的盈利能力才开始恢复，但直到 2013 年第一季度才达到危机前的最好水平。业绩增长主要是由商业贷款推动的，[12] 但这些贷款在 2016 年底之前也一直低于危机时期的峰值。首次留置权购买的住房抵押贷款发放从 2007 年泡沫期间的峰值——约 1.5 万亿美元，逐渐下降，到 2011 年，其规模减少了约一半，在 2016 年恢复到 1 万亿美元左右的水平。[13]

2006 年，直销的住房抵押贷款支持证券飙升至约 1.2 万亿美元的规模，次年便下降了约三分之一，2008 年跌至 520 亿美元，较最高时下降了 95%；直到 2016 年，RMBS 的规模还没有突破 1000 亿美元。2007 年之后，次级 RMBS 的发行几乎消失了。自 2010 年以来，贷款证券化业务一直在努力恢复，垃圾债券、信用卡债务和汽车贷款等产品重返市场，但仍然没有抵押贷款的证券化。

随后的几年，美国股市逐渐从信贷危机中复苏，并迅速走入牛市，尽管出现了一些重大的停滞和挫折，但表现相当强劲（见图 15 – 1）。道琼斯工业平均指数（DJIA）从 2009 年 3 月 9 日，危机后底部 6547 点上涨了 59%，至 12 月 31 日的 10428 点。但这与该指数 2007 年 10 月 9 日 14164 点的危机期高点相比，跌幅仍然不小。2010 年道琼斯工业平均指数又上涨了 11%，然而 5 月份道琼斯工业平均指数曾经在 5 分钟内暴跌了 600 点（见专栏"高频交易与股市闪崩"）。2011 年，尽管在此期间，美国上市公司基本面表现得相当好，但是欧洲主权债务危机和美国信用评级下调，再次搅乱了全球股市和债券市场，抑制了股票投资的回报。

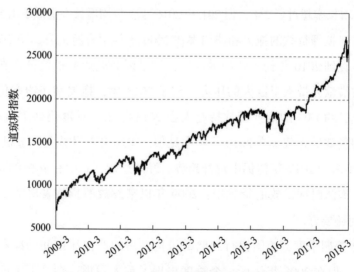

图 15 –1　2009—2018 年道琼斯工业平均指数

高频交易与股市闪崩

在 1987 年股市崩盘后的几年里，所有交易所都加快了使用自动化系统，以取代耗时的手工流程，这些系统允许使用电子工具来下达交易指令。同时，交易所还改进了交易信息的网络传播。然而，到 2010 年，纽约证券交易所和美国证券交易所等传统交易所正受到场外交易市场的挑战。[14]

互联网和私人交易平台（由于缺乏透明度，通常被称为"暗池"）的优势，加上现在这些网络和更为成熟的交易所的交易速度更快，随即又产生了一系列新的问题，所谓的"闪崩"就是其中的一个缩影。2010 年 5 月 6 日下午，由于道琼斯工业平均指数已经较开盘下跌 300 多点（2.7%），该指数在 5 分钟内下跌近 600 点，但在 1 分半钟内又收复了大部分失地。然而，在这期间，一些股票以每股 1 美分的价格出售，而其他股票的价格，包括苹果和惠普，则在最高时股价达到 10 万美元。

美国证券交易委员会和商品期货交易委员会（CFTC）的一份报告认为，一位美国共同基金经理利用电脑交易程序出售标准普尔 500 指数期货，引发了高频交易员短暂的交易狂潮。[15] 这些机构规模的机构使用计算机算法和电子网络的交易频率极高，他们通过迅速转换头寸而不是持有头寸来寻求利润。这反过来又引发了标的股票市场上套利者的一连串抛售，这些套利者先是吓跑了交易所做市商，然后又吓跑了高频交易者。随着市场失去了买盘，交易价格急剧下跌，直到芝加哥商品交易所触发了期货交易的熔断。

在 2010 年美国国会听证会上，美国证券交易委员会主席玛丽·L.夏皮罗（Mary L. Schapiro）在证词中引用了一种常用的技术。[16] 她推断，自动化交易导致了 5 月 6 日的市场"闪崩"，因为高频交易和其他交易员下达的市场指令并不能区分真实的出价以及所谓的存根报价（stub quotes）。存根报价是远远超出当前价格的报价，基本上是做市商不愿意交易的持股方。当市场的订单来自寻求即时行情的自动化系统时，不管价格如何，这些订单都可能以不合理的价格被执行。

2010 年 5 月 6 日股市暴跌后，交易所对个别证券制定了各种停牌规则。然而，这些并没有阻止"闪崩"的发生。2012 年 8 月 1 日上午 9:30，骑士资本集团（Knight Capital Group）新安装的自动交易系统开始进入一系列非理性交易，交替买卖了近 150 只股票，交易量达到数百万股，使这些股票的成交量猛增，导致股价出现极端波动，直到该公司的经理们在上午 10:15 重新控制交易。尽管大部分交易发生在纽约证交所，但交易所的交易暂停并没有启动，因为它们被设置在开盘 30 分钟后才开始生效。骑士资本集团当天亏损 4 亿美元，到年底，该公司被 Getco LLC 收购，成为 KCG 控股公司。

2015 年，美国司法部指控一名来自英国的交易员纳文德·辛格·萨拉奥（Nav Sarao 期货公司）制造了 2010 年的闪崩。指控认为萨拉奥使用了一种计算机算法进行了"欺诈"。"欺诈"是指他下了一个从未打算执行的大额订单，以便操纵价格。[17] 萨拉奥于 2016 年 11 月对一项电信欺诈和一项欺骗指控认罪，并被勒令支付 3840 万美元赔偿。[18] 自动化交易的出现，高频交易和穿插于多个交易所之间的碎片化交易给传统的熔断机制带来了新问题，并引发了人们对金融市场脆弱性的质疑。

2012 年，随着欧洲危机的缓解和扩张性货币政策的持续，道琼斯工业平均指数再次上涨，尽管在 2013 年之前一直低于此前的高点。但在 2013 年 5 月初首次突破 15000 点，11 月又突破 16000 点。在 2014 年底，该指数突破了 18000 点，2015 年首次出现危机后下跌，又在 2016 年收复失地，并在 2017 年 3 月突破 21000 点，2018 年初突破了 26000 点。

法律后果

经济领域的另一个角落是法律。自金融危机以来，该行业的业务出现了好转。美国政府通过司法部（DOJ）、证券交易委员会、联邦住房金融局（FHFA）以及各州总检察长，从针对信贷危机参与者的大量诉讼中筹集了数十亿美元。2010 年，高盛因在 Abacus 债务抵押债券（CDO）中的角色而被罚款 5.5 亿美元（见第十四章，"证券化与信贷危机"）。花旗集团在 2011 年末支付了 2.85 亿美元，与美国证券交易委员会就一宗类似的 CDO 交易达成和解。[19] 联邦住房和金融管理局（FHFA）已经追查了 17 家大型金融机构，并拿出数亿美元作为对向联邦国家抵押贷款协会和联邦住房贷款抵押公司出售的抵押贷款的补偿。[20]

到 2016 年初，政府对主要银行（拥有 1000 亿美元以上资产的银行）采取行动，对抵押贷款融资和证券化相关活动的罚款已超过 1180 亿美元。2017 年 1 月，美国银行支付的金额最大，约为 560 亿美元，其次是摩根大通 280 亿美元，花旗集团 150 亿美元，富国银行 110 亿美元，高盛 90 亿美元，摩根士丹利近 50 亿美元。[21] 瑞士信贷和德意志银行就抵押贷款证券化问题与美国司法部达成和解，分别支付 52.8 亿美元和 72 亿美元。苏格兰皇家银行于 2016 年 7 月与 FHFA 以 55 亿美元达成和解，2018 年 3 月与纽约州以 5 亿美元达成和解，2018 年 5 月与美国司法部以 49 亿美元达成和解。2018 年 3 月，美国司法部向巴克莱收取了 20 亿美元的和解款，又向富国银行收取了 20.9 亿美元。瑞银斥资 2.3 亿美元了结了纽约州提起的一宗诉讼。在那一年晚些时候，政府机构实施的金融清算和处罚总额约为 1500 亿美元。

个人当事人也提起了对抵押贷款相关的诉讼。2011 年，一组养老基金因抵押贷款支持证券起诉富国银行，收回了 1.25 亿美元。[22] 美国银行被股东指控其在被误导的情况下同意支付了 24.38 亿美元，用于收购美林证券。[23] 花旗集团在 2013 年和 2014 年分别向机构投资者支付了 7.3 亿美元和 11.3 亿美元，以解决抵押贷款相关损失引起的索赔。[24] 2018 年 3 月，雷曼兄弟的破产财产支付了 24 亿美元，以解决抵押贷款相关证券投资者的诉讼。

而金融机构的内讧一直很激烈。摩根士丹利从 MBIA 公司获得 11 亿美元的商业和住宅抵押贷款工具担保。[25] 美国银行同意向联邦救助受益人 AIG 支付 6.5 亿美元，以弥补 MBS 造成的损失。[26]

但是，针对这场危机中的一个始作俑者的刑事指控并未成功。[27] 2007 年，贝尔斯登对冲基金经理拉尔夫·R. 乔菲（Ralph R. Cioffi）和马修·M. 塔宁（Matthew M. Tanni）的证券欺诈案宣告无罪，货币市场共同基金（Money Market Mutual Fund）创办人布鲁斯·R. 本特（Bruce R. Bent）和他的儿子、储备一级基金（Reserve Primary fund）的联席执行官也一样。2008 年 9 月，主要储备基金（Reserve Primary Fund）因大量持有雷曼兄弟的债务而倒闭。对全国金融机构的安吉洛·R. 莫西洛（Angelo R. Mozilo）以及华盛顿互惠银行（Washington Mutual）、英迪马克银行（IndyMac Bank）和新世纪金融公司（New Century Financial Corporation）等其他抵押贷款经纪商的高管进行的刑事调查均告失败。[28]

美国国会和监管机构的介入

美国应对危机的措施包括 2010 年 7 月中旬通过的《多德-弗兰克华尔街改革与消费者保护法案》（Dodd-Frank Wall Street Reform and Consumer Protection Act）（以下简称《多德-弗兰克法案》），并催生了一系列新的、尚未出台的法规。该法案规定了一个改革框架，许多细节有待联邦监管机构填写。然而，该法案的一个直接影响就是限制了不良资产救助计划（TARP）的对外支付。

2008 年通过的 TARP 有权支付高达 7000 亿美元的援助，用于帮助缓解信贷紧缩。《多德-弗兰克法案》将这一数字上限定为 4750 亿美元，根据 TARP 支付更多款项的权限在 2010 年 10 月已到期。计划内的支出在 2010 年 10 月起被逐步取消。[29] 到那时，除花旗集团外，所有最大的银行都偿还了其 TARP 贷款，通用汽车和克莱斯勒也从破产重组的泥潭中走了出来。TARP 支出总额最终规模约 4390 亿美元。

截至 2017 年 9 月 30 日，美国财政部已收回发放出去的 TARP 资金的 103%。

对银行的扶持带来了最大的利润，约 300 亿美元，而对信贷的纾困资金，包括购买汽车制造商股票和资产支持证券贷款的资金，净赚了 45 亿美元。亏损主要来自通用汽车（General Motors）的汽车救援计划以及 AIG 通过 TARP 获得的股票转售造成的损失。后者的损失被财政部持有的非 TARP 股票收益所抵消。除了 TARP，房利美和房地美还从政府那获得了约 1870 亿美元，自从在 2012 年恢复盈利以来，这两家公司几乎将所有的股息支付都给了财政部（这让股东们非常震惊，他们质疑政府的诉讼在 2018 年 2 月被美国最高法院驳回）。[30]

《多德－弗兰克法案》中一个更为公开和有争议的方案是所谓的沃尔克法则，它以美联储前主席保罗－沃尔克的名字命名。这一法则通过削减银行对对冲基金和私募股权基金的所有权，尽管它允许对冲银行自己的头寸，但在一定程度上限制了银行使用自己的账户进行交易。这项规定于 2015 年 7 月生效，尽管许多银行此时已经开始限制自营交易。[31] 2018 年 5 月底，美联储发布了一项提案，限制这项规定的范围，豁免那些不进行大量交易的、规模较小的机构。

信贷危机暴露的另一个问题是信用评级机构所起的作用，这也是《多德－弗兰克法案》的目标之一。该法案试图将信用评级从《第一修正案》的保护范围内删除；评级机构历来依靠《第一修正案》的特权来保护其评级不受法律责任的影响。到目前为止，这项指令的法律实施和后果还没有定论。2012 年 7 月，曼哈顿联邦地方法院的一名法官裁定，评级机构声称其评级只是受《第一修正案》保护的意见，不能保护该机构免于承担评级所产生的误导的责任。[32] 然而，到 2013 年初，基于《第一修正案》的辩护，针对标准普尔评级服务的 41 项法律诉讼被撤销。[33]

美国联邦政府和州政府根据 20 世纪 80 年代储蓄和贷款危机后通过的一项较早的法案，即 1989 年的《美国金融机构改革、复苏和实施法案》，在推行评级机构方面取得了更大的成功。在美国司法部和多个州于 2015 年提起的民事诉讼中，标准普尔同意以 13.75 亿美元的价格，用来解决在金融危机爆发前欺骗投资者购买 RMBS 和 CDO 的问题；标准普尔承认，他们错误地声明其评级是客观、独立的，不受其与投资银行业务关系的影响。[34] 穆迪在 2017 年斥资 8.64 亿美元了结一宗类似的诉讼：有人发现穆迪使用低于其公布的评估标准对 RMBS 和 CDO 进行评级。[35]

《多德–弗兰克法案》宣布，包括指数信用违约掉期在内的场外衍生品的大部分交易将转移到清算所。清算所的成员是银行和其他交易商，为交易执行提供便利，随时准备为任何交易对手的违约提供担保。对于这些服务，要求会员支付抵押品或保证金。保证金和通过中央结算在不同交易对手之间实现净风险敞口的能力有可能大大降低交易对手的信用风险。清算所还提高了他们的透明度，如果他们不向公众报告他们的交易数据的话，就要向相关的监管机构进行报告。根据《多德–弗兰克法案》，不需要在清算所进行交易的衍生品和互换交易的信息必须报告给存款信托与清算公司（Depository Trust & Clearing Corporation）或政府机构，并向公众披露汇总数据。

该法案的各个章节都涉及了资本金和杠杆比率要求。为符合该法案的要求，并应对 2012 年以来对美国银行业进行的年度压力测试，美联储委员会、联邦存款保险公司（FDIC）和货币监理署（OCC）通过了新的资本金和杠杆率要求，这些要求将于 2019 年全面生效。这些要求通常遵循《巴塞尔协议Ⅲ》中国际清算银行制定的指导原则，并对大型银行，特别是对全球金融系统中产生重要影响的银行提出更严格的要求（见专栏"《巴塞尔协议Ⅲ》资本金要求"）。

《巴塞尔协议Ⅲ》资本金要求

《巴塞尔协议Ⅲ》大大加强了对银行的资本金要求，并增加了新的措施，以在危机期间增加资本储备。新规定保留了《巴塞尔协议Ⅱ》中 8% 的最低总资本要求，但要求银行持有的一级资本至少相当于风险调整资产的比例从 4% 提高到了 6%。此外，一级资本必须为股东的普通股的比例从 50% 提高到了 75%。普通股比其他更为短暂的资本形式（如次级债务、其他金融公司的少数股权和递延所得税资产）更能对抗损失。

银行还被要求持有一个由普通股构成的"资本保护缓冲区"，相当于风险加权资产的 2.5%。这种缓冲可以在压力时期使用。缓冲区的减少将引发银行支付股息和向银行高管支付奖金的限制。包括缓冲区在内，银行将被要求持有总资本（一级资本和其他资本）相当于风险加权资产的 10.5%。

《巴塞尔协议Ⅲ》还呼吁建立一个"反周期缓冲区"，比例为从 0 到 2.5% 的风险加权资产（以普通股或类似优质资本的形式）不等。各国政府可以选择是否采用这种缓冲措施。这项措施旨在解决人们担忧的问题，即旧的巴塞尔协议过于顺周期，在经济景气时期鼓励过度放贷，在经济低迷时期大幅削减放贷，从而加剧了经济的周期效应。

巴塞尔银行监管委员会（Basel Committee on Banking Supervision）还批准使用杠杆比率，即一级资本与非风险加权资产的比率，包括衍生品、回购交易和表外风险敞口。其目的是根据风险加权资产对资本比率进行现实检验，因为银行通过将资产从资产负债表上转移到风险权重较低的资产中来避免这种情况，可能会更加困难。杠杆比率于 2018 年起生效，要求银行持有的一级资本至少相当于非风险加权资产的 3%。

《巴塞尔协议Ⅲ》推出了两项新措施，以提高被监管金融机构的流动性。最低流动性覆盖率要求银行需要拥有足够的流动资产，以承受监管机构设定的 30 天压力测试情形。净稳定融资比率要求提供一年以上可靠可用的资金，其水平取决于表内和表外资产的流动性和到期日，以及资金是短期还是长期、零售还是批发。这些要求将会降低银行和其他金融机构挤兑的发生概率，减少它们以低价出售资产的需要。

《巴塞尔协议Ⅲ》计划在 2013—2019 年分阶段生效。然而，各国政府可以修改它们，并采用自己的时间表。

美国监管机构普遍采用了国际标准，但在某些情况下，进一步强化了这些标准。例如，定义一级资本和计算流动性覆盖率的规则更加严格。此外，《多德－弗兰克法案》还为能对金融系统产生重要影响的非银行金融公司制定了最低资本要求和杠杆率要求。该法案还规定了一个资本下限，即银行控股公司的资本要求不得低于适用于其接受存款子公司的资本要求。《多德－弗兰克法案》还在确定银行和保险公司资本要求及货币市场共同基金的资产限制的监管指南中删除了对信用评级机构提供的信用评级的任何参考。

与国际同行相比，美国对最大的几家银行的杠杆率要求也更为严格。所有银行控股公司和存款机构都必须持有相当于其表内资产 4% 的一级资本。对于资产规模超过 2500 亿美元或外国风险敞口超过 100 亿美元的大型银行，规定 3% 的补充杠杆比率，并适用于表内和表外风险敞口。资产超过 7000 亿美元或保管资产超过 10 万亿美元的最大的银行控股公司必须达到更严格的补充杠杆率标准——5%，而不是 3%，以避免对分配和任意奖金支付的限制。对于控股公司的联邦保险银行子公司，这一标准提高到 6%。[36]

一头"鲸鱼"在伦敦浮出水面

必须记住，加强限制可能会产生消极和积极两种后果。一位风险顾问警告称，由于沃尔克规则的实施，自营交易（即金融机构使用自己的账户进行的交易）只会转移到机构的做市领域，这使得银行（和市场）更依赖于客户参与金融机构所希望进行的交易。[37] 摩根大通 2012 年春夏季的事件让人有些担忧。

到了 2012 年，摩根大通已经关闭了其自营业务和私募股权业务，但仍在四处游说，希望获得特许，允许银行继续用自己的钱进行大额押注。[38] 摩根大通投资部的一名交易员（此人后来被人们称为"伦敦鲸"）在衍生品和 CDS 上进行了一系列规模庞大且复杂的交易，据称这些交易旨在对冲欧洲的衰退，然后又对冲了自己的对冲交易。[39] 这些押注在春季突然变味，所导致的亏损高达 70 亿美元。这一巨额亏损表明，假设的对冲实际上是投机性的押注。[40] 当时，该行的投资部门基本上由对冲基金经理管理，像自营交易平台一样运作。[41]

沃尔克规则和潜在的集中清算很可能对市场流动性产生有害的影响。银行的自营交易传统上扮演着做市商的角色，即银行在交易的另一边占据原本无法填补的份额。如果沃尔克规则削弱了这一功能，做市交易可能会被留给监管较少的"影子银行系统"或者高频交易者，因为在市场压力之下，高频交易者可能不愿意将资本置于风险之中。[42] 一些人认为，中央结算将交易对手的风险转化为流动性风险。特别是，中央结算需要真实和即时地支付保证金，这又将导致公司的流动性问题，即使他们有偿付的能力。[43]

新的风险监督委员会

在《多德－弗兰克法案》下，金融稳定监督委员会（FSOC）得以成立，由财政部长领导，包括货币监理署、证券交易委员会、商品期货交易委员会、联邦存款保险公司、联邦住房金融管理局和美联储的 10 个有投票权的成员。该委员会的任务是找出威胁美国金融体系稳定的因素。它有权指定金融机构，甚至非银行机构，具有系统重要性，并适用适当的监督标准。

金融稳定监督委员会还拥有更大的权力，它可以要求金融研究办公室（OFR）提供确定系统性风险的来源和程度所需的信息。该办公室是委员会努力建立国家金融研究所的成果，这一研究所是在危机发生后成立的一个学术和从业人员小组，目的是制定披露要求的监管办法，以便识别系统性风险。根据其 2012年年度报告，OFR 的使命是：

制定衡量金融稳定性风险的指标，监测和调查风险，开展稳定性研究，改进数据标准。它可能要求监管机构、公司披露数据。与个别监管机构不同的是，该办公室对整个金融部门有着更广阔的视野。这种宏观审慎的方法有助于填补由于分门别类的监管体系而造成的难以预防的数据缺口。

美国监管机构一致认为，需要在制定规则和标准方面进行国际协调。在美国信贷危机之后发生的欧洲主权债务危机说明，任何国家金融体系外部的事态发展都可能造成系统性风险，导致各国经济的不稳定。

短期波动策略

2018 年 2 月 2 日，星期五，美国劳工部（DOL）公布了上个月平均工资指标意外强劲增长，这一事件突然结束了股市长期的平静。对通胀重新抬头的担忧令美国股市当天下跌 2%。随后的 2 月 5 日星期一，美国主要股指跌幅超过 4%，抵消了年初以来的涨幅。截至 2 月 8 日（星期四），连续三天的波动交易，将标准普尔 500 指数和道琼斯工业平均指数拖入了行情修正区间（从股指的最高点下跌 10% 或更多）。

更令人担忧的是，在早些时候的市场暴跌中，价格大幅逆转和混乱的交易再次出现。在 2 月 5 日收盘前一个小时的 15 分钟内，道琼斯工业平均指数暴跌 900 点，最终下跌近 1600 点，创下 2011 年 8 月以来的最大单日跌幅。[44] 股价的剧烈波动，让投资者迫于压力，纷纷抛售流动性驱动的股票，将其抛售到一个买家寥寥的市场状态。星期一和星期二，一些受到重创的交易所交易产品（ETP）与股价波动性指数挂钩的交易暂停。[45] 几家主要的贴现券商遭遇了系统故障，使客户在很短的时间内无法登录他们的账户。[46]

在美国经济原本强劲的情况下，这场动荡的背后是什么？人们的关注点很快就指向一类相对较新的重点关注股票价格波动性的金融产品，股价波动性通常被视为风险的指标。这些金融产品的灵感来源于芝加哥期权交易所波动率指数，该指数以其股票代号 VIX 而广为人知。VIX 于 1993 年被推出，用来跟踪投资者对标准普尔 500 指数价格波动的预期。[47]

被称为华尔街"恐惧指数"的波动率指数（VIX）上升，往往预示着股市有麻烦，因为预期的股市波动性上升通常与股价下跌有关。因此，波动率通常与股价走势相反。基于该指数的 VIX 相关期货产品于 2004 年推出，2006 年推出了通常用于对冲股票投资组合的期权产品。

2018 年初，VIX 一直保持着相当低的水平，部分原因是美联储和其他央行在信贷和主权债务危机后努力地抑制利率和稳定物价。在过去三年中，波动率平均水平接近 14，远低于该指数有史以来的 19.3 的平均水平。[48] 在 2 月份金融市场动荡之前的 12 个月里，平均波动率为 11.3，[49] 在这段时间内，利用波动性产品押注市场的策略——这一策略被称为短期波动策略——变得流行，且有利可图。

短期波动策略包括针对市场动荡出售的保险，它们与投资组合保险有着惊人的相似性。与投资组合保险一样，短期波动策略在市场长期上涨和低波动性时期也很流行，在此期间，这些策略的潜在风险似乎很小。

最简单的短期波动策略之一是卖出期权。如附录 B 所述，如果在合同到期前，期权卖方同意以行权价格购买标的证券的股票，如果该股票低于该价格，则期权卖方获得溢价。在看涨期权的情况下，如果股票价格在到期前高于行权价格，看涨期权卖方承诺以行权价格向看涨期权买方出售证券，将获得溢价。在这两种情况下，如果证券价格保持稳定，且不超过行权价格，投资者会更愿意在市场长期平静期间进行押注，期权到期时一文不值，溢价是期权卖方的利润。[50]

　　然而，随着波动性预期的下降，卖出看跌期权和看涨期权的溢价也随之下降。在 2018 年之前的低波动性环境中，波动性卖方被迫出售越来越多的期权合约，以实现其收入目标。

　　与波动性相关的策略也有其他形式，其中一种被称为风险平价，它构建了一个投资组合，目标是在股票、政府债券、公司债券和大宗商品等资产类别中挑选具有相同的风险或波动性的标的。[51] 这是通过使用杠杆来增加投资组合中低波动性资产的头寸规模来实现的。随着资产价格波动性的增加，其在投资组合中的头寸规模减小，反之亦然。如果股票波动性增加，投资组合将出售股票和购买债券以维持风险平价。其中存在着波动性增加导致抛售的可能性，例如股票价格波动性增加，导致股票的抛售，进而导致更多的股价波动性和更多的股票被抛售。

　　风险平价投资组合对波动性变化的敏感性因其杠杆的使用而被放大。2018 年 2 月，风险平价基金的平均杠杆估计为创纪录的投资资本的 2.8 倍，用于提高股票敞口的期货合约未平仓利率创下历史新高。[52]

　　出售可变年金的金融机构也是短期波动策略的参与者。在监管机构保护年金购买者免受极端市场波动的压力下，年金提供者试图通过在波动性增加时出售股指期货（股价下跌）和在波动性下降时购买股指期货（股价上涨）来控制投资组合的波动性。实际上，复制看跌期权这种策略类似于投资组合保险：在价格上涨时买入股票，在价格下跌时卖出。当你追求足够大的规模时，这种跟随趋势的交易计划可能会破坏市场的稳定（见第五章"投资组合保险和股市崩盘"）。

　　寻求直接对市场波动性的涨跌进行投机的投资者，至少可以从 40 个 ETP 中进行选择。[53] 大多数 ETP 的设计目的是随着 VIX 的上升而增值，但"反向"基金的价值则随着 VIX 的下降而增加，随着 VIX 的上升而贬值。2018 年初最受欢迎的两只反向基金由瑞士信贷和 ProShares 赞助。这两只基金在高峰期总共吸引了 36 亿美元的投资，其中包括在创纪录的 2018 年 1 月所募集到的 17 亿美元。[54]

　　截至 2018 年 2 月，投资者已向波动性相关策略的基金投入了约 2 万亿美元。[55] 当情况发生变化时，这足以影响市场的稳定性。

　　2 月 5 日，星期一，由于上周五公布的失业救济金报告引发的担忧蔓延，当天开盘时的 VIX 指数为 19.2，随后翻了一番多，达到 38.8，最后收于 37.3，创下两年来的最高收盘点位。这是该指数有史以来最大的单日涨幅。星期二，VIX 指数一度突破 50，最终收于 30。跟踪 VIX 指数的杠杆基金经理被迫购买 VIX 期货，而波动敏感基金经理则被迫出售股票或股指期货，以维持其目标波动水平。期货市场上还有动量交易者和其他希望从波动率上升和（或）股指下跌中获利的人。

　　VIX 指数的飙升对反向 VIX ETP 来说尤其麻烦，它的设计目的是随着 VIX 指数的下跌而升值，随着 VIX 指数的上涨而贬值。这包括出售 VIX 期货，只要波动率保持在低位，这种策略就会奏效，并产生利润。这些基金在 2017 年的表现尤其出色，吸引了大量资金。截至 2 月 2 日（星期五）收盘，两家最大的反向 VIX 基金共做空约 20 万份合约，大约相当于 3 月份到期的 VIX 期货日均成交量的四分之三。[56]

　　然而，2月5日VIX指数的大幅上涨意味着反向VIX ETP的大幅下跌。为了遵守要求他们每天重新平衡头寸的交易规则，他们必须回购他们出售的VIX期货，而不管当前价格如何。此外，这两家最大的基金在3月到期日持有约42%的未平仓合约，其庞大的头寸规模也不是什么秘密，老练的交易员们争先恐后地购买VIX期货，推高了他们的成本。[57] 不到一分钟，2月5日下午4:08，近11.6万份VIX期货合约易手，约占当时所有VIX期货合约的四分之一。[58]

　　其结果让人想起1987年10月的情景：一个大部分时间井然有序的、跟随趋势的交易策略突然变得让人恐慌，VIX期货的买单和股指期货的卖单压倒了市场，老练的投资者在这些交易指令前进行了交易，随后，正反馈循环导致进一步交易。由于买入VIX期货推动VIX走高，基于VIX指数的杠杆基金和反向基金被迫买入更多的VIX期货。随着VIX期货买家通过出售标普500期货对冲风险敞口，打压股指走低，从而使动荡蔓延至整个股市。波动率上升也是其他波动敏感策略的卖出信号，又进一步打压股价。[59]

　　在2月5日收盘后，两家最大的反向VIX基金的总价值从30多亿美元降至1.5亿美元。[60] 瑞信反向VIX基金当天损失了96%，随后不久，该基金与野村证券（Nomura）赞助的类似基金一起被清算，[61] ProShares基金在2月5日损失了近90%，但仍在营业。不久后，为了应对VIX的变化，该基金价值仅较之前上涨了一半，这一调整旨在抑制该基金的波动性。[62]

　　尽管短期波动策略的崩溃所造成的损失主要局限于美国股市和与波动性指数相关的衍生品，市场动荡也只是转瞬即逝，但这一事件提醒我们，低风险、高回报的策略仍有可能导致动荡。在1987年股市崩盘30年后，这些教训仍然必须吸取。

第十六章

欧洲债务危机

"我们都经历过雷曼兄弟的悲剧，我不希望欧洲出现这样的威胁。"

——德国前总理默克尔[1]

迄今为止，欧洲银行在我们的叙述中只是客串，但这并不是因为它们只是小角色。尽管有人认为全球金融危机完全是由美国造成的，但欧洲银行业仍深陷其中。它们帮助创造了由次级抵押贷款支持的证券，并且是该类产品的热心买家。同时，欧洲也经历了自己的信贷泡沫，这导致了国家房地产市场的繁荣，尤其是在爱尔兰和西班牙，其过热程度并不逊色于美国。

随着美国房地产市场繁荣的结束，欧洲很快出现了断层。美国房地产价格下跌对欧洲银行的资产负债表造成了严重破坏，其中许多银行曾大量投资于美国抵押贷款支持证券。在各国政府试图支撑其崩溃的经济时，疲软的银行业又束缚了它们的手脚。政府官员将进一步受到不利货币联盟的阻碍，该联盟使得该地区没有准备好应对在希腊出现并迅速蔓延的债务危机。

欧洲信贷泡沫的根源

早些时候，我们讨论了 20 世纪 90 年代以来各大央行空前增加流动性背后的一些因素（见第十一章"吹出的泡沫"），其中包括柏林墙倒塌后的全球经济竞争格局，以及试图缓冲 2001 年"9·11"恐怖袭击事件产生的冲击、破坏以及科技股泡沫破裂。

这个故事的另一个重要部分是，来自发展中经济体（其中最大的一个被统称为"金砖四国"——巴西、俄罗斯、印度、中国[○]）以及中东石油生产国和其他

○ 2010 年南非加入后，改称为"金砖国家"。——译者注

大宗商品出口国的过剩储蓄流入美国。但被普遍接受的观点是，这些过剩储蓄导致美国、欧洲和其他发达国家的低利率和风险溢价缩水，这只说明了部分情况。

中国和其他新兴市场经济体确实利用储蓄积累了大量美国国债，帮助压低了利率。欧洲人正在建立同样可观的美国证券持有量，包括私人发行的抵押贷款支持证券。2007 年，欧洲国家占美国总资本流入量的一半左右。[2] 与金砖四国和石油出口国不同，欧洲国家购买证券的资金主要来自债务，而非过剩储蓄。

1999 年，欧盟（EU）内部创立了一种共同货币——欧元，这也是造成欧洲信贷泡沫的一个主要因素。[3] 欧元区的体系要求欧洲中央银行（ECB）将其货币政策建立在适合德国的利率基础上，德国是欧洲迄今为止最大的经济体。但对于欧洲外围效率较低的经济体来说，德国的利率太低了。理论上，市场通过对特定国家的风险进行定价，可以适当调整个别国家的借贷成本。但直到 2010 年欧洲陷入危机，这种情况才发生。在此之前的近 10 年里，每个欧元区国家都能够以类似德国的低利率借贷，这要归功于人们普遍认为，他们的个别经济体将变得更像德国（这一过程被称为"趋同"），或者如果他们陷入危机了，将会得到救助。

这些幻想由于各国必须满足作为货币集团成员条件的支出和债务限额而得到加强。这些规定包括一个成员国的年度预算赤字不超过其国内生产总值的 3%，以及该国的累计债务不超过其国内生产总值的 60%。[4] 这些条件表面上确保了政府审慎管理其财政事务，但他们有足够的回旋空间。各国可以在"特殊和暂时的基础上"超过赤字的限制，如果超额债务"以令人满意的速度"减少，债务目标也可能超出规定。因此，意大利和比利时也成为创始成员国，尽管他们债务水平是规则允许的两倍多。[5]

假定欧元区所有成员国都处在同一财政水平基础上，希腊、意大利和其他国家尽管在竞争力和通胀率方面存在巨大差距，但仍得以发行由各国政府支持的主权债务债券，收益率仅略高于德国。例如，希腊的 10 年期欧元前债券收益率在1993 年高达 24.5%，但在欧元推出的 1999 年降至 6.5%。[6] 从 1999 年到 2007 年7 月中旬，欧元区主权债券收益率与德国债券收益率的息差在一个狭窄的范围内波动，各国之间的差别并不大。[7]

欧洲房地产泡沫的膨胀

与美国一样，低利率推动了欧洲的信贷狂潮。欧洲家庭债务从 1999 年占国内生产总值的 52% 猛增到 2007 年的 70%（尽管这仍然低于美国 95% 的水平）。[8] 这些借来的钱中有很大一部分流入了房地产市场。从 20 世纪 90 年代末到 2007 年，大多数欧洲国家的房价上涨，许多国家的房价涨幅甚至超过了美国。从 1996 年到十年后的最高点，爱尔兰的实际房价上涨了 182%，英国上涨了 152%，西班牙上涨了 115%，法国上涨了 108%，意大利也上涨了 51%。[9] 房地产市场的繁荣催生了西班牙和爱尔兰的建筑业繁荣，那里的建筑投资占 GDP 的比例高达 20%，远远高于美国的水平。[10]

尽管廉价信贷加剧了欧洲和美国的房地产泡沫，但欧洲的房地产泡沫有其独特的风格。与美国相比，美国式证券化在欧洲抵押贷款市场的作用要小得多。造成这种差异的原因是多方面的。

政府本身是美国抵押贷款证券化的主要推动者。政府资助的实体如联邦国家抵押贷款协会和联邦住房贷款抵押贷款公司购买合格抵押贷款，将其证券化，并在保证及时支付利息和本金的情况下出售 MBS。[11] 非机构证券化者（银行、对冲基金等，在增加不符合美国代理购买资格的次级抵押贷款和其他抵押贷款发行方面也发挥了重要作用。正如我们所指出的那样，这类证券化增加了对更多抵押贷款的融资，通过减少银行投资组合中的风险资产而释放了资本，并减少或消除了抵押贷款发起人的拒付和提前还款的风险。

欧洲各国政府没有任何东西可以与房利美或房地美相比。[12] 欧洲抵押贷款更多的是通过银行存款这一传统方式而不是通过证券化获得资金。证券化的主导作用在美国是相当独特的，2007 年美国 50% 的抵押贷款被证券化。在欧洲，尽管西班牙和英国的证券化率分别高达 24% 和 28%，整体来看，当年欧洲只有 13% 的抵押贷款被证券化。[13]

欧洲银行还通过发行"担保债券"为抵押贷款提供资金，这些债券由银行资产负债表上的一系列有效抵押贷款支持。将抵押贷款从发起人资产负债表中移出的证券化途径，在 2002 年才在欧洲成为一个重要的资金来源，即使在那时，也只有英国、爱尔兰和荷兰所采用。[14] 在这些国家，证券化发挥了关键作用，如在美国一样，可以免除资本要求。但在 2007 年几乎占欧元区银行证券化一半的西班牙和葡萄牙，监管机构要求将证券化抵押贷款保留在资产负债表上。这些国家的证券化纯粹是用来筹集资金，为额外的抵押贷款提供资金，而不是为了绕过资本监管的要求。[15]

欧洲抵押贷款和承销标准的设计反映了这样一个事实，即证券化很少被用作降低风险的工具。美国式的长期固定利率贷款在欧洲并不常见。抵押贷款更多的是 ARMs（可调利率抵押贷款）和 ARMs 混合贷款，这对贷款人构成的利率风险较小。可变利率抵押贷款和短期（1~3 年）固定利率贷款是爱尔兰、西班牙和英国最常见的抵押贷款形式。在德国和荷兰，可展期抵押贷款（通常有 5 年或 10 年的固定利率和 25~30 年的摊销期）很受欢迎。在所有类型的抵押贷款中，对提前还款的严厉惩罚是常见的，而且放款人通常在违约的情况下可以追索借款人的非住房财产。[16]

鉴于欧洲抵押贷款的设计将大部分利率风险转移给了借款人，欧洲的银行比美国的银行更不需要将证券化作为降低风险的措施。在美国，大多数借款人可以将利率锁定 30 年，如果利率下降，无须支付提前偿还贷款的罚金。文化的差异也降低了证券化的作用。欧洲银行业长期以来一直以关系为基础，出售贷款有时被视为违反这种关系。[17]

欧洲抵押贷款的承销通常也比美国严格，为债券提供抵押贷款的担保价值比通常高达 80%。[18] 次级贷款在英国以外的地区很少见，2006 年在英国达到的最高市场份额为 8%，而在美国则为 25%。[19]

欧洲"进口"了一个次贷问题

欧洲银行发行的住房抵押贷款支持证券、债务抵押债券和其他形式的资产支持证券数量是美国银行 2007 年发行的五分之一。[20] 尽管 CDO 在欧洲结构性融资市场中所占比例高于美国，但美国的银行发行的 CDO 规模仍然是欧洲银行的近三倍。欧洲发行的结构性融资产品主要用于本地购买；约 60% 仍掌握在欧洲手中，而美国银行发行的结构性金融产品中，只有三分之一掌握在美国投资者的手中。[21]

欧洲缺乏规模可观的本土次级贷款市场，并没有成为参与次贷繁荣的障碍。

美国的商业和投资银行非常乐于帮助欧洲同行满足对次级证券日益增长的需求。

欧洲的银行并不需要太多的说服力。它们的资产负债表正在迅速扩张，2003年至2007年间，欧元区的资产负债率增长了53%。[22] 到2008年初，欧洲银行拥有30万亿美元的外国资产，是美国银行的10倍。[23] 美国自有品牌的抵押贷款证券占了这些资产的很大一部分，因为与美国国债和代理证券相比，它们的收益率更加诱人。

这些并不是促使银行放弃对本国市场的传统偏见，转而在国际上投资的全部因素。美元相对欧洲货币走软，使得以美元计价资产的购买成本降低。此外，投资热潮与结构性融资产品的快速增长不谋而合，而结构性融资产品主要以美国为大本营。

与许多来自新兴市场的买家不同，欧洲买家愿意承担一些信贷风险。从2003年到2007年，欧洲人购买了二分之二的美国市场发行的公司债券，购买了RMBS和次级抵押贷款支持的CDO等资产支持证券（ABS）的一半以上。[24] 到2007年年中，欧洲银行在过去十年中积累了超过8万亿美元的美国资产。[25]

为了向收购美国资产提供资金，欧洲银行效仿美国同行，开发了更多的非银行资金来源，特别是资产支持商业票据通道。ABCP通道的目的是让银行通过出售商业票据筹集资金，积累创收资产（主要是美国MBS）（见第十二章，"大规模毁灭性武器"）。2007年7月，ABCP通道在全球持有逾1.2万亿美元的资产。尽管这些渠道发行的大多数票据都是以美元计价的，但美国银行担保的渠道仅持有约4890亿美元的资产。由欧洲银行，特别是总部设在德国和英国的银行担保的渠道，占据了其余的大部分。[26] 尽管资产支持商业票据的发行量在2007年之后急剧下降，2008年年中，美国15只最大的优质货币市场基金的持有量显示，它们的约一半的投资组合投向了非美国银行的商业票据和其他短期票据。总体而言，2008年年中，美国货币市场基金对非美国银行的投资估计达到1万亿美元。[27]

美国的银行更愿意将渠道资产保留在资产负债表以外，以避免资本支出；它们的资产负债表确实反映了作为流动性担保而留出的银行资本，而流动性担保基本上是承诺支持渠道的义务，或至少是其中的一部分。2004年，美联储、联邦存款保险公司和其他美国银行监管机构原则上支持了这一安排，撤销了要求资产支持商业票据通道中的资产纳入资本费用计算的政策。银行监管机构还裁定，银行流动性担保覆盖的管道资产中，只有 10% 需要反映在基准的 8% 的资本费用中，其有效的费用实际不到 1%。[28]

在欧洲，许多银行要遵守会计准则，按要求将通道资产合并到财务报告的资产负债表上。但是，英国、德国和其他一些国家的银行监管机构并没有要求银行持有任何针对管道资产的资本。2006 年和 2007 年，欧洲银行开始采用《巴塞尔协议 II》规则，该规则要求银行流动性担保的 20% 反映在资产负债表上，有效资本充足率为 1.6%。但是，如果管道持有高评级的资产——管道在发行时几乎只持有 AAA 评级的资产——那么根据巴塞尔协议 II 的风险权重机制，资本充足率甚至更低。[29]

危机来袭

2007 年夏天，当美国房地产市场开始低迷时，欧洲几乎立即受到了影响。当年 7 月，德国银行（IKB）和德意志工业银行（Deutsche Industriebank AG）披露了美国次级抵押贷款造成的严重损失，并立即被国有银行 Kreditanstalt für Wiederaufbau（KfW）接管。2007 年 8 月，法国巴黎银行抱怨美国抵押贷款证券的"流动性完全蒸发"，暂停了持有美国抵押贷款证券的三只基金的赎回。[30] 9 月，英国住房贷款机构北岩银行（Northern Rock bank）的破产给这场刚刚处于萌芽时期的危机带来了一个令人不安的新转折：北岩银行没有破产，因为它持有带有缺陷的美国抵押贷款，但由于它无法给自己的中短期贷款延期，这些贷款正在被用来为英国优质抵押贷款的可靠组合提供资金。[31]

北岩银行的破产是银行流动性囤积的早期信号，这种囤积后来会迅速增加。[32] 这也突显了欧洲银行高杠杆的脆弱性。对于每英镑的股本金，北岩银行就持有超过 86 英镑的资产。[33] 虽然北岩银行 1:86 的杠杆比率可能是一个极端的例子，但在危机爆发前，欧洲银行的平均杠杆比率已高达 1:26，是美国商业银行 1:12 的平均杠杆比率的两倍多。[34]

北岩银行倒闭后，一些欧元区主权债券的价格开始下跌，许多投资者开始撤出结构性资产。由于主要买家（尤其是美国货币市场基金）将投资转向更为安全的政府债务，资产支持商业票据通道在未偿付资产支持商业票据的展期时遇到了困难。渠道无法恢复其短期融资，是危机从美国向欧洲传播的一个关键因素。

随着资产支持商业计划通道的崩溃，银行被迫兑现其流动性担保，并投入更多的资金。这减少了他们通过银行间市场向其他人提供贷款的数量。再加上交易对手风险上升和资产损失计提的不断增加，导致银行开始拒绝续借短期贷款。

2007 年年中，欧洲银行业也面临着严重的美元紧缩。它们有价值 8000 亿美元的短期贷款需要用美元偿还。[35] 加上其他方面的预算，使美元缺口更大，估计为 1 万亿 ~ 2.2 万亿美元。[36] 这意味着他们要承担相当大的汇率风险，因为欧洲银行必须将本国货币兑换成美元来履行这些义务。

随着美国货币市场和银行间美元市场的动荡，欧洲银行对美元的需求很快就超过了货币兑换市场的承受力。隔夜到期息差从危机前的 0.1 个基点飙升至 7 个基点甚至更多。[37] 2007 年末，美联储推出了定期拍卖机制（Term Auction Facility，TAF），为美国银行和外国银行的美国分行提供短期贷款。截至 2009 年 3 月，该计划发放的 5000 亿美元贷款中，近 40% 流向了非美国银行。[38] 美联储、欧洲央行和其他央行还建立了货币兑换体系，以现行汇率向外国银行提供无限量的美元供应。此后，兑换利差明显下降，并在随后的 1 月份趋于稳定，但银行仍依赖美元融资，2011 年货币市场基金投资者在主权债务危机后再次抛弃欧洲银行，压力再次出现。[39]

欧洲银行损失惨重

几乎每个欧洲国家都承诺，在 2008 年 10 月危机最严重的时候拿出大量纳税人的钱来支持其银行。尽管如此，许多欧洲银行在危机爆发后的很多年仍持续处于脆弱状态。它们的恢复受到一些结构性和文化因素的阻碍。总体而言，欧洲的银行规模远远大于美国同行。例如，2009 年，荷兰三大银行的总资产为 GDP 的 406%，英国为 336%，而美国为 43%。[40] 欧洲的银行在金融中介中的作用通常比美国银行大，而美国的"影子银行系统"则扮演着更重要的角色。另外，正如前面提到的，欧洲银行的资本金也更为匮乏。

欧洲没有与美国联邦存款保险公司解决破产银行问题的程序相同的手段。[41] 救助这些银行的机构通常是监管机构和中央银行，或干脆将其国有化，而不是解散它们。在几乎所有的情况下，银行的高级和初级债权人都是独立而完整的。[42]

欧洲银行的救助成本高得吓人。从 2008 年到 2011 年，欧盟各国政府承诺为银行提供近 4.5 万亿欧元的支持，实际支出约 1.7 万亿欧元，占欧盟 GDP 的 13%，主要救助方式是注资、资产购买和债务担保。[43] 爱尔兰政府是一个典型的例子，它承诺花费 640 亿欧元救助银行，每个居民的救助金额约为 14000 欧元，[44] 是该国年经济产出的两倍多。[45]

在政府预算因经济活动减弱和社会福利成本上升而急剧恶化的时期，高成本更是难以承受的。2008 年下半年，许多欧洲国家的实际国内生产总值出现了十多年来的首次下降。在多个欧盟国家，2008 年的住宅建设活动几乎下降到 1998 年的水平。[46]

银行困难给政府带来的压力

欧洲银行持有大量主权债务，主要由本国发行，不过它们的跨境持有量也很大。主权债券对银行很有吸引力，因为根据《巴塞尔协议》的规则，它们一般被认定为没有风险，持有它们不需要任何资本费用。此外，欧洲央行以面值接受它们作为向银行发放贷款的抵押品。政府和银行官员之间的密切联系也鼓励银行通过购买债券向政府提供支持。因此，各国政府非常依赖其银行的运营状况，银行是其主权债务的主要市场。[47]

但对银行业的救助向投资者发出了令人不安的信号，表明政府自身的运营出现了问题。例如，10 年期爱尔兰政府债券的收益率从 2005 年创纪录的 3.1% 飙升至 2011 年 7 月创纪录的 14%。[48] 采取救助措施后，主权信用风险明显上升，主权债务信用违约掉期成本大幅上升就是明证。[49] 这一成本上升反映了对未来税收或通胀成本的预期，以及救助导致政府债券贬值的反馈效应。它损害了持有这些债券的银行的经营，限制了政府参与进一步救助的能力。

希腊债务危机的爆发

2009 年 10 月，乔治·帕潘德里欧（George Papandreou）领导希腊社会党依靠增加政府开支和工资的承诺，以压倒性优势赢得了大选胜利。当时希腊 10 年期国债收益率为 4.58%。但帕潘德里欧上台后，立即将 2009 年的预算赤字从

GDP 占比的 6.7% 修正为 12.7%，随后又提高到超过 15%。这使得信用评级机构下调了希腊国债的 AAA 级的评级，其价格也随之暴跌。

预算方案的披露暴露了希腊长期以来被轻描淡写或忽视的许多问题，包括普遍效率低下的国家对经济的控制能力和大量的逃税行为。加入欧元区后，希腊利用其新的信贷渠道，把主要资金投入额外的公共部门福利，而不是投资于有助于偿还债务的企业。2009 年希腊政府支出占 GDP 的一半，其中四分之三用于公共部门的工资和福利。21 世纪初财政赤字急剧膨胀，2009 年，其公共债务达到国内生产总值的 126%。[50]

希腊的危机也暴露了欧元区治理机制的严重缺陷。尽管成员国拥有共同的货币和货币政策，但每个国家都控制着自己的国内预算。1997 年，《稳定与增长公约》对超过债务和财政赤字上限的行为进行了处罚。在 2008 年开始的严重经济衰退中，有些国家从一开始就很虚弱，最终一蹶不振。经济衰退使富裕国家和挣扎中的国家的财政预算都遭受重创。

希腊在信贷规模充裕的情况下未能控制公共支出，这使其受到很多批评，但其他看似财政基础更稳固的国家也在危机中陷入困境。在私人资本大量流入的推动下，爱尔兰的财政收支从 2001 年到 2007 年保持着盈余。私人资本流动也帮助西班牙在 2005 年至 2007 年期间实现预算盈余。[51] 事实上，爱尔兰和西班牙在 2001 年至 2007 年期间降低了公共债务在国内生产总值中的占比。[52] 但随着外国私人投资的蒸发，税收收入的锐减，每个国家都发现自己面临资不抵债的压力，而拯救本国银行系统的迫切需求，也为了它们偿还暴涨的债务带来了巨大的困难。

拯救希腊

欧元区内部反对救助希腊的声音减弱了，因为本国银行可能不得不消化所持希腊债务的损失。由于担心危机会蔓延到银行是主要债权人的其他国家，从 2000 年到 2008 年，来自德国和法国等欧元区富裕成员国以及英国的银行，向那些当时已经负债高企（希腊、意大利、葡萄牙）或负债额正在急剧上升（西班牙、爱尔兰）的国家投资了近 1.6 万亿欧元。[53]

欧洲较富裕的国家躲过了一劫，爱尔兰政府几乎为所有私人银行的债务进行了担保，其中许多债务是欠其他欧洲银行的。但救援行动给爱尔兰纳税人带来了巨大的损失，就在房地产泡沫破裂使其经济陷入倒退之际，爱尔兰的国债规模几乎翻了两番。[54] 与此同时，葡萄牙经济也正遭受着许多与希腊相同的问题，包括低生产率、缺乏竞争力、高失业率，在过去的 10 年里，GDP 年均增长率只有 1%。

在 2010 年 2 月召开紧急峰会后，欧盟和国际货币基金组织计划在三年内，按市场利率为希腊提供 1100 亿欧元的一揽子贷款。作为回报，希腊同意改革经济，并在 2014 年之前将预算赤字大幅削减 11 个百分点，至 GDP 的 3% 以下。欧盟和欧元区国家还为面临债务危机的欧元区成员国制订了总计 5000 亿欧元的临时贷款计划。2010 年 12 月，依据该计划，爱尔兰接受了 675 亿欧元的贷款，2011 年 5 月，葡萄牙获得了 780 亿欧元的贷款。作为获得救助的条件，两国都同意削减公共开支，并将财政预算交由欧盟监督。同时，为支撑欧洲债券的价格，欧洲央行也开始在二级市场购买这些债券，并通过接受较低质量的抵押品来换取一年期贷款，帮助银行脱困。[55]

欧洲紧缩开支

在整个欧洲，紧缩开支的措施都是为了应对不断上升的财政赤字。但是，这些省钱措施产生了抑制经济增长、降低税收和加剧经济衰退的副作用。欧洲银行管理局（European Banking Authority）的一项命令加重了这一负面影响，它要求银行建立一个临时的、核心一级资本缓冲区，缓冲率为风险加权资产的 9%（比《巴塞尔协议Ⅲ》基准标准的 7% 更为严格）。这项命令迫使银行出售或计提风险资产，或筹集 1420 亿美元新资本，[56] 这其中大部分是通过出售资产获得的。[56] 因此，它们几乎无法为经济扩张提供新的贷款，这给欧洲企业带来了额外的困难，因为它们通过银行贷款筹集资本的比例远远超过美国企业。

欧洲银行业面临来自美国优质货币市场共同基金的额外压力，这些基金不得不应对那些希望减少欧元区风险敞口的投资者的大规模赎回。它们停止购买由资产支持商业票据通道发行的商业票据的行动事实上推动了危机的触发（其中许多商业票据是由欧洲银行发起的）。2011 年，在高收益率的诱惑下，它们又开始大举重返欧洲。但在 2011 年 6 月 15 日，穆迪投资者服务公司将法国三家大型银行法国巴黎银行、法国兴业银行（Société Générale）和法国农业信贷银行（Crédit Agricole）置于可能因其对希腊的敞口而被降级的审查之中。由于担心其他欧洲银行受到希腊的影响，也遭受同样的命运，投资者从美国主要货币市场共同基金中赎回了 1800 亿美元。2011 年 6 月 8 日至 8 月 31 日，这些基金的管理资产规模下降了 11%。一些基金的投资者赎回规模接近其总资产的一半。[57] 各国央行被迫扩大美元互换工具，降低美元基金的成本，以帮助陷入困境的欧元银行体系。

希腊再次出现的麻烦

救助贷款未能将希腊经济从螺旋式下跌中拉出来。事实上，作为救助的一个条件，放款人要求的紧缩措施可能加快了紧缩的步伐。随着希腊经济增长的主要引擎——他们的政府——靠边站之后，希腊经济继续收缩，税收减少，预算赤字和总体债务增加，偿债能力进一步丧失。旅游业和该国相对较小的出口部门无法帮助经济复苏，因为希腊无法像加入欧元区之前那样，使其自有货币贬值。

随着时间的推移，国际债权人痛苦而清醒地认识到，希腊将需要一套新的救助贷款方案，旧的贷款可能不会得到全额的偿还。2012 年 2 月，欧盟、欧洲央行和国际货币基金组织同意提供 1300 亿欧元的新贷款，以换取承诺实施比以往更加严厉的紧缩措施。其中包括将最低工资标准降低 22%，并且在接下来的三年中，从 80 万名劳动者中裁掉 15 万名政府工作人员。作为交易的一部分，私人债券持有人将旧债券换成一套面值约 23 美分的欧元证券，从而将希腊的主权债务减少约 1000 亿欧元至 2600 亿欧元。2012 年 3 月，上述交易完成仅数天后，惠誉评级和穆迪便宣布希腊违约，这是自 1946 年以来发达国家首次出现违约。[58]

该协议让希腊经济从 2012 年开始经历了连续五年的衰退，几乎没有了脉搏。自 2010 年以来，其经济产出下降了 25%，约有 68000 家企业倒闭，在仍在营业的 30 万家企业中，还有 53000 家被认为已接近破产。由于富有的希腊人将他们的储蓄转移到国外，[59] 超过 750 亿美元的银行存款逃离了这个失业率达到 25% 的国家。

第二轮救助计划旨在到 2020 年前将希腊债务负担降至国内生产总值的 120%，这被认为是国家可持续发展的最高限度。但希腊不断恶化的经济状况很快使这一计划偏离了轨道。2012 年末，希腊政府预计 2013 年债务占 GDP 的比例将从 2011 年第三季度的 159% 上升至 189%。[60] 经过多轮谈判，希腊获得了一笔额外的 110 亿欧元的贷款，以极低的折扣回购 9 个月前发行的约 320 亿欧元的债券。[61]

聚光灯下的西班牙

希腊第二轮救助方案敲定后不久，人们关注的焦点就转向了西班牙。由于房地产不良贷款的膨胀，西班牙的私人债务占国内生产总值的227%，是欧洲负债率最高的国家之一。[62] 此外，西班牙的银行持有近3250亿欧元的私人房地产资产，其中约三分之二被西班牙央行贴上了问题标签。[63] 2012年中期，10年期政府债券的收益率为7%，这相当于希腊、爱尔兰和葡萄牙早些时候接受救助时的水平。

西班牙的麻烦并非源于不计后果的公共开支。公共债务虽然在上升，但在2012年占国内生产总值的70%，仍在可控范围内。然而，新上任的欧洲政治领导人坚持认为，西班牙将2009年高达国内生产总值11%的财政赤字纳入预算，[64] 到2013年应该使其低于3%。与希腊一样，实现这一目标将需要增加税收和大幅削减公共开支。这给自2007年以来已经两次陷入衰退的西班牙经济带来负担。四分之一的劳动力处于失业状态。

对欧元区第四大经济体西班牙的救助，比救助希腊要昂贵得多。估计其成本将高达3500亿欧元，[65] 这将给欧洲5000亿欧元的临时救助基金（后来被一个永久性救助基金取代，上限也为5000亿欧元）带来一个巨大的缺口。如果西班牙经济持续衰退，市场预计同样经济长期停滞、债务与GDP比率高达120%的意大利将很快跟进。

美国和其他国家对欧洲之痛感同身受

到2012年底，占欧洲产出60%的经济体停滞不前或者萎缩，[66] 全球都受到了这种影响。欧洲业务的放缓加剧了亚洲经济增长的放缓。美国制造商，尤其是汽车制造商和高科技公司，越来越多地将其令人失望的业绩归咎于欧洲，欧洲是美国约五分之一出口商品的目的地。欧洲大型银行的萎缩，正在减少全球信贷供应。2012年10月，IMF宣布全球经济放缓的风险"高得惊人"。

欧洲央行的介入

欧元区并非没有解决问题的手段。整个欧元区的预算和经常账户赤字都小于美国，但它缺少将资金从较富裕的国家（主要是北方国家）转移到南方挣扎中的经济体的机制。欧元区的预算和债务限额本来就应该阻止对落后国家的集体融资，但由于未能实现这一目标，欧洲并没有准备 B 计划。德国、芬兰、荷兰和其他相对繁荣的国家的政治领导人，更重要的是选民，强烈抵制为救助而捐款。他们把邻国的挣扎看作是他们自己错误选择的结果，而不是系统性金融危机不可避免的后果。

从组织的设计上讲，欧洲央行并非美联储模式下的最后贷款人。它的作用仅限于管理欧元区的货币政策。1992 年的《马斯特里赫特条约》（Maastricht Treaty）规定，禁止欧元区成员国承担其他成员国的责任，这是一项"不救助条款"。德国在欧元区内拥有巨大影响力，将这一规定解释为，排除通过欧洲央行提供集体援助或发行欧元区各国政府共同支持的债券。

但欧洲央行还有其他选择。2011 年 12 月，随着投资者信心减弱，西班牙和意大利国债收益率达到令人担忧的水平，欧洲央行推出了一项计划，向银行提供 3 年期贷款（此前是一年期限制），抵押品要求更加宽松，利率约为 1%。2011 年末和 2012 年初，数百家银行发放了近 1 万亿欧元的贷款。大部分现金用于替换现有贷款，但专家表示，多达 5200 亿欧元的新资金流入欧元区经济体，[67] 三年的投资回收期似乎提供了一定程度的稳定性。

在第一轮贷款之后的几周里，银行也用这笔钱购买主权债务。欧元区陷入困境的经济体的债务收益率开始明显下降。第一轮融资一个月后，意大利 5 年期国债的交易价格从近 8% 降至 5%，西班牙 10 年期国债的利率从 7% 降至 5.5%。[68] 这些贷款至少暂时缓解了政府向摇摇欲坠的银行业注入新的资金，同时进一步增加了国债负担的压力。相反，他们创造了一个良性循环。在各国政府承诺削减预算的背景下，银行用这些欧洲央行贷款的收益购买了主权债务。

然而，欧洲央行贷款计划带来的轻松感并没有持续太久。到 2012 年年中，西班牙的债务问题越来越严重，西班牙和意大利的债券收益率又回到令人担忧的水平。欧洲央行再次出手，提出用高达 1000 亿欧元的贷款来稳定西班牙银行，西班牙接受了 370 亿欧元。[69] 几个月后，欧洲央行宣布了一项计划，即直接从政府手中无限量购买短期债务。尽管没有进行实际购买，但该计划的开放性意味着欧洲央行可以将大量资源集中在控制参与国的债务成本上。西班牙和意大利的长期债券收益率立即开始下降。

尽管如此，就像塞浦路斯第二年春天所表现的那样，欧元区经济并没有稳固下来。他们的银行因持有希腊主权债务而蒙受损失。2013 年 3 月，这个岛国被迫接受了一项新的紧急援助协议，并出现了新的更加严峻的变化。欧盟、欧洲央行和国际货币基金组织（IMF）要求塞浦路斯破产银行的债券持有人和无保险存款人在 230 亿欧元的救助计划中出资至多 130 亿欧元。这一要求几乎抹去了 10 万欧元以上的存款，使许多小企业蒙受损失。

卡在十字路口

随着人们对欧洲央行保持货币联盟完整的努力越来越有信心，欧洲似乎已在 2015 年前重新站稳脚跟。爱尔兰、葡萄牙和塞浦路斯都退出了救助计划（爱尔兰和葡萄牙 2014 年退出，塞浦路斯 2015 年退出），财政上能够自给自足。西班牙和意大利 10 年期政府债券收益率接近历史低点。但欧元区经济规模仍比危机前小，复苏步伐也比大萧条后慢。

随着通货紧缩迫在眉睫，欧洲领导人无法刺激经济增长，失业率居高不下，尤其是年轻人的失业问题尤为严重。人们普遍的不满是由增长停滞和移民问题所引发的，这导致了欧洲人对民族主义和反欧盟政党的支持，英国 2016 年 6 月退出欧盟的公投令人惊讶地成功了。而此前一年，欧盟领导人和希腊新当选的左翼政府之间的对峙导致数十亿欧元资本外逃，银行瘫痪，希腊经济再次崩溃。希腊领导人不得不接受 860 亿欧元的贷款。希腊终于在 2018 年退出了救助计划。

欧洲持续的经济问题可以追溯到许多与美国所遭受的短暂危机中相同的根源。在这两次危机中，都存在大量信贷流入房地产市场，导致泡沫膨胀的现象。尽管欧洲的监管制度和银行业文化限制了银行发行次级抵押贷款证券，但这些因素并没有阻止银行在自己的投资组合中购买这些证券。欧洲银行大举买进这些证券，表现出与美国同行一致的、对风险和羊群效应的误解。

正如美国银行所做的那样，欧洲银行通过短期借贷安排为购买抵押贷款证券提供了高杠杆率的融资，而一旦泡沫破裂，这种安排就无法延续。随后，欧洲银行业面临着额外的负担，它们用外币借入美元购买美元计价的抵押贷款证券，迫使它们不仅争先恐后地为债务融资，而且争先恐后地使用在 2008 年末和 2011 年全球恐慌中变得越来越稀缺的美元进行融资。

在危机的早期阶段，在欧洲的影响和在美国一样严重。随着融资扩张和房地产两大引擎的轰鸣，大西洋两岸的经济陷入深度衰退。各国政府被迫动用巨额公共支出来拯救银行和支撑摇摇欲坠的经济，但这里是两个故事产生分歧的地方。

随着 2009 年美国经济开始复苏，希腊债务危机的突然出现，暴露出一个被误解的风险案例，这种风险可能比以抵押贷款产品为中心的风险更大。十多年来，投资者一直在以略高于风险较低、效率相对较高的经济体（如德国）所要求的利率向希腊和欧洲外围其他风险经济体放贷。这些便宜的利率不过是一顿免费午餐，在稍后提交法案时会引起普遍的消化不良。他们当时的理由是，期望采用共同货币的每一个国家的经济都会趋同，获得使德国和其他国家强大的所有品质，同时摆脱那些弱者的特性。

这是一个典型的过度乐观和自信的例子。[70] 尽管如此，它掩盖了货币集团政治结构的缺陷，以及北方强势经济体和南方弱势经济体之间长期存在的经济失衡。即使西班牙和爱尔兰的房地产市场过热，以及希腊、葡萄牙和意大利在其经济停滞不前的情况下发行主权债务的风险，这种趋同的承诺似乎也能将投资西班牙和爱尔兰的风险降到最低。

2009 年，希腊承认其财政赤字被严重低估，导致市场情绪迅速出现异常剧烈的变化。它还启动了一个反制机制，即允许一个占欧盟经济体量不到 3% 的小国的问题迅速席卷整个欧洲大陆。

希腊主权债务价值的暴跌削弱了希腊银行的实力，而其他陷入困境的欧洲国家主权债务价值的下降也对本国银行的资产负债表产生了同样的影响。这增大了各国政府的财政压力，因为在经济严重衰退和税收减少的时期，它们正努力对银行体系进行资本重组。银行贷款的缺乏进一步抑制了经济增长，这进一步减少了税收，并妨碍了政府履行迅速增加的债务义务的能力。随着公共债务水平再创新高，发行新公共债务的成本飙升，引发了人们对政府履行债务能力的质疑。这些疑虑压低了此前发行的主权债券的价值，使持有这些债券的国内银行的资产负债表进一步恶化。

把欧洲国家联系在一起的货币联盟充当了这场危机的另一个传导渠道。在没有单一财政当局的情况下，欧元的信誉取决于欧元区成员国是否有能力保持在商定的债务和赤字范围内。而结果很快就清楚了，希腊不能。希腊已无法在国际资本市场上举债，而被迫向其他欧元区国家和国际货币基金组织中寻求救助。许多影响希腊经济的因素同样迫使葡萄牙、爱尔兰和后来的塞浦路斯请求救助。现在的问题不仅是欧元区能否保持政治上的团结，为其信贷匮乏的成员国启动一项有效的救助计划，而且是假如危机进一步蔓延到西班牙和意大利等大国的话，欧元区是否有能力这样做。

在很大程度上，由于欧洲央行的及时干预，欧元区成员国（到目前为止）已足够团结，以避免经济灾难。但是，如果欧洲想要获得一份干净的"健康证明"，它不仅必须解决美国所面临的银行业的系统性风险问题，还必须解决更困难的问题，即如何构建经济联盟，使一个成员国的问题不会给所有成员带来灾难。

第十七章

安全幻觉和市场崩溃

"华尔街陷入了最严重的麻烦中，不是因为冒险，而是因为追随那些承诺让金融无风险的假先知。"

——马丁·梅尔（Martin Mayer）[1]

本书第一部分描述了投资决策过程是各种投资工具和策略的回报和相关风险之间的权衡。许多量化金融策略都致力于衡量和试图控制这种权衡。从理论上讲，市场价格是风险和回报之间合理平衡的结果。

行为金融学认识到，这种平衡行为往往由于人类以不完全合理的方式行事的倾向而变得不稳定。通俗地说，市场是由情绪、对未来收益的希望和对未来损失的恐惧驱动的。[2] 尽管希望和恐惧可能会被理性所控制，但总有一方准备好打破这种平衡，有时甚至会持续很长时间。

整个市场可能被希望或恐惧所席卷，导致一个从繁荣到萧条的模式不断重复。如前所述，经济学家海曼·P. 明斯基（Hyman P. Minsky）对形成这种模式原因的解释是，在经济景气时期，过度乐观的放贷会导致投机泡沫，而投机泡沫有赖于持续的价格升值（见第二章，"1987 年，黑色星期一"）。[3] 当价格未能上涨或开始下跌时，偿还债务的压力可能需要借款人清算资产，从而导致甩卖和崩溃。

这种行为的基础可能是"代表性"（Representativeness），这是丹尼尔·卡尼曼（Daniel Kahneman）和阿莫斯·特沃斯基（Amos Tversky）提出的行为金融学理论之一。[4] 该理论认为，在经济景气时期，投资者可能会高估股价继续上涨的可能性，忽视基本面因素，低估亏损的可能性。其他的认知偏差也会发挥作用。[5]

"近期偏差"（Recency bias）可能导致投资者和其他人只关注最近的数据和

事件，而忽略过去进一步的信息。"后悔厌恶"（Regret aversion）可能会让投资者不愿意出售价格上涨的资产，因为他们相信等待可以获得更多利润。这种偏见可能导致资产泡沫、忽视风险、过度发债，最终导致危机发生。[6]

我们讨论的危机是投资者情绪战胜理性的情况。在 1987 年的股市崩盘、1998 年夏末和秋季的市场动荡，以及 2007—2008 年的信贷紧缩中，恐惧占据了市场。但在恐惧之前，人们总有一种满怀希望的感觉，正是这种希望把金融市场推进了崩溃的深渊。正如我们在导言中所指出的，这些危机影响了不同的市场：第一个以股票市场为中心，第二个以国际固定收益和衍生品市场为中心，第三个以国际信贷市场为中心。然而，在所有这些情况下，某些投资战略或工具，具有高度复杂金融独创性的产品，通过引导投资者的希望，以及后来投资者的恐惧，推动了市场的上涨并促成了市场的下跌。然而，所有这些产品都是为了降低风险和增加回报而生的。

免费的午餐

投资组合保险产生于 20 世纪 80 年代，当时的环境正是市场效率和布莱克 - 斯科尔斯 - 默顿期权定价模型的沃土。它不仅作为一种控制风险的手段，承诺为一个投资组合的价值设定一个预定的下限，而且作为一种增加回报的手段，而不仅仅是购买和持有一个具有代表性的市场指数的简单策略。

1982 年，LOR 公司发布了一则广告，宣传"一个有保证的股权投资产品"；广告中还附有一张图，大意是假设截至 1981 年的 10 年内，投资于标普 500 指数的 1 美元将所得到的回报……是每年 6.5%。按照动态资产配置原则（投资组合保险）投资于标准普尔 500 指数和国债的 1 美元将所获得的回报……是每年 10.0%（见图 17 - 1）。[7] 另一则来自 LOR 公司和安泰的广告承诺"保证最低回报率"，并显示了其策略 10 年累计回报率为 170%，而标准普尔 500 指数在此期间的回报率为 91%（见图 17 - 2）。[8] 摩根大通的一则广告称，"我们为客户制定和实施战略，系统地限制他们在市场损失中的风险敞口，同时允许他们参与上升的市场。"（见图 17 - 3）。

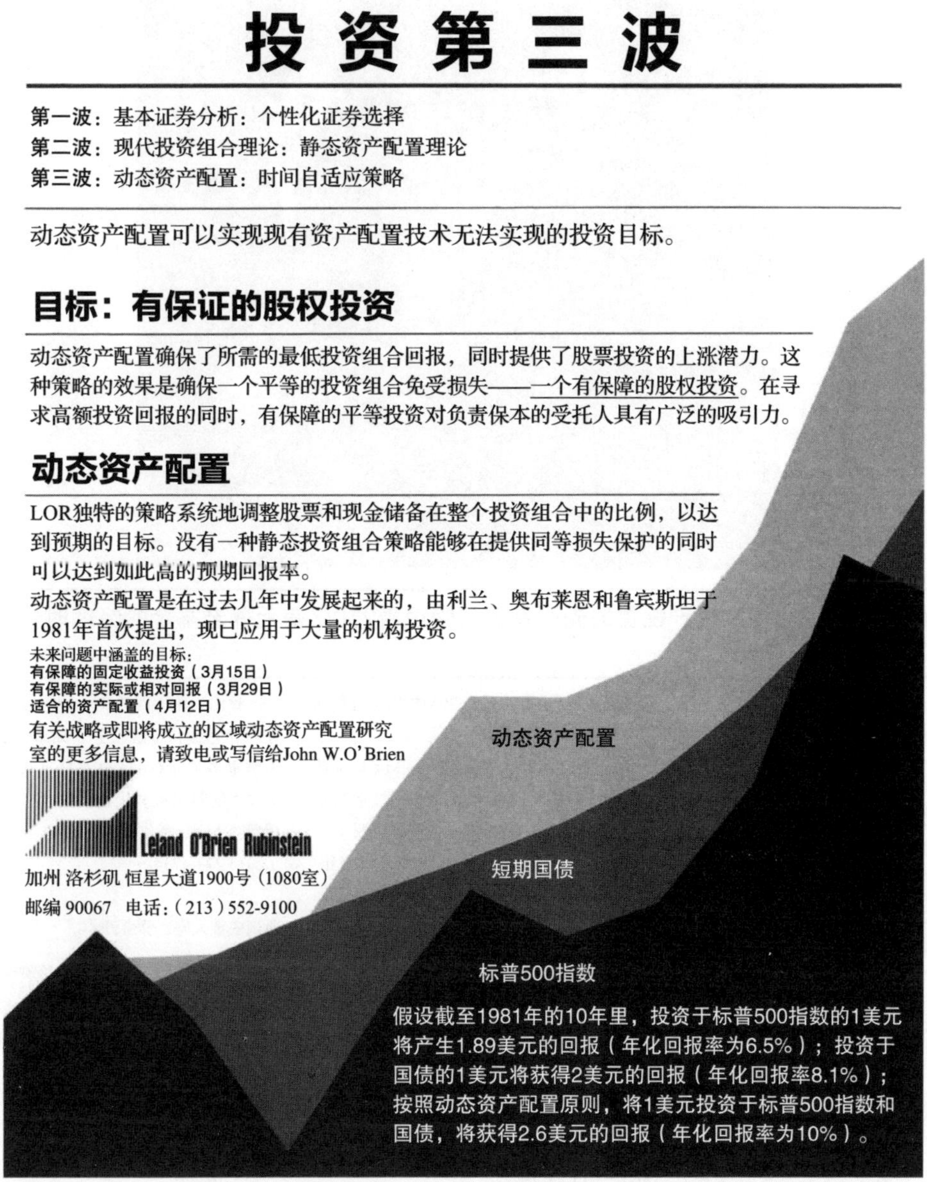

投 资 第 三 波

第一波：基本证券分析：个性化证券选择
第二波：现代投资组合理论：静态资产配置理论
第三波：动态资产配置：时间自适应策略

动态资产配置可以实现现有资产配置技术无法实现的投资目标。

目标：有保证的股权投资

动态资产配置确保了所需的最低投资组合回报，同时提供了股票投资的上涨潜力。这种策略的效果是确保一个平等的投资组合免受损失——<u>一个有保障的股权投资</u>。在寻求高额投资回报的同时，有保障的平等投资对负责保本的受托人具有广泛的吸引力。

动态资产配置

LOR独特的策略系统地调整股票和现金储备在整个投资组合中的比例，以达到预期的目标。没有一种静态投资组合策略能够在提供同等损失保护的同时叫以达到如此高的预期回报率。

动态资产配置是在过去几年中发展起来的，由利兰、奥布莱恩和鲁宾斯坦于1981年首次提出，现已应用于大量的机构投资。

未来问题中涵盖的目标：
有保障的固定收益投资（3月15日）
有保障的实际或相对回报（3月29日）
适合的资产配置（4月12日）

有关战略或即将成立的区域动态资产配置研究室的更多信息，请致电或写信给John W.O'Brien

Leland O'Brien Rubinstein

加州 洛杉矶 恒星大道1900号（1080室）
邮编 90067　电话：（213）552-9100

动态资产配置

短期国债

标普500指数

假设截至1981年的10年里，投资于标普500指数的1美元将产生1.89美元的回报（年化回报率为6.5%）；投资于国债的1美元将获得2美元的回报（年化回报率8.1%）；按照动态资产配置原则，将1美元投资于标普500指数和国债，将获得2.6美元的回报（年化回报率为10%）。

图17–1　让人放心的股权投资："一个有保证的股权投资产品"

注释：加下划线部分为带担保股权投资。

资料来源：《养老金与投资》，1982年3月1日。

阅读一下，当动态资产配置的先驱者遇到管理着250亿美元养老基金的经理时会发生什么？

他们提出了GEM+安泰人寿保险公司的保证股权管理策略

1973—1982年累计收益

安泰GEM策略	170%
标准普尔指数	91%
萨洛蒙兄弟高等级公司债券指数	80%
贝克尔平衡基金收益中位数	75%

通过将GEM策略应用于模拟投资组合，结合我们最大的股权单独账户和短期国库券，以保证最低回报率。该结果无须反映未来绩效。

GEM的独特之处，在于它提供的组合：动态资产配置，以及您选择的有保证的最低回报率。

更重要的是，GEM提供了任何动态策略的股权参与。

还有什么让我们的GEM策略如此引人注目？LOR公司的投资技术无可挑剔。他们提供动态资产配置服务。目前，他们正在为其他20个投资组合提供服务，总额超过600亿美元。

安泰的股票管理信条同样让人印象深刻。累计下来，在过去10年中，我们最大的集合账户表现一直位列P.I.P.E.R.体系中的前9%。

我们为美国四分之一的大公司提供养老金和金融服务。如果你想了解更多关于GEM的信息，请联系安泰的员工福利代表，或者打电话给杰拉德·摩尔副总裁。电话：（203）273-4734。

遇到安泰人寿，你会开心。

Ætna

员工福利部
安泰人寿保险公司
哈特福德法明顿大道151号，邮编：06156

图 17-2　更高的累积回报

资料来源：《养老金与投资》，1983 年 11 月 14 日。

　　根据期权定价模型，通过在股票和现金之间转移投资组合资产可以控制风险，以复制受看跌期权保护的投资组合的操作。随着股价上涨，投资组合保险购买了更多的股票，随着股价下跌，投资组合保险又会出售股票。买卖金额由期权定价模型和特定组合保险策略的参数决定。实际上，股市下跌的风险将从"保险"投资者转移到其他股票投资者身上。

投资组合保护

　　摩根大通投资管理公司拥有近60亿美元的投资组合保护计划，是工人的风险控制领域的领导者。我们为客户制定和实施系统性限制他们的市场损失敞口，并允许他们参与市场上涨行情的策略。

　　对研究的重视使我们能够开发专有的投资管理技术，包括模型和估价程序。摩根的专家使用这些工具来设计适合每个客户精确的对冲策略。

　　摩根大通投资管理公司保护股票、固定收益和平衡投资组合。我们将风险控制方法与我们在免疫、股权管理以及资产配置等相关领域的专业知识相结合，提供多维度的保护方案。请打电话给副总裁道格拉斯 弗莱明，电话号码：（212）837-1405。

摩根大通投资管理公司
JP Morgan

图17-3　下跌有限参与上涨行情

资料来源：《养老金和投资时代》，1987年1月26日第19期。

　　长期资本管理公司也提供了高回报和低风险的产品。斯科尔斯和默顿是期权定价模型的创造者，他们是该基金的合伙人。以曾在所罗门兄弟公司经营华尔街最领先的量化债券交易部门之一的约翰·W.梅里韦瑟（John W. Meriwether）为首的LTCM的主要业务是债券套利。梅里韦瑟把所罗门兄弟公司最有才华的定量分析师带到了LTCM，并从学术界招募了很多职员，还有小戴维·W.穆林斯（David W. Mullins Jr.），美联储前副主席（曾在布雷迪委员会任职，该委员会负责调查1987年股市崩盘的原因）。

　　LTCM的套利策略旨在发现和利用与合理定价的差异：这些策略包括购买被判别为"便宜"的高收益（高风险）资产和出售被判别为"昂贵"的短期低收益（低风险）资产。其目的是要从高收益和低收益之间的利差中获利，以及从所购资产的价格上涨和卖空资产的价格下跌中获利。

　　为了评估其战略风险，LTCM进行了最新的风险分析，包括风险价值，以及压力测试和情景分析。整个投资组合应该对利率、股市波动性和汇率的多种变化保持中性。这些系统性风险来源的风险敞口通过抵消多头和空头头寸以及使用衍生品合约（如期货、期权和掉期）加以控制。在1994年10月的一封信中，LTCM的投资者被告知，该投资组合遭受20%以上损失的可能性只有百分之一。

　　理论上说，这些低风险头寸的预期回报率很低，而且事实上确实很低。高回报是通过 1:25 的杠杆率实现的，不考虑公司的衍生品头寸。这种杠杆作用的逻辑是，基础头寸的风险看起来极低。

住房抵押贷款支持证券和以次级抵押贷款为基础的债务抵押债券等结构性产品似乎也在提高回报，降低风险。次级抵押贷款的潜在风险本来就比优先抵押贷款高，因此要求借款人付出更高的利率。大部分回报转嫁给了结构性产品的买家，包括货币市场基金，它们购买了结构性投资工具发行的商业票据。同时，通过分散投资和分批融资，降低了风险。

复杂的抵押贷款联动模型，包括提前还款和违约行为的相关性，被认为可以确保抵押贷款池充分多样化，从而使其免受个人抵押贷款违约的具体风险。分期付款的魔力是将大部分资金转换成高级或超高级债务，由次级债务来缓冲，这些债务几乎可以吸收所有亏损。根据信用评级机构使用的模型，这些高级债券几乎没有风险，或者接近于美国政府通常给予的 AAA 评级，而很少有企业债券能够达到这样的评级。[9]

创造和发行这些产品的金融中介，如银行、对冲基金和保险公司等，也利用它们来提高回报和降低风险。这些产品为抵押贷款机构减少或消除抵押贷款违约风险提供了一种手段。这种风险从抵押贷款机构转移到 RMBS 或 CDO 买家、CDS 卖家，以及在某种程度上，还包括 CP 的买家。金融中介机构可以通过以高于成本的价格出售产品而获利，他们还为构建 RMBS 和 CDO 收取了巨额费用。

或许最重要的是，通过出售结构性金融产品将抵押贷款从资产负债表中转移出去，使抵押贷款机构能够降低资产负债表的风险。因此，他们可以降低持有资产的资本金比例，这提高了他们财务报告中的净资产回报率。它还释放了更多的可以用来做抵押贷款和其他贷款的资金。

安全幻觉

我们讨论过的策略和工具似乎都为我们提供了一顿免费午餐，既可以降低风险，又能够增加回报。其中包括投资组合保险、LTCM 所追求的套利策略类型，以及处于 2007—2008 年危机中心的次级抵押贷款产品。免费午餐总是让人很难抗拒。金融理论的忠实拥护者认为，只有承担更高的风险，才能获得更高的回报。这些产品得到了最新投资理论和实践的支持。它们得到了金融学教授的认可，其中一些人是诺贝尔奖得主，领导华尔街的公司，并建立了信用评级机构。

当免费午餐似的金融产品吸引了大量的追随者时，他们可以通过这种方式引导个人投资者的希望和恐惧的情绪，从而使这些情绪真正推动市场。投资组合保险、长期资本管理和次级抵押贷款产品就是这样，这些产品实质上把投资者的希望和恐惧变成了系统性的风险因素。

20 世纪 80 年代，投资组合保险帮助道琼斯工业平均指数从 1982 年 8 月的 777 点升至 1987 年 8 月的 2722 点。在这期间，投资组合保险中的资产从零增长到 1000 亿美元。基德·皮博迪（Kidder Peabody）、摩根大通、银行家信托、大通曼哈顿（Chase Manhattan）、第一芝加哥、安泰、旅行者（Travelers）、大众互助保险（Mass-Mutual）和东亚银行协会（BEA Associates）等机构加入了 LOR 公司，提供投资组合保险计划。其用户包括了大学捐赠基金和许多公司的养老金计划。

由于股票价格持续上涨，投资组合保险吸引了更多的投资者购买，这推动了股票价格的进一步上涨。许多投资者不知道购买行为在多大程度上反映了投资组合保险的纯粹机械和反应性的反应，可能将投资组合保险的需求解释为信息驱动的购买，并被鼓励与被保险投资者一起购买。因此，投资组合保险的作用是引导投保和未投保的投资者的希望，使市场似乎将永远上涨。

投资组合保险所提供的安全幻觉鼓励其用户比以往更多地投资于股票。此外，担心股价持续上涨不可持续的投资者，在正常情况下可能会抛售股票，以降低投资组合风险，从而阻碍股价进一步上涨。然而，拥有投资组合保险的投资者得到了一定的最低回报率的"保证"，因而不愿出售股票。

面对 1986 年至 1987 年的牛市的刺激，许多投资者开始担心可能会被牛市所伤，将过去几年取得的异常收益回吐出去。然而，投资者不必通过抛售股票来兑现这些收益，而是可以求助于投资组合保险，例如一则 LOR 公司的广告（见图 17 - 4），承诺该保险将"锁定市场收益"。

锁定市场收益

投资组合保险：没有它你负担得起吗？投资组合保险被称为十年来最重要的新投资产品。数十亿美元的养老基金、捐赠基金和信托资产现在都在享受着 LOR 公司保护计划的保障，同时不会错过进一步上涨的潜力。在市场创下新高的情况下，是时候考虑锁定你的收益了吗？

LOR 公司在五年多以前推出了动态资产配置的投资组合保险计划，但我们并没有停留在已经取得的荣誉上。

领导者走得更远

我们现在提供四大增强功能，以使养老基金以更低的成本获得更大的灵活性：

- **永久性保护**^{SM}允许投资者根据自己的意愿随时保留我们的保护计划。由于没有人为指定的到期日，交易更加顺畅，结果也更加可预测。而且许多项目可以不加对冲地启动，在市场上涨时将保护成本降到最低。

- **权益增强型投入**^{SM}（EED）为满足养老金负债提供了保证。与传统的专用债券投资组合不同，EED 允许大量参与股票市场，使其成为专用债券的合理继承者。

- **交易优化工具**生成可在满足投资目标的同时减少成交量的"规则"。

- **合成期权**采用指数期权和指数期货，以尽量减少所需的交易和降低潜在成本。

只有 LOR 公司的系统提供了全套的保护程序和增强功能，并可从 LOR 公司或以下组织获得：安泰人寿保险公司、东亚银行联合公司、ACH 有限公司、圣路易斯的中央信托公司、第一芝加哥投资顾问公司、韦伯斯特资本管理、富国银行投资顾问、西方资产管理公司。

了解详情，请致电总裁拉里·爱德华兹（213）614－3173。

LOR 公司加州洛杉矶威尔希尔大道 707 号 1300 室，邮编 90017

图 17－4　锁定市场收益

资料来源：机构投资者，1987 年 1 月：88 期。

通过抑制股票销售，投资组合保险促成了股市的上涨。随着市场的持续上涨，投资组合保险继续购买股票。这给价格带来了更大的上涨压力，并鼓励其他投资者购买。具有讽刺意味的是，投资组合保险是一种旨在根据市场走势对市场波动做出机械反应的策略，但实际上，它反而加剧了市场的波动。

投资组合保险的趋势跟踪活动可以放大市场波动，导致价格偏离基本合理的价值，与这种活动不同，LTCM 所追求的套利策略应该能稳定市场。LTCM 出售的短期资产与其基本价值相比定价过高，而购买的资产则定价过低。这些措施将使价格向基本面进行合理的水平移动。

LTCM 的竞争对手对其声誉以及最初几年获得的可观回报异常羡慕。其中一些竞争对手成为 LTCM 的交易对手，以便深入了解该基金的策略。大多数人试图通过复制 LTCM 的交易来复制它的成功。

LTCM 的交易对市场价格的影响被其模仿的竞争对手放大了，就像投资者为了应对投资组合保险购买而进行的交易有助于放大投资组合保险计划的影响一样。首先，这种竞争有利于 LTCM 战略的实施。随着越来越多的投资者购买定价讨低的资产，出售定价过高的短期资产，LTCM 获得了收益。然而，竞争加剧最终削弱了潜在的套利机会，LTCM 的回报开始下降。

随着投资组合保险帮助创造了 20 世纪 80 年代的牛市，RMBS、CDO、ABCP 通道、SIV 和 CDS 通过刺激次级贷款市场，客观上增大了房地产泡沫。次级贷款规模在 2003 年至 2005 年间翻了一番多，填补了因优质贷款增速放缓而留下的缺口。这些次级贷款大多是在预期它们会被打包成 RMBS 和 CDO，然后出售、存放在 ABCP 通道或 SIV 中，或由 CDS 担保的情况下发放的。这些产品使抵押贷款机构能够将自己与违约风险隔离开来，降低资产负债表风险，并从销售和收费中获得巨额利润。他们鼓励了更多的次级贷款，这刺激了对住房的更多需求和房价的进一步上涨。

与 LTCM 一样，整个系统依赖于巨大的杠杆作用。购房者只付了 10% 的房贷。发行 RMBS 和 CDO 的金融中介机构通过回购融资和短期借款为其抵押贷款购买提供资金。次级 RMBS 层级的可交易指数和基于 CDS 的合成 CDO 允许投机者以很少（如果有的话）的初始支出承担次级结构性融资产品的风险。杠杆再次扩大了对次级产品的需求，进而扩大了可用于放贷的资金规模及其对房地产市场的影响。

市场的核爆

看似低风险和高回报的免费午餐似的金融产品吸引了大量的追随者。当产品得到看似严谨的数学、看似合理的理论和早期业绩成功的支持时，对这些产品的兴趣可以转化为大量的投资。这样，这些产品就可以对它们交易的市场产生巨大的影响。

当一个市场的行为符合这些产品背后的模型和预期时，这些产品在获得资产方面的成功将倾向于强化甚至放大这种市场行为。上涨的市场将上涨更多。套利交易将更加集中，或者更加迅速。这进一步增加了产品的可信度，吸引了更多的追随者，并进一步放大了它们的影响。

当投资者满怀希望时，这些产品将倾向于聚集他们的希望。然而，当希望变成恐惧时，看似低风险的策略会放大恐惧。对于产品的投资者和一般投资者来说，低风险很快就会变成高风险。

在1987年10月19日（星期一）美国股市崩盘前的两周内，股市大幅下跌，投资组合保险卖出了相当于约40亿美元股票的期货，加剧了市场下跌。许多投资者不知道投资组合保险公司机械式抛售的底线，就和保险公司一起抛售，错误地认为抛售是基于他们不知情的坏消息。

投资组合保险的抛售加上股指期货和股市之间的套利，在两个市场上都引发了一轮下跌。没有从事保险或股票指数套利的投资者被扫地出门。美国股市创下有史以来最大的单日跌幅。

在1987年股市崩盘的受害者中，有投资组合保险公司本身，也有自以为受保单保护的投资者。该策略的保证底线是它的低风险承诺依赖于能够通过出售股票将风险转移给其他市场参与者。这又取决于当被保险投资者需要出售股票时，交易对手是否准备好并愿意购买股票。至少在10月19日，这类买家拒绝挺身而出。他们被投资组合保险公司的销售需求量以及市场下跌的速度和程度压得喘不过气来，这在很大程度上是投资组合保险交易的结果。

与投资组合保险不同，LTCM进行的套利交易应该是稳定市场的。然而，当此策略失效时，它们会进行趋势跟踪交易，就像投资组合保险公司的交易一样。对于LTCM来说，一种连锁反应始于1998年初抵押贷款支持证券（MBS）市场出现的问题。LTCM不仅在其重要的抵押贷款证券头寸上蒙受了损失，而且在对冲基金和其他机构投资者清算其盈利的新兴市场头寸，以弥补其自身的抵押贷款损失时也遭受了损失。

然而，随着俄罗斯在 1998 年 8 月出现债务违约，真正的"质变"开始了。由于对其卖空的低风险、低收益债券的需求推高了其价格，而其购买的高风险、高收益债券的抛售导致其价格暴跌，因此 LTCM 的"面包－黄油"套利交易的利差不断扩大。欧洲股市波动的加剧也意味着，LTCM 必须拿出现金来支持其空头期权头寸。随着 LTCM 空头头寸价值的增加和多头头寸价值的下降，当它不得不向贷款人存放更多的抵押品时，该基金的资本金被消耗殆尽。

1994 年，LTCM 成立时，现金充裕，在当时动荡的市场环境中找到了大量机会。然而，在一个高度动荡的市场环境中，当你出现亏损时，筹集资金并不容易。LTCM 有意安排的复杂交易和绝对数量无助于解决问题，因为这使得潜在的贷款机构和投资者很难辨别这些交易的盈利能力或其所面临的风险。

直接的和潜在的投资者都拒绝了继续投资。那些急于满足 LTCM 对杠杆率的需求的放款人纷纷撤出。交易对手们更是提高了他们对抵押品的要求，而不是放宽他们提供给基金的条件。LTCM 不得不通过清算头寸来筹集现金，包括买入已经被卖空的低风险资产（事实上这些资产的价格已经在上涨），以及出售长期持有的高风险资产（这些资产的价格已经在下降）。该基金的一些交易对手，以及其他成熟的投资者，试图在 LTCM 上市之前预测 LTCM 的交易和执行力。因此，就像投资组合保险交易一样，LTCM 的清算也加剧了现有的市场趋势。

1998 年夏末和秋季，美国股市的震荡达到 1987 年以来的最高水平。美国国债收益率 30 年来首次跌破 5%，而高风险高收益债券的溢价在 8 月至 10 月中旬期间翻了一番。新兴债务和美国商业抵押贷款支持证券（CMBS）市场崩盘。随着证券化贷款市场的消失，放贷者不再提供信贷，或者要求更高的利率。政府采取了行动，以意外降息的形式，来使市场恢复平静。

将近 10 年之后，政府不得不再次介入，以遏制金融市场信贷的流失。由于（高杠杆率）RMBS、CDO 和 CDS 有助于扩大房主可获得的信贷，从而在 21 世纪第一个十年的上半期扩大了房地产泡沫，因此它们也放大了下半期次级贷款恶化对经济的影响。

2006 年，房价上涨放缓，随后开始下跌。许多次级借款人行使抵押贷款合同中隐含的看跌期权，将房价下跌风险转嫁给贷款人，并通过 RMBS 和 CDO 等产品转嫁给投资者。次级抵押贷款部门的拖欠和违约率超出了抵押贷款利率、

RMBS 和 CDO 收益率以及 CDS 溢价的预期。

随着这些结构性融资产品的亏损持续增加，放贷者越来越不愿意放贷，信贷也随之枯竭。这反过来又导致房价进一步下跌和出现更多的违约，以及抵押贷款持有人和抵押贷款相关产品投资者的更多损失。银行和对冲基金大量使用杠杆，这种影响再次被放大，很快就在经济中显现出来。与 1987 年的投资组合保险和 1998 年 LTCM 的套利策略一样，那些承诺为某些人降低风险的产品最终增大了整个系统的风险。

为什么

那些声称能降低风险，同时承诺增加回报的产品往往会鼓励更多的冒险行为。无论假定的风险降低来自于特定的产品和策略，还是来自于对市场风险的一般认识，都是正确的。因此，它们可能产生类似于"大到不能倒"论调所捕捉到的道德风险的影响；也就是说，在 2007—2008 年危机之前的几年里，大型银行承担了过多的风险，期望可以从中获利，而如果它们遭受太大的损失，政府将予以救助。

有了投资组合保险，被保险的投资者决定购买更多的股票或维持股票头寸，而不是出售它们，即使市场价格已经高到不可持续的水平。对于长期资本管理公司，基金套利头寸的低风险似乎证明了高杠杆率的合理性。AAA 信用评级鼓励银行、货币市场基金和其他投资者利用其持有的 RMBS 和 CDO 的优先份额。

这些复杂产品背后的风险本质上是系统性的。投资组合保险本应保护投资组合免受股市下跌的影响。LTCM 的套利策略旨在将基金的利润与利率、股票市场和汇率的变化隔离开来。拥有 AAA 评级的 RMBS 和 CDO 被认为与潜在的房价下跌风险隔离开来。

系统性风险不能被分散。系统性风险的控制在很大程度上取决于能否将风险从不愿承担风险的人身上转移到愿意接受风险以换取补偿回报的人身上。这可以通过多种方式实现。投资组合保险通过将股票出售给其他投资者而将风险转移。利用套利策略，风险通过持有相关资产的多头和空头头寸而被抵消，这就要求其他投资者能够出售和购买适当的证券和衍生品。RMBS 和 CDO 将风险从产品的贷方转移到借方，从 AAA 级债券的买方转移到次级债券的买方。CDS 将违约风险从保险买家转移到保险卖家。

转移风险的能力最终取决于交易对手承担风险的意愿。然而，随着对旨在降低风险、同时增加回报的产品需求的增加，必须转移的风险水平也在增加。交易对手承担风险的可能性越来越令人怀疑。于是，流动性开始枯竭。

此时，受"免费午餐"产品影响的市场变得脆弱。潜在风险的增加可能产生重大的不稳定影响。1987年，波动性的增加导致投资组合保险的销售超出了交易对手的购买意愿或购买能力。1998年，LTCM的流动性需求没有得到投资者、贷方以及市场上的买卖双方的满足。2007—2008年，由于银行、其他 RMBS 和 CDO 担保人发现自己被数十亿美元不断恶化的抵押贷款资产困住，他们找不到买家，银行放贷的意愿逐渐消失。CDS 卖家因被要求支付他们本应提供保险的资产而面临违约，这使 CDS 买家陷入困境。

正如我在2004年所预见的，在2007 2008年的信贷危机中，政府成为最后的风险承担者。我当时所写的内容现在看也同样中肯，而且很可能在下一次危机出现时也是如此：

谁会成为最后的风险承担者？如果政府认定提供这些产品的公司"大到不能倒"，那么很可能是纳税人。通常情况下，投资者必须承担风险，其形式是价格大幅下跌，这是吸引风险承担者重返市场所必需的。具有讽刺意味的是，旨在降低金融风险的产品最终可能会产生更大的风险。[10]

第十八章

驯服风暴

"过去的事只是序幕。"

——威廉·莎士比亚[1]

尽管期权、套利和证券化策略在吸引大量投资者进入上升的市场并在下跌的市场出售时有可能破坏基础市场的稳定，但只要承认它们的局限性，合理利用它们也可以起到有益的作用。期权可以增强投资者和其他人对冲风险的能力。套利策略尽管在失效时可能会产生破坏市场稳定的影响，但当它们有效时，将有助于抑制不可持续的价格上涨或对价格下跌产生缓冲作用。证券化可以增强信贷可用性，降低借贷成本。

此外，正如我们所描述的金融危机所表明的那样，策略和工具可以随着时间的推移而改变，它们运行的市场环境也发生了变化。我们今天不知道下一个破坏稳定的策略是什么，也不知道它会出现在什么市场。然而，我们知道，这些策略所具有的哪些特征已经证明会破坏市场的稳定，以及如何更好地理解和控制这些特征。

问题领域

最近发生的危机具有以下特征，它们可能加剧市场的脆弱性。其中包括：

- 在交易对手之间形成的策略和关系方面的不透明性和复杂性；
- 利用衍生工具和借款促进杠杆作用；
- 导致非线性回报的期权行为。

这些特征可以相互作用，产生流动性幻觉、对潜在风险的错误理解、大量资本涌入这些策略、放大这些策略对基础市场和金融机构的影响，从而导致策略与市场行为之间的反馈循环，以及市场脆弱性的增加。避免或遏制金融危机的努力如果聚焦于这些一般特征，而不是具体的策略或行动，可能会更成功。

缺乏透明度

缺乏透明度可能是由于知识的缺乏、策略和（或）工具的复杂性以及参与该策略的群体的复杂性造成的。我们所报道的所有危机都有一定程度的不透明性，次贷危机就是一个很好的例子。

虽然抵押贷款证券化在 2001 年已经不算新鲜事物，但把它扩展到次级住房贷款领域是一种创新，而且没有足够的历史数据可清楚地预估它的业绩。此外，证券化变得越来越复杂，BBB 级 RMBS 被重新打包为 AAA 级 CDO，BBB 级 CDO 被重新打包为 AAA 级 CDO[2]。同样复杂的还有生产链：独立的、通常基本上不受监管的抵押贷款发起人，发起或购买抵押贷款的银行，从抵押贷款池创建 RMBS 和 CDO 的特殊目的机构，评估证券的信用评级机构，购买证券的机构投资者，结构性投资工具和资产支持商业票据通过发行商业票据和票据为购买证券提供资金，由购买凭证和票据的散户投资者提供资金的货币市场基金，以及为 RMBS 和 CDO 收益凭证提供保险的信用违约掉期的单一险种以及其他销售渠道。

缺乏透明度掩盖了基础抵押贷款的真正风险，促进了次级 RMBS 的迅速普及，更重要的是，它们被投资银行和其他机构用作借贷抵押品。当真正的风险显现时，RMBS 和 CDO 的价值暴跌，危机接踵而至。[2]当事方之间复杂的关系网加剧了这一危机。例如，当单一险种保险公司的信用评级被下调时，它们出售的 CDS 所提供的保护就受到了损害。CDS 覆盖的银行资产变得更具风险，银行必须增加对其持有的监管所需的资本；这通常需要出售资产来筹集资本金。当抵押证券作为抵押品的价值下降时，借款人常常不得不出售资产以满足银行对其保证金的要求。

缺乏透明度也助长了先前的危机。在 20 世纪 80 年代，大多数投资者并不知道投资组合保险（当时还是一种新策略）涉及的大量资产。许多投资者涌入一个被投资组合保险交易夸大的市场，放大了股价的上涨幅度，最终导致 1987 年 10 月 19 日的突然暴跌。在 20 世纪 90 年代，对于长期资本管理公司套利交易的性质、规模和纯粹的复杂性以及它们所创建的交易网络，连交易对手们也感觉很模糊。对冲基金和自营交易部门试图复制长期资本管理公司的交易，最初强化了价格走势，倾向于稳定市场。然而，在 1998 年的"向质量的飞跃"（the flight to quality）中，他们试图先于长期资本管理公司的预期平仓，从而加剧了市场的震荡。

杠杆率

人们认为长期资本管理公司的套利头寸和 AAA 级信用份额的风险较低，因此增加了杠杆率。尽管杠杆率在 20 世纪 80 年代并不是市场大跌的主要因素，但投资组合保险确实也参与了期货保证金交易，这促进了该策略的运用，因为人们认为期货市场是流动性的独立避风港。杠杆可以放大一个策略的利润，但也可以放大亏损以及该策略对基础市场的影响。

1998 年，长期资本管理公司高杠杆套利策略的平仓无疑是如此。更重要的是，其他对冲基金和银行自营部门同时交易类似的头寸，放大了长期资本管理公司去杠杆化的影响。此外，长期资本管理公司的许多衍生品头寸构成了一种隐性杠杆。它们成立时几乎没有资本支出，当证券价格表现超出长期资本管理公司的预期时，会增加公司的利润。然而，当价格开始出现不利变化时，这些头寸需要维持它们的收益，这进一步耗尽了长期资本管理公司的资本金，增加了抛售的压力。

在信贷危机出现之前的几年里，金融体系的杠杆的作用可能被各种操作手法所掩盖。影子银行业务的发展促进了杠杆率的提高，包括对冲基金、经纪交易商和货币市场基金。这些部分基本上都是在银行业监管之外运作的，因此很难辨别金融体系中的杠杆水平，政府也很难做出回应，以减缓信贷增长。[3]

信贷市场崩溃后，很明显，许多（即使不是大多数）受监管的银行混淆了他们所承受的真实债务负担。他们这样做只是为了调整报告周期的回购借款。危机后对 18 家银行所进行的调查发现，从 2009 年第一季度到 2010 年第一季度，每个季度末报告的平均债务水平比每个季度的最高债务水平低 20%～40%。[4]

随着借贷网络的发展和成倍增长，杠杆作用加强了金融部门内部以及金融部门与宏观经济之间的联系。日益复杂的相互关系进一步降低了透明度。这很容易形成具有潜在破坏性的反馈回路。同时，杠杆作用会放大反馈作用，并可能导致螺旋式下跌。

指数套利—投资组合保险策略的失败提供了一个例子：股票价格下跌。投资组合保险公司出售股票期货以减少其股票敞口。套利者购买"廉价"期货并出售股票，进一步打压了股价。投资组合保险公司出售更多的期货等（见第四章"投资组合保险与期货市场"）。1998年秋季，长期资本管理公司的高杠杆套利头寸平仓对市场产生了类似的影响（见第八章"长期资本管理公司"）。

随着次贷危机的爆发，房价下跌导致次级借款人的违约，最终导致抵押贷款证券降级，抵押贷款证券作为抵押物的价值在降低，从而降低了贷款人回购贷款的能力，导致贷款收缩，进一步导致经济衰退，房价继续下跌，使更多的抵押贷款借款人违约。

期权与杠杆化的非线性特征

除了强化和加剧潜在市场的趋势外，1987年、1998年和2007—2008年市场危机所涉及的产品类型往往在其交易的市场上造成或加剧了其非线性特征。当这些产品在运行时，价格有更大的上升或下降的趋势性影响，而非遵循更连续、更平稳的路径。

这种效果反映了许多此类产品的期权性质。期权价值可以表现出明显的非线性特征。期权的价值随着标的资产价格的变化而变化。如果资产价格远低于（或远高于）看涨期权（或看跌期权）的行权价格，则该期权就是"深度偏离价值"，其价值随资产价格的变化而变化的幅度不大。随着资产价格接近期权的执行价格，期权的价值对资产价格的变化变得越来越敏感。当期权"深度贴近价值"时，它的价值更接近于与资产价格的线性关系。然而，最具戏剧性的是，在期权到期时，如果期权在贴近价值，它就很有价值；如果期权偏离价值，它就一文不值。

投资组合保险就是最明显的例证。投资组合保险旨在复制保护性看跌期权的行为，即受看跌期权保护的标的资产的行为（见第三章"复制期权"）。看跌期权的行权价格提供了低于标的资产价值的下限。由于标的资产的价格（投资组合保险中的投资组合）下降到该下限以下，所以就必须出售越来越多的高风险资产。投资组合越来越多地投资于现金（或无风险债券），越来越不受风险资产流动的影响。试图抵消其期权头寸风险的期权交易商进行的动态套期保值以类似的非线性方式运行（见第六章"1987 年股市崩盘之后——期权"）。

这种动态对冲将期权复制者不希望承担的风险转嫁给其他市场参与者。最终的结果是，投资组合保险的交易需求赋予标的市场期权的非线性行为。价格往往会上涨得更多，或上涨得更快；下跌得更多，或下跌得更加突然。如果有大量的抛售，价格更容易出现断崖式的下跌，就像 1987 年 10 月 19 日发生的那样，以及后来的 20 世纪 80 年代和 90 年代的几次"小型股市崩盘"，市场参与者最终会承担投资组合保险公司和其他期权复制商创造的"期权"风险。

2007—2008 年危机中的次级抵押贷款产品本质上构建了一个巨大的房地产市场。潜在抵押贷款中隐含的看跌期权由最初的看跌期权卖方——向抵押贷款支持证券投资者和通过担保或更常见的抵押贷款支持产品 CDS 提供保险的投资者——转嫁。然而，房价的下跌使得看跌期权变得越来越有价值。越来越多的看跌期权是由房主行使的，他们拖欠着抵押贷款。RMBS 投资者和持有 RMBS 的 CDO 的损失呈非线性增长。这些高杠杆的单一保险品种曾以"安全"的 RMBS 和 CDO 收益凭证出售 CDS，但面对越来越多的保险客户赔付。随着这些单一险种被评级机构降级或破产，最终的看跌期权保护产品——CDS——开始失灵。

杠杆本身也会产生非线性效应。[5] 这是 1998 年长期资本管理公司危机的一个显著特征。长期资本管理公司的套利策略目的应该是稳定市场。它们应该有助于价格向基于基础实体或经济基本面更为合理的价值回归。

然而，正如长期资本管理公司的案例所表现的那样，杠杆的作用是给了贷款人一个触发器，它可以像期权执行价格一样，迫使借款人在亏损的情况下将套利头寸平仓。资本的损失和消耗，进一步增加了借款人的杠杆率，并且还可能给抵押物的价值打折，以确保贷款。随着亏损的增加，贷款人拒绝发放更多的贷款，同时要求更多的抵押品，或要求收回贷款并要求赔偿。在没有额外资金的情况下，借款人不得不将套利头寸平仓。套利策略的被迫平仓将会破坏市场的稳定，因为与投资组合保险类似的是，它要求在多头头寸下跌时抛售，在空头头寸上涨时补仓（买入）。

期权的杠杆效应也是 2007—2008 年发生危机的重要原因之一。贝尔斯登和雷曼兄弟都持有高杠杆率和不断恶化的抵押贷款资产，它们是典型的例子，说明当由于借款人损失而导致抵押品需求增加时会发生什么。作为抵押品的资产价值下跌更加剧了这种影响。借款人将收到回购交易对手和其他贷款人要求增加抵押品的保证金要求。这些要求可能迫使借款人以亏损的价格出售资产。正如信贷危机所展示出来的那样，被迫出售也会制造出一种"疯狂抛售"的形象，这种抛售会导致价格继续下跌，给其他被迫抛售的投资者造成亏损，从而更加剧了损失。

量化建模的精准科学

模型可能无法识别价格不连续的可能性，而是假设价格将以小的增量（连续定价）移动，收益将围绕平均收益呈（正态分布）对称分布。这就是布莱克－斯科尔斯－默顿期权定价模型，它是投资组合保险的基础。因此，投资组合保险的成本在早期被大大低估。这反过来又鼓励了该策略的运用，从而放大了当模型的连续定价假设没有通过现实检验时所产生的问题。

1998 年，长期基本管理公司忽视了这样一种可能性，即价格差距会使基金拥有抵押性的"票据"，它无法通过以接近最近标准的价格出售资产来弥补。信用评级机构使用的风险模型明显低估了抵押贷款违约率，他们忽略了这种违约率将在 2005 年前后会不连续地突然飙升的可能性。

此外，财务模型可能会忽略某些至关重要的风险，而这些风险在现实世界中已被证明的确存在。例如，作为现代投资组合理论的核心，传统的"均值－方差"模型是从证券收益的变化的角度来看待风险，但它忽略了杠杆是风险的一大来源。正如本书中概述的历史所表明的，投资者承担的杠杆水平通常仅仅是基于被杠杆化的基本策略的性质以及该策略中所持头寸的风险。因此，长期资本管理公司进行了大量借贷，以提高其所谓的低风险套利头寸所带来的相对较低的回报。

我和肯·利维一起提出了一个"均值－方差－杠杆"模型，该模型在投资组合形成过程中明确考虑了杠杆作用。[6] 我们认为杠杆作用带来的风险不同于资产波动固有的风险。例如，杠杆率会带来追加保证金的风险，而美国国际集团显然忽视了这一点（见第十四章"证券化与信贷危机"）。在市场动荡时期，追加保证金可能会变得特别麻烦，因为在这些时候，很难以合理的价格筹集资金或清算资产。资产的清算可能以极为不利的价格进行，从而使市场状况更加恶化，甚至可能需要寻求破产保护。

我们认为，如果投资者在形成投资组合时明确考虑到他们对这些独特的杠杆风险的厌恶，这种情况可能会得到缓解或避免。尽管限制杠杆本身并不能阻止金融市场中那些不稳定的衍生金融工具或策略的产生，也不能阻止投资者情绪化反应的偏好，但这可能会减轻它们的恶劣影响。

一些评论家认为，量化模型本身是导致近年来市场危机的主要因素。[7] 这一观点认为，量化模型忽略了现实世界中的一些因素，阻碍建立一种良好的平衡。实践者愿意也准备好依赖数学方程的绝对正确性。[8] 投资者被一种错误的过度自信所误导，可以称之为"狂妄"。

如果忽略这些模型，我们会做得更好吗？尽管这个想法很令人鼓舞，但它并不是答案。正如我们所看到的，量化方法确实有可能导致市场不稳定，也为在投资过程中加强纪律、透明度和问责机制提供了很好的工具。在很大程度上，它们是利大于弊的。

投资者常常被希望和恐惧所左右，这有时会使市场价格迅速偏离其基本价值。在理论环境下研究投资决策的行为经济学家列举了一系列认知错误，这些错误（如贪婪和恐惧）可以刺激投资者做出违背自身长期最佳利益的行为。例如，投资者讨厌亏损，如果可供选择的是一种确定性的损失，他们宁可承担更多的风险。投资者倾向于关注短期目标，而不是长期收益。尽管他们对自己的决策能力过于自信，认为自己的能力高于市场平均水平，但他们同样也有从众的倾向。因此，个别决策者的决策趋于一致，从而加剧了市场价格的波动。

认知错误在本书讨论的所有危机中都曾出现。行为经济学家舍夫林（Hersh Shefrin）指出，在最近的危机中，过度乐观和过度自信，以及将当前趋势推断为无限的未来趋势，正是导致瑞银（UBS）、信用评级机构标准普尔，以及保险公司 AIG 在信贷危机期间误入歧途的重要原因。[9] 20 世纪 80 年代的投资组合保险购买者和 90 年代的长期资本管理公司都曾受益，但最终败于其他投资者的羊群行为。

证券选择和投资组合构建的定量方法对投资过程施加了更多的约束。它们允许构建具有预设业绩目标的投资组合，并测量与这些目标相关的业绩。这样的投资组合不仅不太可能成为认知错误的牺牲品，而且可以利用由认知错误引导定价的差异。

但是，区分基于无知的过度自信和基于故意无视模型基础上的不现实假设的过度自信也很重要。在 1987 年，投资组合保险策略失败后，很多研究都是在标的资产价格突然暴涨的情况下对期权定价进行的。事实上，这场崩盘推动了大量关于识别和为非正常资产价格行为建立模型的研究，包括不连续的价格变化和所谓的"厚尾"（fat tails，指超出预期的极端回报）。主要金融机构的量化分析师们非常清楚，世界上充满了"绊倒模型"（trip up models）的陷阱，这些模型往往基于不代表现实的简单假设而建立。正如期权定价模型的创建者之一罗伯特·C. 默顿所说：[10]

我不认为有人用布莱克－斯科尔斯公式进行实际交易或真实估值。每个人都知道我们有随机波动性（随时间变化的波动性）；事实上，我们交易它——但很明显，这个公式并不成立。

然而，在许多情况下，投资组合保险和 CDO 等量化工具的使用者，甚至创造者似乎都意识到了其产品和量化模型的潜在缺陷，但他们出于各种原因（货币化收益是主要但不一定是唯一的原因）选择淡化或忽略这些问题。据一位财经记者说：[11]

抵押贷款证券化的银行家们知道，他们的模型对房价上升非常敏感。如果在全国范围内房价上涨率为负数，那么被许多计算机驱动的模型评价为 AAA 级或无风险的债券将会爆炸。但没有人愿意停止创建 CDO，大型投行很乐于创建更多的 CDO，因此，他们只从房地产上涨的时期提取相关数据。

更糟糕的是，英国北岩银行（Northern Rock）前董事长马修（Matthew Ridley）在谈到这场危机时表示："金融业中的聪明人都认为，利用你的聪明这一事实来剥削那些不太聪明的人是很有趣的，完全可以接受！"[12]

一般情况下，投资组合保险和 CDO 等策略和产品都是在严格而不切实际的所谓的不会产生错误的"科学"投资观的基础上，被过度吹嘘和过度杠杆化的。通常，了解更多信息的金融专家会使用定量和统计技术的结果，来提供虚假的确定性和精确性，以便向基金经理和投资者出售他们的产品和策略。基金经理和投资者都会陷入某种程度的确定性困境之中，而这种确定性是他们知道或应该知道无法实现的。

利益的冲突

金融业充满了利益冲突，这些冲突在 2007—2008 年的金融危机中扮演了重要角色。《多德–弗兰克法案》制定的新法规可能会改善其中的一些冲突。沃尔克规则试图控制银行使用自己的账户进行交易，而这种交易有时是以牺牲客户利益为代价的。将贷款证券化的银行和其他实体现在必须在自己的资产负债表上保留大量（未对冲的）信贷风险。（然而，应当指出的是，在最近的一次危机中，银行保留了它们所承销的证券化产品中的很大一部分。）建议采取其他措施来处理与资产支持证券（ABS）相关的利益冲突。其中包括扩大信息披露要求，以阻止保荐人从事可能损害其证券化投资者利益的活动，例如做空标的资产或设计证券化产品以使做空的其他各方受益。

《多德–弗兰克法案》解决了机构信用工具评级中固有的一些利益冲突。特别是，评级机构必须在多个层面上报告其各类评级类别过去的表现。它们还必须披露有关他们的模型及其基础假设的信息。如果分析师即将离开评级机构为发行证券化的客户工作，评级机构必须对分析师的评级进行审查。

据《华尔街日报》报道，从 2006 年年底到 2011 年的五年中，有超过 100 名信用评级分析师离开他们的机构，加入了他们曾经评级的金融公司。[13] 许多批评人士指出，财政部前部长亨利·保尔森，在实施不良资产救助计划（TARP）方面发挥了重要作用，高盛曾是救助计划的受益者。但是，政府和产业之间的旋转之门也已经为其他数百家企业而打开。

2010 年的纪录片《监守自盗》（Inside Job）将信贷危机归咎于过度负债、放松监管、金融业增长及其对政府的影响。除了各方监管松懈，从银行到信用评级机构再到监管机构，这部影片还强调了金融服务业与监管机构或为监管机构提供建议的机构之间的密切关系。例如，罗纳德·里根总统的首席经济顾问马丁·费尔德斯坦（Martin Feldstein）及其经济顾问委员会主席曾在信贷泡沫和危机期间担任美国国际集团（AIG）金融产品董事会成员（1982—1984 年）。劳拉·泰森，比尔·克林顿总统经济顾问委员会主席，随后加入摩根士丹利董事会（1993—1995 年）。乔治·布什总统经济顾问委员会主席格伦·哈伯德（Glenn Hubbard）是 Capmark 金融集团的董事会成员（2001—2003 年），Capmark 金融集团是一家主要的商业抵押贷款银行，2009 年破产。[14]

这并不是说发生了任何违法行为，也并非说公开的党派之争或经济报酬颠覆了监管。实际上，代表该行业进行的公开游说活动无疑产生了更大的影响。[15] 此外，在现代金融的复杂和高度量化的世界中，拥有必要专业知识的人员相对较少，必须在私营部门和公共部门之间分享。然而，这个神秘世界的某些混乱的关系可能会产生有害的影响。

一种解决方案是"信托责任标准"，该标准超出了投资顾问的范围，适用于提供投资建议或意见的任何人。[16] 该标准的授权已包含在《多德－弗兰克法案》中，劳工部的信托规则自 2017 年 6 月起适用于退休账户资产的管理人，但在 2018 年被第五巡回上诉法院撤销。然而，在 2018 年 4 月，美国证券交易委员会提出了一项"最佳利益"规则，要求经纪人向零售客户披露相关的利益冲突，以消除或缓解一些此类冲突，并避免使用"财务顾问"的头衔。该建议目前正在审查之中。

另一个相关的方案是要求更大范围和更直接地披露可能展示了引起利益冲突的关系。2011 年年末，在金融危机之后，纪录片《监守自盗》（*Inside Job*）展示了美国经济协会（AEA）为提交给其期刊文章的作者制定了利益冲突准则。利益相关方的冲突可能会对关键研究的传播构成重大障碍。

十年前，根据我自己的经验，我在《金融分析师杂志》上成功地倡导了利益冲突准则。以下是我在保诚资产管理公司（Prudential Asset Management Company）工作期间，于 1984 年 6 月开始探索这些准则的简要情况。它叙述了我试图发表的几篇论文，建议对投资组合保险进行关键性审查，以及那些既得利益者在压制相反观点方面设置的障碍。这些叙述对每个从事严肃研究的人和所有将这类研究应用于实践的人都有更广泛的影响。在金融领域或其他任何领域，进步都严重依赖于思想的自由流动——即使这些思想可能会让人们对传统智慧产生怀疑，或威胁到现有的商业模式。

1984 年，我向《投资组合管理杂志》提交了一篇题为《投资组合保险是否适合长期投资者?》的文章。[17] 这是我对投资组合保险策略可行性和适当性的一种思考形式。我之前写过一些文章，揭露了该策略可能存在的陷阱，并质疑该策略是否适合其主要目标客户之一的退休金计划——这是考虑到此类计划所追求的长期投资前景的特点。

我曾与投资组合保险的主要服务商以及发起人 LOR 公司的合伙人进行过辩论（见第五章"投资组合保险与股市崩盘"）。我提交给《投资组合管理杂志》的手稿由 LOR 公司的合伙人、该杂志编辑委员会成员马克·E.鲁宾斯坦审阅。他对这篇论文提出了强烈的批评，并拒绝发表（鲁宾斯坦授权编辑可以透露他的身份并分享他的评论）。编辑邀请我修改并重新提交手稿。

我与西蒙·本宁加（Simon Benninga）分享了我的想法，他是我的母校宾夕法尼亚大学沃顿商学院的朋友和同事。他和另一位教授，马歇尔·布鲁姆讨论了我的想法。他们共同撰写了一篇论文，阐述了我的一些论点，并于 1985 年在《金融杂志》上发表了题为《关于投资组合保险的最优性》的论文。[18] 随后当我在一次会议上看到鲁宾斯坦时，他说他不相信《金融杂志》发表了这篇文章，并指出这些是我的想法，那又如何? 我回答说，他作为《投资组合管理杂志》的评论员，并不支持我，所以我在沃顿也分享了我的观点。就在那时，他第一次称我为他的"天敌"。

1988 年 9 月，也就是 1987 年 10 月 19 日股市崩盘后的一年，我向《金融分析师》杂志提交了一份题为《投资组合保险之灾》的手稿。这是金融分析师联合会（FAF）的官方出版物。FAF 是一个证券分析师行业协会，后来成为投资管理和研究协会（AIMR），再后来成为金融分析师（CFA）研究所。鲁宾斯坦是《金融分析师杂志》的编辑部成员，也是评论员之一。他对这篇论文持强烈批评的态度，再次拒绝发表（鲁宾斯坦仍然允许编辑透露他的身份，并与我分享他的评论）。编辑邀请我修改并重新提交手稿。鲁宾斯坦在一篇发表在《养老金与投资》杂志上的文章中谈到了他的评论："我与投资组合保险之间确实存在利益关系。问题是，这是否影响了我的判断？不是因为我最有资格评价它（提交的材料），我只是把自己看作是一个学者。"[19]

1990 年 3 月，我向《金融分析师杂志》重新提交了一份经过大幅修订和补充的手稿《投资组合保险的兴起与 1987 年股市崩盘》。鲁宾斯坦是审阅者之一。经过漫长的审阅过程，编辑建议，鉴于手稿的篇幅，他可以要求 FAF 的研究基金会将其作为专著出版。不过，有一个条件，即必须删去关于 LOR 公司曾经推广该策略的讨论的内容。那次讨论对于理解组合保险的迅速采用及其对市场的后续影响至关重要，这些都是值得吸取的重要经验教训，所以我拒绝了这个提议。

我把手稿扩充成一本书，这本书被学术出版商布莱克威尔接纳了。我在金融量化研究所（Institute for Quantitative Research in Finance）的一次会议上认识了诺贝尔奖获得者哈里·马科维茨，他提出要为这本书写篇序言。布雷迪委员会执行董事、财政部前副部长罗伯特·格劳伯（Robert R. Glauber）撰写这本书的封面推荐，《疯狂、恐慌和崩溃：金融危机史》（*Manias，Panics，and crash：A History of Financial crisis*）一书的作者查尔斯·P.金德尔伯（Charles P. Kindleberger）也做了封面推荐。我的《资本理念与市场现实：期权复制、投资者行为与股市崩盘》一书于 1999 年出版。[20] 至此，我对投资组合保险和 1987 年股市崩盘的看法才被公之于众。

我撰写《资本理念与市场现实：期权复制、投资者行为与股市崩盘》的主要目的是提醒投资者，一些投资理论在付诸实践时，会与市场现实相互作用，给市场和投资者带来糟糕的后果。这本书不仅讨论了投资组合保险，还讨论了类似的策略，包括场外交易（OTC）衍生品、对冲和长期资本管理公司（LTCM）进行的高杠杆套利活动类型。

将所有这些策略联系起来的一个主要线索，是它们向潜在客户推销的方式。LOR 公司和其他人对投资组合保险的营销方式在《资本理念与市场现实：期权复制、投资者行为与股市崩盘》中进行了仔细研究，因为这些信息对于理解市场为何受到如此影响至关重要。简之，市场营销给人一种错误的印象，即这种策略提供高回报、低风险，使他们能够募集大量资金，从而威胁市场稳定。

投资组合保险的吸引力可能因其对负责养老金计划的投资官员的自身利益（即工作保障）的吸引力而增强。[21] 1984 年，机构投资者经营了一个由 LOR 赞助的部门，其中包含安泰保险产品的广告（见图 17-2）。广告上说："如果赞助商选择零回报率，他就永远不必向他的养老金委员会去解释出现了损失。"[22]

2000 年 7—8 月的《金融分析师杂志》发表了一篇对《资本理念与市场现实：期权复制、投资者行为与股市崩盘》有利的评论，编辑在评论中说："雅各布斯精心编写的书提供了令人信服的证据。"[23] 然而，在 2001 年 1—2 月出版的《金融分析师杂志》上，这位编辑写了一篇"附言"，收回了他先前的评论，这意味着，LOR 公司在出售投资组合保险时的态度，可以通过其发表的文章中所做的更为谨慎的表态（他们会根据需要而选择披露的角度）来平衡。[24]

然而，这个理由似是而非。注册投资顾问的每个广告都必须符合 1940 年《投资顾问法》第 206 条的要求；在其他场合的披露不能"弥补"广告中所缺乏的必要的信息披露。监管机构对证券行业的信息披露制定了很高的标准。LOR 公司将投资组合保险宣传为"担保股权投资"的广告看上去违反了这些标准。[25] 我认为，LOR 公司将投资组合保险描述为"担保股权投资"是错误的，并且带有误导性。正如美国最高法院在 1963 年的一项涉及提供投资咨询服务的投资顾问的司法解释中指出的一样：[26]

1940 年的《投资顾问法》是一系列旨在消除证券业某些弊端的法案中的最后一项，这些弊端被认为是导致 1929 年股市崩盘和 20 世纪 30 年代大萧条的原因……它的基本目的……是要用全面披露的理念来取代"买空者谨慎"的理念，从而在证券业推行高标准的商业道德……正如我们最近在一篇相关文章中所说，"在 20 世纪 20 年代和 30 年代发生在这个国家的事件中，人们只需要理解一点点，就能意识到高的道德标准是多么的重要。"这一要求应该体现在证券业的各个方面。

我于 2001 年五六月份对他文章的"后记"内容提出了我的意见，作为答复，出版编辑说，"我咨询过的专业人士（在撰写最初的'后记'时）既不是投资组合保险的服务商，也不是最终决定购买该产品的投资者。"[27] 但是《养老金与投资》杂志发现，出版编辑的'后记'是按照鲁宾斯坦的指示而写。[28] 根据这篇文章，鲁宾斯坦曾建议出版编辑"考虑对他最初的评论写一个'更正'"。《金融分析师杂志》的编辑（同时也是投资组合保险产品的服务商）拒绝针对《养老金与投资》的另一篇相关文章做进一步的调查与研究。[29] 整件事情中，都存在着严重的利益冲突。

当时，由于股票市场正在饱受科技股泡沫破裂的后遗症之苦，形势对证券分析师或业内人士而言并不乐观。美国证券交易委员会正在调查首次公开发行（IPO）市场可能存在的泡沫时代各种弊端的行为，包括券商承诺，如果客户同意在售后市场购买更多股票，或支付过高的佣金，就向特定客户提供稀缺的 IPO 配售额度。SEC 最终对所罗门·史密斯·巴尼（Salomon Smith Barney）负责电信行业投资银行业务的董事总经理杰克·B.格鲁曼（Jack B. Grubman）处以 1500 万美元的罚款；他还因发布欺诈性和误导性的研究报告而被禁止进入证券业。SEC 还指控美林证券董事总经理兼互联网研究主管亨利·布洛吉特（Henry Blodget）发布欺诈性研究报告，并以与私下表达的负面观点不一致的预测误导投资者；他为此支付了 400 万美元的罚款，并被禁止进入该行业。美国全国证券交易商协会（National Association of Securities Dealers）最终制定了解决分析师投资建议中有关利益冲突的规则。

2002 年 7 月，AIMR 提出了一系列"研究客观性"的标准，旨在防止投资银行家和公司发行人影响分析师的建议，并对不同意建议的分析师采取报复措施。我在 8 月份的答复中指出，正在拟定中的议案标准是受欢迎的，但他们更应该在离"家"近一点的地方寻找可能破坏研究和损害投资者的利益冲突（我的答复见附录E）。正如券商和投资银行的分析师所做的研究容易受到商业利益的影响，而商业利益可能与客户的最大利益相冲突，我指出，为AIMR及其专业出版物和研讨会所做的工作也是如此。[30] 我建议扩大研究的客观性标准，以应对这些利益冲突——这项建议由《华尔街日报》（Wall Street Journal）采纳，并得到全球最大养老基金之一CalPERS首席投资官何塞 M. 阿劳（José M. Arau）的支持。[31] 2003年1月，AIMR为《金融分析师杂志》发布了有关利益冲突的政策，其中反映了我在回复中提出的许多建议。

在专业出版物的这个小众世界里，利益冲突似乎是一个神秘的问题，不太可能对现实世界产生多大的影响；当然，我的故事只是这种冲突的一个小例子，但其影响可能是深远的，这也是我推动AIMR制定指导政策的原因。《华尔街日报》允许一位对投资组合保险产品有重大经济利益的编辑委员会成员来阻止对这些产品的批评，这种行为使他们的出版物极大地限制了思想的自由交流，而这种自由交流对于受过教育的投资群体和健康的市场来说是非常必要的。

正如《监守自盗》所展示的那样，2007—2008年危机期间也出现了类似的动态。再一次，那些在房地产泡沫及其赚钱机器中拥有既得利益的人饱受批评，他们被警告，危机即将发生。

一个思维系统越是封闭，越难以接受批评的声音，对自己的信念越是坚持，越不可能认识到自己的错误。这个系统创建了一个反馈循环，只允许确认已持有的意见。利益冲突标准可以削弱保护这样一个有缺陷的系统的防御，从而鼓励更自由的思想交流和更健康的市场。

现在是宣布有效市场假说（EMH）和理性投资者已经死亡的时候了，因为它们认为市场定价一贯是正确的。这种市场效率感本应随着1987年的股市崩盘而消失。[32] 今天，投资者、投资专业人士或监管机构没有理由假定市场价格始终代表每项资产的"真实"价值，也没有理由假定这种价格只会以符合正态分布的连续方式移动，或者说，投资者与其他人群不同，他们永远保持理性行事。

然而，我们应该利用它的力量来扩展和微调我们对金融市场复杂现实的描述，包括非线性价格行为、顶部、缺口、厚尾、羊群效应、反馈动力和流动性短缺等。这可能需要在很大程度上采用超出当今的金融理论界限的方法。著名经济学家理查德·布克斯塔伯（Richard Bookstaber）表示：[33]

我反对平衡的条件和一个需要不断调整方向的反馈的过程。它是敏捷建模：模型在整个过程中被重新定位。模型会随着时间和环境的变化而变化。没有机器，没有黑匣子，没有形式原则，没有可证明的正确答案，没有解决方案。

替代方案可能包括网络动态力学和基于代理的模型。例如，雅各布斯－利维－马科维茨市场模型（Jacobs-Levy-Markowitz Market Simulator，简称 JLMSim）是一个基于代理的模型，它证明了相对较低的动量投资者与价值投资者的比率有利于市场稳定，但随着动量投资者比率的增加，市场波动也会增加。在其他实验中，模拟系统显示了当交易者不受近期价格水平的影响时，闪崩是如何发生的。[34]再加上行为金融学的进步，这种模型将提供对市场动态和单纯数学方法的局限性的更深入的见解。如前所述，这个模型是"决策辅助工具，而不是决策者"。[35]

最近的危机表明，投资者——从不那么老练的散户投资者到投资银行的首席执行官——使用最复杂、最尖端的产品，都需要更好地了解投资策略和工具、风险、回报及其对市场的潜在影响。定量的、关于行为的，或关于基本面的研究人员必须积极主动地致力于让那些可能没有那么博学的金融产品用户能够更容易地接触他们所做的研究。

监管补救措施

监管程序预防我们在这本书中讨论过的那种危机的能力经常受到质疑（质疑者不仅仅是一般的政府批评者）。金融监管机构和将军一样，总是在打上一次的战争。1987 年股市崩盘后，为了抑制美国股市的波动，熔断机制出台了。然而这并没有阻止 1989 年、1991 年及 1997 年的股市崩盘，也没有阻止 1998 年收购 LTCM 后的市场波动，或 2000 年的闪崩。

在长期资本管理公司危机之后，国际清算银行（Bank for International Settlements）等国际监管机构和交易对手风险管理政策小组（Transparent Risk Management Policy Group）等准监管机构提出了许多改进银行贷款标准和控制对冲基金杠杆率的指导性政策。这些措施并没有帮助银行或投资者躲避 2007—2008 年的信贷危机。事实上，根据至少一项实证研究，在 1998 年金融危机期间表现不佳的银行在信贷危机期间同样表现不佳；这些表现不佳的银行在危机前的共同特点是拥有高杠杆和大量的高风险贷款。[36]

正如我们所指出的，金融危机的性质随着时间的推移而变化。在本书所述期间，由于机构投资者的投资行为，全球股市危机爆发了；由于对冲基金业务，美国股市和债券市场危机爆发了；由于国际银行的贷款、证券化和风险管理实践，全球信贷市场危机爆发了。下一次危机发生在银行业之外的可能性和发生在银行业内部的可能性一样大。或者说，为了应对上一次危机而出台的法规不太可能阻止下一次危机。

监管也通常会产生有害的后果。监管改革影响了银行向借款人收取的利率的水平和种类，从而推动了次贷市场的形成（见第十三章"证券化与房地产泡沫"）。此外，资本管制要求促使银行利用证券化，从资产负债表中移除资产。对以往危机的回顾可以发现，投资组合保险在一定程度上是由限制投资机构可以购买的交易所交易期权头寸数量所推动的。

一些批评人士认为，信贷危机后通过的法规鼓励了许多传统上由银行开展的活动转移到影子银行部门的非银行实体之中。[37]事实上，国际货币基金组织的一份报告显示，自2007—2008年危机以来，信贷中介已经从银行转向影子银行（包括交易所交易基金、货币市场基金、对冲基金和私募股权基金）。[38]人们担心，由于这些实体受到的监管较少，资本管制较宽松，信息披露的要求也较低，整个系统的风险和脆弱性可能因此而增加。

政府的工作缓慢，经常受制于政治意识形态和特殊利益，并且倾向于拜占庭式的权力解析，这有助于监管套利行为的发生。此外，它的解决方案可能产生反效果，并可能助长虚假的安全感。例如，美国政府对房地美（Freddie Mac）和房利美（Fannie Mae）发行的证券的隐性担保，传递了一种虚假安全感，鼓励非政府发行人推广抵押贷款证券化。政府对信用评级机构的许可，使货币市场基金能够投资于原来高风险的抵押贷款证券。批评政府监管的人士认为，政府只能对经济产生不利影响，应该让自由市场发挥自律的作用。信奉自由市场意识形态的美联储前主席格林斯潘于2008年8月4日表示："过去，全球力量（亚当·斯密所说的无形之手）不断增强，悄然取代了政府对经济事务的控制。"[39]

然而，市场自我监管的能力也受到了限制。各个公司之间竞争激烈，每一家公司都在寻求各自利益最大化，这可能会产生不作为的后果（即所谓的"外部效应"），这对整个经济是有害的，最终也将对公司不利。[40]这在信贷危机的发展中是显而易见的。没有一家公司能够或应该对整个系统的完整性负责，这就给政府留下了职能空间。

有效的监管改革需要解决潜在的影响金融系统稳定因素的各种源头问题，而不仅仅是了解它最接近的原因，它需要以尽可能减少"回旋镖效应"（执行的市场监管政策反向影响市场——译者注）的方式来实现，这将最终放大而不是遏制金融系统的动荡。

《多德－弗兰克法案》的一些规定有可能减少在以往的危机中助长投资者羊群效应行为和过度杠杆的不透明性，将包括 CDS 在内的场外衍生品交易转移到清算部门，可能会增加交易类型和交易量数据的可用性，并降低交易对手的信用风险。强化信息披露可以大大减少各种问题，特别是在 1987 年股市崩盘和 2007—2008 年信贷危机期间，当时对卖家身份和动机的无知增加了不确定性，导致了更多的市场抛售，从而进一步降低了资产的价格。

《多德－弗兰克法案》倡导成立的金融稳定监管委员会（FSOC）专注于对金融市场采取宏观审慎的做法。宏观审慎的方法不是关注单个金融机构的风险，而是试图发现和控制整个金融体系的风险。FSOC 的监管职权范围包括银行、非银行金融机构和其他实体，以及保险公司和对冲基金等，它们认为任何有可能对美国经济和政府的各种金融监管机构构成系统性风险的机构。

在确定一个实体是否对金融体系和经济具有系统重要性时，金融稳定监管委员会可能会考虑众多的因素，其中包括实体使用衍生工具和借款、购买和出售证券化产品、购买和出售金融担保、在回购市场的活动、头寸集中度以及其资产价格基于模型而非历史数据或二级市场价格的高低。金融稳定监管委员会还有更大的权力，要求金融研究部门获得确定的系统性风险的根源和风险程度所需的信息。

预警信号

自金融危机以来，新闻媒体提出了许多可能引发下一个系统性威胁的策略和手段。2018 年年初，一个潜在的威胁是复杂的杠杆式交易所交易产品（见第十五章中的"短期波动策略"）。同样令人担忧但尚未造成破坏性后果的还有基于不确定的家庭装修贷款的证券化，如 PACE（清洁能源的资产评估）票据，该票据在低利率环境下提供诱人的收益率，并基于地方政府设立的免首付贷款。[41]

金融稳定监管委员会和其他监管机构应关注投资产品或策略的特点，如期权式行为和杠杆效应，这些都可能导致市场问题。以与资产价格或资产波动性相同的方向进行计算机交易的产品和策略可能会放大价格波动，特别是当其他投资者蜂拥而至时，会催生泡沫和股市崩盘。由于保证金的不断追加，杠杆作用可能导致产品和策略以非线性的方式表现，并以急剧下跌的形式转移到市场上。

"免费午餐"似的金融产品的吸引力，在于其所谓的低风险，或其提供的回报高于其所承认的风险，因此可以吸引大量投资。但如何降低风险或提高回报呢？这依赖于将风险转移给其他投资者的能力，往往是基于对流动性的错觉。当投资者的希望变成恐惧时，投资者在风险转移交易中选择另一方的意愿消失了。在这一点上，其结果可能是以低价出售资产。很明显，"免费午餐"类产品和策略所承诺的较低风险只是一种安全错觉而已。

最后，监管机构和投资者应警惕缺乏透明度和过于复杂的产品和策略。监管者不仅要了解产品或策略本身的要点，还要了解它与其他市场参与者的互动方式，以及它与交易市场的互动方式。正如之前的危机所表明的那样，投资组合保险和 RMBS 等产品可以形成相互依赖和反馈循环的复杂链条，使产品的预期收益和目的都被大大复杂化。

归根结底，如果一个投资产品或策略看起来太好了，那就不可能是真的，尤其是如果它缺乏透明度、杠杆率很高，或者看起来有保障的话则更不可信。

危机的前兆：1929 年的崩溃

1929 年 10 月 28 日和 29 日，美国股市崩盘，伴随着市场剧烈下跌，成交量纪录被打破，道琼斯工业平均指数两天内下跌了 23%。这次股市崩盘结束了十年来的繁荣，在这十年中，股票价格涨了四倍多。[1] 在信贷宽松、加杠杆、一种热门的新金融产品的快速增长过程中，许许多多的人陷入媒体煽动的股票狂热之中，这种狂热随处可见。这次股市崩盘之后，股市连续两年多下跌，道琼斯工业平均指数终于在 1932 年 7 月 8 日触底，收于 41.2 点，较 1929 年 9 月 3 日的最高点 381.17 点下跌 89%。

接下来的大萧条究竟是由经济崩溃本身造成的，还是由美国和欧洲的政治领导人以及央行官员的一系列政策失误造成的，仍然是一个有争议的话题。但这一经历给社会留下了不可磨灭的烙印。美国历史上程度最深、最严重的，长达十年的经济衰退导致的许多金融和社会改革至今仍在进行，其中包括社会保障、银行存款保险、美国证券交易委员会以及联邦政府对融资购买股票的监管。

尽管经济危机和随后的全球经济大萧条带来了巨大的创伤，但人们并没有结束导致这些危机的种种行为。导致 1929 年股市崩盘的幽灵仍然回荡在 1987 年和 2007—2008 年的危机中，以及出现在每次危机之后的金融风暴中。

导致 1929 年股市崩盘的事件始于 1922—1927 年，在此期间企业平均利润增长 75%，催生出一轮牛市。在这个十年的中期，房地产市场已经出现了过剩的迹象。住房建设投资高速增长，芝加哥、纽约和底特律的商业地产蓬勃发展，佛罗里达的地产市场经历了一段令人惊叹的泡沫期，但股价上涨的确与企业的利润增长成正比，至少在 1927 年的年中是如此。[2]

然而，怀疑论者担心，对投资者的过度放贷推高了股价，他们用借来的钱作为保证金来购买股票。保证金贷款（Margin loans）从 20 世纪 20 年代初的约 10 亿美元上升到 1927 年的 35 亿美元。[3] 1927 年 7 月，美联储将基准利率下调 0.5 个百分点至 3.5%，保证金贷款继续增长，1927 年下半年道琼斯工业平均指数上涨 22%。到次年年底，融资融券余额已接近 60 亿美元。[4]

在众怒之下，美联储在 1928 年 2 月改变了路线，并在接下来的三个月内将基准利率提高到 5%。但到了那个时候，刹车已经太迟了。经纪商会要求高达 12% 的保证金贷款，即使在美联储采取行动后仍有充足的利润。经济学家约翰·加尔布雷斯（John Kenneth Galbraith）后来称融资融券"可能是有史以来最赚钱的套利操作"。[5] 事实上，在利益的诱惑之下，到了 1929 年上半年，非银行性金融机构为股市提供了近 3/4 的融资融券资金。[6]

当时的报道指出，到了 1928 年，小投资者们积极参与股市，已经成为一种全美国流行的风潮。经纪公司的办公室开始出现在美国的小城镇。在 1928 年和 1929 年，有 600 个新的证券公司办事处开业，仅一年，其总数就增加了一半。[7] 美国广播公司（Radio Corporation of America）等明星股票的巨大成功，使人们的热情更加高涨，这只股票从 1924 年的每股 11 美元飙升至 1929 年的 114 美元。新闻中频频出现一夜暴富的故事。1929 年 8 月，一篇名为"人人都应该富有"的文章出现在了《妇女家庭杂志》上。[8]

半个世纪后，股市被一系列类似的事件所震动。在 1987 年股市崩盘前，投资组合保险的流行带动了股价的上涨。正如第五章所述，1987 年的买家是机构投资者，而不是个人投资者。[9] 20 世纪 90 年代，在华尔街股票分析师的大力推动下，个人和机构投资者抬高了互联网股票的价格（见第十一章专栏"科技股泡沫破裂"）。在 2007—2008 年间，个人和机构投资者在房地产繁荣和"有毒的"抵押贷款支持证券的过热需求方面都发挥了作用。

20 世纪 20 年代出现的"有毒"的金融产品被称为"投资信托"。这些金融产品是由一些缺乏透明度、高杠杆和交叉所有权的危险元素组合而成的。虽然在 20 世纪 20 年代之前在美国，此类产品几乎不存在，但到 1929 年底，美国出现了大约 750 家信托公司。[10] 在其高峰时期，这些信托公司控制了超过 80 亿美元的资产，在基本结构上类似于今天的封闭式共同基金，它们出售债务和优先股，为购买其他公司的普通股提供资金。然后，这些信托公司通过创建新的投资信托公司来提高最初的杠杆率，而新的投资信托公司又依靠举债来为进一步的股票购买提供资金。由此形成的金字塔结构对最初的发起人来说是非常有利可图的，他们不仅获得了管理费，还通过保留每一层的控制权，从最初的投资中获取回报，只要股价继续上涨，原始投资就会呈几何级数增长。

尽管信托公司的投资架构存在问题，但事实证明，由于股票价格不断上涨，信托公司深受公众欢迎。信托股票的交易价格往往超过其基础资产的价值；溢价被人们理解为反映了发起人在证券投资组合方面拥有的专业技能优势。然而，在 1929 年 10 月，在那些最黑暗的日子里，发行人的专业知识价值变得乏善可陈。随着股价下跌，杠杆效应逆转，信托公司的普通股很快就失去了价值，在崩盘后的几周内都无法抛售。这种情况预示着 1987 年股市崩盘所发生的一切，当时投资组合保险公司的机械式抛售导致市场指数迅速下跌。2007—2008 年，抵押贷款支持证券需求的蒸发引发恐慌，拖累了各类风险资产的价格。

1929 年 8 月 8 日，美联储为了给市场降温，将基准利率提高到 6%。这并没有产生立竿见影的效果。尽管道琼斯工业平均指数在第二天创下下跌 14 点的纪录，但在随后的三周内却上涨了 30 点。同时，美联储的紧缩政策确实对宏观经济产生了影响，8 月底宏观经济开始陷入衰退。

1929 年 10 月 23 日，星期三，在这一天的交易接近尾声时，市场上莫名其妙地出现了大量的抛售，这是这场疯狂的股市行情即将结束的第一个迹象。第二天，被称为黑色星期四，恐慌开始了。股指在早盘大幅下挫，随后华尔街一批大亨为蓝筹股下了大量买单，以显示他们的信心。[11] 道琼斯工业平均指数反弹至 299 点，仅下跌 6 点。成交量达到 1300 万股，是正常水平的两倍多。

10 月 28 日被称为黑色星期一（Black Monday），大量的抛售重新开始，融资融券的催缴加快了抛售速度，尤其是那些此前一直急于发放信贷的非银行放贷机构。截至收盘，道琼斯工业平均指数下跌了创纪录的 38 点（跌幅 12.8%），成交量 900 万股。第二天，迎来黑色星期二，道琼斯工业平均指数又下跌 31 点（跌幅 11.7%），收于 230 点，成交量 1600 万股。1929 年 10 月融资融券强制平仓的交易量占总交易量的百分比与 1987 年 12 月投资组合保险被动交易量占总交易量的百分比非常相近，[12] 1929 年 10 月两日指数跌幅 23%，几乎与 1987 年 10 月 19 日一天内下跌 22.6% 完全一样。

如果不是纽约联邦储备银行（Federal Reserve Bank of New York）带头，以接替逃离保证金贷款市场的 10 多亿美元资本的大手笔力挽狂澜，1929 年的损失可能会更惨重。[13] 此后，美联储向银行体系再注资 5 亿美元，并从 1929 年 11 月开始降息。道琼斯工业平均指数在那个月触底至 199 点，并在 1930 年春季反弹至 294 点，但与 1929 年 9 月的最高点相比，仍然下跌了 23%。美联储的宽松政策在那年夏天便宣告结束，基准利率为 2.5%，从此，经济和股市再次恢复了震荡下行。

1929 年的股市崩盘对美国经济是一个沉重的打击。随后，企业投资和消费都出现大幅下降。在大萧条时期，工业生产总值下降了 47%，通货紧缩使物价下降了 30%。[14] 时任财政部长的安德鲁·梅隆坚持认为宏观经济从根本上是健康的，并表示希望"有进取心的人从不称职的人手中接过残局"。但是失业率却一直居高不下，1929 年夏天失业人口为 150 万人，到 1930 年春天翻了一番，达到 300 万人。[15] 1933 年达到顶峰，1300 万人失业，约占美国劳动力的 1/4。[16]

从 1930 年秋天开始的一系列银行业恐慌，到 1933 年，导致 1/5 的美国银行破产，这使得经济的衰退局面更加严峻。储蓄者开始囤积现金而不是信任银行；当时，存款保险还不存在。这种囤积造成了信贷和货币供应的严重萎缩。

美联储对这一问题的回应在很大程度上是受制于其对国际金本位制的忠诚的，而各国央行正是通过这一制度将其货币的价值固定在黄金价格上（并延伸到各自的货币上）。虽然货币供应量的扩大可能缓解了经济衰退，但这也可能引发了人们对美国将使其货币贬值的担忧。反过来，这可能会促使美国黄金储备出现挤兑。

事实上，金本位制本质上要求其他国家与美国经济的萎缩相匹配，以维持本国的黄金储备。这导致美国大萧条成为一场全球经济危机。全球生产总值从 1929 年到 1932 年下降了 15%。[17] 同样，1987 年美国经济危机所引发的震荡，迅速蔓延到国际市场。[18] 如第十六章所述，2007—2008 年的危机立即在整个欧洲蔓延开来，并在欧洲大陆引发了一场主权债务危机，甚至有可能使欧盟瓦解。

1933 年，美国实际上放弃了金本位制，并启动了一个四年周期，在此期间经济产出每年增长 9%。[19] 尽管 1937 年一次缺乏理智的提高利率引发了又一次严重的经济衰退，但到 1938 年年中，经济再次出现强劲的增长。1942 年，美国经济产出终于回到长期趋势线。然而，道琼斯工业平均指数的水平直到 1954 年才超过股市崩盘前的最高位。

债券、股票与衍生工具入门

任何投资都会带来风险。预期风险将会得到回报。风险越大，回报越高。在这里，我们将研究最常见的投资证券的风险。

政府债券

债券本质上是一种借据，用以换取贷款。在美国，公众持有的国债为 15 万亿美元，联邦政府发行了数量惊人的国债（30 年期）、中期票据（2 ~ 10 年期）和短期票据（一年期）。但美国在偿还贷款方面有着良好的记录。事实上，美国国债被认为几乎不存在信用风险——财政部将其定义为无法支付利息或返还投资者本金的风险，也称违约风险。

此外，美国国债市场是世界上流动性最强的债券市场。这意味着，这些证券总是有大量现成的买家。尽管流动性风险并非完全不存在，但与其他类型的证券相比，它对美国国债的威胁较小。

美国国债并非完全没有风险。它们面临着影响所有类型债券的某些风险。例如，通货膨胀是一个长期存在的问题。通货膨胀率越高，货币的购买力就越低。还有利率风险。利率的提高将降低以前发行的债券以较低的利率支付利息的可取性，从而降低其转售价值。利率下降意味着未来的利息和本金支付可能必须以较低的回报率（再投资风险）进行再投资。

不同期限的国债风险不同。长期债券比短期债券更容易受到通货膨胀和利率变化的影响。期限是衡量债券价格对利率变化的敏感性的一个指标。债券期限越长，对利率变化就越敏感。

但是，即使把所有这些风险都考虑在内，美国国债在投资方面也接近万无一失。国库券被认为是几乎没有风险的，因为它们短期到期并且缺乏信贷风险。三个月期国库券被广泛用作现金的代用券。

代理和实体债券

许多政府机构通过发行债券来为房产、小型企业和其他企业提供贷款。像国库券一样，这些债券也得到联邦政府的充分信任和信用支持，并且没有信用风险。代理债务市场通常也具有较好的流动性，但不如国债市场的流动性强；因此，代理债券必须提供更高的利率。

政府担保实体（GSEs）和田纳西河谷管理局（Tennessee Valley Authority）等一些政府公司发行的债券并没有得到联邦政府的明确支持，因此它们具有一定的信用风险。然而，投资者长期以来一直认为，联邦政府不会允许 GSEs 拖欠债务。在这一假设前提下，GSEs 才被允许以略高于美国国债的利率发行债券。实际上，2008 年，联邦政府将联邦国家抵押贷款协会和联邦住房贷款抵押公司这两个 GSEs 收归国有，以防止其违约，并继续维持其在抵押贷款市场中的核心地位。

市政债券

市政债券，或称公用事业债券，由州和地方政府及机构发行。因为其通常免征联邦所得税，而且通常对当地居民免征州和地方所得税，所以对个人投资者的吸引力要大于对机构投资者的吸引力（机构投资者基本上是免税的）。

尽管市政债券的历史违约率很低，但它也有信用风险（通常通过为市政债券提供保险的单一险种保险公司的担保来降低这一风险）。信用风险的大小很大程度上取决于市政债券属于哪一种类型。一种类型是"一般义务债券"，由发行人的征税权支持。另一种类型为"收益债券"，由债券发行融资的设施征收的通行费、租金和其他费用偿还。收益债券的持有人面临相对较高的信用和违约风险，因为其收益可能低于预期。

市政债券提供的名义利率可能低于可比国债的名义利率（由于其税收优惠待遇），但市政债券的风险普遍比国债略高，这反映了信用、流动性和其他因素的差异。

公司债券

由公司发行各种各样的债券，很容易受到影响政府债券的许多风险的影响，包括到期和存续风险、通货膨胀和利率风险以及再投资风险。然而，对于公司债券投资者来说，其所面临的信用风险比政府债券投资者的更大。公司可以违约——有时也确实会违约，使债券持有人遭受本金和未来利息的损失。公司债券支付的利率高于美国国债和其他政府债务工具，以作为投资者承担更大信用风险的补偿。

要确定哪些公司债券的违约风险高于其他公司，需要对数千家公司的经营和财务状况进行大量研究。许多投资者依赖信用评级机构进行的研究。美国三大评级机构分别是穆迪（Moody's Investors Service）、标准普尔（Standard & Poor's）和惠誉（Fitch Ratings）。每一个指定等级的评级，表示一个特定问题的相对风险。穆迪给出的评级从最低风险债券的 Aaa 级到最高风险债券的 C 级。标准普尔和惠誉的评级从 AAA 到 D 不等（见图 11－1）。

信用评级机构对许多类型的债务票据进行评级，包括政府发行的债务票据。评级较低的债券往往要支付较高的利率，以反映较高的风险。考虑到 AAA 级债券的相对安全性，其利率可能仅略高于美国国债。评级会因情况的变化而上调或下调。信用评级下调的可能性是信用风险的一个组成部分，它可以降低债券的转售价值。

具有非投资级评级（穆迪评级 Ba1 及以下，标准普尔及惠誉评级 BB＋及以下）的公司债券被称为高收益债券或垃圾债券。顾名思义，这些债券需要支付更高的利率，以反映其投机性质和相对较高的违约风险。政策规定，一些保守的捐赠基金和养老基金不能持有它们。因此，从投资级评级下调至非投资级评级对债券价值的影响可能比其他评级下调的影响更大，因为这可能会大大减少潜在的买家数量。

许多公司债券是可赎回的，也就是说，发行人保留以规定价格回购或赎回其债券的权利，通常是在发行后的一段时间内。（美国政府自 20 世纪 80 年代中期以来就没有发行过可赎回的国债，但一些政府机构发行的国债是可赎回的；市政债券也可以赎回。）通常，如果利率下降，债券将被赎回，发行人可以以较低的利率成本进行再融资。而看涨期权风险反映了这样一种可能性，即投资者必须比预期更早地卖出相对高收益的债券，并将收益再投资于低收益市场中。即使一只债券的价格还没有上涨，但如果该债券的交易价格接近其预期的价格，那么该债券以高于预期的价格交易，也会对其转售价值产生不利影响。

公司债券的现成买家没有美国国债那么多。因此，公司债券所带来的流动性风险更大，即当投资者想抛售时，会面临买方不愿意挺身而出的风险。小公司发行的或少量发行的债券，以及评级较低或最近被降级的债券，流动性风险更高。交易量稀少的债券的卖方可能不得不提供一个大幅折扣来吸引买方。

债券市场的透明度不如股票市场，这又增加了另一层风险。大多数债券不在交易所交易，所以难以获得其最新的报价。买家和卖家必须依赖交易商的报价。交易量稀少的债券的公允价值可能更加难以获得，因为很少有交易商愿意提供报价，交易商还可能对交易量稀少的债券进行加价。市场价值和交易商报价之间的价差被我们称为"买卖价差"。

2002 年，一款债券交易集中报价系统 TRACE（交易报价与合规引擎）诞生了，这大大降低了公司债券的买卖价差。该系统由美国证券交易委员会授权，要求债券交易商及时向金融业监管局（FINRA）运行的中央数据库报告所有公司债券销售和交易价格。

股票

股票的收益与风险和债券的收益与风险之间有着本质的区别。实际上，从债券持有日至到期日（不可赎回）期间的所有回报，都来自于该债券预定的利息支付。债券持有人面临的利率变化可能影响到债券的转售价值，但如果发行人没有违约，无论宏观经济或市场状况如何变化，债券持有人都将在债券到期时收到所有承诺的本金和利息。

而股票代表对一家公司的部分所有权，而不是对一家公司的借款。作为对这种所有权的回报，股东有权获得该公司资产和利润的一部分，但该公司没有义务将原始股票投资本金返还给投资者，而发行债券的公司则有义务在到期时返还债券的本金。此外，在债券持有人的债权没有得到偿还之前，股东不能要求分享公司的收益。正因为股票投资通常比债券投资的风险更大，所以历史上的股票投资获得了比债券更高的回报，作为投资风险的补偿。这种较高的回报被称为"股权风险溢价"。

股票风险溢价

从 1926 年到 2017 年，大公司的股票平均年回报率为 10.2%（通胀调整前）。长期政府债券的平均年回报率在此期间达到了 5.5%。[1] 两项回报率的差为 4.7 个百分点。这是一个简单而被广泛使用的、衡量美国历史股票风险溢价的指标，是对投资者承担持有股票而非相对安全的政府债券的额外风险所需额外回报的估算。

然而，这一估算是不是一个准确的衡量标准，仍在争论之中。因为它只是基于历史平均值的测算，对股票风险溢价的这种特殊价值衡量用的是回看数据，所以并不一定能够反映未来的情况。

平均值所包含的长时间跨度，可能掩盖了当今的投资环境与几十年前存在的重要差异。如今的会计准则更加严格，各国央行能够更好地控制通胀，工人的生产效率更高，全球贸易提高了经济效率。正是这些因素，为股票创造了一个风险较小的投资环境，今天的股票溢价可能会低于历史平均水平。

此外，随着经济更加繁荣，交易佣金大幅减少，以及自主退休账户的兴起，股票投资在今天比 50 年甚至 30 年前更为普遍。人们对股票的需求增加，推高了它们的价格。今天股票的市盈率普遍高于 20 世纪初。相对收益而言，更高的价格意味着投资者愿意接受更低的回报，从而为持有股票而降低风险溢价。

一些研究人员认为，20 世纪盛行的股票风险溢价太高了，无法用股票和债券之间的实际风险差异来证明。他们称之为"股票溢价之谜"。[2] 毕竟，自 1926 年以来，美国股票每 20 年产生一次正收益。[3] 当然，许多投资者持有股票的时间较短，在这期间产生负收益的可能性较大。这也许是解决这个难题的关键。行为经济学家认为，投资者对短期亏损的厌恶情绪非常强烈，他们需要额外的溢价来规避短期亏损的风险。

一些研究人员会根据对未来现金流（股息和股票回购）和收益增长率的预测来计算前瞻性股票风险溢价，而不是依赖历史平均值进行预测。采用这种方法，达莫达兰估计，截至 2018 年 1 月 1 日，美国股票风险溢价为 5.08%。[4]

股票风险溢价究竟是 4.7%、5.08%，还是其他数字，现在还不能确定。不过，了解风险与潜在回报之间的关系是决定如何管理风险的第一步。

股息和资本增值

股票的回报来自公司可能支付给股东的定期股息，加上投资者持有的公司股票价值的增长。与固定债券利息支付不同，股票的股利支付由每家公司自行决定。公司可以在不引发违约的情况下提高、降低或暂停股息的派发，还有许多公司从不支付任何股息。无论如何，历史上股息仅占股票回报的一部分，占 1926 年至 2017 年大公司股票平均年回报率 10.2% 中的 4.0 个百分点。[5] 小公司倾向于不支付或只支付少量股息。股票的大部分回报（和风险）来自投资者愿意为股票支付价格的变化。

股票的回报的两部分股息收入和价格变动会受到多种风险的影响，破产风险是一个关键考虑因素。如果一家企业倒闭，其资产被清算，普通股的持有者将在债券持有人和优先股持有者（一种具有某种类似债券特征的股票）之后才能获得补偿。如果一家公司被清算，普通股投资者血本无归的情况也并不罕见。

股票的出售以及出售后的任何收益也可能受到公司股票市场流动性的影响。在一个流动性很强的市场中，由于买卖双方人数众多，买卖很快就完成了，对股价的影响很小。在流动性不强的市场上，买卖双方很难达成交易，这使出售或购买股票变得很困难，任何交易都可能对股价产生相当大的影响。

一般来说，这种流动性风险对于小公司股票的影响比对大公司股票的影响更大，因为前者的投资者往往较少。然而，也可能会有一些时期，例如在市场危机期间，流动性枯竭，愿意购买股票的人从市场上消失，无论是大公司还是小公司，其股票交易都变得非常困难。

因为股票是在交易所交易的，所以它们的价格对所有潜在的投资者都是公开的。此外，股票市场的流动性通常是相当充分的，所以其报价通常反映当前的价格，且几乎是实时的交易价格。一些股票，通常是非常小的公司的股票，则很少有交易；它们的价格可能来自于几小时甚至几天前发生的交易。与股票相比，债券的透明度要差得多，因为大多数债券不在交易所交易，而且交易频率远低于股票。市场危机可能损害价格透明度。

股票也面临着一定的利率风险，尽管其程度低于债券。不断上升的利率，会增加企业必须支付的借款成本，或减缓经济增长，可能会阻碍公司利润的增长，而利润增长是股票回报的关键驱动力。但是通货膨胀，至少是温和的通货膨胀，对股票来说通常不是一种风险，因为股票的价格往往会随着通货膨胀而上涨。事实上，股票经常被吹捧为对冲通货膨胀的工具。一种普遍看法是，公司可以通过提高价格的方式将通胀成本的增加转嫁给消费者，从而维护股东的利益。

特定性风险和系统性风险

股票的风险通常用其在给定时期内回报率的平均值或平均值的变化来衡量。使用的统计指标是方差。方差较高的股票会比方差较低的股票产生更多的回报。

20 世纪 60 年代发展起来的金融理论认为，对股票的比较不仅应考虑其方差，还应考虑其回报率如何随市场整体回报率的变化而变化。[6] 正所谓水涨船高，上涨的市场往往会推高所有股票的价格，包括那些未来盈利能力预期不佳的公司；反之，在不断下跌的市场中，即使是盈利能力很强的公司的股票的表现也会不尽如人意。

股票回报率与市场回报率的协方差是用统计方法度量的。股票的贝塔系数是其对整个市场变化的价格敏感性；贝塔系数可以计算为股票回报率与市场回报率的协方差除以市场回报率的方差。贝塔系数为 1 的股票预计会随着市场回报率的变化而变化。也就是说，如果市场回报率上涨 1%，该股票上涨 1%；如果市场回报率下跌 1%，该股票下跌 1%。贝塔系数越高，表示对市场走势的敏感度越高；贝塔系数越低，表示敏感度越低。具有负贝塔系数的股票与市场回报率相反，它的价格预计会随着市场回报率的下跌而上涨，随着市场回报率的上涨而下跌。

贝塔系数代表股票的系统性风险，它的风险和收益部分来自于它所属的系统，即整个股市。高贝塔系数股票和以高贝塔系数股票为主的投资组合有更大的系统性风险。至少在理论上，它们应该提供更高的预期回报，以补偿投资者在低贝塔系数、低风险的股票和投资组合中承受的更多风险。[7]

然而，股票的贝塔系数并不能解释其所有的风险或回报。一只股票的回报通常会包括一个不能被整个市场的波动所解释的部分回报。这种股票特有的风险，或者说是特定性风险，代表了股票回报的一部分，来源于公司的特殊属性。股票回报的这部分是该上市公司特有的，它产生了股票的"阿尔法"系数（alpha），即某只股票回报与市场预期回报之间的差异。

金融理论认为，通过持有一个包含各种股票的多样化投资组合，其特定性风险可以被抵消，或者至少可以被减轻。例如，油价上涨可能会导致石油公司股票的价格上涨，但航空公司等石油消费大公司的股票的价格可能会下跌。另一个例子是，持有进出口双方股票的投资组合在一定程度上可以防止货币汇率意外波动带来的风险。

理论认为，由于特定性风险是可分散的，因此不应给予回报。只有不能分散的系统性风险才能得到回报。此外，如前所述，较高的系统性风险应得到较高的预期回报。在一个理想化的世界里，投资者可以从一系列提供不同预期回报和风险组合的投资组合中进行选择，从提供低风险和低预期回报的投资组合中进行选择，到提供高风险和高预期回报的投资组合中进行选择。

根据有效市场假说，股票价格总是反映所有可用的信息。[8] 因此，试图通过基于预测其价格变化来选择股票从而击败市场被认为是徒劳的。根据这一理论，一个股票投资者所能做的最棒的事情就是持有一个代表整个市场的投资组合，比如一个股票市场指数。股票市场指数可以与无风险资产（如国库券）相结合，以降低预期收益为代价，实现较低的整体风险水平（或通过借入资金投资指数，以增加风险为代价，提高整体预期收益）。然而，过去几十年来的理论和技术，包括行为金融领域、统计技术和不断进步的计算机技术，表明一些投资者可能会积极管理投资组合，以实现阿尔法，也就是说，可能获得比投资组合的贝塔系数更为有利的回报。

要实现阿尔法，要么需要选股技巧（购买表现优于整体市场的股票，要么出售表现逊于整体市场的空头股票），要么需要市场时机（在股市指数上涨前买入，在下跌前卖出）。然而，在缺乏这些技能的情况下，随着时间的推移，投资者能够获得的最好回报是与投资的系统性风险（beta）相称的回报。

衍生工具

衍生工具（或称衍生品）是一种合约，这种合约要求一方根据基础资产（如股票或股票指数、债券或债券指数、商品、利率或货币汇率）的价格变动向另一方付款。因此，衍生工具的价值实际上来自标的资产的价格。

衍生工具可用于提高投资回报和降低风险。它们还可以提供投资风险的敞口，这些风险可能会被适用于直接购买的投资准则所禁止。[9] 投机者利用衍生工具来押注标的资产未来价格走势的方向。开立衍生工具合约的初始付款，即保证金，通常是标的资产成本的一小部分。因此，衍生工具头寸涉及杠杆，可能带来比直接投资标的资产更高的投资回报。

衍生工具也被用来管理风险。例如，它们可用于将资产的可变回报率转换为同一资产的固定回报率，或其使用方式可使其现金流量或价格变动部分或全部抵消标的资产的现金流量或价格变动，从而减少或消除后者的可变性。它们还可以用来塑造资产的收益，例如，在一定范围内提供收益。各种类型的衍生工具可用于各种资产，下面介绍一些最常见的工具。

最常见的衍生工具形式是"掉期"（swap）。掉期是双方就交易未来现金流达成的协议。通常情况下，交易对手会对某一特定数量的标的资产（称为参考资产）交换利率，其中一方支付浮动利率，浮动利率可因多种因素而上升或下降，并从对方那里收到固定利率，而固定利率在合同有效期内保持不变。

这种掉期的任何一方都可能降低风险。例如，拥有支付固定利率的资产的一方可能会进行固定利率对浮动利率互换，以保护自己不受利率上升的影响。而拥有支付浮动利率资产的一方可能会进行浮动利率换固定利率掉期，以保护自己免受利率下降的影响。或者，这两种头寸都可能被视为对未来利率走向的投机性押注。

如前所述，掉期是各交易对手之间的协议。它们不像股票那样在有组织的交易所进行交易，而是在一个非正式的交易商网络中进行交易，即场外交易市场（OTC）。因此，进行掉期交易可能涉及交易对手风险，即交易对手无法达到协议要求的风险。[10] 掉期交易还涉及流动性风险，因为没有二级市场可用于交易掉期头寸。希望摆脱其掉期头寸义务的交易对手也许能够找到第三方承担其头寸，但这样做可能代价高昂。

期货和远期合约是在未来某一时点，以约定价格买卖资产的合约。期货是在有组织的交易所进行的标准化合约和交易。远期合约是定制化的合约并且在场外交易。不过，与掉期一样，这些交易开始受到中央对手清算所（CCP）的监管。

期货和远期合约基本上锁定了当前的价格，以便日后进行交易。例如，期货合同一般规定了标的资产的金额、可以买卖的未来日期（合同到期日）以及在该日期可以买卖的价格。期货交易涉及许多农产品和能源商品以及贵金属和金融产品，如个人股票和股票指数、债券和债券指数以及货币汇率。与掉期交易一样，买方或卖方可以使用期货和远期合约交易，以远低于实际购买标的资产的成本获得对标的资产一定数量的敞口。

期货和远期合约就像掉期一样，可以用来推测标的资产价格的方向，或者对冲标的资产价格的变动。期货和远期合约的价格是一对一的，即与标的资产的价格呈线性关系。如果标的资产的价格上涨（或下跌）一美元，那么其期货或远期合约上所写的价格也会上涨（或下跌）一美元。当然，在到期日，期货和远期合约以及标的资产的价格必须趋于一致。因此，期货和远期合约可以作为标的资产的替代品。

如期货和远期合约一样，期权可以在有组织的交易所或场外交易。期权合同规定了标的资产的给定金额（同样可能是商品或金融资产）、到期日（合同到期日）和行权价格。行权价格或执行价格代表期权买方出售或购买标的资产的价格。因为期权不同于期货合约，它不赋予买卖义务，而是赋予买卖权利。

看跌期权买方有权以行权价格出售标的资产，看涨期权买方有权以行权价格购买标的资产。看跌期权卖方（也称为期权卖方）承担标的资产价格低于行权价格的风险。看涨期权卖方承担标的资产价格高于行权价格的风险。期权的价格被称为"期权费"（premium），反映了这种风险。美式期权可以在到期日或到期日之前的任何时候行使，欧式期权只能在到期时行使。

如果看跌期权所涵盖的资产价格低于行权价格，则看跌期权买方可以行权，以行权价格将资产出售给看跌期权卖方，并避免等于行权价格与资产当前（较低）价格减去期权溢价成本之差的损失。或者，买方可以出售未行使的看跌期权，获得利润。

如果看涨期权所涵盖的资产的价格高于行权价格，则看涨期权买方可以行权，以行权价格向看涨期权卖方购买资产，并获得等于资产当前（较高）价格与行权价格减去期权溢价成本之差的利润。或者，买方可以出售未行使的看涨期权来获利。

期权买方的主要风险是标的价格不会朝着正确的方向移动，或者移动的幅度不足以使期权的行使具有价值。在这种情况下，期权买方将不会行使期权。期权到期后将一文不值，期权买方支付的期权费将成为损失。

当期货或远期合约的价值与标的资产的价值趋同时，到期期权可能是有价值的，也可能是没有价值的。期权与标的资产之间的关系比期货或远期合约与标的资产之间的关系更为复杂。

与期货和远期合约的价值不同，期权的价值与标的资产的价格不构成线性关系。当标的资产的价格远低于看涨期权的行权价格时（该期权是"深度价外"或"深度虚值"的），期权的价值几乎不会随着标的资产价格的变化而变化。然而，随着资产价格接近期权的执行价格，期权的价值对资产价格的变化变得越来越敏感。当标的资产的价格远高于看涨期权的行权价格（该期权是"深度价内"或"深度实值"的）时，期权的价值与标的资产的价格接近于性相关关系。

一般而言，衍生工具通常与它们所涵盖的基础资产具有相同的风险，但也存在其他风险。比如，衍生工具通常都使用了杠杆。最初，买家支付的现金（初始保证金）相当于衍生工具价格的一小部分，仅代表标的资产价格的一小部分。这就产生了杠杆作用，它可以放大利润或亏损。例如，如果标的资产的价格仅上涨10%，那么持有相当于衍生工具合同价格10%的现金的衍生工具买家可以获得100%的回报，但如果标的资产下跌10%，则会损失全部本金。

期货和公开交易的期权在交易所上市，但非标准化场外衍生工具合约（如掉期、远期合约和一些期权）的购买者则面临着交易对手风险；自信贷危机以来，这些交易越来越多地通过 CCPs 交易，这在一定程度上缓解了交易对手风险。交易对手风险包括交易对手拖欠或少付或迟付的风险。

对于在场外交易的衍生工具而言，流动性风险可能很高，或者具有特定的功能，限制了其对其他买家的吸引力。这些工具的价格透明度也可能很低，由于它们不在交易所交易，因此它们交易的价格通常不公开。

大多数交易所交易衍生工具的市场流动性相当高，但一些在交易所交易的衍生工具的流动性可能有限，因为它们是以流动性较低的标的资产为基础资产的，或者是因为它们资金严重不足，支付的价格远低于标的资产的当前价格，因此很少进行交易。

期货也可能带有"基差风险"；它们的价格变动可能无法完全抵消它们要对冲的资产的价格变动。这可能是由于期货合约价格与标的资产价格之间的意外差异，或者是因为期货合约的到期日与预期套期保值期的结束日期不同导致的。

模型风险可能也是一个因素，特别是对于复杂的衍生工具而言，但它也是估计标的股票或债券价值的一个因素。例如，测算一家公司的预期未来现金流和计算这些现金流的当前价值需要模型，估计股票的预期收益和风险也需要模型。模型背后假设的缺陷，或数据输入或模型计算的错误，都可能损害投资的效果。

衍生工具比其基础资产更为复杂，其价格和交易量的透明度也较低，因此，对于其投资者和交易市场而言，衍生工具可能比简单资产带来的风险更大。附录 D 描述了 20 世纪 90 年代困扰企业和地方政府的一些基于衍生工具交易的灾难，当时这些工具相对较新，并不太为人所知。

一般来说，越不熟悉、越复杂、越不透明的工具，对风险的估算就越不客观。20 世纪 80 年代的投资组合保险是一种新颖的、相对复杂的策略，在使用范围、可能影响的市场以及预期成本方面几乎没有透明度。长期资本管理公司的套利策略非常复杂，杠杆率很高，而且从设计上讲，对基金的交易对手和投资者来说都是不透明的。在 21 世纪初非常流行的抵押贷款支持证券产品也具有相当的复杂性，且缺乏透明度。

投资组合保险之争

布鲁斯·I. 雅各布斯撰写的
"美国保诚保险公司客户服务和销售团队
关于投资组合隔离技术的备忘录"

——1983 年 1 月 17 日

给鲍勃·法拉利的备忘录

回复：投资组合解决方案

最近，一些金融机构和咨询组织已经开始推销一种声称能"保护"资产的"投资组合解决方案"技术。LOR 公司是第一个包装和销售隔离产品的公司，后来被 Kidder Peabody 和 Wilshire 公司效仿。虽然这些竞争对手采用的基本方法相同，但他们的产品被交替地冠以"动态资产配置""保护性投资组合管理"和"投资组合风险控制"的称号。

投资组合隔离技术利用了"保护性看跌期权"的概念。"看跌期权"是指在给定的一段时间内，以指定的价格，即执行价出售股票的期权。买入一种证券的看跌期权，同时建立该证券的多头头寸，可提供下跌保护。用于购买看跌期权的成本，称为"溢价"，投资者的资本可以得到保护，因此术语"保护性看跌期权"产生。如果证券价格下跌，看跌期权可以"行使"，即证券可以按执行价出售。如果证券升值，投资者获得的收益减去为看跌期权支付的溢价。

从理论上讲，一个完整的投资组合可以通过购买投资组合中每种证券的看跌期权来得到保护。然而，并非所有证券都有看跌期权。此外，与保护每种证券的投资相关的成本将远远高于保护投资组合作为一个整体的成本。这种成本问题的产生是因为看跌期权的溢价与受保护资产的波动性直接相关。然而，证券投资组合的波动率明显小于组成证券的平均波动率。因此，整个投资组合的卖出溢价将大大低于所有标的证券的卖出溢价之和。

在最近的金融文献中，人们已经认识到，可以为任何证券组合综合创建保护性看跌期权。该方法将整个投资组合分为两部分：主动管理的投资组合和现金等价物投资组合。主动管理的投资组合可以是全期权、全债务或固定资产。

初始投资组合头寸包括现金等价物部分和主动管理部分。现金等价物部分在某种意义上是一种缓冲，以限制损失的程度。如果主动管理的投资组合价值下降，其中的一部分将被清算并投资于现金等价物。资产价值下降需要更为保守的姿态，以保护剩余资本。相反，如果现金等价物升值，它将被交易为主动管理投资组合中的投资。资产价值升值允许一种更具风险的姿态，因为升值在保护价值之上提供了更大的缓冲。溢价以隐性方式支付，并以现金等价物对冲头寸的机会成本表示。

投资组合隔离不是一种市场择时技术。没有人试图预测回报，而交易是由过去的回报促成的。投资组合的主动管理部分和现金等价物部分之间的交易受近期的影响。

投资组合隔离技术在客户指定的任何时间段（通常是一个日历年）保护资产价值。由于选定的期限与负债的持续时间没有关系，因此可以是任意的。客户可能会因逐年减少的亏损而感到欣慰。然而，以对冲机会成本为代表的综合看跌期权的隐性溢价将阻碍其长期表现。虽然以过去十年为样本的投资组合隔离技术的模拟显示出良好的表现，但这一时期的特点是股票表现不佳。任何持有大量现金头寸的投资方法都会带来有利的局面。

如果投资组合的主动管理部分是一个"平衡"的投资组合，那么当平衡投资组合价值下降时，投资组合隔离技术将用平衡投资组合的垂直部分换取现金，反之，将用现金换取垂直部分。当平衡投资组合价值上升时，垂直购买平衡投资组合。通过有效的前沿分析，适当确定平衡的资产组合，该前沿分析确定了各种资产的组合，从而使选择的风险水平的预期收益最大化。投资组合隔离技术所要求的平衡投资组合和现金投资组合之间的交易将改变资产组合，从而违反长期有效的边际假设，以达到保护资产价值的短期目标，也就是在任意选择的时间段内"确保"回报。只有离开有效边界，才能确保短期回报。

与传统管理的投资组合相比，投资组合隔离技术所要求的交易将增加交易成本，包括佣金和市场影响成本。该技术还要求主动管理的投资组合由高流动性证券组成。事实上，如果主动管理投资组合的价值大幅下跌，整个主动管理部分将不得不进行清算。在这种情况下，投资组合将由现金等价物组成，直至下一个业绩期的开启。

由于系统中存在潜在的贬值，因此受保护的资金可能无法得到充分的保护。例如由于执行价格可能与抛售信号发出时的价格不同，因此整个投资组合的价值可能低于保护金额。此外，由于主动管理部分的预期波动率决定了合成看跌期权隐含溢价的大小，从而决定了适当的套期保值，因此，如果主动管理部分的波动率被错误地指定，该技术就可能会失效。

从理论上讲，鉴于投资组合隔离技术在价值升值时用现金交换主动管理的资金，在价值下跌时，用主动管理的资金换现金，其中带有一个隐含的假设，即投资者的财富效用表现为风险厌恶的降低（增加风险承受力）。一个表现出风险厌恶降低的个体，其财富在风险资产中的比例会随着财富的增加而增加（或减少）。金融文献中的证据更支持恒力比例风险厌恶的概念。是的，独立于财富水平，一个人将把同样比例的财富分配给风险资产，所选择的比例当然是个人独有的。

此外，从宏观角度出发，如果大量投资者采用投资组合隔离技术，价格走势将趋于滚雪球。价格上涨后会出现购买（销售），这将导致价格进一步上升（贬值）。市场价格将没有效率，不使用投资组合隔离将是值得的，因为由此产生的高估或低估将为精明的投资者带来机会。

最后一个批评是，采用该技术虽然有可能确保名义回报，但实际回报无法得到保证。当计划发起人在选定时间段内保护了名义回报时，可能会感到宽慰。但购买力将不受保护。由于计划发起人的负债是真实的，而且在性质上不是最终的，因此在保证名义回报方面没有什么值得欣慰的，特别是当成本牺牲了长期回报时。

布鲁斯·I. 雅各布斯

布鲁斯·I. 雅各布斯的《投资组合保险之谜》

——1983 年 8 月 22 日，发表于《养老金与投资》杂志

投资组合保险之谜

技术保护资产，降低长期回报

金融界最近表现出对投资组合保险技术的高度兴趣，这种技术的主要目标是"保护"资产。然而，我的研究表明，从长远来看，这种技术大大降低了回报。

许多金融机构和咨询公司正在以"动态资产分配/保护性投资组合管理""投资组合隔离"和"投资组合风险控制"等名义销售产品。

投资组合保险技术创造了一个"保护性看跌期权"，试图限制下行风险。初始投资组合头寸包括现金等价物投资组合和主动管理投资组合。

如果主动管理投资组合的价值下降，其中的一部分将被清算并投资于现金等价物，以保护剩余资本。

相反，如果现金等价物升值，它将被用作主动管理投资组合中的额外投资。这是因为资产价值评估通过提供更大的缓冲来保护资产价值，从而允许风险更高。

投资组合保险不是一种市场择时技术，没有人试图预测收益。

投资组合中的主动管理部分和现金等价物部分之间的交易是由过去的收益触发的。投资者会为保护资产价值选择一个时间间隔，通常是一个日历年。

虽然投资者可以通过在短期内限制损失来获利，但他们应该认识到，现金等价物对冲头寸的机会成本将严重阻碍他们的投资组合更长期的表现。

例如，投资于标准普尔 500 指数投资组合，1928 年 1 月的 1 美元在 1982 年年末会增长到 52.36 美元，该投资组合已投保 5% 的年度损失限额。然而，这只是标普 500 指数买入并持有策略产出金额的一半，而该策略本来可以获得 104.25 美元的回报。

考虑到相对较低的交易成本，估计佣金和市场影响为 1%，如果用保险策略投资标普 500 指数的投资组合，1 美元将会增长至 36.97 美元。这仅仅是买入并持有策略的三分之一。

投资组合保险的支持者经常指出，过去 10 年是该技术产生巨大成果的时期。然而，应谨慎使用这一时期的证据，因为这一时期的特点是股票表现不佳，短期利率异常高。任何提倡大量现金头寸的策略都会表现良好。

例如，在截至 1982 年的 10 年里，如果将 1 美元投资于一个年损失限额为 5% 的标普 500 指数的投资组合，扣除交易成本后，将增至 2.29 美元。

买入并持有策略将产生 1.90 美元的收益，但是投资美国国债将带来 2.27 美元的收益。这一水平高于标普 500 指数买入并持有策略所获得的回报，仅比保险策略所获得的回报低 2 美分。

上面的案例以一个日历年作为时间间隔，以标普 500 指数投资组合作为主动管理的板块，尽管情况并非总是如此，但无论选择的期限是一年或更长，还是使用主动管理的平衡投资组合而不是被动的股票指数投资组合，基本结论都是一样的。此外，选定的保护间隔通常与债务期限无关，因此是任意的。

如果主动管理投资组合的价值大幅下跌，则可能会出现问题，因为整个主动管理投资组合都必须进行清算。在下一个业绩期开始之前，投资组合将只包含现金等价物。

因此，如果没有机会参与新兴市场，投资者将无法获得这些收益，除非通过判断重新启动这项技术。

在 1933 年，所有使用这种策略的人都会遇到这种情况，当时整个活跃的股票市场都必须在年初进行清算。随后，一年内被保险人的保险策略将产生 5% 的损失，而采用标普 500 指数买入并持有策略，涨幅为 54%。

1982 年的股票市场险些发生类似的情况，使投资者无法参与年底的强劲反弹。

在使用保险策略时，也有可能出现保险金额未得到保护的潜在减值。由于执行价格可能与销售信号发出时的价格不同，因此整个保护价值可能会低于保护金额。

此外，由于主动管理部分的预期波动性是决定现金等价物头寸规模的一个主要因素，因此，如果主动管理部分的波动性被错误地指定，可能会导致技术水平下降。如果主动管理部分在区间结束时突然下跌，那么现金等价物的头寸可能不足。

投资组合分配 61.75% 给标普 500 指数，38.25% 给国债，这个波动率（以年标准差衡量）与标普 500 指数保险组合的波动率相同，但也会超过这一组合。在 1928—1982 年间，使用此位置的保险投资组合的回报率将超过基于标普 500 指数的回报率大约 50 个基点。这是因为投资组合保险的交易成本平均为 66 个基点。

由于现金等价物和投资组合中主动管理部分的转化不是为了从预测相关变化中获利，因此投资组合保险很可能因产生的交易成本而表现不佳。

此外，保险商已经收取的、为投资组合投保的费用，没有纳入我的考虑范围。

因为具有相同的波动性，分配策略将提供与被投资保险组合一样的平均水平的保护。

然而，基于投资组合保险的最大损失为 5%，年度损失的模式会有所不同，因此，投资者必须考虑年回报率中 50 个基点的牺牲，再加上支付给保险商的费用，所有这些的价格是否合理。

保险技术将任意一年的损失额限制在 5% 以内，然而，与分配策略下仅有 17 年产生了损失相比，它在 55 年中有 24 年产生了损失。而且，只有这四个案例年度亏损明显超过了 5%。在这四年中，有两年的年度亏损超过了 10%，另外两年则超过了 20%。最大的年度亏损为 26.5%。

还应指出的是，在某些年份，保险技术的损失限制是令人欣喜的；而在另一些年份，在重大市场反弹之前被排除在外，这一机会成本则将令人不安。在 1933 年，如果将保险投资组合和分配投资组合作比较的话，则被排除的机会成本为 38.4%。

取而代之的是，一个降低风险的适当方法——选择一个平衡的或多资产类别的投资组合。这样的投资组合应该广泛而多样地存在于不同的资产类别间，以受益于资产类别回报的不同步，从而减少波动性。

虽然在投资组合保险中，投资组合的主动管理部分可能是一个多资产类别的投资组合，但这种平衡投资组合和现金等价物投资组合之间的交易会改变资产类别的组合，从而降低了长期效率。

还有需要记住的是，股权不动产——一种强烈建议用于平衡对账单的资产类别，在保险技术要求的时期内可能不容易流动。

海恩·E. 利兰的投资组合保险绩效（1928—1982 年）（1984）

LOR 公司
投资组合保险业绩，1928—1982 年

海恩·E. 利兰，董事长

与静态策略相比，动态策略或"投资组合保险"可以大幅提高预期的投资组合回报，从而提供相当的风险保护，理论上的论证也表明了这一点。用过去 55 年（1928—1982 年）的每日股市数据，可以对这些争论进行实证检验。

雅各布斯最近的一篇文章（发表在 1983 年 8 月 22 日的《养老金与投资》上）质疑投资组合保险是否具有先天的优势。我将证明他的结论是错误的。事实上，我将用 55 年的经验充分支持这一论点——投资组合保险相对于静态风险等价物而言，将提供显著收益。

对同一数据库的两项研究如何得出如此不同的结论呢？我将证明雅各布斯的结论有两个基本的错误：一是没有进行适当的风险比较，二是未能使用最优投资组合保险策略。

我们最初关注的投资组合保险计划每年提供 −5% 的最低保证回报，或"免赔额"保障。（雅各布斯也检验了这个层次的保护，不过他使用了次优实现。）

LOR 公司的动态资产配置策略被应用于 1928—1982 年这 55 年期间，我们来看看股票市场（相当于标普 500 指数的情况），结果如下：

策略	最低回报率	年复合回报率[一]	终值（1 美元[二]）
投保 −5	−5.0%	7.0%	$41.32

值得注意的是，相比雅各布斯的 36.97 美元的终值，使用 LOR 保险技术明显多出了 11%。

一　这些是扣除成本交易后的年复合回报率。考虑到往返交易，交易成本估计为 1%。对于投保的"−5"策略，成交量平均每年为 50%，尽管这一平均值有很大的变化。请注意，如果某个投资组合中的主动管理发生在股票和国债的组合发生变化时，则增量交易成本可能低于此处的假设。还有一点要注意的是，如果指数期货用于对冲（而不是出售个股），交易成本可能会大大降低——可能是这里假设全额的 1/10 到 1/4。

二　这里是假设利息和股息被再投资的情况下，1928 年投资的 1 美元到 1982 年年底的终值。

　　什么是风险等量静态策略呢？既然我们关注的是下行风险，那么我们可以提出这样一个问题：什么样的股票和国债静态组合不会产生超过5%的损失？这个问题的答案是14/86的配比。任何超过14%的股票将导致一年损失超过5%。由于1928—1982年股票的年复合回报率为8.8%，而国债的回报率为3.2%，风险等量静态策略将产生以下结果：

策略	最低回报率	年复合回报率	1美元终值
静态14/86	-5.0%	4.0%	8.65美元

　　显然，与提供完全相同的下行风险保护的静态策略相比，动态策略能带来巨大的收益。动态（保险）策略每年多提供300个基点。

　　但若要求完全等同的下行风险保护可能过于严格。在很多情况下，投资者希望"合理保证"损失不会超过某个最低限度，这通常被解释为95%的置信水平，这样的结果是不会出现的。什么样的静态策略能有这样的置信水平呢？

　　理论分析表明，根据股票和国债所给的风险和回报，35/65的静态组合将提供95%的置信水平，即回报率将等于或超过-5%。而且，事实上，一个35/65的静态组合确实能在55年中的52年里或者说94.5%的时间里，提供超过-5%的回报。另外失败的三年里，回报率分别为：-14.4%、-12.1%、-7.1%。我们可以将此静态策略的结果总结如下：

策略	最低回报率	年复合回报率	1美元终值
静态35/65	-14.4%	5.20%	16.25美元

　　让我们来对比一下35/65静态策略和投保的"-5"策略。在提供了合理的保证以避免5%的损失的同时，静态策略的最大损失仍然几乎是这一水平的近三倍。更重要的是，在考虑动态策略的交易成本后，静态策略的年复合回报率比动态策略低180个基点。在55年期结束时，采用动态策略的投资者的资金将是采用静态策略的投资者的两倍以上，同时在任何一年都不会遭受超过5%的损失。

　　那么，雅各布斯是如何得出如此不同的结论的呢？首先，他将投保项目的结果与无保障的100%股权投资组合进行了对比。两者的风险显然是完全不同的：未受保护的股票在55年中有15年的损失超过5%，其中包括43%、35%、27%、25%。

　　雅各布斯随后将投保的"-5"策略与61.75/38.25静态组合——他称之为"风险等量"——进行了比较。之所以称为"风险等量"，是因为他认为这种静态分配的平均标准差与投保的投资组合的标准差是相同的。事实上，当使用最佳保险技术时，这是不对的：LOR动态策略产出投保"-5"策略每年的平均差为9.1%，与股票指数的标准差19.8%形成了对比。据雅各布斯所说，该组合年复合回报率为6.1%，而不像61.75/38.25组合那样。

值得一提的是，对于关注下行风险的投资者来说，恰当的比较是 61.75/38.25 策略能否提供同等的下行风险保护。在这里，答案又是"不行"。有 7 次回报率跌破 −5%，其中包括亏损 26%、21%、15% 和 14%。几乎没有"同等"的损失保护！事实上，61.75/38.25 策略对于避免产生超过 14% 的损失，可提供 95% 的置信水平。做一个恰当的比较，动态策略对于避免同样的损失，可提供 100% 的置信水平。

策略	最低回报率	年复合回报率	1 美元终值
61.75/38.25	−26%	6.66%	34.68 美元
动态 " −14"	−14%	7.74%	60.36 美元

扣除交易成本后，投保策略每年的回报率比静态策略高 100 多个基点。到 1982 年年底，采用投保策略的投资者的资金规模是采用静态策略的投资者的近两倍。

读者可能仍然有一个挥之不去的疑问：是否有可能利用投资组合保险来提高预期回报率，而不是未投保的标准普尔 500 指数，同时仍能防范下行风险？当然，这不能用标准普尔 500 指数来衡量，因为对于任何给定的投资组合，受保护的项目（风险较小）的预期回报率总是低于未受保护的项目。

但是考虑用 Beta1.5 运行一个受保护的投资组合（没有剩余风险：通过杠杆指数基金，或使用指数期货可以构建这样的投资组合）。

我们模拟了这种杠杆投资组合在 55 年间（1928—1982 年），以比国债利率低的最大损失：(i) 5%，(ii) 10%，进行保护。在一定程度上，国债利率提供了对通货膨胀的准确跟踪，模拟 (ii) 可以被认为确保最大实际损失为 10%。模拟结果如下：

策略	最低回报率	年复合回报率	1 美元终值
Beta 1.5	−5%	9.0%	114.41 美元
真实 Beta1.5	国债 −10%	9.8%	171.10 美元
未投保的 Beta1.0	−43%	8.8%	105.50 美元

在支付估计为 1.0% 的交易费用后计算的这些数字，决定性地表明，投资组合保险可用于增加回报，同时限制下行风险。随着指数期货市场的出现，Beta1.5 投资组合可以轻松地构建，同时将交易成本保持在最低水平。实际上，如果期货交易成本在 0.25% 左右（假设个股为 1%），投保计划的复合增长率分别为 9.4% 和 10.2%，终值分别为 140 美元和 209 美元。这与未投保指数的 106 美元形成对比，后者有更大的下行风险。

综上所述，经验证据充分支撑这样的观点，即动态策略可以显著提高投资组合绩效，同时提供同等（或更大）的损失保护。在计入交易成本后，平均复合回报率每年可以增加 100~200 个基点。

20 世纪 90 年代的衍生工具灾难

尽管农产品和金属期货已经在交易所交易了 100 多年，但现代金融衍生工具市场的诞生可以追溯到 1973 年。那年，布莱克 – 斯科尔斯期权定价模型被公布，股票期权开始在芝加哥期权交易所交易。货币和利率期货也于 20 世纪 70 年代出现，到了 20 世纪 80 年代，出现了欧洲美元、能源和股指期货、指数期权、掉期和其他场外衍生工具市场。

到了 20 世纪 90 年代初，衍生工具就像 20 世纪 80 年代的投资组合保险一样，已经被视为一种万能的解决问题的工具，一种对冲风险、提高回报、降低成本或只是从规划范围中消除不确定性的方法。衍生工具在实现这些目标方面取得的早期成功，在一定程度上是源于良好的经济状况。市场的表现与预期一致，衍生工具的表现也能够与预期一致。

这种情况在 1993 年底开始改变。油价下跌，以及次年的利率上升，暴露了衍生工具的一些风险，但这些风险并没有得到市场充分的认识。这些风险包括衍生工具合约内在的杠杆性质，它们不透明的结构，以及它们的复杂性。突然之间，衍生工具被指责为引发严重的金融危机的罪魁祸首。在这里，我们记录了其中的三个案例。

MG 金属公司

MG 金属公司是德国企业集团——德国金属公司（Metallgesellschaft AG）的美国子公司，尽管在美国石油市场上，MG 金属公司还是一家小公司，但它雄心勃勃。该公司向客户提供汽油和其他石油产品的长期固定价格合同，希望迅速扩大其市场份额，并将其子公司 MG 精炼和销售公司（MG Refining and Marketing,

MGRM）转变为一家美国大型综合性石油公司。1993 年夏天，MGRM 签署了合同，保证交付 1.6 亿桶能源产品，这意味着它可能获得 6.4 亿美元的利润。[1]

为了应对油价上涨侵蚀其利润的风险，MGRM 采用了一种简单的对冲策略。MGRM 每交付一桶石油，就在期货市场或互换市场上购买一桶石油。其结果是，其交割成本每上涨 1 美元，就将被其期货和掉期合约价值上涨的 1 美元所抵消，至少据 MGRM 估算是这样。

然而，这种一桶接一桶的对冲策略绝非完美。MGRM 的整个对冲头寸由连续三个月或三个月以内的短期合约组成，而不是将其期货合约和互换合约的到期日与其在 10 年期限内的合约义务交割日相匹配。这种时间不匹配有两个务实的原因。期限长达数年的期货合约并不存在，与交割日期保持一致的远期合约或互换合约的成本将高得令人无法承受。

然而，还有第二个原因，那就是 MGRM 认为它可以剔除额外的利润。MGRM 必须每月更新或展期大部分对冲基金，出售到期的合约，并用一个月或几个月后到期的新合约取代。如果旧合约可以用高于购买新合同成本的价格出售，MGRM 将获得利润，即产生滚动收益。

然而，在 MGRM 开始签署交付合同后不久，能源市场出现了意想不到的转折。原油价格开始下跌，此前石油输出国组织（Organization of Petroleum Exporting Countries，OPEC）未能控制部分成员国的过剩产量，致使原油价格从 1993 年 6 月的每桶 19 美元左右降至 12 月的每桶不足 15 美元。随着大宗商品的现货价格下跌，MGRM 的多头期货和互换头寸价值下降。MGRM 必须向期货交易所以及互换交易对手提供额外的抵押品，以补偿这些浮亏。

此外，随着现货价格下跌，原油近月的期货价格跌破了远月的期货交割的价格。而此时，MGRM 并没有获得滚动收益，而是不得不拿出额外的现金将其对冲基金滚动到比到期合约更昂贵的新期货合约中。到 1993 年年底，MGRM 的浮亏和补充抵押品超过了 9 亿美元，其母公司只得替换 MGRM 的管理团队，并清算了对冲头寸。该公司的损失超过了 10 亿美元，最终亏掉了公司一半的资本金。[2]

虽然 MGRM 的"桶对桶对冲策略"假定任何改变其长期交割计划成本的因素都会对其短期对冲成本产生同等的、可相互抵消的影响，但事实上，其短期期货合约的价格对当前供求状况的敏感性远远超过其长期交割义务的成本。当其短期对冲头寸的价值在 1993 年秋季急剧下降时，其长期交割合约的价值上涨的幅度要小得多，因此造成净亏损。

MGRM 的对冲策略也忽略了现金流的时间错配问题，正如银行业在 2007—2008 年危机之前所做的那样（见第十四章"证券化与信贷危机"）。[3] MGRM 短期对冲价值的任何下跌都必然导致额外的抵押品需求，而长期交割合约的价值增值都要到几年后才能实现。鉴于其长期交付义务对市场事件的敏感度较低，MGRM 本可以用更小的期货头寸有效对冲其义务，从而降低其潜在的短期融资风险。

吉布森礼品公司

吉布森（Gibson）礼品公司（以下简称吉布森）的衍生品危机始于 1991 年 11 月与银行家信托的子公司英国电信证券（BT Securities）的谈判，谈判标的是一对相对简单的固定利率对浮动利率互换协议。互换的标的表面上是为了对冲吉布森当年 5 月发行的固定利率债券的支付款项。第一份互换协议要求吉布森按 3000 万美元的名义价值支付 5.91% 的固定利率，并收取相当于 6 个月伦敦银行同业拆借利率（Libor）的浮动利率。这项互换协议自 1992 年 6 月 1 日起算，有效期为 18 个月。在第二份互换协议中，吉布森将按 3000 万美元的名义价值支付相当于 6 个月伦敦银行同业拆借利率的浮动利率付款，并获得 7.12% 的固定利率。这项协议始于 1992 年 6 月 1 日，计划有效期为 4 年半。[4]

在开始的一年半的时间里，两个互换协议相互重叠，伦敦银行同业拆借利率的支付将被抵消，而吉布森最终将得到一笔相当于固定利率差额的付款，年利率为 3000 万美元的 1.21%。在后三年里，吉布森实际上是在押注，其必须支付的 6 个月伦敦银行同业拆借利率不会超过英国电信证券 7.12% 的固定利率。

这项利率互换协议只生效了一个多月。双方同意于 1992 年 7 月 7 日终止协议，英国电信证券向吉布森支付 26 万美元，以显示在利率下降的环境下，吉布森一方交易价值的增加。[5] 由于第一笔交易的成功，吉布森在第二年 10 月通过杠杆交易提高了赌注。吉布森同意以 3000 万美元的名义价值获得 5.5% 的固定利率付款。但是，它没有像普通互换协议那样，向英国电信证券支付相当于伦敦银行同业拆借利率的浮动利率，而是同意支付相当于 6 个月伦敦银行同业拆借利率除以 6 的平方。[6]

　　与简单易懂的互换协议相比,这种更复杂的结构的优势并不明显。将伦敦银行同业拆借利率进行平方计算,有增加杠杆的效果,因为伦敦银行同业拆借利率的小幅波动现在对派息的影响要比其他情况大得多。这一杠杆作用相较吉布森而言,似乎更有利于英国电信证券。如果伦敦银行同业拆借利率降至零,吉布森的净支出上限为 5.5%,而英国电信证券的支出(随着伦敦银行同业拆借利率的上升)可能是无上限的。

　　英国电信证券同意提前终止互换,以换取与吉布森达成更为复杂的互换的时机。这种模式在接下来的几年里重复出现。吉布森和英国电信证券同意提前终止互换交易,以换取吉布森同意达成一项更具吸引力的交易。美国证券交易委员会随后得出结论,在 29 个月的时间里,有 29 笔交易,包括修正和终止交易,其部分原因是"吉布森一直试图通过接受新的或修正过的衍生品来平衡损失。"[7]

　　吉布森在 1993 年年底向股东报告了 100 万美元的衍生品损失,但当第二年利率开始上升时,损失开始激增。[8]

　　1994 年 4 月,该公司在上月披露的 300 万美元亏损的基础上,又公布了1670 万美元的亏损,并警告称,赤字可能达到 2750 万美元。在一场诉讼之后,吉布森和英国电信证券达成了庭外和解协议,将吉布森 2070 万美元的债务总额减少到 620 万美元。[9]

加利福尼亚州奥兰治县

　　在房地产税收入不断缩水、州政府削减援助的时代,罗伯特·希特龙(Robert Citron)为南加利福尼亚州政府创造投资利润的能力备受推崇。1972 年成为奥兰治县财政部长的希特龙在接下来的 22 年里为奥兰治县投资池(Orange County Investment Pool,OCIP)带来了 9.4% 的平均年回报率。相比之下,全州的投资回报率为 8.4%。[10]

　　希特龙成功地引进了 6 个城市和 4 个县外机构的资金投入了他的资金池。奥兰治县的几个学区发行了债券,以筹集更多的现金供希特龙投资。[11] 这些热心的投资者没有意识到,希特龙的成功策略是一种单向押注,即利率将保持稳定或下降,这是过去 20 年的大趋势。

　　只要希特龙的投资回报足够惊艳,就很少有人会质疑他的具体做法。如果他们粗略地看一眼，就会看到一个投资组合，而这个组合看起来是相当典型的市政投资基金。OCIP 投资组合主要由短期政府和机构债券组成，这些债券几乎没有信贷风险，但投资组合杠杆率很高。1994 年，该基金拥有 205 亿美元的资产，几乎是其 76 亿美元的股东出资额的三倍。[12] 希特龙在回购市场借到了补差资金，回购市场是大型金融机构可以发放或接收短期贷款的场所。

他凭借其资金及数十亿美元的借款，购买了 120 亿美元的传统固定利率债券，平均期限为 4 年，其余约 80 亿美元投资于结构性债券，即定制债券，其利息支付与可变利率挂钩。[13] 简单的浮动利率债券的利息支付根据基准利率（如伦敦银行同业拆借利率）的水平定期调整。然而，希特龙更喜欢一种被称为"逆浮动"的变异债券。顾名思义，这些债券的利息支付方向与利率相反。例如，OCIP 持有的一张 1 亿美元的债券，其利率等于 10% 减去伦敦银行同业拆借利率。随着伦敦银行同业拆借利率的上升，OCIP 收到的利润减少，债券的转售价值也下降。[14]

随着利率呈下降趋势，希特龙对利率下降的押注在过去的 20 年中的表现相当亮眼。在这段相对平静的长周期里，希特龙对自己的投资策略越来越有信心，也越来越不在意它所有的潜在的诸多风险。最明显的是高杠杆的作用，这有助于增加投资组合的持续时间或对利率的敏感性。OCIP 投资组合中以短期债券为主，这对市政投资组合来说是恰当的，近 1:3 的杠杆比率也几乎是其期限的三倍。[15] 即使没有杠杆，该投资组合也很容易受到利率波动的影响，因为它依赖于"逆浮动利率"，对利率变化的敏感度大约是固定利率债券的两倍。[16]

1994 年，由于利率上升，OCIP 投资组合的价值不断下降，希特龙似乎只是隐约意识到即将到来的风险。他一直坚称，OCIP 不存在市场风险，市场价值的日常波动也无关紧要，因为他打算将所有债券持有至到期。但通过回购融资，他采取了一种典型的"融资－做空、投资－做多"的策略，这是贝尔斯登和雷曼兄弟 10 年后踏入的陷阱。只有当他的贷款人愿意续借短期贷款时，这个策略才会继续有效，而只有当贷款人始终坚信他们会得到偿还时，他们才会这样做。如果贷款人意识到损失越来越大，他们会要求更多的抵押品。而事实正是如此。

当年 11 月，大选后不久完成的一项县财政审计证实了贷款人最担心的问题。该基金遭受了 15 亿美元甚至更多的亏损，该县也正在面临资金短缺。贷款人要求他们还钱。12 月 4 日，希特龙辞去县财务主管的职务。次日，奥兰治县申请破产。

OCIP 被清算后，其股东的 76 亿美元资本缩水至 57 亿美元，亏损约 25%。[17] 巨额的亏损迫使奥兰治县裁员约 10%，同时减少了公交车服务，甚至从为无家可归者提供儿童保健和营养的项目中榨取资金。[18] 其他参与资金池运作的部门被迫进行了类似的裁员。事实证明，这是一个关于杠杆衍生工具风险的意外而痛苦的教训。

布鲁斯·I. 雅各布斯的研究

客观性标准提案

——2002 年 8 月 12 日

尊敬的 AIMR：

关于分析师利益冲突的研究客观性标准是受欢迎的，但是 AIMR 也应该把可能影响研究和对投资者造成伤害的利益冲突看得更近一些。正如经纪公司和投资银行的分析师所做的研究容易受到商业利益的影响，而商业利益可能与其客户的最佳利益相冲突，因此，AIMR 及其专业出版物和会议所做的工作也容易受到利益的影响，这些利益可能与成员和投资者的最佳利益相冲突。笔者认为，研究客观性标准的提出，应扩大到处理这些利益冲突的范围。

例如，AIMR 自己的《金融分析师杂志》（以下简称"FJA"）在传播有关投资工具、技术和理论的最新研究和发现方面发挥着关键作用。尽管发表的文章一般不会就个别证券提出建议，但它们确实建议了特定的投资策略和工具、特定的股票评估方法，以及市场和/或投资者如何"运用"的特定理论，其中许多文章构成了投资研究工具、定量分析和投资组合决策的基础。因此，这些条款可以在塑造投资内容和投资方式方面产生非常实际的影响，从而影响投资者所经历的结果。

作为研究与实践之间的重要纽带，FJA 为投资界提供了无价的服务。然而，提供这项服务的程序常常充满利益冲突。这在今天尤为明显，因为学术界和实践者研究界之间的界限变得越来越模糊。学者们在大学和华尔街之间来回流动，承担有偿咨询的角色，或者创办自己的企业；投资公司也在资助学者们进行研究的方面发挥了更广泛的作用，直接或间接地对 AIMR 研究基金会等机构提供支持。在这样的环境下，个人的经济利益几乎不可避免地（有意识或无意识地）会影响学者们所进行的研究类型或所发表的内容。

公开 FAJ 文章作者或研究基金会专著作者的商业关系，使读者能够自己评估利益冲突对作者的研究可能产生的影响。然而，读者并不了解影响编辑、编委会成员、评论员和参与出版过程的其他人之间的利益关系，包括对手稿的同行评议和资助建议，这些都有可能使出版的内容（或不出版的内容）产生偏差。如果 AIMR 有一个明确的、公开声明的制度来管理利益冲突，那么作者、读者和整个投资界都可以更加信任 AIMR 出版物的客观性。事实上，AIMR 目前与投资机构和媒体处于同样的地位，因为它认为缺乏此类制度是错误的！

近二十年来，医学界一直在努力冲淡利益冲突对他们已发表研究的影响。[1]《新英格兰医学杂志》（New England Journal of Medicine）最近的一篇社论广泛引用了《提交给生物医学期刊的稿件的统一要求》（Uniform Requirments for Drafts Submitted to Biomedical journals）（以下简称《要求》）的内容，该社论由世界领先的普通医学期刊的编辑署名，其中阐述了控制利益冲突的重要性：[2]

公众对同行评议过程的信任和发表文章的可信度在一定程度上取决于在协作、同行评议和编辑决策过程中如何处理好利益冲突。当作者（或作者所在的机构）、评论员或编辑与不适当地影响（偏见）其行为的其他人或组织有财务或私人关系时，就存在利益冲突。这种关系产生偏见的可能性从微不足道到极其巨大不等；这种关系的存在并不一定代表真正的利益冲突。无论一个人是否相信这种关系会影响他或她的科学判断，都可能存在利益冲突。财务关系是最容易识别的利益冲突，也是最有可能损害期刊、作者和科学本身信誉的冲突。然而，冲突也会因为其他原因发生，比如个人和家庭关系、学术竞争和知识热情等。

为了减轻利益冲突的不良影响，《要求》中要求"同行评审和公布过程中的所有参与者披露可能被视为存在潜在利益冲突的所有关系。"因此，提交手稿或信件的作者必须披露可能影响其工作的所有财务和个人关系；如果出版手稿，是否应包括这些信息，由编辑决定。[3] 稿件的审稿人必须说明是否存在可能使其对稿件产生偏见的利益冲突，如果存在这种冲突，则应予以披露；如果符合（《要求》所规定的情形），审稿人应取消对特定稿件的审稿资格。编辑在他们可能判断的任何问题上不能有个人的、职业的或财务上的参与；参与编辑决策的其他编辑人员必须披露他们当前的财务利益，并取消他们在任何有关利益冲突的决策中的资格。编辑们应该避免将自己撰写或合作撰写的研究报告提交给自己的期刊；如果要这样做，他们应该将这些手稿的编辑决定权委托给其他人。[4] 编辑应定期公布与期刊员工承诺有关的潜在利益冲突的披露声明。

我自己的经验表明，FAJ 并没有控制甚至考虑利益冲突。例如，在 20 世纪 80 年代末，我向 FAJ 提交了一份关于投资组合保险及其对 1987 年股市崩盘的作用的手稿。在 20 世纪 80 年代早期，在那次崩盘之前，我曾向另一家杂志提交了一份关于投资组合保险陷阱的手稿。根据当时投资组合保险的主要供应商（他也是这两种杂志的编辑委员会成员）的评论，这些手稿被拒绝出版。如果利益冲突标准已经到位并得到执行，编辑就不会将作品分配给这个特定的审稿人，或者，即使编辑这么做了，审稿人也会自己回避。

当然，这是在 20 世纪 80 年代。人们可能希望，自那以后，标准会有所提高。但我的经验表明不是这样。1999 年，我出版了一本书《资本理念与市场现实：期权复制、投资者行为与股市崩盘》，以投资组合保险和 1987 年的股市崩盘为例，讨论了某些基于衍生品的策略对市场稳定造成的危险。[5] 基于过去在 FAJ 的工作经验，我很惊喜地看到这本书在 2000 年 7/8 月期刊发行时受到了好评。这篇评论由 FAJ 的书评编辑撰写，他指出："雅各布斯精心撰写的书提供了令人信服的证据。投资组合保险未能兑现其崇高的承诺。然而，在 FAJ 2001 年 1/2 月的期刊上，同一书评编辑发表了一篇史无前例的"附言"，指控我"整理了精选的参考文献"来陈述观点，并声称，根据各种不具名的消息来源，领先的投资组合保险商所做的陈述是"坦率的"，并描述了比预期更大的波动性可能产生的影响。（见我的"公开信 AIMR 和《金融分析师杂志》"，2001 年 10 月 1 日。[6]）

养老金投资公司后来发现了这样一个事实：这位书评编辑是在同一位编辑委员会成员和主要投资组合保险供应商的建议下写下这篇"附言"的，他拒绝了我原来的手稿。[7] 值得注意的是，在公众意识到这位编辑部成员对书评过程产生的影响之前，FAJ 自己的编辑曾宣称："如果编辑部有人施加压力（关于'附言'），我想那个人不会在编委会"。[8] 事实公布后，FAJ 的编辑（他本人是一家投资组合保险产品供应商）拒绝进一步调查。从整个事件的表现上即可看出存在令人震惊的利益冲突。[9]

我遇到的问题不仅仅是自尊心受损的问题。基于大量的证据，我相信，而且我也认为，投资组合保险及其在 20 世纪 80 年代的营销方式对市场（特别是在 1987 年的金融危机中）产生了巨大的影响，并仍影响着今天的证券市场。这一观点值得公开辩论。然而，FAJ 并没有允许公开的辩论，而是允许一位编辑委员会成员在投资组合保险产品（1987 年其管理的资产总额达 540 亿美元[10]）中拥有巨大的经济利益，以平息对它的批评，有效地限制了对受过教育的投资界和一个健康的市场如此必要的思想交流。为了公平和充分地向投资者披露信息，AIMR 现在寻求制定标准，以防止投资银行家和公司发行人影响分析师的建议，并防止对分析师进行报复。AIMR 自己的期刊和读者应该从类似的标准中受益。

在提交给 FAJ 的稿件中，有多少稿件遭遇既有经济利益的审稿人的审查或不予受理，而在强制执行的利益冲突标准下，这些审稿人将失去审查这些稿件的资格？[11] 在大多数情况下，我们可以假设，仅仅因为稿件对审稿人的经济利益构成了威胁，审稿人就不打算受理稿件。尽管如此，只要 FAJ 在没有公开声明的利益冲突标准的情况下，继续以保密为幌子运作，投资界就无法确定 FAJ 的独立性和客观性。[12] 为了对作者和整个投资界公平，为了使我们的专业期刊达到最高的道德标准，应该尽力避免出现利益冲突。[13]

AIMR 指出，其拟议标准的目标之一是促进"为所有支持、鼓励和奖励道德行为的投资专业人士创造一个工作环境"。我认为，研究客观性的标准，是针对"记者和媒体"的，不足以确保这一目标的实现。对于 FAJ，我认为需要的是直接反映 AIMR 的道德规范和职业行为标准的研究客观性标准，大致如下：

1. 与《金融分析师杂志》相关的工作人员和志愿者（包括编辑和编辑委员会的其他成员，无论是否是 AIMR 或其任何成员协会的成员）应熟悉并遵守 AIMR 的道德规范和职业行为标准。这符合 AIMR 标准 I（A）。

2. 指定的编辑或总编辑应被视为对工作人员、编辑委员会其他成员和其他人（包括审稿人和作者）进行监督的人员，只要他们的行为对 FAJ 有贡献。与 FAJ 有关的责任授权并不免除指定编辑的监督责任。编辑有责任确保在他（或她）的监督下的人遵守上述建议的 FAJ 标准 I，包括每年一次的理解确认和合规证明。编辑负责确保编辑委员会的独立性和客观性，遵守与 FAJ 相关的 AIMR 规范和标准，并遵守和执行 FAJ 的研究客观性标准。这符合 AIMR 标准 III（E）。

3. 被指定为 FAJ 的 AIMR 员工代表的人员应被视为指定 FAJ 编辑的监督人员，并应负责 FAJ 遵守研究客观性标准（如上 FAJ 标准 II 所述）。

4. 属于上述 FAJ 标准 I 的人员有义务向 FAJ 或 AIMR 的主管披露所有合理预期，包括会干扰其代表 FAJ 承担的职责和/或其做出独立、客观和公正决定的能力的事项。在这方面，编辑应向 AIMR 披露任何可能妨碍其独立、客观和公正地履行 FAJ 编辑职责的利益信息，包括个人商业利益。编委会其他成员应向编辑披露。这符合 AIMR 标准 III（C）。

5. FAJ 有义务向读者披露可能会损害 FAJ 上发表的作品的独立性和客观性的重要事实或情况。因此，作为主管的编辑应向潜在作者确认任何此类利益的存在，并且此类利益应随作者文章的发表而披露。这符合 AIMR 标准 IV（B）。

6. 在代表 FAJ 履行职责时，属于 FAJ 标准 I 的人员应采取合理谨慎的判断，以实现并保持独立性和客观性。例如，编辑委员会成员或为可能在 FAJ 出版而审查手稿的其他人，不应受到商业或其他利益的影响，这些利益可能会影响他们在审查过程中的独立性和客观性。如果某一特定稿件存在潜在的利益冲突，编辑部成员应回避审查过程。这符合 AIMR 标准 IV（A）。

7. 属于上述 FAJ 标准 I 的人员，在代表 FAJ 行事时，有义务将 FAJ 的利益置于自身利益之上。例如，编辑委员会成员不应利用其职位，通过影响编辑过程或其他方式来谋求自己的个人或商业利益。这符合 AIMR 标准 IV（B）。

8. FAJ 运作所依据的标准应每年在 FAJ 上公布，并公布在 AIMR 网站上，还应要求提供给相关方。

9. 违反标准的行为应受到 AIMR 的纪律处分。

　　尽管这些建议的标准是特别参考 FAJ 编写的，但是 AIMR 的其他出版物没有理由不采用类似的标准，包括 CFA 摘要、研究基金会专著、研讨会和会议记录、网络广播以及基于网络的研讨会。[14] 通过对自己出版物和会议采用研究客观性标准，AIMR 现在有机会为金融界的其他出版物和机构设立道德标准，以使所有人更好。

真诚的

布鲁斯·I. 雅各布斯

AIMR 成员及负责人，雅各布斯利维公司

缩略词检索

ABCP——Asset-Backed Commercial Paper 资产支持商业票据

ABS——Asset-Backed Security 资产支持证券

AIG——American International Group 美国国际集团

ARM——Adjustable-Rate Mortgage 可调利率抵押

BIS——Bank for International Settlements 国际清算银行

BRIC——Brazil, Russia, India, China 巴西、俄罗斯、印度、中国

CBOE——Chicago Board Options Exchange 芝加哥期权交易所

CCP——Central Counterparty Clearinghouse 中央对手清算所

CDO——Collateralized Debt Obligation 债务抵押债券

CDS——Credit Default Swap 信用违约掉期

CFTC——Commodity Futures Trading Commission 商品期货交易委员会

CLO——Collateralized Loan Obligation 抵押贷款债务

CMBS——Commercial Mortgage-Backed Security 商业抵押担保证券

CME——Chicago Mercantile Exchange 芝加哥商品交易所

CMO——Collateralized Mortgage Obligation 抵押担保债务

CP——Commercial Paper 商业票据

CRA——Credit Rating Agency 信用评级机构

DJIA——Dow Jones Industrial Average 道琼斯工业平均指数

DTCC——Depository Trust & Clearing Corporation 存款信托及结算公司

ECB——European Central Bank 欧洲中央银行

EMH——Efficient Market Hypothesis 有效市场假说

ETP——Exchange-Traded Product 交易所交易产品

EU——European Union 欧盟

FCIC——Financial Crisis Inquiry Commission 金融危机调查委员会

FDIC——Federal Deposit Insurance Corporation 联邦存款保险公司

FHFA——Federal Housing Finance Agency 联邦住房金融局

FICO——Fair Isaac Corporation 费尔艾萨克公司

FINRA——Financial Industry Regulatory Authority 金融业监管局

FSOC——Financial Stability Oversight Council 金融稳定监管委员会

GAO——Government Accountability Office 政府问责办公室

GDP——Gross Domestic Product 国内生产总值

GSE——Government-Sponsored Enterprise 政府资助企业

IMF——International Monetary Fund 国际货币基金组织

IPO——Initial Public Offering 首次公开发行

ISDA——International Swaps and Derivatives Association 国际互换业务及衍生投资工具协会

LEAPS——Long-term Equity AnticiPation Security 长期股权预期证券

Libor——London Interbank Offered Rate 伦敦银行同业拆借利率

LTCM——Long-Term Capital Management 长期资本管理公司

LTV——Loan To Value 贷款价值比

MBS——Mortgage-Backed Security 抵押担保证券

MOC——Market On Close 收盘价

Nasdaq——National Association of Securities Dealers Automated Quotation 国家证券交易商自动报价联盟，简称纳斯达克

NRSRO——Nationally Recognized Statistical Rating Organization 国家认定的统计评级组织

NYSE——New York Stock Exchange 纽约股票交易所

OECD——Organisation for Economic Co-operation and Development 经济合作与发展组织

OFHEO——Office of Federal Housing Enterprise Oversight 联邦住房企业监督办公室

OFR——Office of Financial Research 金融研究办公室

OTC——Over The Counter 场外交易

RMBS——Residential Mortgage-Backed Security 住宅抵押证券

SEC——Securities and Exchange Commission 证券交易委员会

SIFMA——Securities Industry and Financial Markets Association 证券业及金融市场协会

SIV——Structured Investment Vehicle 结构性投资工具

SPV——Special Purpose Vehicle 特殊目的公司

SRB——Single Resolution Board 单项决议董事会

SSM——Single Supervisory Mechanism 单一监督机制

TARP——Troubled Asset Relief Program 不良资产救助计划

TRACE——Trade Reporting and Compliance Engine 交易报告与合规引擎

VAR——Value At Risk 风险价值

词汇表

ABX 指数（ABX indexes）：指一系列指数，根据给定次级抵押贷款部分的信用违约掉期价格跟踪次级住房抵押贷款支持证券的价值。参见信用违约掉期、指数、住房抵押贷款支持证券、次级贷款、层级。

可调利率抵押贷款（Adjustable-rate mortgage loan）：初始利率在一定时期内保持有效的贷款；此后，它会根据基准利率的变化定期调整，如伦敦银行同业拆借利率（Libor）。定期加息有时是有上限的，并非所有的可调利率抵押贷款都有向下调整的利率。参见基准、伦敦银行同业拆借利率（Libor）。

阿尔法（Alpha）：一种资产或投资组合的风险调整后的回报，并不因市场的切换而变化。

Alt-A 型抵押贷款（Alt-A mortgage loan）：介于优质贷款和次级贷款之间的一种抵押贷款；适用由于收入不确定或不正常、无法完整记录资产、低首付、高个人债务等原因而无法获得优质抵押贷款的借款人，或者以购买度假屋或投资性房地产而不是主要住宅为目的而产生的贷款。参见最优惠抵押贷款、次级贷款。

美式期权（American option）：可在到期日或到期前随时行使的期权。参见欧式期权、期权。

套利（Arbitrage）：利用同一资产在不同市场或同一市场中替代资产之间的即时价格差异进行的交易。

资产配置（Asset allocation）：跨资产类别的投资部署，以利用不同类别的风险和回报特征及其相关性进行的投资安排。参见资产类别、相关性、多样化。

资产支持商业票据（Asset-backed commercial paper）：以贷款、结构性金融产品或其他资产为抵押的商业票据。参见抵押品、商业票据、渠道、结构性融资产品。

资产支持商业票据机构（Asset-backed commercial paper conduit）：一种由银行创建的融资实体，经常使用一种特殊目的的工具。可以发行商业票据，为抵押贷款和抵押担保证券等中长期资产融资。资产不出现在担保银行的资产负债表上，但通常由担保银行担保。参见资产支持商业票据、商业票据、证券化、特殊目的的公司。

资产支持证券（**Asset-backed security**）：一种由特定资产（如抵押贷款、贷款或信用卡债务）作抵押的证券。参见抵押品、抵押担保证券、住宅抵押担保证券。

资产类别（**Asset class**）：一组具有相似特征的证券，如股票或债券。参见资产配置、多样化。

平值（**At the money**）：当标的资产的价格等于（或接近）期权的行权价时，期权的状态。参见实值、虚值、行权价格、行权。

国际结算银行（**Bank for International Settlements**）：总部设在瑞士巴塞尔的一个国家中央银行组织，为其成员提供银行服务和研究，并担任巴塞尔银行监管委员会的东道国。参见巴塞尔协议。

巴塞尔协议（**Basel Capital Accord**）：要求制定银行资本化最低标准的国际协议。巴塞尔银行监管委员会 1988 年通过的最初协议被称为《巴塞尔协议Ⅰ》；2004 年通过的修订版被称为《巴塞尔协议Ⅱ》。2010 年通过了进一步修订的《巴塞尔协议Ⅲ》。参见国际清算银行、资本金。

基点（**Basis point**）：万分之一。

基差风险（**Basis risk**）：一项资产或策略的价格与其设计用来对冲或复制的资产或策略的价格差异所带来的风险。参见对冲。

熊市（**Bear market**）：市场价格大幅下跌的时期。参见牛市。

行为金融学（**Behavioral finance**）：金融学的一个分支，旨在了解心理学是如何影响金融决策和市场的。

基准（**Benchmark**）：一只证券或一组证券，如指数，其收益率被用作业绩的衡量标准。

贝塔（**Beta**）：相对于给定的市场指数，对资产或投资组合风险的度量。它反映了资产或投资组合收益对市场指数收益的敏感性。贝塔系数的计算方法是资产或投资组合收益率与市场指数收益率之间的协方差除以市场指数收益率的方差。例如，相对于标准普尔 500 指数而言，贝塔系数为 1.5 的投资组合，如果标准普尔 500 指数的市值上涨或下跌 1%，其价值往往会上涨或下跌 1.5%。参见协方差、指数、标准普尔 500 指数、方差。

买卖差价（**Bid-ask spread**）：买方愿意购买证券的价格与卖方愿意出售证券的价格之间的差额。参见差价。

黑色星期一（**Black Monday**）：1987 年 10 月 19 日，道琼斯工业平均指数下跌 22.6%；投资组合保险被视为一个主要原因。参见道琼斯工业平均指数，投资组合保险。

布莱克 – 斯科尔斯 – 默顿期权定价模型（**Black-Scholes-Merton options pricing model**）：期权

定价公式，由费舍尔·布莱克（Fisher Black）、迈伦·斯科尔斯（Myron S. Scholes）和罗伯特·默顿（Robert C. Merton）分别开发。参见看涨期权、期权、期权定价模型、看跌期权。

债券套利（Bond arbitrage）：套利的一种形式，要求对定价错误的固定收益工具的多头和空头头寸进行抵消。参见套利，固定收益工具，多头头寸，空头头寸。

布雷迪委员会（Brady Commission）：由美国总统罗纳德·里根任命的一个委员会，负责调查1987年10月的市场崩盘；由尼古拉斯 F. 布雷迪担任主席，他当时是迪伦投资银行（Dillon, Read & Company）的董事长，后来是乔治 H·W. 布什（George H. W. Bush）任总统期间的财政部长。参见崩盘。

经纪人－交易商（Broker-dealer）：为客户（作为经纪人）和自己的账户（作为委托人或交易商）交易证券的公司。参见交易商。

泡沫（Bubble）：价格上涨到一个极端的水平，不能用资产或市场的基本面来解释；通常伴随着价格的突然暴跌。参见崩盘。

牛市（Bull market）：市场价格大幅上涨的时期。参见熊市。

看涨期权（Call option）：一种期权，授予所有人在规定的时间内以规定的价格购买某种证券的权利。参见期权，看跌期权。

上限期权（Cap）：合约中规定的或衍生品头寸提供的证券或其回报的最高价值。参见导数，下限期权。

资本支出（Capital charge）：《巴塞尔协议》要求银行持有的资本额，以弥补意外损失。参见巴塞尔协议。

套利交易（Carry trade）：一种投资策略，包括利用低利率借款用以投资于更高收益资产的投资。

三方 CDO（CDO-cubed）：一种债务抵押债券，由其他 CDO 方证券支持；有时写为 CDO^3。参见债务抵押债券，抵押贷款证券化。

双方 CDO（CDO-squared）：由其他债务抵押债券的部分（通常是夹层部分）支持的债务抵押债券；有时写为 CDO^2。参见债务抵押债券，夹层贷款，证券化。

中央清算所（CCP）：由金融机构支持的公司介入成为某些衍生品交易双方的交易对手，并保证合同的履行。该担保由票据交换所自有资本、参与交易的金融机构的出资以及交易方强制过账保证金提供支持。参见交易对手，衍生品，保证金。

芝加哥期权交易所（**Chicago Board Options Exchange**，**CBOE**）：美国最大的股票期权交易交易所，包括标普100指数和标普500指数期权。参见期权，标准普尔100指数，标准普尔500指数。

芝加哥商品交易所（**Chicago Mercantile Exchange**，**CME**）：美国用于交易期货、期货期权、标普500指数等金融工具和农产品的交易所。参见衍生品，期货合约，期权，标准普尔500指数。

熔断（**Circuit breakers**）：股票和期货交易所的一种交易限制和暂停制度，通常由价格的大幅波动引起。

清算（**Clearing**）：在交易所交易双方之间核对订单和转移资金的过程。参见中央清算所。

抵押品（**Collateral**）：用于保证借款人偿还贷款义务的资产。在卖空交易中，提供给证券出借人的现金或高级流动性证券的存款，以保证卖空所借证券的交付。参见空头头寸，卖空。

债务抵押证券（**Collateralized debt obligation**，**CDO**）：由贷款池或其他证券支持的证券，按不同的风险属性和偿付计划分割为证券化抵押贷款。参见合成CDO，证券化。

贷款抵押证券（**Collateralized loan obligation**，**CLO**）：一种由公司贷款池支持的证券，按不同风险属性和偿付计划将贷款证券化，是一种债务抵押债券。参见债务抵押债券，证券化。

抵押担保证券（**Collateralized mortgage obligation**，**CMO**）：一种抵押贷款支持证券，按照不同的风险属性和偿付计划将抵押贷款证券化。参见抵押担保证券，证券化。

商业银行（**Commercial bank**）：通过接收存款和发放贷款作为金融中介的机构。参见投资银行。

商业抵押贷款支持证券（**CMBS**）：一种由商业地产或抵押物的本金和利息支付支持的证券；资产支持证券的一种形式。参见资产担保证券，抵押担保证券。

商业票据：银行或公司发行的短期或中期无担保（无抵押）债务工具；在2007—2008年信贷危机之前，银行用于为抵押贷款支持证券的投资融资。参见资产担保商业票据，抵押品，抵押担保证券。

商品期货交易委员会（**CFTC**）：美国联邦监管机构，监督美国期货和期权市场。参见期货合约，期权。

融资渠道（**Conduit**）：由保荐人（通常是银行）组成的表外融资工具，通过发行资产支持的商业票据借钱，并将收益投资于长期投资级证券；与结构性投资工具类似，只是其义务由发起人的明确担保作后盾。参见资产支持商业票据，结构性投资工具。

符合抵押贷款（**Conforming mortgage loan**）：一种住房抵押贷款，符合一定的承销要求和美元限额，有资格在二级市场上由房利美和房地美购买。参见政府资助的企业，房利美，房地美，巨额抵押贷款。

固定组合投资策略（Constant-mix portfolio strategy）：一种要求持有固定资产组合（如60%的股票/40%的债券）并按周期重新平衡的策略。参见再平衡。

传导（Contagion）：从一个金融市场到另一个市场的价格变动的"传染"式的传递。

收敛交易（Convergence trade）：一种交易，在两个或两个以上相关资产中采取抵消头寸，期望从资产价格最终趋同中获利。

关联性（Correlation）：协方差的离散性；测量两个变量之间关系的强度；值的范围从 −1（变量反向移动）到1（变量一起移动）。值为0表示没有关系。参见协方差。

交易对手（Counterparty）：交易或交易的另一方。当双方签订合同时，双方都是对方的交易对手。参见中央清算所。

协方差（Covariance）：衡量两个变量变化的相关程度的一种方法；类似于关联性，它是协方差的一种标度形式。正（负）协方差意味着两个变量一起移动（相反）。参见关联性，对角线模型。

崩盘（Crash）：突然而广泛的恐慌性抛售，导致资产价格迅速而急剧地下跌；通常发生在投机泡沫之后。参见泡沫。

信用违约掉期（Credit default swap）：一种协议，在借款人违约的情况下，买方有权以面值出售债券或部分证券化债务产品的。参见证券化。

信用评级（Credit rating）：信用评级机构对政府、企业或债务工具违约可能性的正式评估，通常用字母等级表示。标普全球评级公司（S&P Global Ratings）评级为BBB或以上，穆迪投资者服务公司（Moody's Investor Service）评级为Baa3或以上，表明该发行为投资级，风险相对较低，对投资者而言是安全的。参见信用评级机构。

信用评级机构（Credit rating agency）：将信用评级分配给债务发行人和债务工具的公司。参见信用评级。

信用风险（Credit risk）：因借款人违约或财务状况恶化而造成损失的风险。

交易商（Dealer）：一种金融中介，特别是在场外交易市场，主要作为委托人与其他实体进行交易（从自己的账户买入或卖出）。参见经纪人 – 交易商，柜台交易。

免赔额（Deductible）：在保险范围开始提供保护之前，被保险人同意承担的损失金额。一般来说，免赔额越大，保险费用越低。

增量对冲（Delta hedging）：参见动态对冲，期权复制。

存托与清算公司（Depository Trust & Clearing Corporation，DTCC）：一家金融服务公司，为证券、衍生品和货币市场工具提供清算和结算以及数据。参见清算，衍生工具，结算。

衍生工具（Derivative）：一种金融工具，其价值取决于基础证券的价值，例如期货合同或期权。参见期货合约，期权，标的。

对角线模型（Diagonal model）：一种简化投资组合选择过程的模型，由后来被授予诺贝尔经济学奖的威廉·F.夏普提出，该模型假设证券收益通过与市场总收益的共同关系而相关。参见协方差。

不连续性（Discontinuity）：证券或市场指数的价格在一次交易到下一次交易之间的显著差异或差距。参见指数。

多样化（Diversification）：在各种资产、资产类别、投资主题和/或地理位置上分配投资，以减少投资组合风险。

道琼斯工业平均指数（DJIA）：美国30家大型上市公司股价的加权平均值。

久期（Duration）：衡量债券价格对利率变化的敏感度。计算时要考虑到债券每次利息和本金支付到期前的加权平均时间长度。

动态资产配置（Dynamic asset allocation）：参见动态对冲。

动态对冲（Dynamic hedging）：通过持有和交易标的资产或标的资产衍生工具的头寸，创造类似期权的支付模式的过程。参见衍生工具，期权，期权复制，标的。

有效边际（Efficient frontier）：一组投资组合，每个投资组合对于任何给定的波动性风险水平具有最高的预期收益，或者对于任何给定的预期收益水平具有最低的波动性风险；或者一组投资组合，每个投资组合在任何给定的投资者波动容忍度水平下（或者相反，波动厌恶或风险厌恶）的预期回报率最高。参见现代投资组合理论，风险规避，波动，波动规避，波动容忍度。

有效市场假说（Efficient market hypothesis）：一种理论，认为市场价格完全和即时地反映了所有可用的信息。

均衡（Equilibrium）：一种稳定的状态，在这种状态下，资产的需求和供给是平衡的。

股票挂钩票据（Equity-linked note）：由债务工具（如债券）组成的一种结构性票据，提供与股票、一篮子股票或股票指数表现挂钩的额外回报。参见结构化票据。

股票溢价（**Equity premium**）：股票的预期收益超过无风险资产的收益。参见无风险资产，风险溢价。

股权互换（**Equity swap**）：指交易双方同意交换付款的场外衍生品合约，其中至少有一项是基于标的股票或股票指数的表现；一般来说，一方支付固定的现金流，另一方根据股票或股票指数的表现进行支付。参见衍生工具，指数，场外交易，基础。

股权分块（**Equity tranche**）：抵押担保证券或债务抵押债券中评级最低、收益率最高的部分，旨在成为最后一个从基础工具获得预定付款的部分。参见债务抵押债券，信用评级，抵押担保证券，分块，标的。

欧式期权（**European option**）：只有在到期日才能行使的期权。参见美式期权，期权。

交易所交易基金（**Exchange-traded fund**，**ETF**）：在公开证券交易所交易的投资基金；交易所交易产品（ETP）的一种。

交易所交易票据（**Exchange-traded note**，**ETN**）：一种由发行人的无担保优先债务票据支持的交易所交易产品（ETP）。

交易所交易产品（**Exchange-traded product**，**ETP**）：一种在公共证券交易所交易的证券，以基础基金、债券或其他证券的价值为基础。

行使价格（**Exercise price**）：参见行权价格。

预期回报（**Expected return**）：证券或投资组合在给定持有期内预期提供的回报。参见平均值。

到期日（**Expiration date**）：不再行使期权的日期。参见期权。

Fad 现象：一种行为现象，在这种行为中，人们对某项实践的兴趣被夸大了，而且随着时间的推移，这种兴趣往往会减弱。

公平价格（**Fair price**）：证券在有效市场上交易的价格。参见有效市场假说。

房利美（**Federal National Mortgage Association**）：一家由政府赞助的企业和上市公司，由国会于 1938 年创立，目的是通过购买住房抵押贷款并将其证券化，并为由此产生的证券的支付提供担保，以降低住房拥有成本。参见政府资助企业，房地美，证券化。

厚尾分布（**Fat-tailed distribution**）：一种概率分布，其特征是出现的值比正常值大，与平均值相差很大。参见正态分布，概率分布。

美国联邦存款保险公司（**Federal Deposit Insurance Corporation**，**FDIC**）：1933 年成立的一个

美国政府机构，通过为存款提供保险（截至 2008 年 10 月 3 日，每个账户的保险金额高达 25 万美元，而此前为 10 万美元）、监督金融机构和解决资不抵债的放款人问题来维持银行体系的稳定和公众信心。

联邦住房金融局（**Federal Housing Finance Agency**，**FHFA**）：2008 年取代联邦住房企业监督办公室（OFHEO）的美国监管机构；监督政府资助的企业，包括房利美和房地美，并自 2008 年起担任房利美和房地美的管理人。参见政府资助的企业，房利美，房地美。

反馈（**Feedback**）：发生在一个系统的结果变成一个影响系统的输入，从而形成一个因果循环。正反馈增强，负反馈稳定。

反馈交易者（**Feedback traders**）：根据价格变化而不是基本面行事的交易员。参见反馈，负反馈，正反馈。

FICO 评分（**FICO score**）：由私人公司 Fair Isaac Corporation 根据消费者的债务负担、按时支付贷款的记录和信用历史的长短，在 350 到 800 的范围内得出的消费者信用评分；供抵押贷款机构用于确定是否有资格获得优质抵押贷款。参见优质抵押贷款。

金融危机调查委员会（**Financial Crisis Inquiry Commission**，**FCIC**）：依据 2009 年《反欺诈执法与恢复法案》（Fraud Enforcement and Recovery Act）成立，由 10 名成员组成，由美国国会领导人任命，负责调查 2007—2008 年信贷危机的原因。该委员会在 2011 年向国会报告了调查结果。

金融稳定监督委员会（**Financial Stability Oversight Council**，**FSOC**）：依据《多德－弗兰克华尔街改革和消费者保护法案》（Dodd-Frank Wall Street Reform and Consumer Protection Act）于 2010 年成立，由 10 名成员组成，负责识别、监控和应对美国金融体系的稳定性所面临的威胁。参见金融研究办公室。

固定收益工具（**Fixed income instruments**）：支付已知利率的债务的工具。

闪电崩盘（**Flash crash**）：2010 年 5 月 6 日发生的一次事件，许多在美上市的股票的价格突然暴跌，有的跌至每股一美分，几分钟内就回升。

下限期权（**Floor**）：指合同中规定或衍生工具头寸提供的担保或其回报的最低价值。参见上限期权，衍生工具。

房地美（**Federal Home Loan Mortgage Corporation**）：一家由政府赞助的企业和上市公司，由国会于 1970 年创立，旨在通过购买住房抵押贷款并将其证券化，并对由此产生的证券进行支付担保，以降低住房拥有成本。参见政府资助企业，房利美，证券化。

抢先交易（**Front running**）：在了解其他投资者预期交易的情况下进行交易，试图通过在交易前买入或卖出来获利。

基本面（Fundamentals）：可能影响公司盈利能力的经济、行业或公司相关信息。

期货合约（Futures contract）：一种标准化的、交易所交易的合约，以特定的价格买卖在特定的未来日期交付和支付的资产。可通过交付资产（通常用于商品）或现金支付进行结算。合同价值通常每天按市价计价。参见按市价计价。

政府问责局（Government Accountability Office，GAO）：一个向国会报告并调查纳税人资金使用情况的美国政府机构。以前称为总会计师事务所。

政府资助企业（Government-sponsored enterprise，GSE）：由国会创立的公司，如房利美或房地美，通常通过购买抵押贷款并将其证券化，并为由此产生的证券支付提供担保，以促进某些经济部门，特别是住房部门的融资。参见房利美，房地美，证券化。

国内生产总值（Gross domestic product，GDP）：一个国家在一定时期内生产的所有制成品和服务的价值；是衡量一个国家经济产出的指标和其他经济统计的基准，通常用与国内生产总值的比率来表示。参见基准测试。

担保股权（Guaranteed equity）：一种投资方式，发行人提供担保，保证投资者的大部分或全部初始资本加上特定股票指数的部分收益的回报。

折减（Haircut）：对提供抵押品的资产价值的折价。参见抵押品。

对冲（Hedge）：用来抵消另一资产头寸风险的资产头寸。

对冲基金（Hedge fund）：一种以私人合伙形式构成的投资组合，通常采用更大范围的投资策略，比共同基金等基金面临更低的监管要求；可以采用卖空、衍生品和非传统资产。参见衍生工具，共同基金，卖空。

对冲比率（Hedge ratio）：对冲工具中的头寸规模与被对冲头寸规模的比率。参见对冲。

羊群效应（Herding）：个人行为与他人行为一致的倾向；例如，股票分析师调整收益估计以与其他分析师的估计一致的倾向。

特殊风险（Idiosyncratic risk）：资产总风险中不可归因于同一市场中所有资产共同的可变性来源的部分。参见多样化、系统风险。

隐含波动率（Implied volatility）：根据股票或股票指数的期权价格和期权定价公式推断出的标的股票或股票指数的波动率。参见布莱克－斯科尔斯－默顿期权定价模型，指数，期权，标的。

指数（Index）：统计分析代表某一特定市场（如股票或债券）或某一市场分组（如成长性、价值、小盘化）的证券价格的平均值。

指数套利（Index arbitrage）：一种套利策略，旨在从偏离股指期货与其标的股票之间正常关系中获利。参见套利，期货合约，指数，标的。

信息级联（Informational cascade）：指投资者根据其他人传递的信息（如价格变化）做出决策，而忽略自己收集的基本面等信息的情况；一种价格暴跌，是指那些将自己的投资决策建立在其他投资者先前行为基础上的投资者，开始根据自己的私人信息做出看跌决定。参见基本面。

无信息交易（Informationless trade）：由于流动性需求、投资组合再平衡或动态套期保值等原因而进行的交易，而非基本面变化。参见动态对冲，基本面，再平衡。

利率掉期（Interest rate swap）：指交易双方之间的一种场外衍生品合约，根据基础利率进行交换。通常，一方进行固定的支付，另一方进行的支付随利率（如伦敦银行同业拆借利率）的变化而变化。参见衍生工具，指数，伦敦银行间同业拆借利率，场外交易，标的。

实值（In the money）：当标的资产的价格高于执行价时，看涨期权所处的状态；当标的资产的价格低于执行价时，看跌期权所处的状态。参见平值，看涨期权，期权，虚值，看跌期权，执行价格，标的。

投资银行（Investment bank）：传统上，主要从事证券承销业务和为寻求进入公共证券市场的业务提供咨询的机构。最近，投资银行开始涉足其他业务领域，包括资产管理、经纪、衍生品和证券交易。参见商业银行、衍生品、承销。

投资等级（Investment grade）：信用评级机构的评级（标准普尔全球评级 BBB 级或以上，穆迪投资者服务公司 Baa3 级或以上），表明债券风险相对较低，对保守投资者而言比较安全。参见信用评级，信用评级机构。

投资安全性（Investment safety）：投资产品的目标和策略，旨在降低损失风险。参见对冲、投资组合保险、保护性看跌期权。

雅各布斯 – 利维 – 马科维茨市场模型（Jacobs Levy Markowitz Market Simulator）：一个股票市场的动态模拟模型，假设一个系统在从一个事件到下一个事件的过程中以离散的、不均匀的时间间隔发生变化；允许用户模拟市场价格和交易量的演变，或找到诸如均衡隐含的预期证券收益等参数的值。

大额抵押贷款（Jumbo mortgage loan）：指超过国会规定的贷款规模限额（通常为 453100 美元，但在某些市场上最高可达 679650 美元）的抵押贷款，用于房利美和房地美有资格在二级市场购买的贷款。参见合格抵押贷款，房利美，房地美，政府赞助企业。

杠杆作用（Leverage）：利用借来的资金、空头头寸或衍生品来增加对资产价格变化的敞口，使其超出投资者资本的限制。参见衍生工具，杠杆比率，空头头寸，杠杆特别风险。

杠杆厌恶（Leverage aversion）：衡量投资者对杠杆风险厌恶程度的指标。参见杠杆，杠杆容忍度，均值方差－杠杆有效前沿，杠杆特别风险。

杠杆比率（Leverage ratio）：通常指一个实体对借款的依赖程度。根据《巴塞尔协议Ⅲ》，银行一级资本与非风险加权资产（包括表内和表外）的比率；旨在对《巴塞尔协议》规定的基于风险加权资产的资本收费进行实际检查。参见巴塞尔协议，资本费用，杠杆，风险加权资产，一级资本。

杠杆容忍度（Leverage tolerance）：衡量投资者对杠杆风险的容忍度（或相反，厌恶程度）。参见杠杆，杠杆厌恶，均值－方差－杠杆有效前沿，杠杆特别风险。

欺诈贷款（Liar loan）：以借款人未经核实的贷款申请为基础的抵押贷款。参见低/无文件贷款，忍者贷款。

流动性（Liquidity）：市场在不对证券价格产生实质性影响的情况下吸收大量交易的能力，以及特定证券转换为现金的难易程度（市场流动性），还有交易或支持投资头寸获得资金的难易程度（资金流动性）。

贷款价值比率〔Loan-to-value（LTV）ratio〕：指贷款金额除以抵押品的市场价值或估计价值计算的贷款风险的一种度量。贷款价值比越高，贷款的风险就越大。参见抵押品。

伦敦银行间同业拆借利率（London Interbank Offered Rate，Libor）：伦敦主要银行预计从其他银行借款的平均利率；以前是一个广泛使用的基准利率，但由于大银行涉嫌操纵，现在逐步取消，取而代之的是新的措施，包括美国的银行间隔夜拆借利率。参见银行间隔夜拆借基准利率。

多头头寸（Long position）：通过购买金融资产或金融工具而建立的所有权头寸。参见空头头寸。

多空投资组合（Long-short portfolio）：一种包含空头和多头头寸的投资组合，期望从低估值证券（持有多头）和高估值证券（卖空）中获利，并从空头头寸的能力中获益，以缓冲投资组合受到广泛市场下跌的影响。参见多头，空头，卖空。

长期股权预期证券（Long-term equity anticipation securities，LEAPS）：期限超过一年的公开交易期权合约。参见期权。

损失厌恶（Loss aversion）：投资者目光短浅的倾向，关注短期的损失而不是长期的回报。

低/无文件贷款（Low-/no-doc loan）：一种抵押贷款，要求很少或没有借款人的贷款申请索赔文件；本质上，属于欺诈贷款。参见欺诈贷款，忍者贷款。

保证金（Margin）：投资市值头寸的一部分，投资者必须将其存入经纪人或交易所作为抵押品。参见抵押品，追加保证金。

追加保证金（Margin call）：经纪人要求保证金客户存入更多抵押品，以弥补客户头寸不利变动造成的损失，以维持保证金要求。参见经纪人－交易商，抵押品，保证金，杠杆特别风险。

市值（Market capitalization）：一家上市公司普通股的市值，由股价乘以发行在外的股票数量决定。

市场冲击（Market impact）：市场交易成本的一部分，反映交易资产价格对交易本身的反应。参见交易成本。

做市商（Market maker）：一种金融资产交易商，持有证券库存，随时准备按需买入或卖出。参见交易商。

市场中性多空投资组合（Market-neutral long-short portfolio）：一种多空投资组合，持有大致相等的美元金额和大致相等的市场敏感性的多空头寸，以消除投资组合对市场大幅波动的敏感性。参见多头头寸，多空组合，空头头寸。

收盘指令（Market-on-close order）：在交易日结束时执行的市场指令。

按市价计价（Marking to market）：随着市场价格的变化而对资产或负债进行重新估价的过程；可能需要卖空者和担保贷款人之间或衍生品交易的交易对手之间支付抵押品。参见抵押品，交易对手，衍生品，卖空。

均值（Mean）：数个值的算术平均数，或对于加权平均数，是数个值的加权平均数。如果所有权重相等，则加权平均数等于算术平均数。加权平均通常用于计算投资组合的预期收益。参见预期回报。

均值－方差有效边际（Mean-variance efficient frontier）：一组投资组合，每个投资组合在任何给定的波动性风险水平下具有最高的预期收益，或者在任何给定的预期收益水平下具有最低的波动性风险；或者一组投资组合，每个投资组合在任何给定的投资者波动容忍度水平下（或者相反，波动厌恶或风险厌恶）的预期回报率最高。参见均值－方差－杠杆有效边际，现代投资组合理论，风险规避，波动，波动厌恶，波动容忍度。

均值－方差－杠杆有效边际（Mean-variance-leverage efficient frontier）：对于给定水平的投

资者杠杆容忍度（或相反，杠杆厌恶），对于任何给定水平的波动性风险，每个组合都具有最高的预期收益，或者对于任何给定水平的预期收益，具有最低的波动性风险。所有此类有效投资组合的集合包括给定投资者杠杆容忍度水平的均值-方差有效前沿。参见杠杆，杠杆厌恶，杠杆容忍度，均值-方差有效前沿，现代投资组合理论，波动，波动厌恶，波动容忍度。

夹层贷款（**Mezzanine tranche**）：抵押担保证券或债务抵押债券资本结构中的中级贷款，比高级贷款风险更高，收益率更高，但比股权贷款风险更低，收益率更低。参见债务抵押债券，CDO立方，CDO平方，股票部分，抵押贷款支持证券，高级分层，分层。

现代投资组合理论（**Modern portfolio theory**）：一种构造最优投资组合的理论和方法；它建议使用均值-方差有效边际来选择最优投资组合。该理论洞察到一个关键，即一项资产应该在它如何对投资组合的整体风险和回报做出贡献的背景下，才加以考虑。该理论量化了资产多元化的好处。参见均值-方差有效边际，均值-方差-杠杆有效边际。

动量投资（**Momentum investing**）：一种投资策略，假设价格跟随趋势，随着价格上涨头入，随着价格下跌卖出。参见趋势跟踪交易。

单一险种保险公司（**Monoline insurer**）：最初是一家保证及时偿还市政府发行的债券的公司；后来其业务扩展到为证券化债务产品（如债务抵押债券）发行人的付款提供担保。参见债务抵押债券，证券化。

道德风险（**Moral hazard**）：是指这样一种情况，当一个事件，如购买保险，预期会遭到政府的干预，但不采取必要行动时所产生的风险。

抵押担保证券（**Mortgage-backed security**，**MBS**）：由住宅或商业抵押贷款的本金和利息支付支持的证券；资产担保证券的一种形式。参见资产担保证券，住宅抵押担保证券。

共同基金（**Mutual fund**）：根据1940年《投资公司法》管理的一种投资基金，汇集许多投资者的资金。

纳斯达克（**Nasdaq**）：美国全国证券交易商协会自动报价系统，一个场外股票电子交易市场。参见场外交易。

国家认可的统计评级机构（**NRSRO**）：在美国证券交易委员会注册的信用评级机构，其评级可供金融机构用于某些监管目的。参见信用评级机构，证券交易委员会。

负分期偿还贷款（**Negative-amortization loan**）：允许定期付款的贷款，其金额低于该期间发生的利息，导致贷款余额增加而不是减少。

负面反馈（**Negative feedback**）：与当前市场价格变化方向相反的交易结果（例如，当市场价格下跌时买入）；本质上是稳定的。参见正面反馈。

新古典经济学（**Neoclassical economics**）：一种经济思想流派，认为人们理性地做出经济决策，以最大限度地提高个人满意度，这些行为总体上导致经济中资源的有效配置。

忍者贷款（**NINJA loan**）：发放给借款人的抵押贷款，没有收入、工作或资产的证明，因此它的名字叫"无收入、无工作和无资产"。参见欺诈贷款，低/无文件贷款。

干扰（**Noise**）：证券价格与基本面无关的交易引起的波动。

非线性（**Nonlinearity**）：当输入的变化引起不相称的响应时，系统或关系的特性。例如，股票价格的微小百分比变化可以导致股票期权价值的大百分比变化。参见期权。

正态分布（**Normal distribution**）：一个随机变量可能值的概率分布，其中大多数可能值对称地聚集在平均值周围，并且随着与平均值的距离增加而减少；结果是一条钟形曲线。也称为高斯分布。参见厚尾分布，概率分布。

名义价值（**Notional value**）：用来计算互换支付的名义面值。例如，在利率互换中，用利率乘以名义金额来确定交易对手的债务。参见交易对手，掉期。

资产负债表外（**Off-balance-sheet**）：未反映在公司财务报表上的资产或负债。

金融研究办公室（**OFR**）：依据《多德–弗兰克华尔街改革和消费者保护法案》于 2010 年成立，旨在分析金融体系的潜在风险，并向金融稳定监督委员会提供研究和数据。参见金融稳定监督委员会。

未平仓量（**Open interest**）：在任何时间点未偿付的上市期权或期货合约的数量。参见期货合约，期权。

期权（**Option**）：一种金融工具，在指定的未来日期（到期日）或之前，以指定的价格（履约价格）购买（看涨期权）或出售（看跌期权）标的资产的权利而非义务。参见看涨期权、看跌期权、行权价格。

期权费（**Option premium**）：期权购买者为期权支付的金额。参见期权。

期权复制（**Option replication**）：通过在标的资产或标的资产的衍生产品中采取和交易头寸，复制或对冲期权的支付模式的技术；也称为增量对冲或动态对冲。参见衍生工具，动态对冲，期权，期权定价公式，投资组合保险，标的。

期权定价公式（**Options pricing formula**）：根据期权价格与包含期权基础资产和无风险资产的复制投资组合价格的等价性，估计期权价值的数学模型。参见布莱克–斯科尔斯–默顿期权定价模型，期权，期权复制，无风险（无风险）资产，标的。

期权定价模型（**Options pricing model**）：参见期权定价公式。

虚值（**Out of the money**）：当标的资产的价格低于执行价时看涨期权的状态；或当标的资产的价格高于执行价时看跌期权的状态。参见平值，看涨期权，实值，期权，看跌期权，执行价格，标的。

场外交易（**Over the counter**）：指证券和工具的非正式市场，不在有组织的交易所内交易。参见交易商。

过度抵押（**Overcollateralization**）：过账的抵押物价值超过所担保贷款的价值；用于减少贷款人的违约风险。对于资产支持证券，指证券的资产超过其负债的金额。参见资产担保证券，抵押品。

隔夜银行拆借利率（**Overnight Bank Funding Rate**）：资金利率是美国银行的平均利率，在隔夜市场上，信誉最好的银行向其他信誉好的银行借贷。参见伦敦银行同业拆借利率（Libor）。

过度反应（**Overreaction**）：投资者对消息的反应，买入或卖出意愿超过了新闻所包含的基本信息。参见基本原理。

投资组合保险（**Portfolio insurance**）：一种期权复制策略，旨在保护投资组合免受超过预定限额的损失。参见期权复制，看跌期权，保护性看跌期权。

正面反馈（**Positive feedback**）：在当前市场价格变化方向上交易的结果（例如，随着市场价格下跌而卖出）；本质上是不稳定的。参见负面反馈。

市盈率（**Price/earnings ratio**）：公司股价与每股收益之比，常用作衡量股票估值的指标。

主要经纪人（**Prime broker**）：为保证金账户执行和结算交易，并安排借入股票供客户卖空的经纪人。参见经纪人 – 交易商，保证金，卖空。

优质货币市场基金（**Prime money market fund**）：主要投资于流动性强、信用风险低的短期公司债券的共同基金。参见信用风险，流动性，共同基金。

优质抵押贷款（**Prime mortgage loan**）：一种抵押贷款，提供给最有信誉的借款人，这些借款人有良好的按时还贷的历史，并能证明他们有偿还贷款的财务能力。参见 Alt-A 抵押贷款，FICO 评分，次级贷款。

私人担保证券（**Private-label security A**）：一种抵押担保证券，既不由政府赞助的企业发行也不提供担保。参见政府赞助企业，抵押担保证券。

概率分布（**Probability distribution**）：对随机变量的所有可能值及其可能性的统计描述。参见厚尾分布，正态分布。

程序化交易（Program trading）：利用计算机对大量证券同时发出指令；用于增强指数套利等策略。参见套利，指数。

自营交易（Proprietary trading）：金融机构为自身利益而进行的交易。

保护性看跌期权（Protective put）：结合该资产看跌期权的多头资产头寸。参见多头头寸、期权、看跌期权。

公开期货交易量（Public futures volume）：指期货交易量，不包括交易商为自己的账户进行的交易。参见交易商，期货合约。

认沽期权（Put option）：授予所有人在特定时间内以特定价格出售特定证券的权利的期权。参见期权。

理性预期（Rational expectations）：一种解释证券价格如何决定的理论；它认为投资者使用所有相关的信息，总是做出一致的、理性的选择。

再平衡（Rebalancing）：重新调整投资组合中资产权重的行为，以维持预期的投资目标。参见无信息贸易。

T条例（Regulation T，Reg T）：美国联邦储备委员会关于金融中介机构对涉及保证金账户交易的信贷延期的条例。参见保证金。

监管套利（Regulatory arbitrage）：试图通过重组交易或将业务活动转移到不同的司法管辖区，从更宽松的监管制度中获益。

相对价值交易（Relative-value trade）：在两种或两种以上相关资产上抵消多头和空头头寸，期望从其相对价格变动中获利的交易。参见多头头寸，多空组合，空头头寸。

回购（回购协议）（repurchase agreement）：以协议的形式向买方出售担保并按规定时间和价格回购的短期抵押贷款；回购价格包括与适当短期利率相对应的溢价。参见抵押品，反向回购。

住房抵押贷款支持证券（Residential mortgage-backed security，RMBS）：由住房抵押贷款本金和利息支付支持的证券；资产支持证券的一种形式。参见资产担保证券，抵押担保证券。

反向回购（Reverse repo）：从证券买方（贷款人）的角度来签署的回购协议。参见回购协议。

风险厌恶/容忍度（Risk aversion/tolerance）：衡量投资者是否愿意接受额外的风险，以此来换取额外的预期回报。投资者对风险的容忍度程度越高（风险承受能力越强），即在假定的风险水平上增加一个给定的增量所需要的收益就越大（越小）。

无风险资产 [**Risk-free（riskless）asset**]：提供一定回报、同时不承担信用风险的资产，通常代指美国国债。

无风险回报 [**Risk-free（riskless）return**]：无风险资产的回报。参见无风险资产。

风险溢价（**Risk premium**）：资产的预期收益超过无风险资产的收益；溢价为承担风险提供了补偿。参见无风险资产。

分散风险（**Risk sharing**）：将风险分配给处境相似的各方，例如持有同一保险人签发的火灾保险单的人。

风险转移（**Risk shifting**）：将风险转移给同意承担风险以换取利益或潜在利益的交易对手，或者转移给不知情方。

风险加权资产（**Risk-weighted assets**）：用于确定资本支出的一种度量方法；监管机构确定的高风险资产在用于确定资本支出的计算中比低风险资产具有更大的权重。参见巴塞尔协议，资本支出。

标准普尔 100 指数（**S&P 100**）：由标准普尔选定的 100 家大型美国上市公司的资本加权指数。

标准普尔 500 指数（**S&P 500**）：由标准普尔选定的 500 家大型美国上市公司的资本加权指数。

安全性（**Safety**）：参见投资安全。

美国证券交易委员会（**Securities and Exchange Commission，SEC**）：负责监管美国证券业的美国联邦机构。

证券化（**Securitization**）：由资产池中创造出的证券。参见资产担保证券，抵押担保证券，住宅抵押担保证券，特殊目的机构。

优先层（**Senior tranche**）：资产支持证券资本结构中的最高级别的部分，对基础证券的现金流享有优先权（没有超高级部分）；通常具有信用评级机构的最高级、AAA 级或类似评级。参见资产支持证券，债务抵押债券，信用评级，信用评级机构，超高级部分，分块，标的物。

结算（**Settlement**）：交易双方完成的交易。

影子银行系统（**Shadow banking system**）：一种非正式的金融中介网络，参与在全球金融体系中创造信贷，基本上不受政府监管机构的控制。可能包括不受监管制度约束的银行和其他受监管机构开展的活动。

空头覆盖（**Short covering**）：通过购买做空股票并将其返还给贷款人，从而结束或部分关闭空头头寸。参见卖空。

空头头寸（**Short position**）：通过卖空而建立的头寸。参见多头，卖空。

卖空（**Short sale**）：一方从另一方（贷款人）借入证券，然后将这些证券出售给第三方，并同意在未来日期向贷款人交付与所借入证券相同的证券的交易。通常是在预期证券价格下跌的情况下进行的，这样借款人就可以利用偿还价值减少的证券给贷款人的交易中获利。参见空头头寸。

短期波动策略（**Short-volatility strategy**）：旨在从稳定或下跌的市场波动中获利的投资策略。参见波动性。

交易退出（**Shut out**）：当一个投资组合保险计划被停止，并且不能从被保险资产价值的后续增加中受益时发生的情况。参见投资组合保险。

模型（**Simulation**）：利用历史或概率数据和定量模型，在给定的历史或假设环境中确定投资计划可能结果的技术。

主权债务（**Sovereign debt**）：由国家政府发行和担保的债券。

特殊目的机构（**Special purpose vehicle，SPV**）：为特定目的而设立的法律上独立的表外实体；由银行或其他赞助人用于抵押贷款或其他贷款的证券化。参见抵押贷款支持证券，表外，证券化。

专家经纪人（**Specialist**）：在交易所进行股票交易的交易商，随时准备按需买卖某一股票，并有义务维持市场秩序。参见交易商。

特定风险（**Specific risk**）：参见特殊风险。

投机者（**Speculator**）：在短期内承担巨大风险，期望获得巨大收益的人。

现货市场（**Spot market**）：证券或商品交易在当前而不是在未来某个日期完成的市场；衍生品合约的基础市场。参见衍生工具，标的。

现货价格（**Spot price**）：现货市场的价格。参见现货市场。

价差（**Spread**）：两种价格或两种利率之间的差额。参见买卖价差。

标准差（**Standard deviation**）：一组观察值的平均值（平均值）的离散度的统计度量；常用作股票波动性的度量。等于方差的平方根。参见均值，方差，波动率。

随机性（**Stochastic**）：随机的，随时间变化的；随机变量可以统计分析，但不能精确预测。

股票指数（**Stock index**）：参见指数。

股指期货（Stock index futures）：一种标的为股票指数的期货合约。参见期货合约，股票指数。

股指期权（Stock index option）：股票指数的期权。参见指数，期权。

止损指令（Stop-loss order）：当证券价格下降到或低于某一特定水平时，卖出证券的指令。

交易停止（Stop out）：在执行止损指令后的交易状态；当被保险组合的价值低于被保险下限期权时的状态。参见下限期权，投资组合保险，退出，止损令。

行权价格（Strike price）：期权合同中规定的价格，期权持有人可以按此价格买卖标的资产；也称为行权价格。参见期权，标的。

结构性金融产品（Structured finance products）：旨在提供特定风险回报模式的投资产品；通常通过资产证券化、特殊目的机构或结构性投资工具创建。参见证券化，特殊目的机构，结构性投资工具。

结构性投资工具（Structured investment vehicle）：由保荐人（通常是银行）组成的表外融资工具，通过发行短期工具（如商业票据）借钱，并将收益投资于长期、高收益的证券，如抵押贷款支持证券；类似于融资渠道，但保荐人提供的财务担保较少。参见商业票据，融资渠道，抵押担保证券，表外。

结构性票据（Structured note）：一种衍生工具，其结构是提供反映证券收益和衍生工具组合的支付；一种结构性票据，其提供的回报具有一定的下行保护，加上与股票或债券指数挂钩的增值，可以通过将债券与指数上的看涨期权组合而产生。参见看涨期权，衍生工具，股票挂钩票据，指数。

次级贷款（Subprime loan）：发放给借款人的贷款，由于低信用评分、无记录或不确定的收入来源，或有逾期还款、违约或破产的历史而造成高违约风险。参见 Alt-A 抵押贷款，FICO评分，优质抵押贷款。

超级优先层（Super-senior tranche）：在资产支持证券的资本结构中，从最高级别的高级部分分割出来的部分；表面上比高级部分更安全，但信用评级与高级部分相同。参见资产支持证券，债务抵押债券，信用评级，高级份额，份额。

掉期（互换）（Swap）：交易双方之间的一种协议，双方同意根据特定标的资产的价格行为交换未来的现金流。参见标的。

合成 CDO（Synthetic CDO）：持有信用违约掉期的债务抵押债券。参见债务抵押债券，信用违约互换。

合成期权（Synthetic option）：在标的资产或标的资产的衍生产品中采取和交易头寸而形成的类似期权的支付模式。参见衍生工具，动态对冲，期权，期权复制，投资组合保险，标的。

系统风险（Systematic risk）：资产总风险的一部分，可归因于同一市场中所有资产共同的可变性来源。参见贝塔系数，特殊风险。

系统性风险（Systemic risk）：系统或市场的一个或几个组成部分的故障将导致整个系统或市场失效的风险。

一级资本（Tier 1 capital）：衡量银行资本充足程度的指标，主要由普通股构成，也称为核心资本。参见巴塞尔协议。

交易限制（Trading collar）：纽约证券交易所的一种限制，允许股票只在上一交易日收盘价的特定范围内交易。

跌停（Trading halt）：由于限价限制、订单不平衡、新闻传播或其他事件导致的交易暂停。

层级（也称"分层"）（Tranche）：由单一基础资产池或资产支持证券创建的一组证券，具有风险属性、信用评级或回报来源等特征。参见资产支持证券，抵押债务，信用评级，股权份额，夹层，高级，超高级份额，标的。

交易成本（Transaction costs）：执行交易的成本，包括经纪佣金、市场影响成本和不能及时执行的机会成本。参见市场影响。

透明度（Transparency）：有关资产头寸、价格和交易量的准确及时信息的可用性。

政府短期债券（Treasury bill）：一种到期日为一年或更短的美国政府发行的债券。

趋势跟踪交易（Trend-following trading）：证券价格上涨后买入，价格下跌后卖出。参见动量投资。

问题资产救助计划（Troubled Asset Relief Program，TARP）：2008 年美国颁布的一项联邦计划，旨在向金融机构提供资金，以便在信贷危机中缓解贷款机构的压力，以稳定市场和经济。

基础证券（标的证券）（Underlying）：衍生证券所基于的证券；市场价值、现金流或基础证券的其他特征的变化触发相关衍生证券的价值和特征的变化。参见衍生工具。

抵押缩水（Underwater mortgage）：指价值低于贷款本金的房产抵押。

承销（Underwriting）：为证券发行筹集资金，或为贷款或保险单进行信用或风险分析的过程。

杠杆特别风险（Unique risks of leverage）：这些风险包括追加保证金的风险和成本，这会迫使借款人因流动性不足而以不利价格清算证券；损失超过投资资本；以及破产的可能性。参见杠杆，杠杆厌恶，流动性，追加保证金，均值方差杠杆有效边际。

风险价值（Value at risk，VAR）：对给定时间段内以给定概率可能发生的损失的估计。

价值投资（Value investing）：一种投资策略，有利于被某种程度低估的资产，如股票，低市盈率或高股息率。参见市盈率，收益率。

方差（Variance）：一组观测值的平均值（平均值）的离散度的统计度量，等于标准差的平方。参见平均值，标准差。

波动性（Volatility）：证券价格或投资组合价值随时间波动的程度，通常用标准差或方差来统计。参见标准差，方差。

波动性厌恶（Volatility aversion）：衡量投资者对波动性风险的厌恶程度（或相反，对波动性风险的容忍度）。参见杠杆厌恶，均值－方差有效前沿，均值－方差－杠杆有效前沿，波动率，波动容忍度。

波动容忍度（Volatility tolerance）：衡量投资者对波动风险的容忍度（或相反，厌恶程度）。参见杠杆厌恶，均值－方差有效边际，均值－方差－杠杆有效边际，波动，波动性厌恶。

沃尔克法案（Volcker Rule）：2010年《多德－弗兰克华尔街改革和消费者保护法案》的一项规定，对接收存款的美国银行在进行自有账户交易时买卖证券施加限制；还禁止银行拥有对冲基金和私人股本基金。参见对冲基金。

剧震（Whipsaw）：价格在一个方向上的剧烈波动，接着是价格的剧烈反转。

售出期权（Write）：卖出期权或在期权上做空的行为。参见期权，空头头寸。

（股息）收益率（Yield）：资产在一定时期（通常是一年）内产生的收益占资产价格的百分比。对于股票，即每股的年股息除以每股价格。

参考文献

导 言

1. From *Prometheus Bound*, translation by David Grene. In D. Grene and R. Lattimore, eds. , *Greek Tragedies Volume I* (Chicago: University of Chicago Press, 1960).

2. Eugene F. Fama, "Perspectives on October 1987, or what did we learn from the crash?" in R. J. Barro et al. , eds. , *Black Monday and the Future of Financial Markets* (Homewood, IL: Mid-America Institute for Public Policy Research and Dow Jones-Irwin, 1989): 81.

3. Mark Rubinstein, "Portfolio Insurance and the Market Crash," *Financial Analysts Journal* 44, no. 1 (1988): 38 – 47.

4. Hayne E. Leland and Mark Rubinstein, "Comments on the Market Crash: Six Months After," *Journal of Economic Perspectives* 2, no. 3 (1988): 45 – 50.

5. Michael Lewis, "How the Eggheads Cracked," *New York Times Magazine*, January 24, 1999.

6. Myron S. Scholes, "The Near Crash of 1998: Crisis and Risk Management," *American Economic Review Papers and Proceedings* 90, no. 2 (2000): 17 – 21.

7. William D. Cohan, *House of Cards: A Tale of Hubris and Wretched Excess on Wall Street* (New York: Doubleday, 2009): 146.

8. Richard S. Fuld, Jr. Speech to Marcum MicroCap Conference, New York, May 28, 2015; quoted in D. Gelles, "Ex-Lehman Boss Breaks Silence," *New York Times*, May 29, 2015: B1.

9. Bruce I. Jacobs, "Momentum Trading: The New Alchemy," *Journal of Investing* 9, no. 3 (2000): 6 – 7.

10. Gregory Zuckerman, *The Greatest Trade Ever: The Behind-the-Scenes Story of How John Paulson Defied Wall Street and Made Financial History* (New York: Broadway Books, 2009); Michael Lewis, *The Big Short: Inside the Doomsday Machine* (New York: W. W. Norton & Co. , 2010).

11. Bruce I. Jacobs, "Memorandum to Prudential Insurance Company of America's Client Service and Sales Forces Regarding Portfolio Insulation," January 17, 1983; reprinted in Appendix C.

12. Bruce I. Jacobs, "The Portfolio Insurance Puzzle," *Pensions & Investment Age*, August 22, 1983; Bruce I. Jacobs, "A Public Debate On Dynamic Hedging," in *Innovative Portfolio Insurance Techniques: The Latest Developments in "Dynamic Hedging"* (videotape) (New York: Institute for International Research, 1986); Trudy Ring, "Portfolio Insurance's Merits Spur Debate," *Pensions & Investment Age*, July 7, 1986.

13. Michael Clowes, "More to Say About Crash," *Pensions & Investments*, July 12, 1999.

14. Roger Lowenstein, "Why Stock Options Are Really Dynamite," *Wall Street Journal*, November 6, 1997.

15. Mark Rubinstein, Correspondence to Michael Brennan, February 14, 2000. This was shared with the editor of *Derivatives Strategy* at its 2000 Hall of Fame Roundtable, "Portfolio Insurance Revisited," New York, April 14, 2000. The roundtable discussion was published in the August 2000 issue of *Derivatives Strategy*.

16. Bruce I. Jacobs, "Viewpoint on Portfolio Insurance: It's Prone to Failure," *Pensions & Investment Age*, November 16, 1987; Bruce I. Jacobs, "The Darker Side of Option Pricing Theory," *Pensions & Investments*, November 24, 1997; Bruce I. Jacobs, "Option Pricing Theory and Its Unintended Consequences," *Journal of Investing* 7, no. 1 (1998): 12 – 14; Bruce I. Jacobs, "Option Replication and the Market's Fragility," *Pensions & Investments*, June 15, 1998.

17. Bruce I. Jacobs, *Capital Ideas and Market Realities: Option Replication, Investor Behavior, and Stock Market Crashes* (Malden, MA: Blackwell, 1999).

18. In the foreword, Markowitz compares modern portfolio theory with portfolio insurance. He shows with a simple example that a portfolio insurance strategy produces inefficient portfolios in terms of expected return and volatility of return. He goes on to say that portfolio insurance is destabilizing: "Jacobs will show us that portfolio insurance did not in fact work, partly because it destabilized the market and then had liquidity problems as a consequence…the reason that portfolio insurance destabilized the market was because it bought when the market went up and sold when the market went down. The rebalancing strategies that portfolio theory implies…sell when the market rises and buy when the market falls, tend to stabilize the market. Thus … portfolio *theory* is … more environmentally friendly than portfolio *insurance*." See Harry M. Markowitz, "Foreword," in B. I. Jacobs, *Capital Ideas and Market Realities*.

19. Bruce I. Jacobs, "Long-Term Capital's Short-Term Memory," *Pensions &Investments*, October 5, 1998; Bruce I. Jacobs, "When Seemingly Infallible Arbitrage Strategies Fail," *Journal of Investing* 8, no. 1 (1999): 9 – 10; Bruce I. Jacobs, "A Tale of Two Hedge Funds," in B. I. Jacobs and K. N. Levy, eds., *Market Neutral Strategies* (New York: Wiley, 2005): 147 – 171.

20. Bruce I. Jacobs, "Risk Avoidance and Market Fragility," *Financial Analysts Journal* 60, no. 1 (2004): 26 – 30; citing my article, *Forbes* noted that riskreducing products "could really backfire." William P. Barrett, "Weapons of Mass Panic," *Forbes*, March 15, 2004.

21. Jacobs, "Risk Avoidance and Market Fragility": 28.

22. Bruce I. Jacobs, "Tumbling Tower of Babel: Subprime Securitization and the Credit Crisis," *Financial Analysts Journal* 65, no. 2 (2009): 17 – 30.

第一章

1. Quoted in Michael Siconolfi, Anita Raghavan, and Mitchell Pacelle, "How Salesmanship and Brainpower Failed to Save Long-Term Capital," *Wall Street Journal*, November 16, 1998. Sharpe received the Nobel Prize in economics in 1990 for his work on the development of the capital asset

pricing model. See William F. Sharpe, "Capital Asset Prices: A Theory of Market Equilibrium Under Conditions of Risk," *Journal of Finance* 19, no. 3 (1964): 425 – 442.

2. This was the insight of Harry M. Markowitz, who developed modern portfolio theory, for which he received the Nobel Prize in economics in 1990. Harry M. Markowitz, "Portfolio Selection," *Journal of Finance* 7, no. 1 (1952): 77 – 91 and *Portfolio Selection: Efficient Diversification of Investments* (New Haven: Yale University Press, 1959).

3. Bruce I. Jacobs and Kenneth N. Levy, "Leverage Aversion and Portfolio Optimality," *Financial Analysts Journal* 68, no. 5 (2012): 89 – 94; Bruce I. Jacobs and Kenneth N. Levy, "Leverage Aversion, Efficient Frontiers, and the Efficient Region," *Journal of Portfolio Management* 39, no. 3 (2013): 54 – 64; Bruce I. Jacobs and Kenneth N. Levy, "Traditional Optimization is Not Optimal for Leverage-Averse Investors," *Journal of Portfolio Management* 40, no. 2 (2014): 1 – 11; Bruce I. Jacobs and Kenneth N. Levy, "The Unique Risks of Portfolio Leverage: Why Modern Portfolio Theory Fails and How to Fix It," *Journal of Financial Perspectives* 2, no. 3 (2014): 113 – 126.

4. Short sales may also be subject to disclosure requirements, as they are in the European Union, and may be banned in stressed markets, as they were in the United States, Canada, Australia, and many European countries during the 2007 2010 crisis. In the United States, short sales of individual stocks are also restricted if the stock experiences a significant price decline.

第二章

1. From *Pudd'nhead Wilson* (New York: Simon & Schuster, 2010), Ch. XIII.

2. *New York Times*, October 25, 1987: F6.

3. *New York Times*, October 28, 1977: D14.

4. *New York Times*, October 21, 1987: D14.

5. *Boston Globe*, October 19, 1997: F1.

6. *New York Times*, October 19, 1997: C4.

7. Frederic S. Mishkin and Eugene N. White, "U. S. Stock Market Crashes and Their Aftermath: Implications for Monetary Policy," National Bureau of Economic Research Working Paper 8992, June 2002.

8. Carmen M. Reinhart and Kenneth S. Rogoff, *This Time is Different: Eight Centuries of Financial Folly* (Princeton, NJ: Princeton University Press, 2009).

9. Eugene F. Fama, "Perspectives on October 1987, or What Did We Learn from the Crash?" in R. J. Barro et al., eds., *Black Monday and the Future of Financial Markets* (Homewood, IL: Mid-America Institute for Public Policy Research and Dow Jones-Irwin, 1989): 81. Fama received the Nobel Prize in economics in 2013 for his work on asset pricing.

10. Joseph A. Schumpeter, *Capitalism, Socialism and Democracy* (New York: Harper and Brothers, 1942).

11. Friedrich A. Hayek, "The Use of Knowledge in Society," *American Economic Review* 35, no. 4 (1945): 519 – 530; Milton Friedman and Anna J. Schwartz, *A Monetary History of the United*

States, 1867—1960 (Washington, DC: National Bureau of Economic Research, 1963). Hayek received the Nobel Prize in economics in 1974 and Friedman in 1976.

12. Justin Fox, *The Myth of the Rational Market: A History of Risk, Reward, and Delusion on Wall Street* (New York: Harper Business, 2009): 92.

13. John Cassidy, *How Markets Fail: The Logic of Economic Calamities* (New York: Farrar, Straus and Giroux, 2009): 76 – 77.

14. Irving Fisher, *The Money Illusion* (New York: Adelphi, 1928).

15. John M. Keynes, *The General Theory of Employment, Interest, and Money* (London: Macmillan, 1936). Reprint, New York: Harcourt Brace, 1964.

16. Amos Tversky and Daniel Kahneman, "Judgment Under Uncertainty: Heuristics and Biases," *Science* 185, no. 4157 (Sep. 27, 1974): 1124 – 1131. Kahneman received the Nobel Prize in economics in 2002 for his work with Tversky on behavioral economics; Tversky had died in 1996, hence was ineligible for the award.

17. Ivo Welch, "Herding Among Security Analysts," *Journal of Financial Economics* 58, no. 3 (2000): 369 – 396.

18. Robert J. Shiller, *Irrational Exuberance* (Princeton, NJ: P rinceton University Press, 2000). Shiller received the Nobel Prize in economics in 2013 for his work on asset pricing.

19. Hyman P. Minsky, "The Financial Instability Hypothesis," Jerome Levy Economics Institute of Bard College Working Paper 74, May 1992.

第三章

1. Quoted in Donald MacKenzie, *An Engine, Not a Camera* (Cambridge, MA: MIT Press, 2006): 136.

2. Gary L. Gastineau, *The Options Manual*, 3rd ed. (New York: McGraw-Hill, 1988).

3. For a more complete description of options contracts, their properties, and how they are valued, see Appendix B, "Option Basics," in Bruce I. Jacobs, *Capital Ideas and Market Realities: Option Replication, Investor Behavior, and Stock Market Crashes* (Malden, MA: Blackwell, 1999): 309 – 319.

4. Fischer Black and Myron S. Scholes, "The Pricing of Options and Corporate Liabilities," *Journal of Political Economy* 81, no. 3 (1973): 637 – 654; Robert C. Merton, "Theory of Rational Option Pricing," *Bell Journal of Economics and Management Science* 4, no. 1 (1973): 141 – 183.

5. Quoted in MacKenzie, *An Engine*: 158.

6. For a more complete description of how an option on a stock can be replicated by a portfolio consisting of the stock and a risk-free asset, as well as the dynamic trading in the underlying stock required in response to its price changes, see Appendix C, "Option Replication," in Jacobs, *Capital Ideas and Market Realities*: 321 – 333.

7. I had noted this potential problem early on, when portfolio insurance began to be adopted by financial firms. See Bruce I. Jacobs, Memorandum to Prudential Insurance Company of America's

Client Service and Sales Forces regarding Portfolio Insulation, January 17, 1983; reprinted in Appendix C.

第四章

1. Brady Commission, *Report of the Presidential Task Force on Market Mechanisms* (Washington, DC: Government Printing Office, 1988).

2. The investor in a stock index futures contract puts up a fraction of the contract price, which is referred to as the initial margin. The stock index futures contract, whether a long or a short position, is subject to daily marks-tomarket, giving rise to a daily profit or loss. Ample money needs to be available to cover potential losses; this is referred to as maintenance margin. Stock index futures contracts are settled at expiration in cash, because of the difficulty of delivering the stocks in the index and in their weighted proportions.

3. Fischer Black, "Noise," *Journal of Finance* 41, no. 3 (1986): 529 – 543.

4. Bruce I. Jacobs and Kenneth N. Levy, "Long-Short Equity Investing," *Journal of Portfolio Management* 20, no. 1 (1993): 52 – 63; Bruce I. Jacobs and Kenneth N. Levy, "20 Myths About Long-Short," *Financial Analysts Journal* 52, no. 5 (1996): 81 – 85.

5. Franklin R. Edwards, "Does Futures Trading Increase Stock Market Volatility?" *Financial Analysts Journal* 44, no. 1 (1988): 63 – 69.

6. Securities and Exchange Commission, "The Role of Index-Related Trading in the Market Decline on September 11 and 12, 1986" (Washington, DC: Division of Market Regulation, SEC, 1987): 21.

7. Ibid.: 22 – 23.

8. Joanne M. Hill and Frank J. Jones, "Equity Trading, Program Trading, Portfolio Insurance, Computer Trading and All That," *Financial Analysts Journal* 44, no. 4 (1988): 29 – 38.

9. Brady Commission, *Report*: 29.

10. Jack L. Treynor, "Portfolio Insurance and Market Volatility," *Financial Analysts Journal* 44, no. 6 (1988): 71 – 73.

11. Ibid.

第五章

1. Mark Rubinstein and Hayne E. Leland, "Replicating Options with Positions in Stock and Cash," *Financial Analysts Journal* 37, no. 4 (1981): 69. This statement is qualified only in a footnote to the article, which says "the analogy to insurance breaks down under a sudden catastrophic loss that does not leave sufficient time to adjust the replicating portfolio."

2. For a description and critical analysis of portfolio insurance, see Bruce I. Jacobs, *Capital Ideas and Market Realities: Option Replication, Investor Behavior, and Stock Market Crashes* (Malden, MA: Blackwell Publishers, 1999).

3. One ad that ran in a Leland O'Brien Rubinstein Associates-sponsored section of *Institutional Investor* in 1984 (p. 7) stated that, with a portfolio insurance plan in effect, "more of the fund's assets can

be placed in higher expected return albeit riskier asset classes. The net effect can be to increase the total fund's expected return by 1 to 2 percent per annum. "

4. The conference, sponsored by the University of California, Berkeley, took place in Monterey, CA, from September 16 to September 19, 1984.

5. Hayne E. Leland, "Portfolio Insurance Performance, 1928 – 1983," Leland O'Brien Rubinstein Associates, 1984; Bruce I. Jacobs, "The Portfolio Insurance Puzzle," *Pensions & Investment Age*, August 22, 1983. Appendix C includes both pieces. See also John W. O'Brien, " Research Questioned" (letter), *Pensions & Investment Age*, September 19, 1983, and Bruce I. Jacobs, "Mr. Jacobs Responds" (letter), *Pensions & Investment Age*, November 14, 1983.

6. Transaction costs are based on round-trip trades for individual stocks.

7. Leland, "Portfolio Insurance Performance. "

8. Lake Wobegon is immortalized in "A Prairie Home Companion," MinnesotaPublic Radio.

9. At some seminars, LOR offered a prize of $1,000 if anyone could adjust the numbers in LOR's computer program to make the theories underlying portfolio insurance fail. See William Falloon, "The Invisible Hedge," *Intermarket*, October 1984.

10. Bruce I. Jacobs, "Memorandum to Prudential Insurance Company of America's Client Service and Sales Forces regarding Portfolio Insulation," January 17, 1983; reprinted in Appendix C. I wrote the memo at the request of higher-ups at Prudential, J. Robert (Bob) Ferrari and Edward (Ed) D. Zinbarg, who headed, respectively, the Pension Asset Management Group and the Common Stock Department, both parts of Prudential Asset Management Company, the institutional investment arm of Prudential Insurance Company of America. The memo was distributed to the client service and sales forces to inform them of Prudential's viewpoint.

11. LOR's simulation results, presented in a March 1, 1982, advertisement in *Pensions & Investment Age* (reprinted as Exhibit 17. 1 in Chapter 17, "Illusions of Safety and Market Meltdowns"), showed that $1 invested in its portfolio insurance strategy would have returned $2. 61, for a 10 percent annual compound growth rate over the 10-year period ending in 1981, whereas $1 invested in the S&P 500 would have returned just $1. 89, for a 6. 5 percent annual rate.

12. Jacobs, "The Portfolio Insurance Puzzle. "

13. Annual renewals of portfolio insurance lead an investor to rebalance back to the same constant-mix strategy at the start of each calendar year, if the same level of insurance protection is desired and market conditions remain the same. So the behavior of that investor across calendar years (following a constant-mix strategy) would appear inconsistent with the investor's behavior during each calendar year (following a dynamic portfolio insurance strategy). An interesting result is obtained for a portfolio insurance investor having a moving horizon of constant length, such as three years, that is updated daily. In this case, each day represents the start of a new interval of protection having the same length (three years). This investor would re-establish the same hedge ratio between stocks and cash equivalents every day. For such an investor, the "insurance strategy" is actually a constant-mix strategy. Bruce I. Jacobs, "Is Portfolio Insurance Appropriate for the Long-Term Investor?" Prudential Asset Management Company, 1984.

14. Aetna's GEM provided an insurance company guarantee on a minimum rate of return, but did not reimburse for shortfalls on the upside. GEM was discontinued after the crash. Ralph Tate, "The Insurance Company Guarantee," in D. Luskin, ed., *Portfolio Insurance: A Guide to Dynamic Hedging* (New York: John Wiley, 1988): 182 – 185.

15. Leland, "Portfolio Insurance Performance."

16. Jacobs, "The Portfolio Insurance Puzzle"; Jacobs, "Mr Jacobs Responds."

17. Robert Ferguson, "How to Beat the S&P 500 (without losing sleep)," *Financial Analysts Journal* 42, no. 5 (1986); Robert Ferguson, "An Open Letter" (letter), *Financial Analysts Journal* 42, no. 5 (1986).

18. Mark Rubinstein, "Portfolio Insurance and the Market Crash," *Financial Analysts Journal*, 44, no. 1 (1988): 40.

19. "A Public Debate on Dynamic Hedging," in *Innovative Portfolio Insurance Techniques: The Latest Developments in "Dynamic Hedging"* (videotape) (New York: Institute for International Research, 1986).

20. See Exhibit 17. 4 in Chapter 17.

21. Robert J. Shiller, "Investor Behavior in the October 1987 Stock Market Crash: Survey Evidence," in R. J. Shiller, *Market Volatility* (Cambridge, MA: MIT Press, 1989).

22. Robert J. Shiller, "Portfolio Insurance and Other Investor Fashions as Factors in the 1987 Stock Market Crash," in S. Fischer, ed., *NBER Macroeconomics Annual* 1988 (Cambridge, MA: MIT Press, 1988): 291.

23. Brady Commission, *Report of the Presidential Task Force on Market Mechanisms* (Washington, DC: Government Printing Office, 1988): 9.

24. Securities and Exchange Commission, "The October 1987 Market Break" (Washington, DC: Division of Market Regulation, SEC, 1988): 3. 15.

25. Nicholas Katzenbach, "An Overview of Program Trading and its Impact on Current Market Practices" (New York: New York Stock Exchange, 1987): 28.

26. General Accounting Office, "Preliminary Observations on the October 1987 Crash (Financial Markets GAO/GGD 38 – 88)" (Washington, DC: GAO, 1988): 38.

27. As Rubinstein and co-author John C. Cox note in their 1985 textbook, "index option prices provide important, otherwise unobtainable, information [including information about future price volatility] to the economy." John C. Cox and Mark Rubinstein, *Options Markets* (Englewood Cliffs, NJ: Prentice-Hall, 1985). Jacobs (*Capital Ideas and Market Realities*, p. 139) points out that portfolio insurance does not provide any such information to the public or indeed to users of portfolio insurance, as it does not use exchange-traded options, where the price is explicit. Rather, the price of an option replication strategy such as portfolio insurance is dependent on the volatility of the underlying portfolio over the life of the strategy and is known only at termination of the strategy. Because the price of the strategy is obscured, it is difficult for investors to know the expected cost of the strategy. If the cost of the strategy is underestimated, investor demand will be

greater than otherwise. An increased demand for portfolio insurance trading can increase market volatility, and thereby increase the cost of the strategy. Further, the cost may skyrocket if the positive feedback trading of the insurance strategy induces a vicious cycle and destabilizes the market.

28. Mark L. Mitchell and Jeffry M. Netter, "Triggering the 1987 Stock Market Crash: Anti-Takeover Provisions in the Proposed House Ways and Means Tax Bill?" *Journal of Financial Economics* 24, no. 1 (1989): 37 – 68.

29. *Wall Street Journal*, October 16, 1987: 28.

30. *New York Times*, October 16, 1987: 1.

31. *Wall Street Journal*, October 16, 1987: 3.

32. Brady Commission, *Report*: 29.

33. Ibid.

34. Ibid.

35. As program trading came to account for an increasing share of market volume in the 1980s, some in the financial industry and in the press expressed concerns that it would increase volatility and perhaps destabilize markets. A detailed look at the events of October 19, 1987, however, indicates that the problem was not program trading per se, but the cause behind it—portfolio insurance. Program trading was merely the messenger.

36. Brady Commission, *Report*: 36.

37. Securities and Exchange Commission, "The October 1987 Market Break": 2. 15 – 2. 16.

38. Commodity Futures Trading Commission, "Final Report on Stock Index Futures and Cash Market Activity During October 1987" (Washington, DC: Divisions of Economic Analysis and Trading and Markets, CFTC, 1988): 137.

39. Brady Commission, *Report*: Ⅲ. 21 – 22.

40. Securities and Exchange Commission, "The October 1987 Market Break": xiii. In a 2011 piece that reiterates many of the arguments in Jacobs, *Capital Ideas and Market Realities*, Leland relates that a trader at LOR opined at one point during the 19th: "If I place all the sell orders that I should, the [S&P 500 futures] market will go to zero"; he was advised to restrain his trading. Hayne E. Leland, "Leverage, Forced Asset Sales, and Market Stability: Lessons from Past Market Crises and the Flash Crash," The Future of Computer Trading in Financial Markets—Foresight Driver Review—DR9 (London: Government Office for Science, 2011).

41. Brady Commission, *Report*: 36.

42. Securities and Exchange Commission, "The October 1987 Market Break": 2. 15 – 2. 16.

43. Brady Commission, *Report*: Ⅲ. 21 – Ⅲ. 22.

44. Ibid. : 36.

45. Albert S. Kyle and Anna A. Obizhaeva, "Large Bets and Stock Market Crashes," University of

Maryland Working Paper, January 26, 2016.

46. Securities and Exchange Commission, "The October 1987 Market Break": 2. 21.

47. Ibid.

48. Brady Commission, *Report*: 40.

49. Ibid. : 57.

50. Securities and Exchange Commission, "The October 1987 Market Break": 2. 21.

51. LOR offered several reasons why portfolio insurance was not responsible. These were reviewed and dismissed in Bruce I. Jacobs, *Capital Ideas and Market Realities*, chapters 11 and 12.

52. As described in the opening quotation.

53. S. Grannis, "Viewpoint on Portfolio Insurance: It Proved its Worth," *Pensions & Investment Age*, November 16, 1987: 3.

54. Securities and Exchange Commission, "The October 1987 Market Break": 2. 15.

55. See Exhibit 17. 4 in Chapter 17, "Illusions of Safety and Market Meltdowns. "

56. Brady Commission, *Report*: V. 17.

57. Trudy Ring, "66 percent drop in portfolio insurance," *Pensions & Investment Age*, January 25, 1988.

58. Asset figures are from LOR's Form ADVs filed with the SEC.

59. Richard Roll, "The International Crash of October 1987," *Financial Analysts Journal* 44, no. 5 (1988): 22.

60. *New York Times*, October 21, 1987: D16.

61. *Wall Street Journal*, October 20, 1987: 50.

62. *New York Times*, October 20, 1987: D1.

63. Securities and Exchange Commission, "The October 1987 Market Break": 11. 8.

64. The International Stock Exchange, "Report of the International Stock Exchange of Great Britain," in R. J. Barro et al. , eds. , *Black Monday and the Future of Financial Markets* (Homewood, IL: Mid-America Institute for Public Policy Research and Dow Jones-Irwin, 1989): 281.

第六章

1. Peter L. Bernstein, *Against the Gods: The Remarkable Story of Risk* (New York: Wiley, 1996): 305.

2. Securities and Exchange Commission, "Trading Analysis of October 13 and 16, 1989" (Washington, DC: Division of Market Regulation, SEC, 1990): 34.

3. Goldman Sachs, "Global Derivatives: 1997 Review – 1998 Issues," Goldman Sachs Equity Derivatives Research, January 1998.

4. Securities and Exchange Commission, "Trading Analysis": 19 – 20.

5. Betsey A. Kuhn, Gregory J. Kuserk, and Peter Locke, "Do Circuit Breakers Moderate Volatility?

Evidence from October 1989," *Review of Futures Markets* 10, no. 1 (1991): 139.

6. Commodity Futures Trading Commission, "Report on Stock Index Futures and Cash Market Activity During October 1989" (Washington, DC: Division of Economic Analysis, CFTC, 1990).

7. Securities and Exchange Commission, "Trading Analysis": 19 – 20.

8. Ibid.: 23.

9. Securities and Exchange Commission, "Market Analysis of October 13 and 16, 1989" (Washington, DC: Division of Market Regulation, SEC, 1990): 72.

10. Ibid.: 21 – 23.

11. Securities and Exchange Commission, "Trading Analysis": 1.

12. Ibid.: 53.

13. Securities and Exchange Commission, "Market Analysis": 23 – 25.

14. Securities and Exchange Commission, "Trading Analysis": 54.

15. Ibid: 1.

16. Securities and Exchange Commission, "Market Analysis": 35.

17. Commodity Futures Trading Commission, "Stock Index Futures": 18, 20, 60 – 61.

18. Securities and Exchange Commission, "Trading Analysis": 37.

19. Ibid.: 44.

20. Ibid.: 44 – 45.

21. Ibid.: 68 – 69.

22. Securities and Exchange Commission, "Trading Analysis of November 15, 1991," Staff Report, Division of Market Regulation, SEC, 1992.

23. Securities and Exchange Commission, "Market Decline on November 15, 1991," Memorandum from William H. Hayman, Director, Division of Market Regulation, to SEC Chairman Breeden (Washington DC: Division of Market Regulation, SEC, December 24, 1991): 7.

24. International Monetary Fund, "World Economic Outlook: Crisis in Asia, Regional and Global Implications" (Washington, DC: IMF, 1997).

25. Ibid.: 18.

26. Goldman Sachs, "Global Derivatives."

第七章

1. John M. Keynes, *The General Theory of Employment, Interest, and Money* (London: Macmillan, 1936). Reprinted New York: Harcourt Brace, 1964.

2. *New York Times*, August 5, 1998: A1.

3. *Wall Street Journal*, August 5, 1998: C1.

4. *Wall Street Journal*, October 7, 1998: A18.

5. *New York Times*, September 9, 1998: C6.

6. *Wall Street Journal*, August 31, 1998.

7. *Wall Street Journal*, September 5, 1998.

8. *Wall Street Journal*, August 5, 1998: C28.

9. *Wall Street Journal*, August 12, 1998: C13.

10. *Wall Street Journal*, August 25, 1998: C16.

11. *Wall Street Journal*, August 28, 1998: C13.

12. *New York Times*, September 2, 1998: C1.

13. *New York Times*, September 1, 1998: C7.

14. *Wall Street Journal*, September 1, 1998: C1.

15. *Wall Street Journal*, September 14, 1998: C4.

16. *Wall Street Journal*, September 16, 1998: B18B.

17. *New York Times*, September 9, 1998: C1.

18. *Wall Street Journal*, September 11, 1998: C1.

19. *Wall Street Journal*, September 16, 1998: B18B.

第八章

1. Quoted in Roger Lowenstein, *When Genius Failed: The Rise and Fall of Long-Term Capital Management* (New York: Random House, 2000): 65.

2. *New York Times*, October 1, 1998: C1.

3. *New York Times*, October 13, 1998: C9.

4. *Wall Street Journal*, August 28, 1998: A1.

5. For descriptions of some of LTCM's strategies see the following: David M. Modest, "Long-Term Capital Management: An Internal Perspective," Presentation to the Institute for Quantitative Research in Finance, Palm Springs, CA, October 18, 1999; Nicholas Dunbar, *Inventing Money: The Story of Long-Term Capital Management and the Legends Behind It* (New York: John Wiley & Sons, 2000); Philippe Jorion, "Risk Management Lessons from Long-Term Capital Management," *European Financial Management* 6, no. 3 (2000): 277 – 300; Lowenstein, *When Genius Failed*; Philippe Jorion, "Medium-Term Risk Management: Lessons from Long-Term Capital Management," in P. Field, ed., *Modern Risk Management: A History* (London: Risk Books, 2003).

6. Modest, "An Internal Perspective."

7. André F. Perold, "Long-Term Capital Management L. P.," Harvard Business School Case 9-200-007, 1999.

8. In early 2007, as risk in the mortgage market increased, the haircut on mortgage-related assets

posted as collateral could be as much as 10 percent, and it would go up from there as risk proceeded to build. Mark D. Griffiths, Vladimir Kotomin, and Drew B. Winters, "A Crisis of Confidence: Understanding Money Markets During the Financial Crisis," *Journal of Applied Finance* 22, no. 2 (2012): 39 – 59.

9. Gary B. Gorton, "Questions and Answers about the Financial Crisis," Presentation prepared for the Financial Crisis Inquiry Commission, Washington, DC, February 2010.

10. Peter Hördahl and Michael R. King, "Developments in Repo Markets During the Financial Turmoil," *BIS Quarterly Review*, December 2008: 37 – 53.

11. *New York Times*, October 15, 1998: C6.

12. President's Working Group on Financial Markets, "Hedge Funds, Leverage, and the Lessons of Long-Term Capital Management," Washington, DC, April 1999.

13. Ibid.

14. Jorion, "Medium-Term Risk Management."

15. Bank for International Settlements, "Recent Developments in Bond Markets. A Report to the Ministers and Governors by the Chairman of the Group of Deputies," Basel, Switzerland: BIS, April 1994: 2.

16. Harrison J. Goldin, "Final Report of Harrison J. Golden, Trustee to The Honorable Stuart M. Bernstein, Judge, United States Bankruptcy Court, Southern District of New York," In re Granite Partners, L. P., Granite Corporation and Quartz Hedge Fund, New York, April 18, 1996: 25.

17. Ibid.

18. Ibid.

19. Lowenstein, *When Genius Failed*: 110.

20. Ludwig B. Chincarini, *The Crisis of Crowding: Quant Copycats, Ugly Models, and the New Crash Normal* (Hoboken, NJ: Bloomberg Press, 2012).

21. Satyajit Das, "Liquidity Risk Part 3: Long-Term Capital Management," *Futures and Options World*, February 2002.

22. Jorion, "Risk Management Lessons."

23. David Shirreff, *Dealing With Financial Risk* (New York: Bloomberg Press, 2004).

24. President's Working Group, "Hedge Funds."

25. Chincarini, *The Crisis of Crowding*.

26. Dan Tudball, "Whodunit?" (interview with Robert C. Merton), *Wilmott Magazine*, May 2009.

27. William J. McDonough, "Statement before the U. S. House of Representatives Committee on Banking and Finance Services," Washington, DC, October 1, 1998.

28. *New York Times*, October 23, 1998: C22.

29. *Wall Street Journal*, September 25, 1998: C1.

30. *Wall Street Journal*, September 29, 1998: C1.

31. *New York Times*, September 30, 1998: C1.

32. *New York Times*, October 23, 1998: C22.

33. *New York Times*, October 10, 1998: C2.

34. *Wall Street Journal*, October 28, 1998: C1.

第九章

1. Quoted in Donald MacKenzie, *An Engine, Not a Camera* (Cambridge, MA: MIT Press, 2006): 228.

2. Quoted in Michael Lewis, "How the Eggheads Cracked," *New York Times Magazine*, January 24, 1999.

3. Bruce I. Jacobs, *Capital Ideas and Market Realities: Option Replication, Investor Behavior, and Stock Market Crashes* (Malden, MA: Blackwell, 1999); Bruce I. Jacobs, "When Seemingly Infallible Arbitrage Strategies Fail," *Journal of Investing* 8, no. 1 (1999): 9 – 10.

4. Quoted in William Poundstone, *Fortune's Formula: The Untold Story of the Scientific Betting System that Beat the Casinos and Wall Street* (New York: Hill and Wang, 2005).

5. Myron S. Scholes, "The Near Crash of 1998: Crisis and Risk Management," *American Economic Review Papers and Proceedings* 90, no. 2 (2000): 17 – 21; David M. Modest, "Long-Term Capital Management: An Internal Perspective," Presentation to the Institute for Quantitative Research in Finance, Palm Springs, CA, October 18, 1999.

6. Quoted in Lewis, "How the Eggheads Cracked."

7. President's Working Group on Financial Markets, "Hedge Funds, Leverage, and the Lessons of Long-Term Capital Management," Washington, DC, April 1999.

8. Nicholas Dunbar, *Inventing Money: The Story of Long-Term Capital Management and the Legends Behind It* (New York: Wiley, 2000).

9. Andrei Shleifer and Robert W. Vishny, "The Limits of Arbitrage," *Journal of Finance* 52, no. 1 (1997): 35 – 55.

10. Markus K. Brunnermeier and Lasse H. Pedersen, "Market Liquidity and Funding Liquidity," *Review of Financial Studies* 22, no. 6 (2009): 2201 – 2238.

11. Quoted in Gregory Zuckerman, "Long-Term Capital Chief Acknowledges Flawed Tactics," *Wall Street Journal*, August 21, 2000.

12. *Wall Street Journal*, October 5, 1998: C1.

13. Franklin R. Edwards and Frederic S. Mishkin, "The Decline of Traditional Banking: Implications for Financial Stability and Regulatory Policy," *Federal Reserve Bank of New York Economic Policy Review* 1, no. 2 (1995): 27 – 45.

14. Henry Kaufman, "Structural Changes in the Financial Markets: Economic and Policy Significance," *Federal Reserve Bank of Kansas City Economic Review* 79, no. 2 (1994): 11.

第十章

1. Quoted in Tunku Varadarajan, "Wall Street's Fortune Teller," *Daily Beast*, May 13, 2010. Available at: www. thedailybeast. com/wall-streets-fortune-teller.

2. International Monetary Fund, "Global Financial Stability Report: Market Developments and Issues" (Washington, DC: IMF, 2006): 51.

3. Financial Crisis Inquiry Commission, *The Financial Crisis Inquiry Report: Final Report of the National Commission on the Causes of the Financial and Economic Crisis in the United States* (*Financial Crisis Inquiry Commission*) (New York: PublicAffairs, 2011): 15.

4. Gary B. Gorton, Andrew Metrick, and Lei Xie, "An Econometric Chronology of the Financial Crisis of 2007 – 2008," Working Paper, Yale School of Management, New Haven, CT, April 28, 2015.

5. Adair Turner, *Between Debt and the Devil: Money, Credit, and Fixing Global Finance* (Princeton, NJ: Princeton University Press, 2016).

6. Timothy F. Geithner, *Stress Test: Reflections on Financial Crises* (New York: Crown, 2014).

7. David Adler, *The New Economics of Liquidity and Financial Frictions* (Charlottesville, VA: CFA Institute Research Foundation, 2014); Arvind Krishnamurthy, Stefan Nagel, and Dmitry Orlov, "Sizing Up Repo," *Journal of Finance* 69, no. 6 (2014): 2381 – 2417.

8. Amir E. Khandani and Andrew W. Lo, "What Happened to the Quants in August 2007: Evidence from Factors and Transactions Data," *Journal of Financial Markets* 14, no. 1 (2011): 1 – 46.

9. Financial Crisis Inquiry Commission, *Report*: 288.

10. Rosalind Z. Wiggins, Thomas Piontek, and Andrew Metrick, "The Lehman Brothers Bankruptcy A: Overview," Yale Program on Financial Stability Case Study 2014-3A-V1, Yale School of Management, New Haven, CT, October 1, 2014.

11. Geithner, *Stress Test*.

12. *Wall Street Journal*, December 12 – 13, 2009.

13. Ben S. Bernanke, *The Federal Reserve and the Financial Crisis* (Princeton, NJ: Princeton University Press, 2013): 85.

14. The Group of Twenty includes Argentina, Australia, Brazil, Canada, China, the European Union, France, Germany, India, Indonesia, Italy, Japan, Mexico, Russia, Saudi Arabia, South Africa, South Korea, Turkey, the United Kingdom, and the United States.

第十一章

1. From a presentation to the Economic Club of New York, May 19, 2005.

2. Robert J. Shiller, *Irrational Exuberance*, 2nd ed. (Princeton, NJ: Princeton University Press, 2005).

3. Eli Ofek and Matthew Richardson, "DotCom Mania: The Rise and Fall of Internet Stock Prices,"

Journal of Finance 58, no. 3 (2003): 1113 – 1137.

4. Alan Greenspan, Presentation to the Annual Dinner and Francis Boyer Lecture of the American Enterprise Institute for Public Policy Research, Washington, DC, December 5, 1996.

5. James K. Glassman and Kevin A. Hassett, "Dow 36,000," *The Atlantic*, September 1999.

6. In essence, momentum traders are trying to obtain the benefits of a call option without paying an option premium. See Bruce I. Jacobs, "Another 'Costless' Strategy Roils Market," *Pensions & Investments*, May 29, 2000; Bruce I. Jacobs, "Momentum Trading: The New Alchemy," *Journal of Investing* 9, no. 3 (2000): 6 – 7.

7. Jeremy J. Siegel, *Stocks For the Long Run* (Burr Ridge, IL: Irwin Professional Publishing, 1994).

8. Michael J. Brennan, "How Did It Happen?" *Economic Notes* 33, no. 1 (2004): 3 – 22.

9. Roger Lowenstein, *Origins of the Crash: The Great Bubble and Its Undoing* (New York: The Penguin Press, 2004): 125.

10. Ibid.: 211.

11. Robert F. Bruner, "The Dynamics of a Financial Dislocation: The Panic of 1907 and the Subprime Crisis," in L. B. Siegel, ed., *Insights into the Global Financial Crisis* (Charlottesville, VA: Research Foundation of the CFA Institute, 2009).

12. *Wall Street Journal*, December 12, 2007.

13. Carmen M. Reinhart and Kenneth S. Rogoff, *This Time is Different: Eight Centuries of Financial Folly* (Princeton, NJ: Princeton University Press, 2009).

14. *Financial Times*, July 2007.

15. John M. Keynes, *The General Theory of Employment, Interest, and Money* (London: Macmillan, 1936). Reprint, New York: Harcourt Brace, 1964.

16. Robert J. Shiller, "Investor Behavior in the October 1987 Stock Market Crash: Survey Evidence," in R. J. Shiller, *Market Volatility* (Cambridge, MA: MIT Press, 1989).

17. Bruner, "The Dynamics of a Financial Dislocation."

18. Viral V. Acharya, Matthew Richardson, Stijn Van Nieuwerburgh, and Lawrence J. White, *Guaranteed to Fail: Fannie Mae, Freddie Mac and the Debacle of Mortgage Finance* (Princeton, NJ: Princeton niversity Press, 2011).

19. Reinhart and Rogoff, *This Time is Different*.

20. Adam B. Ashcraft and Til Schuermann, "Understanding the Securitization of Subprime Mortgage Credit," *Federal Reserve Bank of New York Foundations and Trends in Finance* 2, no. 3 (2008): 191 – 309.

21. Christopher Mayer, Karen Pence, and Shane M. Sherlund, "The Rise in Mortgage Defaults," *Journal of Economic Perspectives* 23, no. 1 (2009): 27 – 50.

22. Elsewhere, such as in Europe, lenders may have recourse to a defaulting borrower's non-housing

assets. See Chapter 16, "The European Debt Crisis."

23. Gary B. Gorton, "The Panic of 2007," in *Maintaining Stability in a Changing Financial System*, *Proceedings of the* 2008 *Jackson Hole Conference* (Kansas City, MO: Federal Reserve Bank of Kansas City, 2008).

24. Acharya et al. , *Guaranteed to Fail*.

25. Financial Crisis Inquiry Commission, *The Financial Crisis Inquiry Report: Final Report of the National Commission on the Causes of the Financial and Economic Crisis in the United States* (*Financial Crisis Inquiry Commission*) (New York: PublicAffairs, 2011).

26. Alan Greenspan, Testimony before the Financial Crisis Inquiry Commission Hearing on Subprime Lending and Securitization and Government-Sponsored Enterprises (GSEs), April 7, 2010.

27. Financial Crisis Inquiry Commission, *Report*: 123.

28. Acharya et al. , *Guaranteed to Fail*.

29. Financial Crisis Inquiry Commission, *Report*: 312.

30. Ibid.

31. Acharya et al. , *Guaranteed to Fail*.

32. Financial Crisis Inquiry Commission, *Report*: 123.

33. Acharya et al. , *Guaranteed to Fail*.

34. Financial Crisis Inquiry Commission, *Report*: 119.

35. In contrast, Adelino finds evidence that investors did not rely exclusively on credit ratings but considered the fundamentals underlying the individual mortgages in a pool. Manuel Adelino, "How Much Do Investors Rely on Credit Ratings? The Case of Mortgage Backed Securities," Working Paper, Sloan School of Management, Massachusetts Institute of Technology, 2009.

36. John Cassidy, *How Markets Fail: The Logic of Economic Calamities* (New York: Farrar, Straus and Giroux, 2009).

37. Bank for International Settlements, "The Role of Ratings in Structured Finance: Issues and Implications," Committee on the Global Financial System Working Group Report, Basel, Switzerland, BIS, January 14, 2005.

38. Randall S. Kroszner and Robert J. Shiller, *Reforming U. S. Financial Markets: Reflections Before and Beyond Dodd-Frank* (Cambridge, MA: MIT Press, 2011).

39. Securities and Exchange Commission, "Summary Report of Issues Identified in the Commission Staff's Examinations of Select Credit Rating Agencies," Office of Compliance Inspections and Examinations, Division of Trading and Markets and Office of Economic Analysis, SEC, July 2008.

40. Joshua D. Coval, Jakob W. Jurek, and Erik Stafford, "Re-Examining the Role of Rating Agencies: Lessons from Structured Finance," Working Paper, 2008.

41. Eric S. Rosengren, "Asset Bubbles and Systemic Risk," Presentation to the Global Interdependence Center Conference on Financial Interdependence in the World's Post-Crisis Capital Markets,

Philadelphia, March 3, 2010.

42. Financial Crisis Inquiry Commission, *Report*: 121.

43. Bank for International Settlements, "Ratings in Structured Finance: What Went Wrong and What Can be Done to Address Shortcomings?" Committee on the Global Financial System Working Paper 32, July 2008.

44. Efraim Benmelech and Jennifer Duglosz, "The Credit Rating Crisis," *NBER Macroeconomics Annual* 24, no. 1 (2010): 161 – 208.

45. Bank for International Settlements, "Ratings in Structured Finance."

46. Financial Crisis Inquiry Commission, *Report*: 121.

47. Benmelech and Duglosz, "Credit Rating Crisis," for example, found that issues with one rating, as opposed to ratings from two or three of the CRAs, were problematic in terms of both the number and size of subsequent downgrades. This suggests that issuers may have engaged in "ratings shopping," selecting a ratings agency with laxer standards.

48. Efraim Benmelech and Jennifer Duglosz, "The Alchemy of CDO Credit Ratings," *Journal of Monetary Economics* 56, no. 6 (2009): 617 – 634.

49. Ashcraft and Schuermann, "Understanding the Securitization of Subprime Mortgage Credit."

50. Giovanni Dell'Ariccia, Deniz Igan, and Luc Laeven, "Credit Booms and Lending Standards: Evidence from the Subprime Mortgage Market," *Journal of Money, Credit and Banking* 44, no. 2 – 3 (2012).

51. Ashcraft and Schuermann, "Understanding the Securitization of Subprime Mortgage Credit."

52. Financial Crisis Inquiry Commission, *Report*: 96 – 97.

53. Ibid.: 94.

54. Ibid.: 95.

55. David Faber, *And Then the Roof Caved in: How Wall Street's Greed and Stupidity Brought Capitalism to Its Knees* (Hoboken, NJ: Wiley, 2009).

56. Yuliya Demyanyk, "Ten Myths about Subprime Mortgages," *Federal Reserve Bank of Cleveland Economic Commentary*, 2009.

57. Ashish Das and Roger M. Stein, "Underwriting Versus Economy: A New Approach to Decomposing Mortgage Losses," *Journal of Credit Risk* 5, no. 2 (2009): 19 – 41.

58. Reported in Diane Pendley, Glenn Costello, and Mark Kelsch, "The Impact of Poor Underwriting Practices and Fraud in Subprime RMBS Performance," Fitch Ratings Structured Finance US Mortgage Special Report, 2007.

59. Yuliya Demyanyk and Otto Van Hemert, "Understanding the Subprime Mortgage Crisis," *Review of Financial Studies* 24, no. 6 (2011): 1848 – 1880; Geetesh Bhardwaj and Rajdeep Sengupta, "Subprime Loan Quality," Working Paper 2008-036E, Research Division, Federal Reserve Bank of St. Louis, September 2011.

60. Adam B. Ashcraft, Paul Goldsmith-Pinkham, and James Vickery, "MBS Ratings and the Mortgage Credit Boom," Federal Reserve Bank of New York Staff Report 449, May 2010.

61. William D. Cohan, "How Wall Street Hid Its Mortgage Mess," Opinionator blog, *New York Times*, October 14, 2010.

第十二章

1. Warren Buffett, chairman of the board of Berkshire Hathaway, is credited with popularizing the phrase "financial weapons of mass destruction," which he used in his February 21, 2003 letter to shareholders to describe derivatives. See *Berkshire Hathaway* 2002 *Annual Report*.

2. Janet M. Tavakoli, "Beware of Geeks Bearing Grifts," *Risk Professional*, December 2009.

3. The Government National Mortgage Association (Ginnie Mae) is another government corporation that facilitates mortgage lending. It neither issues nor buys mortgages or mortgage securitizations, but provides explicit US government guarantee of timely payments on the securitizations of select private lenders. Buyers of Ginnie Mae securities essentially take on no credit risk. If the underlying mortgages suffer defaults, the US government will cover any losses to the security holders. Buyers may, however, be exposed to interest rate risk and prepayment risk, depending upon the nature of the securities they have purchased.

4. Frank J. Fabozzi and Vinod Kothari, "Securitization: The Tool of Financial Transformation," Yale ICF Working Paper 07-07, Yale University, New Haven, CT, 2007.

5. This results in a relatively shorter duration for the senior tranche, another source of risk reduction. An unexpected increase in prepayments of mortgages in the pool will further shorten the durations of senior tranches.

6. Gary B. Gorton, "The Subprime Panic," *European Financial Management* 15, no. 10 (2009): 10 – 46.

7. Henry Tabe, *The Unravelling of Structured Investment Vehicles: How Liquidity Leaked Through SIVs. Lessons in Risk Management and Regulatory Oversight* (Chatham, Kent, UK: Thoth Capital, 2010).

8. Ibid.

9. Richard Stanton and Nancy Wallace, "The Bear's Lair: Indexed Credit Default Swaps and the Subprime Mortgage Crisis," *Review of Financial Studies* 24 (2011): 3250 – 3280.

10. Janet M. Tavakoli, *Structured Finance & Collateralized Debt Obligations*, 2nd ed. (Hoboken, NJ: Wiley, 2008).

11. *Wall Street Journal*, May 3, 2010.

第十三章

1. From *Alice's Adventures in Wonderland*, Chapter VII, "A Mad Tea Party," in Lewis Carroll and Martin Gardner, *The Annotated Alice* (New York: Bramhall House, 1960): 102.

2. Adam B. Ashcraft and Til Schuermann, "Understanding the Securitization of Subprime Mortgage Credit," *Foundations and Trends in Finance* 2, no. 3 (2008): 191 – 309.

3. David Greenlaw, Jan Hatzius, Anil K. Kashyap, and Hyun Song Shin, "Leveraged Losses: Lessons from the Mortgage Market Meltdown," *Proceedings of the U. S. Monetary Policy Forum* 2008, 2008.

4. Ashcraft and Schuermann, "Understanding the Securitization of Subprime Mortgage Credit."

5. Souphala Chomsisengphet and Anthony Pennington-Cross, "The Evolution of the Subprime Mortgage Market," *Federal Reserve Bank of St. Louis Review*, January/February 2006.

6. Ibid.

7. Ibid.

8. Ibid.

9. Adam B. Ashcraft, Paul Goldsmith-Pinkham, and James Vickery, "MBS Ratings and the Mortgage Credit Boom," Federal Reserve Bank of New York Staff Report 449, May 2010; Chomsisengphet and Pennington-Cross, "The Evolution of the Subprime Mortgage Market."

10. William N. Goetzmann, Liang Peng, and Jacqueline Yen, "The Subprime Crisis and House Price Appreciation," *Journal of Real Estate and Economics* 44, no. 1 – 2 (2012).

11. Gorton argues that, in fact, lenders designed subprime loans in such a way as to give themselves a call option on the underlying equity. The mortgage contracts were designed to reset after two or three years to higher spreads over Libor (London Interbank Offered Rate, a widely used interest rate benchmark), and included prepayment penalties (relatively rare in prime mortgage contracts). In essence, these features tended to transfer the call option usually held by home buyers (the ability to refinance and extract equity from houses that have appreciated in value) to the mortgage lender. Gary B. Gorton, "The Subprime Panic," *European Financial Management* 15, no. 10 (2009): 10 – 46.

12. Federal Reserve Bank of San Francisco, "The Subprime Mortgage Market: National and Twelfth District Developments," 2007 *Annual Report*, San Francisco, CA: FRBSF, 2008; Michel G. Crouhy, Robert A. Jarrow, and Stuart M. Turnbull, "The Subprime Credit Crisis of 07," *Journal of Derivatives* 16, no. 1 (2008).

13. Sheri Markose, Simone Giansante, and Ali Rais Saghaghi, " 'Too Interconnected to Fail' Financial Network of US CDS Market: Topological Fragility and Systemic Risk," *Journal of Economic Behavior and Organizations* 83 (2012): 627 – 646.

14. Walter W. Eubanks, "The Basel Accords: The Implementation of II and the Modification of I," Library of Congress Congressional Research Service, Washington, DC, June 16, 2006.

15. International Monetary Fund, "Global Financial Stability Report: Containing Systemic Risks and Restoring Financial Soundness" (Washington, DC: IMF, 2008).

16. Bank for International Settlements, "The Role of Valuation and Leverage in Procyclicality," Committee on the Global Financial System Working Paper 34, April 2009.

17. Gary B. Gorton, *Slapped by the Invisible Hand: The Panic of* 2007 (New York: Oxford University Press, 2010).

18. Eric Dash and Julie Creswell, "Citigroup Pays for a Rush to Risk," *New York Times*, November 23, 2008.

19. Gregory Zuckerman, *The Greatest Trade Ever: The Behind-the-Scenes Story of How John Paulson Defied Wall Street and Made Financial History* (New York: Broadway Books, 2009).

20. David Murphy, *Unravelling the Credit Crunch* (Boca Raton, FL: CRC Press, 2009).

21. UBS, "Shareholder Report on UBS's Write-Downs," 2008.

22. Federal Reserve Bank of San Francisco, "Subprime Mortgage Market."

23. Ibid.

24. Crouhy et al., "The Subprime Credit Crisis of 07."

25. Ashcraft and Schuermann, "Understanding the Securitization of Subprime Mortgage Credit."

26. Yuliya Demyanyk and Otto Van Hemert, "Understanding the Subprime Mortgage Crisis," *Review of Financial Studies* 24, no. 6 (2011): 1848—1880; Atif Mian and Amir Sufi, "The Consequences of Mortgage Credit Expansion: Evidence from the U. S. Mortgage Default Crisis," *Quarterly Journal of Economics* 124, no. 4 (2009): 1446 – 1496.

27. Demyanyk and Van Hemert, "Understanding the Subprime Mortgage Crisis."

28. Financial Crisis Inquiry Commission, *The Financial Crisis Inquiry Report: Final Report of the National Commission on the Causes of the Financial and Economic Crisis in the United States* (*Financial Crisis Inquiry Commission*) (New York: PublicAffairs, 2011): 88.

29. John Cassidy, *How Markets Fail: The Logic of Economic Calamities* (New York: Farrar, Strauss and Giroux, 2009).

30. Securities Industry and Financial Markets Association, Global CDO Issuance—Quarterly Data From 2000 to 2010.

31. Joseph R. Mason and Joshua Rosner, "Where Did the Risk Go? How Misapplied Bond Ratings Cause Mortgage Backed Securities and Collateralized Debt Obligation Market Disruption," Working Paper, May 14, 2007.

32. Bank for International Settlements, "Credit Risk Transfer: Developments from 2005 to 2007," Consultative Document, Basel, Switzerland, April 2008.

33. Ibid.

34. Janet M. Tavakoli, *Structured Finance & Collateralized Debt Obligations*, 2nd ed. (Hoboken, NJ: Wiley, 2008).

35. Charles W. Calomiris, "The Subprime Turmoil: What's Old, What's New, and What's Next," *Journal of Structured Finance* 15, no. 1 (2009); Gillian Tett, *Fool's Gold: How the Bold Dream of a Small Tribe at J. P. Morgan Was Corrupted* (New York: Simon & Schuster, 2009).

36. Crouhy et al., "The Subprime Credit Crisis of 07."

37. International Monetary Fund, "Global Financial Stability Report: Containing Systemic Risks and Restoring Financial Soundness."

38. Ashcraft and Schuermann, "Understanding the Securitization of Subprime Mortgage Credit."

39. CDOs with subprime RMBS were often perceived as more diversified than the underlying RMBS because the CDO tranches were backed by more geographically diverse mortgage pools. See Sarai Criado and Adrian Van Rixtel, "Structured Finance and the Financial Turmoil of 2007 – 2008: An Introductory Overview," Banco de España Occasional Paper 0808, September 2, 2008.

40. Kristopher Gerardi, Andreas Lehnert, Shane M. Sherlund, and Paul Willen, "Making Sense of the Subprime Crisis," *Brookings Papers on Economic Activity*, Fall 2008.

41. Keys et al. modeled securitization of mortgage loans and found that investors were not well protected in this regard: Mortgages likely to be chosen for securitization defaulted at a rate as much as 20 percent higher than that of mortgages with similar characteristics but with a lower probability of being securitized. Benjamin J. Keys, Tanmoy Mukherjee, Amit Seru, and Vikrant Vig, "Did Securitization Lead to Lax Screening? Evidence from Subprime Loans," *Quarterly Journal of Economics* 125, no. 1 (2010): 307 – 362.

42. Bruce I. Jacobs, "Momentum Trading: The New Alchemy," *Journal of Investing* 9, no. 3 (2000): 6 – 7.

第十四章

1. The flaw Greenspan says he found was in his own belief that "free, competitive markets are by far the unrivaled way to organize economies. We have tried regulation; none meaningfully worked." See Alan Greenspan, Testimony before the Committee on Oversight and Government Reform, US House of Representatives, October 23, 2008.

2. The S&P/Case-Shiller US National Home Price Index shows stronger price rises and declines than the national home price index compiled by the Office of Federal Housing Enterprise Oversight (OFHEO), now the Federal Housing Finance Agency. OFHEO prices, for example, show a decline of only 7.9 percent between their April 2007 peak and the end of the third quarter of 2008. Office of Federal Housing nterprise Oversight, "Mortgage Markets and the Enterprises in 2007," July 2008.

3. Juerg M. Syz and Pauolo Vanini, "Property Derivatives and the Subprime Crisis," *Wilmott Journal* 1, no. 3 (2009): 163 – 166.

4. Dan Tudball, "Whodunit?" (interview with Robert C. Merton), *Wilmott Magazine*, May 2009.

5. Toby Daglish, "What Motivates a Subprime Borrower to Default?" *Journal of Banking & Finance* 33 (2009): 681 – 693.

6. According to one study, only 7.4 percent of homeowners surveyed would default strategically (that is, even if they could afford the mortgage payments) if the shortfall equaled 10 percent of the home's value; by contrast, 12.4 percent would default strategically if the shortfall were 40 percent to 50 percent. Luigi Guiso, Paola Sapienza, and Luigi Zingales, "The Determinants of Attitudes toward Strategic Default on Mortgages," *Journal of Finance* 68, no. 4 (2013): 1473 – 1515.

7. One study of 1999 foreclosures in Chicago suggests that each home within one-eighth of a mile from a foreclosed home declines in value by almost 1 percent. Dan Immergluck and Geoff Smith, "The

External Costs of Foreclosure: The Impact of Single-Family Mortgage Foreclosures on Property Values," *Housing Policy Debate* 17, no. 1 (2006).

8. An analysis of foreclosures and house prices in the 2007 – 2009 period suggests that foreclosures in the United States led to a 33 percent fall in house prices. Atif Mian, Amir Sufi, and Francesco Trebbi, "Foreclosure, House Prices, and the Real Economy," *Journal of Finance* 70, no. 6 (2015): 2587 – 2633.

9. Guiso et al., "The Determinants of Attitudes toward Strategic Default on Mortgages."

10. Christopher Mayer, Karen Pence, and Shane M. Sherlund, "The Rise in Mortgage Defaults," *Journal of Economic Perspectives* 23, no. 1 (2009): 27 – 50.

11. Atif Mian and Amir Sufi, "Household Leverage and the Recession of 2007 – 09," *IMF Economic Review* 58, no. 1 (2010): 74 – 117.

12. See Adam B. Ashcraft and Til Schuermann, "Understanding the Securitization of Subprime Mortgage Credit," *Foundations and Trends in Finance* 2, no. 3 (2008): 191 – 309.

13. Michel G. Crouhy, Robert A. Jarrow, and Stuart M. Turnbull, "The Subprime Credit Crisis of 07," *Journal of Derivatives* 16, no. 1 (2008). Fitch downgraded an unprecedented number of subprime tranches in the third quarter of 2006; Charles W. Calomiris, "The Subprime Turmoil: What's Old, What's New, and What's Next," *Journal of Structured Finance* 15, no. 1 (2009). In early July 2007, Moody's downgraded 399 subprime tranches; Ashcraft and Schuermann, "Understanding the Securitization of Subprime Mortgage Credit."

14. Richard R. Lindsey and Anthony P. Pecora, "10 Years After: Regulatory Developments in the Securities Markets Since the 1987 Market Break," *Journal of Financial Services Research* 13, no. 3 (1998): 283 – 314.

15. William D. Cohan, *House of Cards: A Tale of Hubris and Wretched Excess on Wall Street* (New York: Doubleday, 2009).

16. Bank for International Settlements, "Ratings in Structured Finance: What Went Wrong and What Can Be Done to Address Shortcomings," Committee on the Global Financial System, Working Paper 32, July 2008.

17. *Bloomberg News*, August 9, 2007.

18. Daniel Covitz, Nellie Liang, and Gustavo A. Suarez, "The Evolution of a Financial Crisis: Collapse of the Asset-Backed Commercial Paper Market," *Journal of Finance* 68, no. 3 (2013): 815 – 848.

19. Viral V. Acharya, Philipp Schnabl, and Gustavo Suarez, "Securitization Without Risk Transfer," *Journal of Financial Economics* 107, no. 3 (2013): 515 – 536; Steven Goldstein, "Update: HSBC to Provide $35 Billion in Funds to Structured Vehicles," *MarketWatch*, November 26, 2007. Liz Moyer, "Citigroup Goes It Alone to Rescue SIVs," *Forbes*, December 13, 2007.

20. Bank for International Settlements, "Ratings in Structured Finance."

21. International Monetary Fund, "Financial Stress and Deleveraging: Macro-Financial Implications and Policy" (Washington, DC: IMF, October 2008).

22. Bank for International Settlements, "Ratings in structured Finance."

23. UBS, "Shareholder Report on UBS's Write-Downs," 2008.

24. *Wall Street Journal*, December 27, 2007; Jeffrey Friedman and Wladimir Kraus, *Engineering the Financial Crisis: Systemic Risk and the Failure of Regulation* (Philadelphia: University of Pennsylvania Press, 2011).

25. Goldman had started pulling back in 2006 and sold $6 billion worth of subprime mortgage-related securities in 2007. Credit Suisse had downsized its securitization business by 22 percent in 2006; *New York Times*, December 6, 2007.

26. In its defense, Goldman said that it had lost as much as $100 million, net of the $15 million it made in fees from Paulson; *Wall Street Journal*, April 20, 2010. But these losses appear to have resulted from the firm's failure to find buyers for all portions of the deal; *New York Times*, April 21, 2010.

27. UBS allegedly worked with New York money manager Tricadia Capital to create CDOs that included assets that Tricadia-affiliated funds were betting against. In 2005—2006, according to a civil suit, Merrill Lynch, with hedge fund Magnetar Capital, set up a CDO that Magnetar Capital subsequently bet against. *Wall Street Journal*, April 19, 2010. The US unit of Deutsche Bank also created CDOs that its hedge fund clients bet against. The SEC subsequently subpoenaed Citigroup, Deutsche Bank, J. P. Morgan Chase, Morgan Stanley, and UBS while looking into CDOs created with the support of hedge funds and other investors betting against the securities in the deals.

28. Jake Bernstein and Jesse Eisinger, "Banks' Self-Dealing Super-Charged Financial Crisis," *ProPublica*, August 26, 2010.

29. Securities Industry and Financial Markets Association, Global CDO Issuance—Quarterly Data From 2000 to 2010. Issuance of RMBS and CDOs would lag mortgage originations, as it might take two to six months to package the securities.

30. Allan N. Krinsman, "Subprime Mortgage Meltdown: How Did It Happen and How Will It End?" *Journal of Structured Finance* 13, no. 2 (2007): 13 – 29.

31. Gary B. Gorton, *Slapped by the Invisible Hand: The Panic of* 2007 (New York: Oxford University Press, 2010).

32. Financial Crisis Inquiry Commission, *The Financial Crisis Inquiry Report: Final Report of the National Commission on the Causes of the Financial and Economic Crisis in the United States* (*Financial Crisis Inquiry Commission*) (New York: Public Affairs, 2011):240.

33. Lewis S. Ranieri is widely credited with creating mortgage-backed securities in the 1970s while at investment bank Salomon Brothers. In a 2017 interview, he said he and other MBS creators never imagined that credit rating agencies and regulators would allow MBS to evolve into a "Frankenstein." See November 9, 2017.

34. *New York Times*, March 16, 2008.

35. Cohan, *House of Cards*.

36. *Wall Street Journal*, March 17, 2008.

37. Gary B. Gorton and Andrew Metrick, "Securitized Banking and the Run on Repo," *Journal of Financial Economics* 104, no. 3 (2012): 425 – 451.

38. Some supporters of CDS suggest that the contribution of CDS to the credit crisis has been exaggerated; Peter J. Wallison, "Everything You Wanted to Know About Credit Default Swaps: But Were Never Told," *Journal of Structured Finance* 15, no. 2 (2009). One argument is that CDS commitments are offsetting. As each short position is matched by a long position, there is no net exposure for the system. Thus the notional amount of CDS contracts, which counts the full value of the debt referenced by both long and short positions, grossly overstates the risk exposure of these derivatives. But this does not account for the distribution of positions, which is not perfectly balanced. A dealer selling protection to one bank will generally execute a contract to buy a like amount of protection from another bank or hedge fund. But individual banks, hedge funds, insurers, and asset managers are likely to have net long or short positions. As the credit crisis unfolded, the largest banks were, as a whole, net buyers of protection, but some parties only bought and some, monolines for example, were net sellers of protection. Sheri Markose, Simone Giansante, Mateusz Gatkowski, and Ali Rais Shaghaghi, "Too Interconnected to Fail: Financial Contagion and Systematic Risk in Network Model of CDS and Other Credit Enhancement Obligations of US Banks," University of Essex Discussion Paper Series 683, February 2010.

39. Reneé M. Stulz, "Credit Default Swaps and the Credit Crisis," *Journal of Economic Perspectives* 24, no. 1 (2010): 73 – 92.

40. A study by Chen et al. suggests that monoline and multiline sellers of credit insurance (CDS) have relatively high systematic risk because their performance is closely linked to that of the assets they insure; the study finds that, indeed, the correlation between these insurers and the banking sector increased by about half during the crisis. Fang Chen, Xuanjuan Chen, Zhenzhen Sun, Tong Yu, and Ming Zhong, "Systemic Risk, Financial Crisis, and Credit Risk Insurance," *Financial Review* 48 (2013): 417 – 442.

41. Markose et al., "Too Interconnected to Fail."

42. Crouhy et al., "The Subprime Credit Crisis of 07."

43. *Bloomberg News*, June 20, 2008.

44. Christine S. Richard, *Confidence Game: How Hedge Fund Manager Bill Ackman Called Wall Street's Bluff* (Hoboken, NJ: Wiley, 2010).

45. Ibid.

46. *Wall Street Journal*, August 1, 2008.

47. *Wall Street Journal*, September 8, 2008.

48. In 2007, Lehman Brothers' commercial and residential real estate assets, including MBS and CDOs, more than doubled in value to over $110 billion, or some four times the firm's equity; Rosalind Z. Wiggins and Andrew Metrick, "The Lehman Brothers Bankruptcy G: The Special Case of Derivatives," Yale Program on Financial Stability Case Study 2014-3G-V1, Yale School of Management, New Haven, CT, April 7, 2015.

49. Rosaline Z. Wiggins, Thomas Piontek, and Andrew Metrick, "The Lehman Brothers Bankruptcy A: Overview," Yale Program on Financial Stability Case Study 2014-3A-V1, Yale School of Management, New Haven, CT, October 1, 2014.

50. *Bloomberg News*, September 24, 2008.

51. Anton R. Valukas, "Report of Examiner Anton R. Valukas in re Lehman Brothers Holdings Inc., et al.," United States Bankruptcy Court Southern District of New York, Chapter 11 Case 08-13555 (JPM), 2010.

52. *Wall Street Journal*, October 6, 2008.

53. See, for example, Satyajit Das, "In the Matter of Lehman Brothers," *Wilmott Magazine*, May 20 – 28, 2012.

54. *Bloomberg News*, November 4, 2008. The DTCC data likely underestimated the full impact of Lehman Brothers' demise, however, because not all contracts were settled through the DTCC. There are estimates that CDS contracts on Lehman really totaled $200 billion to over $400 billion, including structured products sold by unrelated banks and brokers. See Wiggins and Metrick, "The Lehman Brothers Bankruptcy G," who estimate that losses on derivatives amounted to some $33 billion. See also Das, "In the Matter of Lehman Brothers."

55. *New York Times*, September 27, 2008.

56. Stulz, "Credit Default Swaps and the Credit Crisis."

57. Andrew Sullivan, "AIG's Failure Is So Much Bigger Than Enron," *The Motley Fool*, September 17, 2008.

58. Robert McDonald and Anna Paulson, "AIG in Hindsight," *Journal of Economic Perspectives* 29, no. 2 (2015): 81 – 106.

59. *Bloomberg News*, September 24, 2008.

60. *New York Times*, September 27, 2008.

61. *Wall Street Journal*, September 17, 2008.

62. Jeffrey Rosenberg, "Toward a Clear Understanding of the Systemic Risks of Large Institutions," *Journal of Credit Risk* 5, no. 2 (2009): 77 – 85.

63. *Wall Street Journal*, September 17, 2008.

64. Michael J. de la Merced, Vikas Bajaj, and Andrew Ross Sorkin, "As Goldman and Morgan Shift, a Wall Street Era Ends," DealBook blog, *New York Times*, September 21, 2008.

65. *Wall Street Journal*, September 20 – 21, 2008.

66. *Wall Street Journal*, October 10, 2008.

67. *Wall Street Journal*, September 20 – 21, 2008.

68. Richard Stanton and Nancy Wallace, "The Bear's Lair: Indexed Credit Default Swaps and the Subprime Mortgage Crisis," *Review of Financial Studies* 24 (2011): 3250 – 3280.

69. Hyun Song Shin, "Securitisation and Financial Stability," *Economic Journal* 119, no. 536

(2009): 309 – 332.

70. Anand M. Goel, Fengshua Song, and Anjan V. Thakor, "Correlated Leverage and Its Ramifications," *Journal of Financial Intermediation* 23 (2014): 471 – 503.

71. Yuliya Demyanyk and Otto Van Hemert, "Understanding the Subprime Mortgage Crisis," *Review of Financial Studies* 24, no. 6 (2011): 1848 – 1880.

第十五章

1. From the Office of Financial Research, 2012 *Annual Report* (Washington, DC: US Department of the Treasury, 2012).

2. *New York Times*, May 23, 2012.

3. Timothy F. Geithner, *Stress Test: Reflections on Financial Crises* (New York: Crown, 2014).

4. Omar Masood, "Balance Sheet Exposures Leading Toward the Credit Crunch in Global Investment Banks," *Journal of Credit Risk* 5, no. 2 (2009): 57 – 75.

5. There is a large body of literature on the transmission of financial shocks to the real economy. See Ben S. Bernanke, Mark Gertler, and Simon Gilchrist, "The Financial Accelerator in a Quantitative Business Cycle Framework," in J. B. Taylor and M. Woodford, eds., *Handbook of Macroeconomics, Volume I* (Amsterdam: Elsevier, 1999); Markus K. Brunnermeier and Yuliy Sannikov, "A Macroeconomic Model with a Financial Sector," *American Economic Review* 104, no. 2 (2014): 379 – 421. Some studies of the credit crisis indicate that disruptions in the financial sector led to illiquidity that hampered research and development at the company level (Pablo Guerron-Quintana and Ryo Jinnai, "Liquidity, Trends, and The Great Recession," Federal Reserve Bank of Philadelphia Working Paper 14-24, August 21, 2014); declines in industrial production (Stefan Mittnik and Willi Semmler, "Overleveraging, Financial Fragility and the Banking-Macro Link: Theory and Empirical Evidence," Center for European Economic Research Discussion Paper 14 – 110, November 20, 2014); and increases in unemployment in manufacturing (Samuel Haltenhof, Seung Jung Lee, and Viktors Stebunovs, "Bank Lending Channels During the Great Recession," Federal Reserve Board, October 15, 2013), particularly for small firms (Burcu Duygan-Bump, Alexey Levkov, and Judit Montoriol-Garriga, "Financing Constraints and Unemployment: Evidence from the Great Recession," Finance and Economics Discussion Series, Divisions of Research and Statistics and Monetary Affairs, Federal Reserve Board, Washington, DC, 2014).

6. *Wall Street Journal*, June 1, 2011.

7. *Wall Street Journal*, December 29, 2013.

8. Alfred Gottschalck, Marina Vornovitsky, and Adam Smith, "Household Wealth in the U. S.: 2000 – 2011," US Census Bureau, December 16, 2016.

9. Between 2001 and 2004, as home prices rose, 45 percent of US homeowners with mortgages refinanced them; one-third of these extracted equity from their homes; Gerald F. Davis, *Managed By the Markets: How Finance Re – Shaped America* (New York: Oxford University Press, 2009).

10. Demyanyk et al. find that housing wealth was an important determinant of consumer spending both in the housing bubble and the following recession; Yuliya Demyanyk, Dmytro Hryshko, Maria Joseé Luengo-Prado, and Bent E. Sørensen, "The Rise and Fall of Consumption in the '00s," Federal Reserve Bank of Boston, October 16, 2015. Fair, too, traces the slow recovery to the fall in household wealth and spending; Ray C. Fair, "The Financial Crisis and Macroeconomic Activity: 2008 – 2013," Cowles Foundation Discussion Paper 1944, Yale University, New Haven, CT, February 2015.

11. Frank Nothaft, "Single-Family Mortgage Default Rate Falls to pre-Recession Level," CoreLogic Insights blog, June 2, 2016.

12. *Wall Street Journal*, August 11, 2014.

13. Bill McBride, "Black Knight: Mortgage 'Origination Volumes in 2016 Highest Level Seen in Nine Years'," Calculated Risk, March 9, 2017.

14. The American Stock Exchange, now known as NYSE American, was acquired in 2008 by NYSE Euronext, which was formed by the 2007 merger of the New York Stock Exchange and Euronext. In 2013, NYSE Euronext was acquired by Intercontinental Exchange.

15. Commodity Futures Trading Commission and Securities and Exchange Commission, "Findings Regarding the Market Events of May 6, 2010: Report of the Staffs of the CFTC and SEC to the Joint Advisory Committee on Emerging Regulatory Issues" (Washington, DC: CFTC and SEC, September 30, 2010).

16. Mary L. Schapiro, "Testimony Concerning the Severe Market Disruption on May 6, 2010," Testimony Before the Subcommittee on Capital Markets, Insurance and Government-Sponsored Enterprises of the United States House of Representatives Committee on Financial Services, May 11, 2010.

17. *Wall Street Journal*, April 22, 2015, April 23, 2015, and May 7, 2015.

18. Sarao's firm and US authorities have had difficulties locating the funds, however, which seem to be distributed among several questionable ventures and difficult-to-access offshore accounts. See Liam Vaughan, "How the Flash Crash Trader's $50 Million Fortune Vanished," *Bloomberg Markets*, February 9, 2017.

19. *New York Times*, October 20, 2011.

20. *Wall Street Journal*, September 3 – 4, 2011; *New York Times*, June 11, 2012.

21. Philip Mattera, *The $160 Billion Bank Fee: What Violation Tracker 2.0 Shows About Penalties Imposed on Major Financial Offenders* (*Washington, DC: GoodJobsFirst. Org*, 2016).

22. Wall Street Journal, *December 7, 2011*.

23. Wall Street Journal, *September 29 – 30, 2012*.

24. Wall Street Journal, *March 18, 2013*; *Associated Press, April 7, 2014*.

25. Wall Street Journal, *December 14, 2011*.

26. Wall Street Journal, *July* 16, 2014.

27. *Government prosecutors and regulators brought charges related to the* 2007 – 2008 *crisis against* 47 *employees of Wall Street's* 10 *largest banks. Most of those charged pleaded guilty or settled civil cases. of* 11 *cases that went to trial, the government won convictions in only five, and at least one conviction was overturned on appeal. See* Wall Street Journal, *May* 27, 2016. *Executives at smaller banks with assets of* $10 billion or less did not fare as well. At least 59 were convicted of crisis-era crimes, including fraud cases related to the Troubled Asset Relief Program (TARP). Thirty-five were sentenced to prison. See CNNMoney, April 28, 2016.

28. *Wall Street Journal*, August 6 – 7, 2011.

29. *New York Times*, September 30, 2010.

30. Bloomberg. com, February 21, 2017; Reuters, February 20, 2018.

31. *Wall Street Journal*, July 22, 2015.

32. *New York Times*, July 3, 2012.

33. "Free Speech or Knowing Misrepresentation?" *Economist*, February 5, 2013.

34. Department of Justice, "Justice Department and State Partners Secure $1.375 Billion Settlement with S&P for Defrauding Investors in Lead Up to the Financial Crisis," Department of Justice Office of Public Affairs, February 3, 2015.

35. Department of Justice, "Justice Department and State Partners Secure Nearly $864 Million Settlement with Moody's Arising from Conduct in the Lead Up to the Financial Crisis," Department of Justice Office of Public Affairs, January 13, 2017.

36. Office of the Comptroller of the Currency, Federal Reserve System, and Federal Deposit Insurance Corporation, "Regulatory Capital Rules: Regulatory Capital, Enhanced Supplementary Leverage Ratio Standards for Certain Bank Holding Companies and Their Subsidiary Insured Depository Institutions Final Rule," *Federal Register* 79, no. 84 (2014).

37. Satyajit Das, noted in Jesse Eisinger, "In Trading Scandal, a Reason to Enforce the Volcker Rule," *New York Times*, September 28, 2011.

38. *New York Times*, May 12, 2012.

39. *Wall Street Journal*, May 16, 2012.

40. Andrew Ross Sorkin, "At JP Morgan, 'Perfect Hedge' Still Elusive," *New York Times*, May 15, 2012.

41. *New York Times*, April 19, 2012.

42. Jack Bao, Maureen O'Hara, and Alex Zhou, "The Volcker Rule and Market-Making in Times of Stress," Federal Reserve Board, December 2016; Satyajit Das, "Crash Course or the Cascade of Financial Woes," *Wilmott Magazine*, November 2016.

43. Rama Cont, "Central Clearing and Risk Transformation," *Financial Stability Review* (*Banque de France*) 21, April (2017).

44. "Machines Had Their Fingerprints All Over a Dow Rout for the Ages," *Bloomberg News*, February 5, 2018; "Stock Plunge Deepens in Asia After a U. S. Sell-Off: Markets Wrap," *Bloomberg News*, February 6, 2018.

45. "How Two Tiny Volatility Products Helped Fuel Sudden Stock Slump," *Bloomberg News*, February 7, 2018; "VIX at 38 Is Waterloo for Short Vol Trade That Everyone Adored," *Bloomberg News*, February 6, 2018.

46. "System Outages Leave Retail Investors Fuming," *Financial Times*, February 5, 2018.

47. Originally based on the S&P 100 index, the VIX has been based on the S&P 500 index since 2003. Volatility expectations are for a 30-day period and are derived by inputting prices paid for options on the S&P 500 index into the Black-Scholes-Merton options pricing model. See Chapter 3, "Replicating Options."

48. "VIX at 38 Is Waterloo for Short Vol Trade That Everyone Adored." Bloomberg News, February 6, 2018.

49. "VIX May Form 'Mother of All Inverted Vs' as Positioning Calms," *Bloomberg News*, February 7, 2018.

50. Bhansali and Harris noted that endowments and pension funds sell options to improve investment yields, and managers of large institutional investment portfolios sell options to augment returns and thereby attract more assets. When it works, option-selling strategies offer positive expected returns and high Sharpe ratios. From the clients' vantage point, the income provided by these strategies is indistinguishable from returns earned by the managers' stated investment objective. Vineer Bhansali and Lawrence Harris, "Everybody's Doing It: Short Volatility Strategies and Shadow Financial Insurers," *Financial Analysts Journal*, 74, 2 (2018): 12 – 23.

51. Correlations are often incorporated to equalize risk contributions so that all asset classes have the same marginal contribution to the total risk of the portfolio.

52. Bhansali and Harris, "Everybody's Doing It."

53. "The Unstoppable Rise of Trading Market Volatility," *Financial Times*, February 9, 2018.

54. "How Two Tiny Volatility Products Helped Fuel Sudden Stock Slump."

55. Ibid. This figure likely includes purchases by large institutional investors of ssets with embedded option-like characteristics, such as mortgage-backed ecurities. A low-volatility environment dampens these securities' substantial repayment and default risks. See Bhansali and Harris, "Everybody's Doing It."

56. "Wall Street's Volatility Products in the Spotlight," *Financial Times*, March 5, 2018.

57. "VIX-Related Fund Did Go 'Poof'," *Wall Street Journal*, March 5, 2018.

58. "BIS Says Volatility Funds 'Amplified' Equity Turmoil in February," *Financial Times*, March 12, 2018.

59. M. Kolanovic and B. Kaplan, "Flash Crash, Flows, and Investment Opportunities—ALERT," JP Morgan market commentary, February 5, 2018.

60. "Quant-Blame Game, 'Crack Analysis' Behind the Flash Crash," *Bloomberg ews*, February 6, 2018.

61. "Credit Suisse and Nomura Liquidate ETN Products Amid Market Volatility," *Financial Times*, February 6, 2018.

62. "VIX-Related Fund Did Go 'Poof'," *Wall Street Journal*, March 5, 2018.

第十六章

1. Quoted in *Bloomberg News*, June 19, 2011.

2. Claudio Borio and Piti Disyatat, "Global Imbalances and the Financial Crisis: Link or No Link?" Bank for International Settlements Working Paper 346, May 2011.

3. The European Union has 28 members, 19 of which have adopted the euro. The currency bloc began with 11 members: Belgium, Germany, Spain, France, Ireland, Italy, Luxembourg, the Netherlands, Austria, Portugal, and Finland. They were joined by Greece in 2001, Slovenia in 2007, Cyprus and Malta in 2008, Slovakia in 2009, Estonia in 2011, Latvia in 2014, and Lithuania in 2015. Nine EU members maintain their own currencies: Bulgaria, Croatia, Czech Republic, Denmark, Hungary, Poland, Romania, Sweden, and the United Kingdom (UK). In 2016, UK voters approved a ballot measure calling for an exit from the European Union—Brexit—although the United Kingdom remains an EU member while details of its departure are negotiated.

4. A 1997 agreement, the Stability and Growth Pact, bound all members of the currency bloc to those same spending and debt limits on an ongoing basis and called for significant financial penalties against violators. But it was not vigorously enforced.

5. Jacob F. Kirkegaard, "The Euro Area Crisis: Origin, Current Status, and European and U. S. Responses," Testimony before the US House Committee on Foreign Affairs Subcommittee on Europe and Eurasia, October 27, 2011.

6. Rebecca M. Nelson, Paul Belkin, and Derek E. Mix, "Greece's Debt Crisis: Overview, Policy Responses, and Implications," Congressional Research Service Report 7-5700, Washington, DC, August 18, 2011.

7. Ashoka Mody and Damiano Sandri, "The Eurozone Crisis: How Banks and Sovereigns Came to be Joined at the Hip," *Economic Policy* 27, no. 70 (2012): 199 – 230.

8. Paul De Grauwe, "Fighting the Wrong Enemy," *Vox*, May 19, 2010. Hans-Joachim Dübel and Marc Rothemund, "A New Mortgage Credit Regime for Europe: Setting the Right Priorities," Centre for European Policy Studies Special Report, June 2011.

9. Frank Nothaft, "The Boom, the Bubble, and the Bust Abroad," Freddie Mac Executive Perspectives Blog, February 14, 2011.

10. Daniel Gros, "Is Europe's Housing Market Next?" *Project Syndicate*, February 8, 2008.

11. Although, as noted in Chapter 12, the US government did not explicitly guarantee securities issued by Fannie Mae and Freddie Mac.

12. Direct government support for housing in Europe had been shrinking since the 1990s. Despite the

pullback, Spain, Ireland, and the United Kingdom had home ownership rates that exceeded that of the United States. Other western European countries had lower ownership rates than the United States, in part because of strong government support for middle-class rental housing. Michael Lea, "Alternative Forms of Mortgage Finance: What Can We Learn From Other Countries?" Paper prepared for Harvard Joint Center for Housing Studies National Symposium, April 2010.

13. Ibid.

14. European Central Bank, "Housing Finance in the Euro Area," ECB Occasional Paper Series 101, March 2009; Dübel and Rothemund, "New Mortgage Credit Regime."

15. European Central Bank, "Housing Finance in the Euro Area."

16. Lea, "Alternative Forms of Mortgage Finance."

17. European Central Bank, "Housing Finance in the Euro Area."

18. Lea, "Alternative Forms of Mortgage Finance."

19. Ibid.

20. European Central Bank, "The Incentive Structure of the 'Originate and Distribute'Model" (Frankfurt am Main, Germany: ECB, December 2008).

21. Ibid.

22. European Central Bank, "EU Banks' Funding Structures and Policies" (Frankfurt am Main, Germany: ECB, May 2009).

23. Naohiko Baba, Robert N. McCauley, and Srichander Ramaswamy, "US Dollar Money Market Funds and Non-US Banks," *BIS Quarterly Review*, March 2009: 65 – 81.

24. Ibid.

25. Bank for International Settlements, "79th Annual Report" (Basel, Switzerland: BIS, June 2009).

26. Viral V. Acharya and Philipp Schnabl, "Do Global Banks Spread Global Imbalances? Asset-Backed Commercial Paper During the Financial Crisis of 2007 – 09," *IMF Economic Review* 58, no. 1 (2010): 37 – 73.

27. Baba et al., "US Dollar Money Market Funds."

28. Ibid.

29. Ibid.

30. *New York Times*, August 9, 2007.

31. Hyun Song Shin, "Reflections on Northern Rock: The Bank Run that Heralded the Global Financial Crisis," *Journal of Economic Perspectives* 23, no. 1 (2009): 101 – 119.

32. The British government took over the failing lender in February 2008.

33. Shin, "Reflections on Northern Rock."

34. Kirkegaard, "Euro Area Crisis." However, the difference in the average leverage ratio between European and US banks in part reflected US banks' off-balance-sheet treatment of many assets and US accounting rules that allowed banks to report the net amount of long and short positions in derivatives contracts.

35. European Central Bank, "EU Banks' Funding Structures."

36. Patrick McGuire and Goetz von Peter, "The Dollar Shortage in Global Banking and the International Policy Response," *International Finance* 15, no. 2 (2012): 155 – 178.

37. European Central Bank, "EU Banks' Funding Structures."

38. Tanju Yorulmazer, "Case Studies on Disruptions During the Crisis," *FBRNY Economic Policy Review* 20, no. 1 (2014): 17 – 28.

39. Bank for International Settlements, "Annual Report."

40. Nicolas Véron, "The European Debt and Financial Crisis: Origins, Options, and Implications for the U. S. and Global Economy," Testimony before the US Senate Committee on Banking, Housing, and Urban Affairs Subcommittee on Security and International Trade and Finance, September 22, 2011.

41. Eurozone countries have since established within the ECB a joint regulatory agency, the Single Supervisory Mechanism (SSM), which assumed supervisory duties over large banks from national authorities in November 2014. The Frankfurt-based SSM is governed by a Brussels-based decision-making body, the Single Resolution Board, which would handle the resolution of failing banks and have the authority to force bank bondholders to absorb losses. The creation of these structures appeared to signal an intent to move away from direct government bailouts of failing banks. Nicolas Véron, "Europe's Radical Banking Union," Bruegel Essay and Lecture Series, May 2015. Still, the Italian government committed 17 billion euros to bail out two regional banks in 2017 rather than force bondholders to absorb the losses under the resolution mechanism (*Wall Street Journal*, June 26, 2017).

42. Véron, "European Debt and Financial Crisis."

43. International Monetary Fund, "European Union: Publication of Financial Sector Assessment Program; Documentation—Technical Note on Progress with Bank Restructuring and Resolution in Europe," IMF Country Report 13/67, March 2013.

44. Barry Eichengreen, *Hall of Mirrors: The Great Depression, the Great Recession, and the Uses—and Misuses—of History* (New York: Oxford University Press, 2015).

45. Viral V. Acharya and Sascha Steffen, "Analyzing Systemic Risk of the European Banking Sector," in J. -P. Foque and J. A. Langsam, eds., *Handbook on Systemic Risk* (New York: Cambridge University Press, 2013).

46. European Mortgage Federation, "Hypostat 2008: A Review of Europe's Mortgage and Housing Markets" (Brussels: EMF, November 2009).

47. Véron, "European Debt and Financial Crisis."

48. Arthur L. Centonze, "The Irish Banking Crisis," *Review of Business and Finance Studies* 5, no. 2 (2014).

49. Viral V. Acharya, Itamar Drechsler, and Philipp Schnabl, "A Pyrrhic Victory? Bank Bailouts and Sovereign Credit Risk," *Journal of Finance* 69, no. 6 (2014).

50. Nelson et al., "Greece's Debt Crisis."

51. Esteban Pérez-Caldentey and Matias Vernengo, "The Euro Imbalances and Financial Deregulation: A Post-Keynesian Interpretation of the European Debt Crisis," Levy Economics Institute of Bard

College Working Paper 702, January 2012.

52. Gunther Tichy, "The Sovereign Debt Crisis: Causes and Consequences," *Austrian Economic Quarterly* 17, no. 2 (2012): 95 – 107.

53. International Monetary Fund, "European Union: Publication of Financial Sector Assessment Program; Documentation—Technical Note on Financial Integration and Fragmentation in the European Union," IMF Country Report 13/71, March 2013.

54. Fernando M. Martin and Christopher J. Waller, "Sovereign Debt: A Modern Greek Tragedy," *Federal Reserve Bank of St. Louis Annual Report* 2011 (2012): 4 – 17.

55. Nelson et al., "Greece's Debt Crisis." Hungary, Latvia, and Romania also received loans under a longstanding EU aid program for non-eurozone countries; Javier Villar Burke, "The Financial Crisis and the EU Response B: Supporting the Financial System and Sovereigns Under Financial Stress," European Commission, August 2014.

56. *New York Times*, December 8, 2011.

57. Sergey Chernenko and Adi Sunderam, "Frictions in Shadow Banking: Evidence from the Lending Behavior of Money Market Mutual Funds," *Review of Financial Studies* 26, no. 6 (2014).

58. Martin and Waller, "Sovereign Debt."

59. *New York Times*, January 16, 2012.

60. *New York Times*, February 7, 2012.

61. Jeromin Zettelmeyer, Christoph Trebesch, and Mitu Gulati, "The Greek Debt Restructuring: An Autopsy," *Economic Policy* 28, no. 75 (2013): 513 – 563.

62. *New York Times*, March 24, 2012.

63. *New York Times*, April 19, 2012.

64. *Wall Street Journal*, December 9, 2011.

65. *New York Times*, June 4, 2012.

66. *Wall Street Journal*, August 15, 2012.

67. *New York Times*, March 1, 2012.

68. *New York Times*, January 21, 2012.

69. *Wall Street Journal*, November 29, 2012.

70. Or it could be argued, perhaps cynically, that banks and other nongovernment investors acted quite rationally, assuming (correctly) they would be bailed out if catastrophe struck, a moral hazard.

第十七章

1. Opening quotation from a presentation to the American Institute for Economic Research, June 25, 2009.

2. Hersh Shefrin, *Beyond Greed and Fear: Understanding Behavioral Finance and the Psychology of Investing* (Boston: Harvard Business School Press, 2000). For a brief discussion of behavioral finance and its relationship to neoclassical finance, see "Economic Theories of Crashes" in Chapter 2.

3. Hyman P. Minsky, "The Financial Instability Hypothesis," Jerome Levy Economics Institute of

Bard College Working Paper 74, May 1992.

4. Daniel Kahneman and Amos Tversky, "Subjective Probability: A Judgment of Representativeness," *Cognitive Psychology* 3 (1972): 430 – 454.

5. Economist and Nobel laureate (2017) Richard Thaler argued that people can be irrational in predictable ways and that their behavior can be modeled. See Roger Lowenstein, "Exuberance Is Rational," *New York Times Magazine*, February 11, 2001.

6. Nicola Gennaioli, Andrei Shleifer, and Robert W. Vishny, "Neglected Risks: The Psychology of Financial Crises," *American Economic Review: Papers and Proceedings* 105, no. 5 (2015): 310 – 314.

7. For a discussion of LOR's 10-year simulation ending in 1981, and its problematic promise of what portfolio insurance can provide, see "A Debate on Portfolio Insurance" in Chapter 5. For a discussion of Leland's 1928—1983 portfolio insurance simulation, see Chapter 5, "Portfolio Insurance and the Crash."

8. Aetna did provide a guarantee of its portfolio insurance strategy GEM, but Aetna's guarantee did not reimburse for shortfalls on the upside. See Ralph Tate, "The Insurance Company Guarantee," in D. Luskin, ed., *Portfolio Insurance: A Guide to Dynamic Hedging* (New York: John Wiley, 1988): 182 – 185. LOR and other portfolio insurance vendors did not provide a guarantee, although LOR advertising described the strategy as a "guaranteed equity investment" (see "Conflicts of Interest" in Chapter 18).

9. Moody's and Fitch accord the US government an AAA rating or equivalent; Australia, Canada, Denmark, Germany, Luxembourg, the Netherlands, Norway, Singapore, Sweden, and Switzerland receive AAA-equivalent ratings from Moody's, Fitch, and Standard & Poor's.

10. Bruce I. Jacobs, "Risk Avoidance and Market Fragility," *Financial Analysts Journal* 60, no. 1 (2004): 28. This quote was the basis for William P. Barrett's piece, "Weapons of Mass Panic," in *Forbes*, March 15, 2004.

第十八章

1. From *The Tempest*, Act II, Scene 1. Samuel Wells and Gary Taylor, eds., *William Shakespeare: The Complete Works* (Oxford, UK: University Press).

2. Gennaioli et al. posit a model in which financial intermediaries neglect unlikely risks in creating securities that will fulfill investor demand when safe assets are in short supply; such markets are inherently fragile and can lead to crises even in the absence of excessive leverage or fire sales. Nicola Gennaioli, Andrei Shleifer, and Robert W. Vishny, "Neglected Risks, Financial Innovation, and Financial Fragility," *Journal of Financial Economics* 104 (2012): 452 – 468.

3. Within the banking system, specific tactics, such as Lehman Brothers' Repo105 (see Chapter 14), as well as the propensity of banks to deleverage when they knew the government was monitoring leverage, disguised the true risk of individual entities, encouraging more lending than would otherwise have occurred.

4. *Wall Street Journal*, April 21, 2010.

5. Thurner et al. present a model of the dynamics of leverage and nonlinearity. Stefan Thurner, J. Doyne Farmer, and John Geanakoplos, "Leverage Causes Fat Tails and Clustered Volatility," *Quantitative Finance* 12, no. 5 (2012): 695 – 707.

6. Bruce I. Jacobs and Kenneth N. Levy, "Leverage Aversion and Portfolio Optimality," *Financial Analysts Journal* 68, no. 5 (2012); Bruce I. Jacobs and Kenneth N. Levy, "Leverage Aversion, Efficient Frontiers, and the Efficient Region," *Journal of Portfolio Management* 39, no. 3 (2013); Bruce I. Jacobs and Kenneth N. Levy, "A Comparison of the Mean-Variance-Leverage Optimization Model and the Markowitz General Mean-Variance Portfolio Selection Model," *Journal of Portfolio Management* 40, no. 1 (2013); Bruce I. Jacobs and Kenneth N. Levy, "The Unique Risks of Portfolio Leverage: Why Modern Portfolio Theory Fails and How to Fix It," *Journal of Financial Perspectives* 2, no. 3 (2014): 113 – 126; Bruce I. Jacobs and Kenneth N. Levy, "Traditional Optimization is Not Optimal for Leverage-Averse Investors," *Journal of Portfolio Management* 40, no. 2 (2014).

7. See, e. g. , Nassim N. Taleb, *The Black Swan: The Impact of the Highly Improbable* (New York: Random House, 2007).

8. One LOR marketing document stated: "It doesn't matter that formal insurance policies are not available. The mathematics of finance provide the answer … The bottom line is that financial catastrophes can be avoided at a relatively insignificant cost." Robert Ferguson and Larry D. Edwards, "General Characteristics of 'Portfolio Insurance' as Provided by Fiduciary Hedge Programs," Leland O'Brien Rubinstein Associates, Los Angeles, August 1985.

9. Hersh Shefrin, "How Psychological Pitfalls Generated the Global Financial Crisis," in L. B. Siegel, ed. , *Insights Into the Global Financial Crisis* (Charlottesville, VA: Research Foundation of the CFA Institute, 2009).

10. Dan Tudball, "Whodunit?" (interview with Robert C. Merton), *Wilmott Magazine*, May 2009.

11. Felix Salmon, "Recipe for Disaster: The Formula That Killed Wall Street," *Wired*, February 23, 2009.

12. Quoted in Patrick Jenkins, "A Decade on from the Financial Crisis, What Have We Learned?" *Financial Times*, August 31, 2017.

13. *Wall Street Journal*, December 2, 2011.

14. *Inside Job*, Charles Ferguson, director; Sony Pictures Classics, Representation Pictures, and Screen Pass Pictures, producers, 2010.

15. One study found that Washington lobbying by lenders was associated with greater risk-taking and lower subsequent stock performance. Deniz Igan, Prachi Mishra, and Thierry Tressel, "A Fistful of Dollars: Lobbying and the Financial Crisis," NBER Working Paper 17076, May 2011.

16. A fiduciary standard requires that a client's best interests be placed ahead of the fiduciary's own interests. Registered investment advisors regulated by the Securities and Exchange Commission already must meet a fiduciary standard. Certain financial planners are currently held to a lower standard of "suitability," which allows them to recommend suitable products, even if they may cost the client more than other products that are just as suitable. A fiduciary standard, if extended, would, for example, discourage such a financial planner from recommending a product that pays the planner a higher commission than another product that meets the client's needs.

17. See "A Debate on Portfolio Insurance" in Chapter 5, particularly endnote 13.

18. Simon Benninga and Marshall Blume, "On the Optimality of Portfolio Insurance," *Journal of Finance* 40, no. 5 (1985): 1341 – 1352.

19. Quoted in Barry B. Burr, "Praise for Book Turns to Criticism," *Pensions & Investments*, June 25, 2001.

20. Bruce I. Jacobs, *Capital Ideas and Market Realities: Option Replication*, *Investor Behavior*, and *Stock Market Crashes* (Malden, MA: Blackwell, 1999).

21. Jacobs, *Capital Ideas and Market Realities*: 45.

22. LOR – sponsored section, *Institutional Investor*, 1984.

23. Martin S. Fridson, "*Capital Ideas and Market Realities*" (book review), *Financial Analysts Journal* 56, no. 4 (2000).

24. Martin S. Fridson, "Postscript" (book review), *Financial Analysts Journal* 57, no. 1 (2001).

25. See LOR's advertisement illustrated in Exhibit 17.1, "Assured Equity Investing," which states, "This strategy has the effect of insuring an equity portfolio against loss—a *guaranteed equity investment*" [emphasis in the original]. Another LOR advertising display entitled "What LOR's Sophistication Means" (discussed in the *Wall Street Journal*, January 4, 1988, page B4) states: "…all the implications and expectations of the selected strategy are known in advance. No unhappy surprises."

26. Securities and Exchange Commission v. Capital Gains Research Bureau, Inc., et al., Supreme Court of the United States 375 U. S. 180 (1963).

27. Bruce I. Jacobs, "Postscript: Author's Comment," *Financial Analysts Journal* 57, no. 3 (2001).

28. Burr, "Praise Turns to Criticism."

29. Barry B. Burr, "Rubinstein to Stay on Editorial Board of *FAJ* Despite Talking with Fridson," *Pensions & Investments*, September 3, 2001.

30. Bruce I. Jacobs, "AIMR and 'Best Practices' on Ethics," *Pensions & Investments*, December 9, 2002.

31. "Bids & Offers: Analyst, Heal Thyself," *Wall Street Journal*, September 13, 2002; "AIMR's Objectivity Lesson," *Global Investor*, November 2002.

32. Bruce I. Jacobs, *Capital Ideas and Market Realities*.

33. Richard Bookstaber, *The End of Theory: Financial Crises*, *the Failure of Economics*, and the Sweep of *Human Interaction* (Princeton, NJ: Princeton University Press, 2017): 179.

34. Bruce I. Jacobs, Kenneth N. Levy, and Harry M. Markowitz, "Financial Market Simulation," *Journal of Portfolio Management* 30, no. 5 (2004); Bruce I. Jacobs, Kenneth N. Levy, and Harry M. Markowitz, "Simulating Security Markets in Dynamic and Equilibrium Modes," *Financial Analysts Journal* 66, no. 5 (2010): 42 – 53.

35. Jeffrey A. Brown, Brad McGourty, Til Schuermann, and Oliver Wyman, "Model Risk and the Great Financial Crisis: The Rise of Modern Model Risk Management," in D. D. Evanoff, A. G. Haldane, and G. G. Kaufman, eds., *The New International Financial System: Analyzing the Cumulative Impact of Regulatory Reform* (Hackensack, NJ: World Scientific, 2015).

36. Rüdiger Fahlenbrach, Robert Prilmeier, and Reneé M. Stulz, "This Time is the Same: Using Bank Performance in 1998 to Explain Bank Performance During the Recent Financial Crisis," NBER Working Paper 17038, May 2011.

37. Robert Jarrow, "Capital Adequacy Rules, Catastrophic Firm Failure, and Systemic Risk," *Review*

of Derivatives Research 16 (2013): 219 – 231.

38. International Monetary Fund, "Global Financial Stability Report April 2015: Navigating Monetary Policy Challenges and Managing Risk" (Washington, D. C.: IMF, 2015).

39. Alan Greenspan, "Repel the Calls to Contain Competitive Markets," *Financial Times* August 4, 2008. Greenspan also opposed regulating off-exchange derivatives markets. In testimony before the US Congress in October 2008, Greenspan said: "I took a very strong position on the issue of derivatives and the efficacy of what they were doing for the economy as a whole, which, in effect, is essentially to transfer risk from those who...have great difficulty in absorbing it, to those who have the capital to absorb losses if and when they occur. These derivatives are working well." He also said, "Credit default swaps, I think, have serious problems associated with them. But, the bulk of derivatives, and, indeed, the only derivatives that existed when the major discussion started in 1999, were those of interest rate risk and foreign exchange risk." See Alan Greenspan, Testimony before the Committee on Oversight and Government Reform, US House of Representatives, October 23, 2008.

40. Dimitrios Bisias, Mark Flood, Andrew W. Lo, and Stavros Valavanis, "A Survey of Systemic Risk Analytics," *Annual Review of Financial Economics* 4 (2012): 255 – 296.

41. Plumbers and contractors broker the loans with little supervision, and lenders appear to care little about borrowers' creditworthiness, bringing to mind the freewheeling sales environment of subprime mortgage loans before the 2007—2008 credit crisis. See "America's Fastest-Growing Loan Category Has Eerie Echoes of Subprime Crisis," *Wall Street Journal*, January 10, 2017; "More Borrowers Are Defaulting on Their 'Green' PACE Loans," *Wall Street Journal*, August 15, 2017; "FBI, SEC Look Into Business Practices of Country's Largest 'Green' Lender," *Wall Street Journal*, September 26, 2017.

附录 A

1. C. D. Romer, "Great Depression," in *Encyclopaedia Britannica* (Chicago: Encyclopaedia Britannica, 2003).

2. Liaquat Ahamed, *Lords of Finance: The Bankers Who Broke the World* (New York: The Penguin Press, 2009): 308.

3. John Kenneth Galbraith, *The Great Crash* 1929 (1997 ed.) (New York: Mariner Books, 1954): 21.

4. Ibid.: 21.

5. Ibid.: 31.

6. Barry Eichengreen, *Hall of Mirrors: The Great Depression, the Great Recession, and the Uses—and Misuses—of History* (New York: Oxford University Press, 2015).

7. Ibid.

8. Ahamed, *Lords of Finance*: 311.

9. Bruce I. Jacobs, *Capital Ideas and Market Realities: Option Replication, Investor Behavior, and Stock Market Crashes* (Malden, MA: Blackwell, 1999).

10. Galbraith, *The Great Crash* 1929: 48 – 50.

11. Ahamed, *Lords of Finance*: 354.

12. After the 1987 crash, some defenders of portfolio insurance pointed out that the strategy was an unlikely cause of the crash because the market had also crashed in 1929, long before the advent of portfolio insurance. Hayne E. Leland, for example, argued that "any plausible theory of market crashes must be able to explain more than just the crash of October 1987…This would seem to preclude blaming the 1987 crash solely on instruments and techniques that were not available in 1929"; Hayne E. Leland, "On the Stock Market Crash and Portfolio Insurance," University of California, Berkeley, 1987. Jacobs (*Capital Ideas and Market Realities*), however, provides a detailed comparison of forced margin sales in 1929 and forced portfolio insurance selling in 1987 (pp. 174 – 176) and concludes that the two had very similar effects. Margin sales constituted about 25 percent of sales volume on October 28 and 29, 1929, and portfolio insurance sales constituted about 25 percent of sales volume on October 19, 1987. Furthermore, margin purchases and portfolio insurance purchases helped to increase stock prices in the years preceding the crashes. Leland seems to come around to this viewpoint in a later paper; Hayne E. Leland, "Leverage, Forced Asset Sales, and Market Stability: Lessons from Past Market Crises and the Flash Crash," The Future of Computer Trading in Financial Markets—Foresight Driver Review—DR9 (London: Government Office for Science, 2011).

13. Ahamed, *Lords of Finance*: 360.

14. Romer, "Great Depression."

15. Ahamed, *Lords of Finance*: 361.

16. Galbraith, *The Great Crash* 1929: 168.

17. Eichengreen, *Hall of Mirrors*.

18. Jacobs, *Capital Ideas and Market Realities*: 180 – 181.

19. Romer, "Great Depression."

附录 B

1. Roger Ibbotson, ed. , 2018 *SBBI Yearbook* (Hoboken, NJ: Wiley, 2018).

2. Rajnish Mehra and Edward C. Prescott, "The Equity Premium: A Puzzle," *Journal of Monetary Economics* 15, no. 2 (1985): 145 – 161.

3. Ibbotson, 2018 *SBBI Yearbook*.

4. Aswath Damodaran, "Equity Risk Premiums (ERP): Determinants, Estimation and Implications—The 2018 Edition," New York University Stern School of Business Working Paper, March 2018.

5. Ibbotson, 2018 *SBBI Yearbook*.

6. William F. Sharpe developed the diagonal model, which assumes that the returns of the securities are related through a common relationship with the overall market return. See William F. Sharpe, "A Simplified Model for Portfolio Analysis," *Management Science* 9, no. 2 (1963): 277 – 293.

7. According to Sharpe's capital asset pricing model (CAPM), a stock's systematic risk, or beta, is the determinant of a stock's expected return. See William F. Sharpe, "Capital Asset Prices: A Theory of Market Equilibrium Under Conditions of Risk," *Journal of Finance* 19, no. 3 (1964): 425 – 442. Sharpe was awarded the Nobel Prize in economics in 1990 for this insight. Some empirical findings suggest, however, that low-beta or low-volatility stocks outperform on a risk-adjusted basis. Baker et al. argue that this low-volatility anomaly stems from behavioral biases and

impediments to arbitrage, such as barriers to leverage and shorting. See Malcolm Baker, Brendan Bradley, and Jeffrey Wurgler, "Benchmarks as Limits to Arbitrage: Understanding the Low-Volatility Anomaly," *Financial Analysts Journal* 67, no. 1 (2011): 40 – 54.

8. Eugene F. Fama, one of the foremost proponents of the efficient market hypothesis, was awarded the Nobel Prize in economics in 2013.

9. For example, some institutional investors may operate under guidelines that prohibit direct investment in physical commodities but allow commodities exposure through futures and other types of derivatives.

10. In Europe, and increasingly in the United States since the passage of the Dodd-Frank Act, swaps are "cleared" by a central counterparty clearinghouse, which steps in to become the counterparty to both sides of the swap transaction and guarantees performance of the contract. The guarantee is backed by the clearinghouse's own capital as well as by capital contributions from participating financial institutions and the mandatory posting of margin by the trading parties.

附录 D

1. Franklin R. Edwards and Michael S. Canter, "The Collapse of Metallgesellschaft: Unhedgeable Risks, Poor Hedging Strategy, or Just Bad Luck?" *Journal of Futures Markets* 15, no. 3 (1995): 211 – 264.

2. Ibid.

3. For banks, the timing mismatch involved issuing short-term debt in the form of commercial paper to purchase long-term mortgage assets held in assetbacked commercial paper conduits and structured investment vehicles.

4. James Overdahl and Barry Schachter, "Derivatives Regulation and Financial Management: Lessons from Gibson Greetings," *Financial Management* 24, no. 1 (1995): 68 – 78.

5. Ibid.

6. Ibid.

7. Securities and Exchange Commission, "In the Matter of Gibson Greetings, Inc., Ward A. Cavanaugh, and James H. Johnsen," Accounting and Auditing Enforcement Release No. 730, October 11, 1995: 4.

8. Frank Partnoy, *F. I. A. S. C. O. The Inside Story of a Wall Street Trader* (New York: Penguin Books, 1999).

9. Overdahl and Schachter, "Derivatives Regulation and Financial Management."

10. Philippe Jorion, *Big Bets Gone Bad: Derivatives and Bankruptcy in Orange County, the Largest Municipal Failure in U. S. History* (San Diego, CA: Academic Press, 1995).

11. Phelim Boyle and Feidhlim Boyle, *Derivatives: The Tools That Changed Finance* (London: Risk Waters Group, 2001).

12. Ibid.

13. Jorion, *Big Bets Gone Bad.*

14. Frank Partnoy, *Infectious Greed: How Deceit and Risk Corrupted the Financial Markets* (New York: Times Books, 2003).

15. Jorion, *Big Bets Gone Bad.*

16. Ibid.

17. Ibid.

18. Ibid.

附录 E

1. See, for example, Relman, "Dealing with Conflicts of Interest," *New England Journal of Medicine* 310 (1984): 1182 – 1183, as well as the latest discussion in Drazen and Curfman, "Financial Associations of Authors," *New England Journal of Medicine* 346 (2002): 1901 – 1902.

2. See Davidoff et al., "Sponsorship, Authorship, and Accountability," *New England Journal of Medicine* 345 (2001): 825 – 827.

3. The *New England Journal of Medicine* goes beyond disclosure with regard to editorials and review articles; it does not allow publication of these if the authors have "any significant interest in a company (or its competitor) that makes a product discussed in the article." See Drazen and Curfman, "Financial Associations of Authors," op. cit.

4. The *New England Journal of Medicine*, to "prevent the appearance of 'insider bias'," requires that all research articles by its editors or consultants be administered by an independent editor – at – large. See Curfman and Drazen, "Too Close to Call," *New England Journal of Medicine* 345 (2001): 832.

5. Jacobs, *Capital Ideas and Market Realities: Option Replication, Investor Behavior, and Stock Market Crashes*, with a foreword by Harry M. Markowitz, Blackwell Publishers, Malden, MA, 1999.

6. See also Jacobs, "FAJ, AIMR Ethical Issues," *Pensions & Investments*, October 1, 2001; Walters, "AIMR Strict on Ethics Code," *Pensions & Investments*, October 15, 2001; and Jacobs, "AIMR's Misinterpretation," *Pensions & Investments*, November 12, 2001.

7. See Burr, "Praise for book turns to criticism," *Pensions & Investments*, June 25, 2001.

8. Ibid.

9. See Burr, "Rubinstein to stay on editorial board of FAJ despite talking with Fridson," *Pensions & Investments*, September 3, 2001. The *FAJ* Editor, Book Review Editor and Editorial Board member involved retain their positions as of this writing.

10. According to the firm's 1987 ADV filing with the SEC.

11. In the medical community, some have begun calling for a more open review process, including identification of reviewers, in part to ameliorate conflict of interest problems. See Godlee, "Making Reviewers Visible: Openness, Accountability, and Credit," *JAMA* 287 (2002): 2762 – 2763.

12. When I pointed out the apparent conflicts of interest affecting conduct at the *FAJ*, the AIMR's Professional Conduct Officer's response was that proceedings regarding such complaints are undertaken in the utmost secrecy and cannot be discussed under any circumstances (see Walters, "AIMR Strict on Ethics Code," op. cit.). However, Rule 12 of AIMR's Rules of Procedure for Proceedings Related to Professional Conduct does permit public discussion of some complaints under certain conditions, which appear to hold in this instance (see Jacobs, "AIMR's Misinterpretation," op. cit.).

13. According to AIMR Standard III (C), *Standards of Practice Handbook*, Eighth Edition, pp. 51 – 52: "The mere appearance of conflict of interest may create problems for a member...."

14. AIMR sponsors a series of "Industry Analysis" seminars and proceedings featuring leading sell side analysts. Under the Research Objectivity Standards, the analysts would presumably be required to disclose any potential conflicts of interest at the seminar and in any publication of the proceedings. But what conflict of interest standards govern the AIMR's behavior? How does AIMR deal with conflicts of interest that may arise in the decision of which analysts to invite as participants?

关于作者

布鲁斯·I.雅各布斯是雅各布斯利维公司的联合创始人、联合首席投资官和联合研究总监。35 年来，他一直是加强金融透明度的主要倡导者。雅各布斯撰写了有关股票管理和金融危机的投资书籍和文章。

雅各布斯是《资本理念与市场现实：期权复制、投资者行为与股市崩盘》一书的作者，与肯·利维合著了《股权管理：现代定量投资的艺术与科学》（第 2 版），是《市场中性策略》的联合编辑，《"伯恩斯坦·法博齐/雅各布斯·利维"奖：〈投资组合管理杂志〉五年获奖文章》第一卷至第三卷的联合编辑。他是《我是如何成为一个分析师：来自华尔街 25 位精英的洞察》的专题撰稿人。

雅各布斯的文章发表在《金融分析师杂志》《投资组合管理杂志》《投资杂志》《金融展望杂志》《日本证券分析师杂志》和《运筹学研究》上。他曾多次获得《金融分析师杂志》授予的格雷厄姆和多德奖（Graham and Dodd Awards）、《投资组合管理杂志》授予的伯恩斯坦·法博齐/雅各布斯·利维奖以及《投资杂志》授予的杰出文章奖。

他曾在多个论坛上发表演讲，包括沃顿商学院雅各布斯-利维定量金融研究股权管理中心、金融定量研究研究所、伯克利金融计划、CFA 研究所、定量分析师协会和纽约证券分析师协会，他还为《金融分析师杂志》举办了媒体研讨会，并在高盛和摩根士丹利的会议上发表过演讲。

在创立雅各布斯利维公司之前，他曾任美国保诚保险公司第一副总裁，曾担任保诚资产管理公司一家量化股权管理分支机构的高级董事总经理和养老金资产管理集团董事总经理。在此之前，他在宾夕法尼亚大学沃顿商学院金融系工作，并为兰德智库（Rand Corporation）提供咨询。

　　雅各布斯拥有哥伦比亚大学工程与应用科学学院运筹学与计算机科学学士学位、卡内基梅隆大学工业管理研究生院工商管理硕士学位、应用经济学硕士学位及沃顿商学院金融系博士学位。

　　他在《投资组合管理杂志》咨询委员会任职，是《交易杂志》的副主编，并曾在《金融分析师杂志》咨询委员会任职。雅各布斯还曾担任国家金融研究委员会成员，以及金融研究办公室论坛的成员。他是沃顿商学院雅各布斯-利维定量金融研究股权管理中心顾问委员会主席，沃顿-雅各布斯-利维定量金融创新奖评选委员会主席。